KURMACA MEKÂN

KUZEY KIBRIS'IN DUYGU COĞRAFYASI

Koç Üniversitesi Yayınları: 80   ANTROPOLOJİ

Kurmaca Mekân: Kuzey Kıbrıs'ın Duygu Coğrafyası
Yael Navaro

İngilizceden çeviren: Cem Soydemir
Yayına hazırlayan: Tuğba Yıldırım
Düzelti: Nihal Boztekin
Kitap ve kapak tasarımı: Gökçen Ergüven
Görseller: Yael Navaro

The Make-Believe Space: Affective Geography in a Postwar Polity
© Duke University Press, 2012
© Türkçe yayın hakları. Koç Üniversitesi Yayınları, 2012
1. Baskı: İstanbul, Şubat 2015

Baskı: Onikinci Matbaa   Sertifika no: 33094
Nato Caddesi 14/1 Seyrantepe Kâğıthane/İstanbul   +90 212 284 0226

Koç Üniversitesi Yayınları   Sertifika no: 18318
İstiklal Caddesi No:181 Merkez Han Beyoğlu/İstanbul   +90 212 393 6000
kup@ku.edu.tr • www.kocuniversitypress.com • www.kocuniversitesiyayinlari.com

Koç University Suna Kıraç Library Cataloging-in-Publication Data
Navaro, Yael, 1969-
Kurmaca mekân : Kuzey Kıbrıs'ın duygu coğrafyası / Yael Navaro ; çeviren Cem Soydemir ; yayına hazırlayan Tuğba Yıldırım.-
İstanbul : Koç Üniversitesi Yayınları, 2016.
  280 pages : illustrations ; 16.5 x 24 cm.
  Includes bibliographical references.
  ISBN 978-605-5250-82-9
  1. Cyprus History Cyprus Crisis, 1974. 2. Cyprus History Cyprus Crisis, 1974--Public opinion. 3 War and society--Cyprus. 4. War--Psychological aspects. I.Soydemir , Cem, II. Yıldırım, Tuğba.
  DS54.9 .N3820 2016

Kurmaca Mekân

Kuzey Kıbrıs'ın Duygu Coğrafyası

YAEL NAVARO

İngilizceden çeviren: Cem Soydemir

KÜY

İçindekiler

Ayşe Mira'ya

Önsöz

Kıbrıs'la ilk temasım araştırma değil, akrabalık vesilesiyle oldu. Belki de bir kısmet meselesiydi bu. 1995 yılında İstanbul'da tanışmamızdan kısa bir süre sonra Mehmet Yaşın beni Kıbrıs'a, anavatanına, annesinin ölümünden sonra kendisine kalan, çocukluğunun geçtiği eve götürdü. O sırada, bu ilk Kıbrıs yolculuğumda, burasının günün birinde benim de yuvalarımdan biri olacağı aklımın ucundan geçmezdi.

1995'teki ziyaretimizde Kıbrıs tam ortasından geçen dikenli bir tel örgüyle ikiye bölünmüştü. Biz "Türk tarafında"ydık, ama uzaktaki "Rum tarafı"nı da görebiliyorduk. Mesarya Ovası'na (Rumcada Mesaoria) karanlık çökerken, öbür taraftaki elektrik ışıklarını bizim taraftakilerden ayırt etmek mümkündü, zira farklı renkte ışıldıyorlardı. Öbür tarafa geçmek yasaktı. Sınır çok sıkı korunuyordu. Kıbrıs'a bu ilk gelişimde, Mağusa'daki (Rumcada Ammochostos; İngilizcede Famagusta) bir otel binasının duvarlarında gördüğüm kurşun delikleri beni afallatmıştı; otelin eskiden Kıbrıslı bir Ruma ait olduğunu, artık içinde kimsenin yaşamadığını öğrendim. Mağusa'nın güneyinde, deniz kıyısında yüksek apartmanlar ve büyük otellerden oluşan, neredeyse ayrı bir şehir uzanıyordu; kırık camları, menteşesinden sarkan kapıları, köhne merdivenleri, yıkık duvarlarıyla bir hayalet şehri andırıyordu. Giriş çıkışın yasaklandığı bu terk edilmiş şehrin Maraş (Kıbrıslı Rumlar içinse Varoşa) olduğunu öğrendim. 1974'teki savaşta Türkiye, Maraş da dahil olmak üzere adanın kuzeyini ele geçirene değin, burası 1970'lerde gelişen bir turizm merkeziydi. Varoşa'daki Kıbrıslı Rumlar, şehri ele geçiren Türk askerlerinden kaçmış ve savaşın ardından şehir yerleşime kapatılmıştı. Mağusa'nın sahil şeridi burada son buluyordu. Varoşa'ya doğru kıvrılan plajın bir ucuna boylu boyunca dikenli tel örgü çekilmiş, üzerine, geçişin ve fotoğraf çekmenin yasak olduğunu bildiren askeri uyarı levhaları asılmıştı.

Mağusa'dan sonra Lefkoşa'yı (Rumcada Lefkosia; İngilizcede Nicosia) görmeye gittik; burası Mehmet'in memleketiydi, annesi de babası da aslen Lefkoşalıydı. Önce arabayla kuzey Lefkoşa'ya giden yoldaki alçak beton binaların arasından geçtik, sonra içeriye doğru saparak etrafı surlarla çevrili olan şehre yöneldik. Mehmet'in doğduğu ev, surların hemen dışında bulunan Yenişehir (Rumcada ve İngilizcede

Neapolis) isimli bir mahalledeydi. 1930'larda, Kıbrıs'ın İngiliz yönetiminde olduğu dönemde inşa edilmişti. Bir zamanlar bir Türke ait olan araziyi Ermeni bir emlakçı satın almış ve dönemin İngiliz sömürge mimarisi tarzında bahçeli evlerden oluşan bir banliyö sitesine çevirmişti. Mehmet 1958'de doğduğunda Kıbrıs hâlâ İngiliz yönetimindeymiş ve burası da kozmopolit bir mahalleymiş. Mehmet'in annesinin oturduğu sokakta, ilkokul öğretmeni olan iki teyzesinin de ayrı ayrı kendi evleri varmış. Kıbrıs Türkü olan Mehmet'in ailesinin oturduğu evin her iki tarafında, yine bahçeli evlerde yaşayan bitişik komşuları Kıbrıslı Rummuş ve birbirlerinin evine sıkça misafirliğe gidip gelirlermiş; sokağın köşesindeki evlerdeyse Kıbrıslı Ermeniler ve Kıbrıslı Türkler yaşarmış. Sokağın bir ucundaki cami eskiden bir Rum Ortodoks kilisesiymiş. Mehmet, kilisenin karşısındaki binanın eskiden papazın evi olduğunu ve hemen bitişiğindeki evde de bir Kıbrıslı Maruni ailesinin yaşadığını anlatmıştı.

Mehmetlerin evi hakkında birçok öykü dinlemiş, Mehmet'in evle ilgili şiirlerini ve romanlarını okumuştum. 1963'te Kıbrıs Cumhuriyeti'nin iki toplumlu bir devlet olarak bağımsızlığını ilan edip kurulmasından üç yıl sonra bu ev, oğulları adanın Yunanistan'la birleşmesini (énosis) amaçlayan Kıbrıslı Rumların askeri gücü EOKA'ya (Ethniki Organosis Kyprion Agoniston; Kıbrıs Mücadelesi Ulusal Örgütü) katılan Kıbrıslı Rum komşuları tarafından yakılmıştı. O dönemde Nikos Sampson önderliğindeki bir EOKA timi, Küçük Kaymaklı civarında yaşayan Kıbrıslı Türklere saldırmaya başlamıştı.[1] EOKA, Yenişehir/Neapolis mahallesinin tamamını ele geçirmek istiyordu; orada yaşayan Kıbrıslı Türkler, kendileri için belirlenmiş enklavlara[2] kaçıp canlarını zor kurtarmışlardı. Mehmet, annesi ve teyzesi, bu saldırıların ve ardından gelen tehcirin (zorunlu göç, sürgün) mağdurlarındandı. 1963 ile 1974 arasında, evlerinden uzakta, Lefke'de (Rumca ve İngilizcede Lefka) Kıbrıslı Türklere tahsis edilmiş enklavda mülteci olarak yaşamak zorunda kalmışlardı. Aynı dönemde Mehmet'in diğer teyzesi ile büyükannesi Kykkos Manastırı'nda "savaş esiri" olarak tutulmaktaydı. Yakın akrabaları ya öldürülmüştü ya da "kaybedilmiş"ti.[3]

---

1 Görünen o ki bu saldırı, Kıbrıs Cumhuriyeti'nin eski cumhurbaşkanı Tassos Papadopoulos'un da hazırlanmasında yer aldığı Akritas Planı uyarınca düzenlenmişti.

2 İng. *enclave*: Bir devletin topraklarıyla çevrilmiş, başka bir devlete ait arazi –ç.n.

3 "Kaybedilme" terimi ortadan yok olmuş, kayıp Kıbrıslılara gönderme yapar. Kıbrıs'ta, 1963 ve 1974 olaylarında birçok insan sırra kadem basmıştır ve kendilerinden bir haber alınamamaktadır. 1963'te bazı Kıbrıslı Türkler kaybedildi ve aileleri onları hiçbir zaman bulamadı. 1974'te bazı Kıbrıslı Türkler gibi birçok Kıbrıslı Rum da kaybedildi. Kayıp Kıbrıslılara ilişkin bir etnografya için bkz. Sant-Cassia, *Bodies of Evidence*. Tanıklarla yapılan mülakatlara dayalı mükemmel bir çalışma için bkz. Uludağ, *İncisini Kaybeden İstiridyeler*.

1974'te Türkiye'nin kuzey Kıbrıs'ı ele geçirmesinin ardından Yenişehir/Neapolis sınırın kuzey tarafında kaldı. Böylece Mehmet, annesi ve teyzesi kendi mülklerine dönebildi, ama döner dönmez orada yaşamaya başlayamadılar; zira ev yakılmıştı ve yıkık dökük bir haldeydi, onarımı iki yıldan uzun sürdü. Sonunda evlerine taşındıklarında ise komşularının eskisinden tamamen farklı olduğunu gördüler. Türkiye'nin kuzey Kıbrıs'ta hak iddia etmesiyle birlikte, Kıbrıslı Rumlar, Ermeniler ve Maruniler güneye kaçmışlardı. Evleriyse güneyden kuzeye mülteci olarak gelen Kıbrıslı Türklere yerleşmeleri için dağıtılmıştı. Bu araştırmayı yaptığım zaman diliminde komşularımızın çoğu, güneydeki evlerini, mallarını mülklerini kaybetmiş olan ve Kıbrıs'ın Baf (Rumcada ve İngilizcede Paphos) yöresinin köylerinden gelen Kıbrıslı Türkler. O zamandan beri, mahalledeki bazı evler Kıbrıslı Türkler tarafından Türkiye'den Kıbrıs'a yerleşimci olarak göç eden Türkiyeli ailelere kiralanıyor.

Kıbrıs'a ilk gelişimde sırf antropolog değil, aynı zamanda akraba kimliğini de taşıyordum. Mehmet Yaşın'ın eşi, Yahudi bir İstanbulluydum; Mehmet tanınan bir şair ve yazardı, Kıbrıs'ta herkes tarafından bilinen biriydi. Bu nedenle de olsa beni çabuk benimsediler. Zamanla insanlar kim olduğumu, nereli olduğumu, düşüncelerimi ve siyasi görüşlerimi nasıl dile getirdiğimi, dünyayı nasıl anlamlandırdığımı ve ne iş yaptığımı öğrenerek beni aralarına kabul ettiler. Türkiye'deki "azınlık" statüm sayesinde, Kıbrıslı Türk arkadaşlarımızın çoğu benimle daha özgür ve daha rahat sohbet edebiliyor gibiydi. Kıbrıs'a ilişkin anlayışımı şekillendirmemi sağlayan şey de onların birçoğunun sergilediği duruştu: Türk ordusunun kuzey Kıbrıs'ı ele geçirirken gerçekleştirdiği eylemlere eleştirel bakışları, Girne (Rumca ve İngilizcede Kyrenia) sahillerinde gördükleri Kıbrıslı Rumların cesetlerinden söz edişleri, yol kenarlarındaki haçların kaldırıldığını anımsamaları, kuzey Kıbrıs yönetimini çoklukla Kıbrıslı Rumların mülklerini gasp ederek elde ettiği "ganimet" temelinde inşa edilmiş bir devlet olarak tanımlamaları ve Rum tarafıyla sınırın açılmasına yönelik eylemleri. İşte tam da bu arkadaşlık, akrabalık ve yakınlık sayesinde, herhangi bir antropoloğun yapamayacağı bir şeyi yapabildim: Kıbrıslı Türkler arasındaki tartışmaların içine girerek bu tartışmaları daha yakından kavrayabildim.

1996'da evlendikten sonra Kıbrıs'a değil, İngiltere'ye yerleştik. İngiltere'de bulunduğumuz süre boyunca 1998'den itibaren Kıbrıs'a yaptığımız kısa ve uzun yolculuklar sırasında kuzey Kıbrıs'ta bir alan araştırmasına başladım. Kıbrıs ile ilgili özel durumumun ve Kıbrıslı Türkler tarafından algılandığı haliyle kişisel geçmişimin, araştırmamın önünü tıkayan engeller olmaktan ziyade, kaynakları olacağını anlayacaktım. "Bağlantılı" olmak, Kıbrıslıların (hem Kıbrıslı Türklerin hem de Kıbrıslı Rumların) deneyimlemiş olduğu ortama ve tarihe, her ne kadar dolaylı da olsa, duygusal olarak uyum sağlamak anlamına geliyordu. Bir Kıbrıslıyla evlenen, ama kendisi Kıbrıslı olmayan biri olmak, iyi bir içeridelik-dışarıdalık konumu sağladı, böylece eşanlı olarak hem "ilişki kurabilmek" hem de "yansıtabilmek" mümkün oldu. Ayrıca azınlık olmak da, hem içeride hem de dışarıda konumlandırılmak anlamına geldi, böylece tek seferde daha fazla açıdan bakıp algılamayı sağladı. Antropolog (yani, karşılaştırmalı analitik ve teorik çerçeveler aracılığıyla düşünen biri) olmak da metodolojik bir mesafenin korunmasına yol açtı ve bu da her sağlıklı araştırmanın ihtiyacı olan bir şeydi.

Antropoloğun imgelemi sadece mesleki eğitiminin bir ürünü değildir aslında. Sadece alanda ilişki kurma becerisi de değildir. Antropoloji öğrencilerinin dünyayı alan araştırması için kendilerine herhangi bir yer bulup seçebilecekleri bir laboratuvar olarak gördüğü sömürgeci yaklaşıma karşılık, sadece bazı yerlerin ve temaların kendilerini bazı insanların incelemesi için ulaşılır ve erişilir kıldığını öne süreceğim. "Kaynak" [bilgi kaynağı] olarak adlandırdığımız insanlar da biz antropologları inceler, bazı temaslara izin verirken bazılarını reddederler. Antropolojinin bazı alanlarında canlılığını hâlâ koruyan pozitivist araştırma yaklaşımı, bilgi kaynağıyla kendine ait bir hayatı ve o hayata dair bir anlatısı olan bir özne olarak ilişki kurmak yerine, onu bir "analiz nesnesi" olarak kavrar. Burada farklı bir yöne sapıp, antropoloğun incelemekte olduğu insanlarla ilişki kurabildiği ölçüde antropolojinin de verimli olacağını öne süreceğim. Bu, basitçe her yerde, herkes için ve herkesle mümkün olmaz. Dünya bilimimizin nesnesi olmak için öylece durup bizi beklemez.

Kuzey Kıbrıs kişisel tarihimdeki deneyimleri anımsattığı için imgelemimi harekete geçirdi. Doğduğum ve 1970'lerden 1980'lere Yahudi bir ailenin içinde büyüdüğüm yer olan İstanbul'un, Kıbrıs'taki olaylarla yakından bağlantılı bir öyküsü olduğunu başta pek anlamamıştım. Çocukluğumda babamdan 6-7 Eylül 1955 olaylarına dair öyküler dinlerdim; Türk milliyetçisi gençlerin, İstanbul'da "gayri Müslim azınlıklar"ın, özellikle de Rumların yaşadığı mahallelere saldırarak dükkânların ve evlerin camlarını kırdığına, azınlık cemaatlerinin üyelerine saldırdığına ve mülklerini yağmaladığına dair öyküler.[4] Babamın ailesi, diğer birçok azınlık ailenin yaptığı

---

4 İstanbul'daki 6-7 Eylül olaylarına dair yetkin bir çalışma için bkz. Vryonis, *The Mechanism of Catastrophe*. Ayrıca bkz. Bali, *6-7 Eylül 1955 Olayları*; Fahri Çoker Arşivi, *6-7 Eylül Olayları*, Güven 2005. Tomris Giritlioğlu'nun yönettiği *Güz Sancısı*, 6-7 Eylül olaylarını konu alan az sayıda Türk filmlerinden biridir: Tomris Giritlioğlu, yönetmen, *Güz Sancısı*, Yapım Filmcilik Prodüksiyon, İstanbul, 2009. Kıbrıs Türktür Cemiyeti, özellikle İstanbul'un Rum cemaatini hedef alan bu saldırıyla doğrudan bağlantılıydı. Ama sonradan Türk hükümetinin saldırıların düzenleneceğinden haberdar olduğu ve planlanmasına bizzat katıldığı açığa çıkarıldı. Rum azınlıkları bakımından Kıbrıs ile Türkiye'deki olaylarla ilgili politikalar arasındaki bağlantılara ilişkin bir değerlendirme için bkz. Demir ve Akar, *İstanbul'un Son Sürgünleri*, 1-3. bölümler.

gibi, milliyetçi gençleri atlatmak için evlerinin sokağa bakan penceresine Türk
bayrağı asmış ve böylece saldırılardan kurtulmayı başarmıştı. İstanbullu entelek-
tüellerin şehrin kozmopolitliğinin yok olmasının ana etkenlerinden biri olduğunu
ancak geçtiğimiz 10 yıl içinde kabul ettiği 6-7 Eylül Olayları, Kıbrıs'taki olaylarla
doğrudan bağlantılıydı. Türk milliyetçisi gençler, Kıbrıs'ın "taksim" edilmesini
savunan sloganlar atarak İstanbullu Rumlara ve civar mahallelerde yaşayan diğer
azınlıklara saldırıyorlardı. 1950'lerde binlerce kişi "Kıbrıs Türktür", "Ya Taksim
Ya Ölüm" gibi sloganlar atarak İstanbul sokaklarında gösteri yürüyüşü yapmıştı.
Bu nedenle, Türk milliyetçiliğinin söyleminde "Kıbrıs davası" olarak adlandırılan
şey, 20. yüzyılda Türkiye'yi gayri Müslim azınlıklarından temizlemeye yönelik
girişimlerle içkin olarak bağlantılı siyasi bir olaydır.

Kıbrıslı Rumların EOKA'sı (ve keza Kıbrıs Cumhuriyeti Ulusal Muhafızları)
Kıbrıs'ta Kıbrıslı Türk sivillere saldırılarına devam ederken, Türkiye Cumhuriyeti
1964'te tüm Yunanistan vatandaşlarının Türkiye'den sınır dışı edileceğini açıkla-
dı.[5] İstanbullu Rum cemaatini hedef alan bu karar, EOKA'nın Kıbrıslı Türklere
yönelik saldırılarına bir misillemeydi. Başka bir deyişle, Türk devleti Türkiye'deki
etnik azınlıkların bir kesimiyle bağlantılı olduğu düşünülen Kıbrıs'taki olaylara,
söz konusu azınlık cemaatini tehdit ederek karşılık vermiş oluyordu.

Anne tarafımdan büyükbabam aslen Yunanistan'ın kuzeyindeki Dimetoka
ilçesindendi.[6] 1930'ların başında İstanbul'a göç etmiş olduğundan daha sonra
Yunanistan'ı işgal edecek olan Nazilerin elinden kurtulmuştu. Yahudi bir Yunan
vatandaşı olan büyükbabam İstanbullu olan büyükannemle evlenmiş, ama Türk
vatandaşlığına geçmemişti; birbirleriyle İspanyol Yahudilerinin lisanı olan Ladino
dilinde konuşurlardı. 1964'te Yunan vatandaşlarını sınır dışı etme kararı alındı-
ğında, Yunan vatandaşı olan büyükbabam da hedef tahtasındaydı. Annem bunu
aile tarihlerinin en sarsıcı olaylarından biri olarak hatırlar. Büyükbabam kendisini
"Rum" değil, "Yahudi" olarak sınıflandıran bir Türk yargıcı sayesinde Türkiye'de
kalabilmişti.

1974'te Kıbrıs'ta güçlenen savaş dalgası, İstanbul Boğazı'nı ve Marmara Denizi'nin
sahillerini etkileyecekti. Bu dönemi çocukluğumdan da hatırlıyorum; yazları
Büyükada'da (Rumcada Prinkipo) geçirirdik. O zamanki komşularımız İstanbullu
Rumlardı. Kıbrıs sorunu sırasında ve sonrasında İstanbullu Rumlara yönelik

---

5   İstanbul'daki Yunanistan vatandaşlarının 1964'te sınır dışı edilmesine ilişkin mükemmel
    bir tarihsel çalışma için bkz. Demir ve Akar.
6   Büyükbabam doğduğunda Dimetoka Osmanlı toprağıymış. Daha sonra, kısa bir süre Bul-
    garların olmuş (1913-9) ve sonunda Neuilly Antlaşması'yla (27 Kasım 1919) Yunanistan'a
    verilmiştir.

tehditlerin bir kez daha tırmanmasıyla, ailelerin birer birer valizlerini toplayarak İstanbul'u terk edip Atina'ya taşınmasını izledik.[7] Türkiye'de azınlık olarak sınıflandırılanların hepsinin kendine özgü bir yazgısı olsa da, gayri Müslimler, kime yönelik olursa olsun Türk devletinin uyguladığı ayrımcılıktan genelde mustarip olmuştur, zira hepsi de popüler söylemlerde aynı şekilde "Türk olmayan unsur" veya "yabancı" olarak kategorize edilir.

Dolayısıyla, geride kalan son İstanbullu gayri Müslimlerin şehirden her göçü Kıbrıs'taki olaylarla yakından bağlantılıydı. Kıbrıs'ta, Kıbrıslı Türk azınlığın Kıbrıslı Rum çoğunluk tarafından her tehcir edilişine, Türkiye de kendi Rum (ve diğer gayri Müslim) azınlıklarını tehcir ederek karşılık verecekti.[8] Bu nedenle, Türkiye'de büyürken beni kuşatan mekânları ve ortamları "azınlık" perspektifinden algılamayı öğrendim.[9] Sayıları her göç dalgasıyla iyice azalan Rumların arkalarında bıraktığı evlerle doluydu Büyükada. Annemin çocukluğunun geçtiği Şişhane-Galata muhiti de 20. yüzyıl boyunca benzer şekilde Yahudi, Rum ve Levantenlerin sahip olduğu daireler ve binalarla doluydu. Çevremizi bir azınlığın bakış açısıyla deneyimlesek bile, bir yandan da Türk vatandaşıydık ve bu da bize aynı zamanda başka bir bakış açısı daha veriyordu.[10] Türkiye'de yaşamak ve büyümek insanın dünyayı Türk gözüyle görmesine ve deneyimlemesine de yol açar.

Kıbrıs'a hem antropolog hem de akraba olarak geldiğim için Kıbrıslı Türklerin ve Kıbrıslı Rumların deneyimlerini aynı anda ele alabildim. Toplumlar arası çatışmada ve savaşta birbirlerine karşıt olsalar da, Kıbrıslı Türkler ile Kıbrıslı Rumların deneyimleri aslında ortak mekânlarda ve konularda kesişir. Savaşın ve tehcirin sonucunda Kıbrıs'ın peyzajına yerleşen nesneler, her iki toplumun üyelerinin parmak izlerini

---

7 Rumların Büyükada'dan (Prinkipo) ayrılmalarına ve Atina'daki müteakip yaşamlarına dair bir sözlü tarih çalışması ve hatırat için bkz. Tanrıverdi, *Atina'daki Büyükada*; Tanrıverdi, *Hoşçakal Prinkipo*.

8 Sonraki yıllarda, İsrail'in Filistinlilere yönelik eylemleri de Türkiye'de benzer yankılar uyandıracaktı. İsrail'in her büyük saldırısı (Lübnan'ı bombalaması, Gazze'deki savaş, Mavi Marmara olayı) Türkiye'de Türkiye'nin kendi Yahudi cemaatine hitaben ve onları hedef alan, Yahudi karşıtı sloganların atıldığı gösteri yürüyüşlerine yol açmaktadır.

9 "Azınlık" olduğu gibi kabul edilen bir kategori değildir. Tarihsel bir olayın, 1923 tarihli Lozan Barış Antlaşması'nın bir sonucudur. Böylelikle yeni kurulan Türkiye Cumhuriyeti'nde Türkiye'nin gayri Müslimlerine (Yahudiler, Rumlar ve Ermeniler) resmi "azınlık" statüsü verilmiştir: bkz. Clark, *Twice a Stranger* [*İki Kere Yabancı: Kitlesel İnsan İhracı Modern Türkiye'yi ve Yunanistan'ı Nasıl Biçimlendirdi?*, İng. çev. Müfide Pekin, 1. baskı. İstanbul: Bilgi Üniversitesi Yayınları, 2008]. Osmanlı İmparatorluğu'nda, gayri Müslimler millet sistemine göre "dinsel cemaatler" olarak sınıflandırılıyordu.

10 20. yüzyılda Türkiye'nin Yahudilerine ilişkin bir inceleme için bkz. Bali, *Musa'nın Evlatları Cumhuriyet'in Yurttaşları*.

taşır ve aynı anda her iki bakış açısını da içerir. Ayrıca ben de Kıbrıs'a gelirken, söz konusu birlikte görme veya birlikte deneyimleme, herhangi bir durumda birden çok bakış açısıyla, hem içeriden hem de dışarıdan bakabilme özelliğini de yanımda getirdim. Bu özelliğim, kişinin "öteki" bakış açılarını algılamak üzere eğitildiği antropoloji eğitimimden beslense de sadece ondan kaynaklanmıyordu.

Kuzey Kıbrıs, ilk geldiğim 1995 yılından 2005'e, yani Rum tarafına geçiş yapılan sınır kapılarının açılmasından iki yıl sonrasına dek Kuzey Kıbrıs Türk Cumhuriyeti'nin (KKTC) milliyetçi Cumhurbaşkanı Rauf Denktaş'ın önderliğinde yönetiliyordu; Denktaş uzun süredir Kıbrıs Türklerinin lideri kabul ediliyordu. Kıbrıs'ta araştırma yapmak için benzeri olmayan bir dönemdi bu; aşırı rejim baskılarının damgasını vurduğu, ama bir yandan da Kıbrıslı Türklerin hükümet karşıtı protestolarının yüzeye çıkmaya başladığı bir dönem.

Yeni Düzen gazetesindeki köşesinde Denktaş rejimini ve bu rejimi destekleyen Türkiye'yi eleştiren, kuzey ve güney Kıbrıs'ın birleşmesini savunan yazılar yazan gazeteci Kutlu Adalı, 1996 yılında evinin önünde düzenlenen suikast sonucu faili meçhul bir cinayete kurban gitti.[11] Adalı'nın öldürülmesi üzerine ayağa kalkan Kıbrıslı Türkler, Lefkoşa'nın sokaklarında protesto yürüyüşleri yaparak katil(ler)in bulunmasını istedi. Adalı suikastı, Kıbrıslı Türklerin o dönemde kuzey Kıbrıs'ta Denktaş rejiminde yaşadıkları baskıyı hatırlatıyordu. Dolayısıyla bu suikast, baskıya direnişin bir dönüm noktası oldu. Eskiden rejimin farklı yönlerine karşı tek başına mücadele vermiş olan sendikalar Sendikal Mücadele Platformu adı altında birleşti.[12]

Kuzey Kıbrıs'taki baskıcı politik atmosfer müteakip yıllarda da devam etti. Rejim karşıtı *Avrupa* gazetesi yazarı Şener Levent ve gazetenin diğer çalışanları 2000 yazında tutuklandı. Gazetenin merkez binasına defalarca saldırı düzenlendi. Matbaasına yüksek bir para cezası verilince *Avrupa* gazetesi kapandı ve yerine *Afrika* isimli yeni bir gazete çıkmaya başladı; gazetecilere göre, bu yeni gazetenin ismi o dönemki KKTC yönetiminin "üçüncü dünya ülkeleri"ninkini andıran baskıcı tedbirlerini ifşa ediyordu.[13] Bu esnada, Cumhuriyetçi Türk Partisi'nin (CTP) kuzey Kıbrıs Parlamentosu'nun karşısındaki merkezine bir saldırı düzenlendi. CTP üyelerinin yaptığı açıklamaya göre, bahçe kapısından içeriye el bombaları atılmıştı. Aralarında Toplumcu Kurtuluş Partisi (TKP) ve Yeni Kıbrıs Partisi'nin (YKP) de bulunduğu diğer muhalefet partilerinin üyeleri ve yandaşları da benzer baskılara maruz kalıyordu. Köylüler kadar şehirliler de düşüncelerini gözaltına

---

11 Dimitriu ve Vlahos, *İhanete Uğramış Ayaklanma*, 56.

12 Agy.

13 Agy.

alınma korkusu olmadan, sadece evlerinin avlusunda özgürce dile getirebildiklerini söylüyorlardı. Birçoğu telefonlarının dinlendiğinden şüpheleniyordu. Rejimi eleştirenler, binmeden önce arabalarının altına bakarak şüpheli herhangi bir nesne olup olmadığını kontrol ediyorlardı. Denktaş hükümetinin ve Türkiye'nin sözcüsü olan *Volkan* ve *Kıbrıslı* gibi milliyetçi gazetelerin ve dergilerin köşe yazarları, rejimi eleştirdiğini düşündükleri kişiler aleyhinde hakaretler ve suçlamalar içeren yazılar yazıyorlardı. İnsanlar, Türkiye'deki "derin devlet"in[14] suikast listesinde olduklarından endişe ediyorlardı. Sık rastlanan durumlardan biri de, muhalif grupları ve muhalefet partilerini destekleyenlerin devlet memuru olmalarının veya memurlukta yükselmelerinin engellenmesiydi. Sadece Demokrat Parti (DP) ile koalisyon ortağı (ve rakibi) Ulusal Birlik Partisi'nin (UBP) hâkimiyetindeki Denktaş hükümetinin yandaşları huzurlu ve rahat gibi görünüyorlardı. Muhalefet, onları gayri resmi bir şekilde rejimle işbirliği yapmakla suçluyordu.

2000-2001'de alan araştırması yapmak için bir buçuk yıllığına kuzey Kıbrıs'a geldiğimde, yönetimden (ve Türkiye'nin hâkimiyetinden) duyulan hoşnutsuzluk iyice artmıştı. Yönetimin yolsuzluklarını ifşa eden yazılar yayımlayan *Avrupa/Afrika* gazetesi binlerce satıyor ve okunuyordu. Neredeyse ziyaret ettiğim her evde insanlar memnuniyetsizliklerini dile getiriyordu. Çoğu kişi yaşadığı deneyimi "boğulma" olarak tanımlıyor ve çok uzun bir süre kimlik belgelerinin uluslararası kabul görmediği, bölünmüş bir Kıbrıs'ta sınırlar arkasına kapatılarak yaşamaya bağlıyordu. Bu dönemde Kıbrıslı Türklerin kuzey Kıbrıs'ta yaşama deneyimini tanımlamak için sıkça kullandığı tabirlerden birisi de "açık hava hapishanesi"ydi. Söz konusu dönemde kuzey Kıbrıs'ta yaşamaya ilişkin duyguları betimleyen, buna benzer sayısız metafor üretilmiştir. Kıbrıslı Türkler, "buraya kapatıldıklarından", adeta "boğuluyormuş" gibi hissettiklerinden söz ediyorlardı. Birçoğu içinde bulunduğu ruh halini "maraz", yani derin bir melankoli ve depresyon olarak tanımlıyordu. Kıbrıslı Türkler gündelik konuşmalarında, hissettiklerini söyledikleri maraz için politik gerekçeler ortaya koyuyor, bu ruh halini Kuzey Kıbrıs yönetimi altında yaşadıkları baskı ve hoşnutsuzlukla ilişkilendiriyorlardı. Bazıları ciddi hastalıklarının nedeni olarak yine bu marazı gösteriyordu.

O sırada kuzey Kıbrıs'ta iktidardaki yönetim altında yaşanan hayattan duyulan hoşnutsuzluk öylesine derindi ki ana eleştiri, ("öbür taraf"ta yürürlükte olan ve) fiilen

---

14 "Derin devlet" Türkiye'nin devlet adamları, ordu mensupları ve aşırı sağcı mafya arasındaki yeraltı bağlantılarını tanımlamak için Türkiye'de geliştirilmiş bir terimdir. Kıbrıslı Türkler, Adalı suikastını gayri resmi olarak Türkiye'nin derin devletiyle ilişkilendirir. 2000'lerin başında Türkiye'de, Ergenekon şifresiyle faaliyet gösteren bir yeraltı ordu-devlet-mafya ağı açığa çıkartıldı ve birçok kişi halkanın üyesi olduğu şüphesiyle mahkemeye çıkartıldı.

[*de facto*] Kıbrıslı Rumların yönetimindeki Kıbrıs Cumhuriyeti'ne değil, Kıbrıslı Türklerin kendi yönetim şekline, KKTC'ye ve Türkiye'ye yönelikti. Bu dönemde Kıbrıslı Türklerin kendi yönetimleri, Türkiye, Türkiye'den gelen göçmenlerin kuzey Kıbrıs'a yerleşmesi, yağmalama ve gasp eylemlerine Türkiyelilerin de katılması, koruma ve himaye konusunu suiistimal ederek kendilerine çıkar sağlayan ve zenginleşenler hakkındaki içgözlemlerinin benim çok ilgimi çektiğini hatırlıyorum. Savaştan sonra ele geçirilen, Kıbrıslı Rumlara ait mülklerde yaşamaya başlayan Kıbrıslı Türklerin çoğu, yaşadığı evden söz ederken, mülklerini sahiplendikleri için bir tür suçluluk duymasa da, kayıplarından ötürü evlerin asıl sahipleriyle empati kurmaya çalışarak Kıbrıslı Rumlar hakkında neredeyse sevecence konuşurdu.

"Rum tarafı"nı özlemle anan Kıbrıslı Türkler "güneye bir daha gitmeden ölmeyiz" derdi. Birçoğu Rum tarafına geçip geçmediğimi sorarak, o sırada Kıbrıslı Rumların hayatının neye benzediğini tahayyül etmeye çalışırdı. Yetişkinlerin güneyi merak ettiğini sezinleyen çocuklar da onlara öykünerek güneyde gökyüzünün çocuklara aynı renk görünüp görünmediğini, kendilerininkine benzer tişörtler giyip giymediklerini sorarak öğrenmeye çalışırdı.

Bu dönemde Kıbrıs sorununa çözüm bulunması talebi çok revaçtaydı. Birçok kişi "[İki tarafın liderleri] bir imzacık atsalar!" diyerek, Kıbrıslı Rumlarla barış arzusunu dile getirirdi. Kıbrıslı Türkler güney ile aralarındaki sınırdan "kapanma" ve "açılma" metaforlarıyla söz ederdi. "Rum tarafı"na geçme izni alan kişiler, meraklı arkadaşları ve akrabaları tarafından güneyin neye benzediği konusunda soru yağmuruna tutulurdu. Güneyden gelen ve artık kuzeyde yaşayan mülteciler, "öbür taraf"taki baba ocaklarını yeniden görme özlemlerini dile getirir, Trodos Dağları'nda veya Mesarya Ovası'ndaki köylerde parıldayan ışıkları hasretle seyrederdi. Kuzey Kıbrıs'ın devlet televizyon kanalı BRT, 1963 ile 1974 arasında Kıbrıslı Rumların askeri gücü EOKA'nın elinden çektikleri acıları Kıbrıslı Türklere hatırlatmaya çalışan televizyon programları yayınlar ve Denktaş her gece televizyonda bölünmüş bir Kıbrıs'ın ve bölünmüş bir devletin gerekçesi hakkında konuşmalar yaparken, Kıbrıslı Türkler çoğunlukla soğukkanlı bir şüphecilikle izlerdi. O dönemde Kıbrıslı Türklerin çoğu bu tür televizyon programlarına, gazetelere ve devlet propagandasının diğer araçlarına karşı son derece mesafeli, eleştirel ve ironik bir tutum takınırdı. Bu tür propagandaların mütehakkim ve nüfuz edici yönüne rağmen, Kıbrıslı Türkler kuzey Kıbrıs'ın güneyle birleşmesini ve böylece Kıbrıs sorununa bir çözüm bulunmasını yaygın olarak istiyordu.

Avrupa gazetesi köşe yazarlarının 2000 yılında tutuklanması gibi muhtelif baskılar, 41 kuruluşun ve sendikanın "Bu Memleket Bizim Platformu" adı altında ortak bir harekette birleşmesine yol açtı. Bu hareket kapsamında, Kıbrıs'ın bölünmesine son verilmesi ve adanın tek bir hükümet çatısı altında birleşmesi talebinin dile getirildiği Denktaş rejimi karşıtı önemli protesto gösterileri düzenlendi. Bunların ilki 18 Temmuz 2000'de gerçekleşti; yaklaşık 15.000 işçi ve kamu görevlisi sokaklara dökülerek yürüyüşler yaptı ve *Avrupa* gazetesi yazarlarının serbest bırakılmasını istedi.[15] Hemen hemen aynı dönemde, Türkiye'de yaşanan ekonomik krize bağlı olarak, kuzey Kıbrıs'taki birçok banka iflas etti ve yaklaşık 50.000 Kıbrıslı Türkün banka hesabına el kondu.[16] Bu büyük ekonomik çöküş, bankaların iflasından zarar gören çok sayıda mudinin 24 Temmuz'da KKTC Parlamentosu'nu işgal ederek Denktaş yönetimini protesto etmesine neden oldu. Ertesi yıl (2001) hemen her ay, hem Lefkoşa'nın hem de kuzey Kıbrıs'taki diğer şehirlerin sokaklarında iki-üç bin kişinin katıldığı birçok protesto gösterisi gerçekleşti.[17] Sokaklara dökülen halk Denktaş yönetiminin istifa etmesini istiyordu. Sınırların açılması ve Rum tarafına geçişin serbest bırakılması için sloganlar atıyorlardı. Bu Memleket Bizim Platformu etrafında örgütlenen Kıbrıslı Türkler, Türkiye'nin emirleriyle yönetilmek yerine kendi kendilerini yönetme isteklerini yüksek sesle dile getiriyordu.[18] Benim de katıldığım gösterilerde, Kıbrıslı Türklerin barış ve birleşme taleplerini bizzat gözlemledim. Gündüz ve gece düzenlenen protesto gösterilerinde, katılımcılar sınırın açılmasına yönelik sloganlar atarak ellerinde mumlarla sınıra kadar yürürdü. Kasım 2002 ile Şubat 2003 arasında, "Kuzey Lefkoşa'da dört büyük miting gerçekleşti, sonuncusuna yaklaşık 70.000 kişinin katıldığı tahmin ediliyordu; Kuzey Kıbrıs'ın 'resmi' nüfusunun 250.000 civarında olduğunu düşünülürse, bu inanılamayacak kadar büyük bir katılımdı."[19]

Kuzey Kıbrıs'taki protesto gösterileri "sosyal bir devrim"e, tam bir halk oluşumuna benzetiliyordu.[20] Bunlar öylesine etkiliydi ki bu döneme rastlayan yerel yönetim seçimlerinde iktidardaki milliyetçi partiler kaybetti ve o zamana dek hep muhalefette kalmış olan CTP ilk kez oyların büyük çoğunluğunu alarak belediye başkanlıklarını kazandı.[21] Kuzey Kıbrıs'ın üç büyük şehrinde (Lefkoşa, Mağusa ve

---

15 Dimitriu ve Vlahos, *İhanete Uğramış Ayaklanma*, 57.

16 Agy., 58.

17 Agy., 62.

18 Bu dönemdeki gösterilere ilişkin mükemmel bir açıklama için bkz. Ilıcan, "The Making of Sovereignty through Changing Property/Land Rights and the Contestation of Authority in Cyprus," bl. 7. Protestoların ardındaki saikleri bana göre yanlış yorumlayan ve kavramsallaştıran sorunlu bir açıklama için bkz. Hatay ve Bryant, "The Jasmine Scent of Nicosia."

19 Ilıcan, "The Making of Sovereignty through Changing Property/Land Rights and the Contestation of Authority in Cyprus," 195.

20 Bkz. Dimitriu ve Vlahos, *İhanete Uğramış Ayaklanma*.

21 CTP, o dönemde Bu Ülke Bizimdir Platformu'nu şekillendirmiş olan örgütlerden biriydi.

Girne) belediyeler CTP tarafından yönetilecekti. Muhalif hareketin bu ilk başarısını, parlamentodaki ve bakanlar kurulundaki başarılar izleyecekti. CTP'nin seçim zaferlerini müteakip düzenlenen mitingler çok çarpıcıydı; insanlar kuzey Kıbrıs yönetiminde muhalefetin ilk kez kazandığı zaferleri kutluyordu. Bu tür gösterilerde atılan yaygın sloganlardan birisi de şuydu: "Kıbrıs'ta barış engellenemez!"[22]

Nisan 2003'te cumhurbaşkanlığı devam etmekte olan Denktaş, Rum tarafıyla sınırın geçişe açılacağını bildirdi. Bu açıklama ve "öbür taraf"a geçiş noktalarının açılması, Kıbrıslı Türkleri (ve keza Kıbrıslı Rumları) büsbütün şaşkına çevirdi. Kıbrıslı Türklerin halk hareketinin hayali gerçekleşmiş gibiydi. Bu açıklamanın yapıldığı gün, binlerce Kıbrıslı Türk ve Rum, Yeşil Hat'ın her iki tarafında, sınırdan diğer tarafa geçmek için dizilmişti.[23] Yeşil Hat, 1974'ten beri ilk kez geçişe açılıyordu.

Kitaba temel teşkil eden araştırmayı, 1998 ile 2003 yılları arasında, sınırın hâlâ kapalı olduğu dönemde kuzey Kıbrıs'ta yürüttüm. Müteakip bölümlerde, Kıbrıslı Türklerin kuzey Kıbrıs içindeki ve dışındaki hayatlarını ve deneyimlerini etnografik bir perspektiften açıklıyorum ve kimi kavramsal terimler üretiyorum. Kitabın 2011'de yazdığım sonsözünde yer alan kısa bir açıklama dışında, sınırın 2003'te açılmasını takip eden dönemi ele almıyorum. Bununla birlikte, belirli bir tarihsel döneme ilişkin bu etnografik çalışma kapsamında geliştirilen analizlerin, çerçevelerin ve kavramların söz konusu dönemi aşan bir etkinliğe sahip olduğunu da belirtmeliyim.

---

22 Protesto duygusu, 2005'te Denktaş'ın yerine (CTP'li) Mehmet Ali Talat'ın KKTC cumhurbaşkanı olarak seçilişine kadar devam etmiştir.

23 "Yeşil Hat", Türkiye'nin Kıbrıs'ın kuzeyini ele geçirmesinden sonra belirlenmiş olan kuzey ve güney Kıbrıs arasındaki ateşkes hattına gönderme yapar. Kıbrıslı Türkler bu hatta "sınır" derken, Kıbrıslı Rumlar genellikle kuzeydeki yönetimin egemenliğini kabul ediyormuş gibi görünmemek için Yeşil Hat demeyi tercih eder. Olaylı karşıya geçiş ve sonrasındaki gelişmelere ilişkin çalışmalar için bkz. Demetriou, "Freedom Square"; Demetriou, "To Cross or Not to Cross?"; Dikomitis, "A *Moving* Field"; Dikomitis, "Three Readings of a Border"; Hadjipavlou, "I Grow in Different Ways Every Time I Cross."

Teşekkür

Bu kitap uzun bir sürecin ürünü. Bu projenin alan araştırmasına başladığım dönem, aynı zamanda Edinburgh Üniversitesi'ndeki öğretim üyeliğimin de başlangıcıydı. Öncelikle, bu projenin daha ilk aşamalarından itibaren beni teşvik edip cesaretlendiren Edinburgh Üniversitesi Antropoloji Bölümü'ndeki meslektaşlarıma, özellikle de Jeanne Cannizzo, Janet Carsten, Anthony Cohen, Anthony Good, Iris Jean-Klein ve Jonathan Spencer'a teşekkür ederim. Edinburgh Üniversitesi aynı zamanda projenin ilk alan araştırmasının masraflarını da muhtelif burslarla karşıladı; bunun için müteşekkirim. Bu burslar, Sosyal Bilimler Fakültesi Girişim Yardımı, Hayter Yolculuk ve Alan Araştırması Bursu, Munro Arkeoloji ve Antropoloji Araştırma Bursu ve Muray Bağış fonundan oluşuyordu (hepsini de 1998 ve 1999'da aldım).

Bu proje Cambridge Üniversitesi'ndeki yıllarımda da devam etti ve burada ders vermeye devam ettiğim 10 yılı aşkın süre zarfında sürdürdüğüm araştırmayı şekillendirdi. Kişinin meslek hayatının en önemli ilk döneminde ona akıl hocalığı yapan ve destek olan insanlar vardır. Bu konuda benim için son derece önemli üç kişiye minnettarım: Caroline Humphrey, Deniz Kandiyoti ve Marilyn Strathern. Yanımda olup beni destekledikleri anların benim için birer dönüm noktası olduğunu üçü de biliyor ve hatırlıyordur. Cambridge'den artık aramızda olmayan Sue Benson'a, Barbara Bodenhorn, Harri Englund, Stephen Hugh-Jones, Sian Lazar, Perveez Mody, David Sneath ve Nikolai Ssorin-Chaikov'a benden esirgemedikleri dostlukları ve mesleki dayanışmaları için teşekkür ederim. Cambridge'de olmanın en hoş ve en değerli yanı, doktora öğrencilerimle sürdürdüğüm çalışmalardır. Eirini Avramopoulou, Zerrin Özlem Biner, Matthew Carey, Georgia Galati, Mantas Kvedaravicius, Juliana Ochs, Ross Porter, Marlene Schafers, Alice von Bieberstein, Fiona Wright, Hadas Yaron ve Umut Yıldırım, bu kitabın beni çıkardığı düşünsel yolculuğun farklı aşamalarında bana eşlik ettiler. Lisans ve yüksek lisans öğrencileri, kitabı şekillendiren kuramsal ve etnografik temalara ilişkin derslerimi aldılar ve seminerlerimi takip ettiler. Onlarla çalışmak bana çok büyük zevk vermiş ve vermeye devam etmektedir, bunun için hepsine teşekkür ederim.

Jane Cowan, Ruth Mandel ve Valentina Napolitano, başından sonuna kadar gerek arkadaş gerekse meslektaş olarak yanımda oldular; diğer arkadaşlarım ve meslektaşlarımla birlikte onlar da kitabın taslak bölümlerini okudular, değerli görüşlerini ve yorumlarını benimle paylaştılar; bunun için onlara özel bir teşekkür borçluyum. Burada teşekkür için adlarını anmak istediğim diğer kişiler: Alev Adil, Athena Athanasiou, Andrew Barry, Georgina Born, Thomas Blom Hansen, Rebecca Empson, Catia Galatariotou, Sarah Green, Peter Loizos, Yiannis Papadakis, Geeta Patel, Maja Petrovic-Steger, Amiria Salmond, Charles Stewart ve Kath Weston.

Kitabın bölümlerinin daha ilk versiyonları Manchester, University College London, Sussex, Cambridge, London School of Economics and Political Science, School of Oriental and African Studies, Edinburgh, King's College, Birkbeck College, Oxford, Boğaziçi, Sabancı, Yale, Chicago, Oslo ve Trinity College'ın da aralarında bulunduğu birçok üniversitede düzenlenen seminerlerde tebliğ olarak sunuldu. Kitabın ana kuramsal argümanlarını 2007'de London School of Economics'te Malinowski Memorial Lecture olarak sundum. Dört bölümü, 2009'da Paris'te ziyaretçi profesör olarak bulunduğum Écoles des Hautes Études en Sciences Sociales'de akademisyenlerden oluşan küçük bir topluluğa yönelik bir seminerler dizisinde sundum. Bazı bölümler de yıllar içinde farklı konferanslarda tebliğ olarak sunuldu: St. Peter's College (Oxford); Yunanistan Ulusal Araştırma Merkezi (Ermoupolis, Syros); Zentrum Moderner Orient (Berlin); Sanat, Beşeri Bilimler ve Sosyal Bilimler Araştırma Merkezi (Cambridge); Pembroke Center (Brown Üniversitesi); Amsterdam Üniversitesi; Kıbrıs Üniversitesi; Artos Vakfı (Kıbrıs); Nicosia Üniversitesi; Sussex Üniversitesi; Birkbeck College ve Exeter Üniversitesi. Ayrıca Amerikan Antropoloji Derneği (Chicago), Avrupa Sosyal Antropologlar Derneği (Viyana, Bristol, Ljubljana) ve Birleşik Krallık Sosyal Antropologlar Derneği'nin (Brighton) toplantılarında sunuldu. Bu seminerler ve konferanslarda yapılan yorumlar da çalışmamı şekillendirdi.

Uzun süren iki araştırma ve yazma dönemi, bu kitabı oluşturan proje için aldığım burslarla desteklendi. John D. ve Catherine T. MacArthur Vakfı'na (ABD), Sanat ve Beşeri Bilimler Araştırma Konseyi (Birleşik Krallık) ve Fortes Fonu'na (Cambridge) teşekkür ederim.

Kitap ilk olarak Duke Üniversitesi Yayınevi'nden yayımlandığı için kendimi çok şanslı buluyorum. Yayıma hazırlık aşamasında Ken Wissoker ile birlikte çalıştığım için son derece memnunum. Baskı öncesinde metni okuyan düzeltmenlere teşekkür ederim; onların değişiklik ve düzelti önerileri kitabın daha iyi bir hale gelmesini sağladı. Ayrıca Toby Macklin, Tim Elfenbein ve Mark Mastromarino'ya da yayıma hazırlık çalışmaları için teşekkür ederim.

Koç Üniversitesi Yayınları'ndan basılan bu kitabın şahane Türkçe çevirisi için Cem Soydemir'e, eksiksiz yayıma hazırlanma ve editörlük süreci için Tuğba Yıldırım ve Cem Akaş'a içten teşekkür ederim.

Kıbrıs'ta geçirdiğim yıllardaki dostlukları ve destekleri için Fatma ve Bekir Azgın, Olga Demetriou ve Murat Erdal Ilıcan, (sonradan kaybettiğimiz) Soulla Georgiou, Maria Hadjipavlou, Ruth Keshishian, Niyazi ve Sylvaine Kızılyürek, Elli Mozora, Amber Onar ve Johan Pillai, Şaziye Barış Yaşın, Zeki ve Özcan Yaşın, Şengül ve Hakkı Yücel'e en içten teşekkürlerimi sunarım.

Mekânların ve maddiliklerin yüklediği duygulara odaklanan bu kitabın ruhuna uygun olarak, hem bir mekân olarak Kıbrıs'a hem de halkına büyük bir teşekkür borçlu olduğumu hissediyorum. Kıbrıs'ta olmak ve yaşamak, orada araştırma yapmak ve yazmak, bana, bugüne kadar başka hiçbir yerde olmadığı kadar çok esin verdi. Kıbrıs'taki o dönemde yaşadığımız eve şükranlarımı sunuyor ve bu evi koruyarak yaşatan (eski) kayınvalidem Ayşe Süleyman İpçizade'nin ve onun kız kardeşi, Mehmet'in de büyük teyzesi Süreyya Yaşın'ın ruhlarını anıyorum. Hayatta değiller, ama geride bıraktıkları bu ev ve nesnelerle orada olmaya devam ediyorlar.

Anne babam Leyla ve Daniel Navaro, sonsuz sevgileri ve destekleriyle her zaman yanımda oldular. Onları en içten minnet ve sevgiyle kucaklıyorum. Kız kardeşim Ilana Navaro, önsözün önceki halini okudu, önemli yorumlarda ve önerilerde bulundu.

Beni bu kitabın konusu olan Kıbrıs meselesiyle ilgilenmeye yönelten, bu çalışmayı yaptığım dönemde eşim (ve artık eski eşim) olan Mehmet Yaşın'a burada teşekkürlerimi sunarım. Hayatımızın en harikulade olayı kızımız Ayşe Mira kitabı yazdığım sırada doğdu ve hayatımıza ifade edilemeyecek kadar büyük bir neşe, ışık ve sevgi kattı. Bu kitabı ona ve geleceğine ithaf ediyorum.

Giriş bölümünün kısa bir kısmı ve birinci bölümün büyük bir kısmı şu başlıkla yayımlandı: "The Materiality of Sovereignty: Geographical Expertise and Changing Place Names in Northern Cyprus," *Spatial Conceptions of the Nation: Modernizing Geographies in Greece and Turkey* içinde, der. P. Nikiforos Diamandouros, Thalia Dragonas ve Çağlar Keyder (Londra: I.B. Tauris, 2010), 127-43.

İkinci bölümün daha eski bir versiyonu şu başlıkla yayımlandı: "De-Ethnicizing the Ethnography of Cyprus: Political and Social Conflict Between Turkish-Cypriots and Settlers from Turkey," *Divided Cyprus: Modernity and an Island in Conflict* içinde, der. Yiannis Papadakis, Nicos Peristianis ve Gisela Welz (Bloomington: Indiana University Press, 2006), 84-99.

Üçüncü bölümün daha eski bir versiyonu şu başlıkla yayımlandı: "Confinement and the Imagination: Sovereignty and Subjectivity in a Quasi-State," *Sovereign Bodies: Citizens, Migrants, and States in the Postcolonial World* içinde, der. Thomas Blom Hansen ve Finn Steputtat (Princeton: Princeton University Press, 2005), 103-19.

Dördüncü bölümün daha eski bir versiyonu şu başlıkla yayımlandı: "Affect in the Civil Service: A Study of a Modern State -System," *Postcolonial Studies* 9, sayı 3 (2006), 281-94.

Beşinci bölümün daha eski bir versiyonu şu başlıkla yayımlandı: "Make-Believe Papers, Legal Forms, and the Counterfeit: Affective Interactions between Documents and People in Britain and Cyprus," *Anthropological Theory* 7, sayı 1 (2007), 79-96; ayrıca şu başlıkla yayımlandı: "Legal/Illegal Counterpoints: Subjecthood and Subjectivity in an Unrecognized State," *Human Rights in Global Perspective: Anthropological Studies of Rights, Claims and Entitlements* içinde, der. Richard Ashby Wilson ve Jon P. Mitchell (Londra: Routledge, 2003), 71-92.

Yedinci bölümün daha eski bir versiyonu şu başlıkla yayımlandı: "Affective Spaces, Melancholic Objects: Ruination and the Production of Anthropological Knowledge," *Journal of the Royal Anthropological Institute* 15, sayı 1 (2009), 1-18.

Giriş: Kurmaca Mekân

Elimdeki, farklı bir yönetim pratiğinin ürünü olan kataloğa bakıyorum. "Kuzey Kıbrıs Türk Cumhuriyeti" İskân Bakanlığı Harita Dairesi Harita Teknik Uzmanlığı'nın bir çalışması ve başlığı şöyle: *K.K.T.C. Coğrafi İsimler Kataloğu (Cilt-III)*. Kapağın en üstünde KKTC'nin logosu basılı ve aşağıdaki alt başlıkta üçüncü cildin ayrıldığı şehrin adı yazılı: Girne.[1] Kataloğun sayfalarını çevirip, listelenmiş şehirlerin, ilçelerin, köylerin, mahallelerin, nehirlerin, dağların, tepelerin, arazilerin isimlerine göz gezdiriyorum. Listeler farklı kategorilere göre alt kümelere ayrılmış. Sayfanın en solunda, coğrafi yerlerin "yeni ismi" olarak belirtilen sütuna bakıyorum, hepsi Türkçe. Şöyle isimler görüyorum:

Anıt dere

Armutluk

Atabeyli

Ayhatun

Balıklı köy

Baş pınar

Başeğmez deresi

Liste devam ediyor. İkinci sütunda, Türkçe isimlerin karşısında yerlerin "eski ismi" yazılı. Bunların çoğu Rumca. Yeni isimlerin yanındaki eski karşılıklar şöyle:

Kalamoullin River

Appidhies

Sterakoudhia

Mylonas

Ayios Andreas

---

1 "Kuzey Kıbrıs Türk Cumhuriyeti" kuzey Kıbrıs ve Türkiye dışında, kaynakların çoğunda tırnak içine alınır. Burada ben de böyle kullandım, ama KKTC'yi kavramsal olarak (hukuksal olarak tanınan) diğer devletlerle karşılaştırılabilir bir vaka olarak ele almaya çalıştığım için kitabın geri kalanında çoğu yerde bundan kaçındım.

Kephalovrysos

Motidhes River

Katalogda yeni coğrafi isimler eskileriyle yan yana verilirken, üçüncü bir sütunda, kısa açıklamalarla yeni Türkçe isim tercihi gerekçelendirilmiş. İsimlerin bu şekilde tasnif edilme yöntemi için "standartlaştırma şekli" denmiş. Kimi Türkçe isimler "araziye uygunluğu"na göre verilmiş; örneğin zeytin ağaçlarının çok olmasından ötürü Templos köyünün yeni ismi Zeytinlik olmuş. Bazen de Harita Dairesi'ndeki harita teknik uzmanları isimleri bizatihi Rumcadan Türkçeye çevirmiş. Örneğin Armutluk-Appidhies isimlerinin yanındaki açıklama sütununda "Türkçesi" yazıyor. Başka bazı örneklerdeyse, KKTC yöneticileri coğrafi yerler için buldukları tamamen yeni (Türkçe) isimleri, "yeni isim" diye tanımlayarak "standartlaştırma"ya gitmişler. Kataloğun önsözünde belirtildiği gibi, bazen de belirli bir bölge, alan veya arazi için bir isim tercihleri olup olmadığı konusunda köylülerin fikri alınmış ve bu tür tercihler "yerleşmiş isim" olarak sınıflandırılmış. Zaten Türkçe olduğu veya kulağa Türkçe geldiği durumlardaysa eski isim "aynen" diye tanımlanarak standartlaştırılması sağlanmış. Yöneticiler yeni bir isim bulmada zorlandıklarındaysa, bu kez de Türkiye'deki yer isimlerini olduğu gibi almışlar. Son bir standartlaştırma yöntemi olarak da fonetik benzerliği temel almış ve eski Rumca isimlerin Türk(çe)leştirilmiş biçimlerini veya Türkçe okunuşlarını kullanmışlar. Örneğin "Kalamoullin" ismi "Akmulla"ya dönüşmüş. Ayrıca dördüncü bir sütunda, her isim değişikliği için bir "harita referansı" da verilmiş; sözgelimi Girne'nin Alsancak köyünde bulunan Anıt dere için "XII.9.D2" bilgisine rastlıyorsunuz. Son olarak, her coğrafi yerin koordinatlarının belirtildiği beşinci bir sütun var; örneğin Anıt dere için "WE 21-11" bilgisi yer alıyor.

Kataloğun son sayfalarını açıyorum; burada KKTC'deki yerleşimlerin bir listesi var; yönetimin resmen kabul ettiği (ve aslında kendi belirlediği) isimlere göre listelenmişler. Harita Dairesi'nin teknik uzmanları bir köye, mahalleye veya semte verilmiş her ismin yanına söz konusu yerin eski ismini eklemiş; eski ismin yanındaysa "Türklere göre" veya "Rumlara göre" açıklaması yer alıyor. Çoğu durumda köylerin ve mahallelerin Rumca ve Türkçe isimleri aynı, ama yönetimin verdiği yeni isimler tamamen farklı. Bu nedenle, örneğin bir köyün yeni ismi "Aydınköy", oysa köyün eski ismi, Türklere göre "Prastyo", Rumlara göreyse "Prastio". Benzer şekilde, yeni "Aşağıtaşkent"e Türkler eskiden "Sihari" diyormuş, Rumlarsa "Sykhari". Kuzey Kıbrıs'ta KKTC yönetiminin yeni isimler vermesinden önce Kıbrıslı Türklerin ve Kıbrıslı Rumların birçok coğrafi yer için aynı ismi kullandığı çok açıktı.[2]

---

2 Etnisite ve milliyetçiliğe yapılan göndermeleri vurgulamak için kitabın İngilizce baskısında Kıbrıslı-Türkler veya Kıbrıslı-Rumlar tireli kullanımına yer verdim. Böylelikle, alan araştır-

Tekrar başa dönüyorum; iç kapakta kataloğun 1999'da Güvenlik Kuvvetleri Komutanlığı tarafından Devlet Basımevi'nde basıldığı bilgisi yer alıyor. KKTC harita teknik uzmanı Halil Giray'ın yazdığı önsözü okuyorum:

> Bilindiği üzere Kıbrıs adası, Doğu Akdeniz'deki konumu nedeni ile, daha ilk çağlardan başlayarak, farklı ulusların ve yönetimlerin ilgisini çekmiş, zaman zaman, kısmen veya tamamen işgal edilmiş, bunun sonucu olarak da, kısa veya uzun sürelerle, farklı dil, din ve kültürlerin etkisi altında kalmıştır.

> Yine bilindiği üzere, her insan topluluğu, farklı medeniyet seviyesinde de olsa, yaşamak için seçtiği ve yerleştiği topraklara sahip çıkabilmek gayesi ile, bir taraftan kendi egemenlik sınırlarını belirleyip onları korumak için gerekli önlemleri alırken, diğer taraftan da, bu sınırlar içerisindeki arazileri ve coğrafi detayları tarif edebilmek için onlara isimler verir. Bu isimlerin, konuştuğu ve anladığı dilde olması gayet tabiidir.

> Nitekim, Kıbrıs'a yerleşen tüm toplumlar ve yönetimler tarafından bu yönde uygulamalar yapılmıştır.

> 1571 yılında, Ada'nın Türk idaresi altına girmesini müteakip, özellikle yeni oluşturulan veya Venediklilerin terkettikleri Türklerin ve yerleştirildiği köy ve mahallelere, Türkçe isimlerin verilmiş olması da, beklenen ve normal karşılanması gereken bir gelişme idi.

> Ayni şekilde, Türk köylüsünün kendi kullandığı, ekip biçtiği arazilere ve çevresindeki coğrafi detaylara Türkçe isimler vermesi de yadırganmamalıdır.

> 307 yıl süren Türk idaresi zamanında, resmi veya özel kişi ve kuruluşlar tarafından bu isimlendirmeler, çeşitli vesilelerle devam etmiş ve bunların bir bölümü resmi kayıtlara ve haritalara girerken, diğer bir bölümü de, halkın dilinde günümüze taşınmıştır.

> İngiliz'lerin 1878 yılında Ada'nın yönetimini devralmalarını müteakip ise, bu konudaki çalışmalar farklı bir istikamete yönelmiştir.

> İngiliz'ler, Kıbrıs adası ile ilgili siyasi emellerini gerçekleştirmede önemli bir engel olarak gördükleri Türk varlığını zayıflatmak, hatta sıfırlamak için aldıkları çeşitli önlemlerden birisi de, Ada'nın her tarafına yayılmış Türk malı

---

mamı yaptığım dönemde Kıbrıs'ta kimliklerin ve toplumsal ilişkilerin "Kıbrıslı" niteliğini vurgulamış oluyorum. Türkçenin Kıbrıs Türkçesi lehçesinde, Kıbrıs Türklerini tanımlamak için kullanılan sıfat, tam da "Kıbrıslı Türkler"di. İngilizcede bunu ifade etmenin en iyi yolu tire kullanarak *Turkish-Cypriot* sözcüğünü türetmekti. Türkçede, Yunanistan vatandaşları için Yunan, Kıbrıslılar içinse Rum sözcüğü kullanılır. Ben de Yunanistan kökenli Kıbrıslıları, Yunan vatandaşlarından ayırmak için *Greek-Cypriot* (Kıbrıslı Rum) kullanımını tercih ettim. Benzer şekilde, "Kıbrıslı Türkler" de Türkiye'deki Türk vatandaşlarından ayrılırlar. Hem "Kıbrıslı Türk" hem de "Kıbrıslı Rum" terimleri, savaşla ve bölünmeyle birbirinden ayrılan bu iki toplumun üyelerinin birbirinden nasıl farklılaştığını anlatır.

toprakları, özellikle geniş vakıf arazileri ile Sultan mallarını devletleştirip Rum köylülere dağıtırken, diğer taraftan da, bu bölgelerdeki Türk izlerini tamamen silebilmek için, mevcut Türkçe isimleri, Rumca karşılıkları ile değiştirerek kullanmışlardır.

Ayni şekilde, Ada yönetimini devralmalarının hemen akabinde başlattıkları 1/63,360 ölçekli Kıbrıs haritasının hazırlanması ve müteakiben başlatılan tapu haritalarının üretimi ve tapu kayıtlarının yenilenmesi çalışmaları sırasında, kendilerine büyük bir memnuniyet ile yardımcı olan Rum tapu memurlarının da katkısı ile, binlerce Türkçe mevki ismi değiştirilmiş ve haritalara Rumca karşılıkları yazılmıştır.

İngilizler tarafından hazırlanan ve Kıbrıs'ın tümünü içeren 8,000 civarında tapu haritasında mevcut 61,139 coğrafi isimden yalnız 1,731 adedi Türkçe, 795 adedi yarı Türkçe yarı Rumca, geri kalan 58,613 mevki ismi ise tamamen Rumca isim olarak verilmiştir.

307 yıl Türk idaresinde kalan ve uzun bir süre Türk nüfusun Rum nüfusundan fazla olduğu bir adada, tarlalara, tepe ve derelere verilen isimlerin, tamamına yakınının, resmi kayıtlarda ve haritalarda Rumca olması, İngiliz ve Rumların geleceğe dönük planlarının somut bir göstergesidir.

Ancak bunun bilincinde olan Kıbrıs Türkü, tüm engellemelere rağmen, sömürge idaresi zamanında da, Kıbrıs Cumhuriyeti ve onu takip eden buhranlı günlerde de, Türkçe isimlere sahip çıkmış, onları kullanmış, hatta bunlara yeni isimler de ekleyerek bugüne taşımıştır.

Kıbrıs'taki coğrafi isimlerle, özellikle köy isimleri ile ilgili ilk kapsamlı resmi çalışma, 1957 yılında Ankara'da, Harita Genel Komutanlığı (o tarihlerde Genel Müdürlük) tarafından hazırlanan ve müteakiben basımları gerçekleştirilen 1/50,000 ve 1/25,000 ölçekli topoğrafik Kıbrıs harita serileri ile 1/250,000 ölçekli fiziki Kıbrıs haritasının ön hazırlık çalışmaları sırasında gerçekleştirilmiş ve İngiliz ve Rumlar tarafından değiştirilip unutturulmak istenen Türkçe köy isimleri, tekrar öne çıkarılmış, tamamı veya çoğunluğu Türk olan, ancak Rumca isim taşıyan birçok köyün ismi de değiştirilerek uygun Türkçe isimler verilmiştir.

Bu isimlerin büyük çoğunluğu, Kıbrıs Türk Cemaat meclisi ve ilgili köy halkının da onayı alındıktan sonra, söz konusu haritalarda kullanılmış ve halen de kullanılmaya devam edilmektedir.

K.K.T.C.'nin egemenliği altındaki bölgeye ait tüm coğrafi isimlerin, uluslararası kaidelere, ilgili yasa ve tüzüğe uygun olarak standartlaştırılması çalışması ise, K.T.F.D. Meclisi'nin 30 Kasım 1978 tarih ve 28/1978 sayılı ilgili yasası doğrultusunda, Bakanlar Kurulu'nun 25 Nisan 1979 tarihinde aldığı, Ç-289/79 sayılı karar ile oluşturulan K.T.F.D. (sonradan K.K.T.C.) Coğrafi İsimlerinin Standartlaştırılması Sürekli Komitesi tarafından yürütülmüş ve

18 yıl kesintisiz sürdürülen çalışmalar sonucunda, K.K.T.C.'nin her karış toprağına, varlığımızın ve egemenliğimizin somut göstergesi olarak Türkçe isimler verilmiştir.

Yapılan bu çalışma, 1967 yılında Cenevre'de yapılan B.M. Birinci Standartlaştırma Konferansında, ilgili Uzmanlar Komitesi tarafından hazırlanan sonuç raporunda belirtilen, "Coğrafi isimler, her ülkenin kendi resmi dil veya dillerinde yazılır ve kendi ulusal standartlaştırma komitesi aracılığı ile saptanır" ilkesinin de bir gereğidir.

K.K.T.C. coğrafi isimlerinin standartlaştırılması projesi, Kıbrıs adasının %35.04'lük bölümünü oluşturan 3,241.68 km² alana sahip K.K.T.C.'nin, egemenliği altındaki bölgede mevcut olan ve 3,600 civarında tapu haritasının içerdiği tüm coğrafi isimlerin Türkçeleştirilmesi için yapılan araştırma ve çalışmaları kapsamaktadır.[3]

İdeolojik olması bu önsözün arkasındaki politik saiki de açığa vuruyor. Giray'a göre, bir toprak üzerinde egemenlik hakkı iddia edenlerin, buradaki coğrafi yerleri kendi dillerinde isimlendirme arzusunun da normal görülmesi gerekiyor.

Kıbrıslı Türkler, yer isimleri değiştirildiğinde köylerin girişini (veya çıkışını) gösteren eski yön levhalarının kaldırıldığını söylüyor. Harita Dairesi'nin çalışmalarıyla eşanlı olarak yönetimin mekânsal icraatlarında Rumcaya her türlü dilsel veya simgesel gönderi ya silinmiş ya da kaldırılmış.[4] Yıllar içinde silikleşmiş Rumca harflerin gölgesi sadece birkaç yerde levhaların üzerindeki boyanın altından hafifçe belli oluyor. Kuzey Kıbrıs'ın eski ve yeni sakinlerini dönüşmüş mekânlar hakkında bilgilendiren yeni yön levhaları, artık tamamen değişmiş bir peyzajda, yönlerini tayin etmede insanlara yardımcı oluyor. Kıbrıslı Türklerin eski ve yeni yerleri yeni isimleriyle eşleştirmesine yardımcı olan isim değişiklikleri kataloğunu bugün kuzey Kıbrıs'ta kitapçılarda ve bazen süpermarketlerde, adanın yeni haritalarının hemen yanında bulabilmek mümkün. Katalog, yeni yurdun sakinlerinin bu yeni

---

3 Giray, *K.K.T.C. Coğrafi İsimler Kataloğu (Cilt-III). Girne İlçesi*, i-ii. [Orijinal metnin yazım özellikleri korunmuştur –en.]

4 Keza Copeaux ve Mauss-Copeaux da kuzey Kıbrıs'taki coğrafi yer adları değişikliklerini araştırmıştır: bkz. Copeaux ve Mauss-Copeaux, *Taksim!*, 74-8 [*Taksim! Bölünmüş Kıbrıs*, Fr. çev. Ali Berktay, 1. baskı. İstanbul: İletişim Yayınları, 2009]. Benim açıklamamın farklılığı ise, coğrafi yer ismi değişikliklerine giren yönetim pratiğine (yani, bürokrasiye) ve bundan türettiğim teorik kavramsallaştırmaya dikkat çekmesinden kaynaklanıyor. Türkiye'deki eski (Ermenice, Yunanca, Süryanice, Kürtçe, Arapça, Gürcüce, Çerkezce, Lazca) ve yeni (tamamı Türkçe) coğrafi isimlere ilişkin kapsamlı bir sözlük için bkz. Nişanyan, *Adını Unutan Ülke*. Kuzey Kıbrıs'taki isim değiştirme pratikleri, Türkiye'deki daha eski benzer pratiklere uymakta ve kendilerine model almaktadır. Coğrafi yer ismi değişikliklerine ilişkin bir inceleme için bkz. Öktem, "The Nation's Imprint."

fantazmatik [*phantasmatic*] mekâna adapte olmasına yardımcı olmak amacıyla hazırlanmış, ama aslında yerlerin ismini değiştirerek insanları yanlış yönlendiriyor. Eskinin "Bellapais"i bugünün "Beylerbeyi"; "Vasilya"sı "Karşıyaka"; "Ayyorgi"si "Karaoğlanoğlu" olmuş.

Kurmaca

Bu kitap kurmaca bir mekâna dair. Kurmacayı toplumsal bir biçim olarak kabul ediyor ve sadece mekâna ve ülkeye değil, ayrıca hem yönetim ile yönetim şekline hem de maddi pratiklere gönderme yapıyor. Kurmaca, tanınmayan bir devletin, Kuzey Kıbrıs Türk Cumhuriyeti'nin topraklarında yaptığım etnografik çalışmadan doğan analitik bir kategori. Benim kavradığım şekliyle sadece imgelemin işleyişine veya basitçe yaratımın maddiliğine gönderme yapmıyor, aynı anda ikisini birden içeriyor. Antropoloji ve benzeri disiplinlerde, fantazmatik ile maddiliği sanki ayrılmaları mümkünmüş gibi birbirinden koparan çok yeni, sorunlu bir literatür var. Toplumsal inşacı hatta yer alanlar, toplumsal formasyonun imgelemsel yönlerini[5] vurgularken, yeni materyalistler, nesnelerin insan imgeleminin işleyişinden farklı (ve ona karşı) bir faaliyette bulunduğunu savunuyor.[6] Benim bu kitapta öne sürdüğüm kurmaca ise toplumsal inşacı ve yeni materyalist yaklaşım arasındaki karşıtlığa karşı çıkan bir kavram; fantazmatik ile somutu birlikte kavramsallaştırıyor ve birini diğerinden üstün tutmuyor. Hem maddi üretime gönderme yapan hem de imgelemsel işleyişi vurgulayarak fantazmatik olana temas eden bir sözcük.

1990'ların sonunda ve 2000'lerin başında yaptığım alan araştırması boyunca KKTC yönetimi altında yaşayan Kıbrıslı Türkler, genellikle yönetim biçimlerinden söz ederken "uyduruk devlet" lafını kullanıyordu. Uyduruk sözcüğü, gerçek dışı, sahte, derme çatma gibi yan anlamlar içerir ve aslı olmayan, düzme, uydurma şey anlamına gelir. Kıbrıs'ta yaşayan birçok Kıbrıslı Türkün kullandığı uyduruk devlet metaforu, bu anlamların hepsini barındırır. Vatandaşların yönetimi böyle temsil edişlerinde KKTC'nin tanınmayışına, uluslararası gayri meşru devlet statüsüne örtük bir gönderme vardır.

Gelgelelim yönetimlerini bu şekilde kavramsallaştırmayı seçen Kıbrıslı Türkler, aynı zamanda hem maruz kaldıkları hem de gerçekleşmesine bizzat katıldıkları bir toplumsal pratiğe, yönteme ve sürece de gönderme yaparlar. Kitaba temel teşkil

---

5 Örneğin bkz. Anderson, *Imagined Communities* [*Hayali Cemaatler*, İng. çev. İskender Savaşır, 8. baskı. İstanbul: Metis Yayınları, 2015].

6 Örneğin bkz. Henare vd., *Thinking through Things*; Latour ve Weibel, *Making Things Public*.

eden bir analitik kategori olarak "kurmaca mekân", hem yönetime hem de ülkeye, dolayısıyla tarihsel olarak özgül, farklı bir yönetim şekline ve mekânına gönderme yapan, kuzey Kıbrıs'a özgü etnografik (veya yerel) bir kavram olan "uyduruk devlet"ten geliştirdiğim bir kavram. Bir şey üretmeye, yaratmaya girişen imgelem, bizatihi bu üretimin maddiliğinin önemli bir parçasıdır; olmayan bir şeyi gerçekten varmış gibi göstermeye çalışan bir tasarlama sürecidir.

Bu kitapta kuzey Kıbrıs hem etnografik olarak tanımlanan gerçek bir mekânı hem de kavramsal olarak keşfetmemiz gereken bir kurmaca örneğini cisimleştirir. Kuzey Kıbrıs iki anlamda yaratılmıştır: Bir taraftan toprak ve ülke üzerindeki edimsel maddi pratikler yoluyla, diğer taraftan da politik imgelemin kullanımı yoluyla. Biçim ve içeriklerini betimlediğim bir nesne olarak katalog, söz konusu özgül kurmaca mekânı şekillendiren maddi yönetim pratiklerinin ve ideolojilerin somut bir örneğidir. Tartışmaya açık bir husus olmakla birlikte, devlet pratikleriyle örtüştüklerinde tüm mekânlar kurmaca niteliklere sahip olurlar.[7] Bu bakımdan kuzey Kıbrıs bir istisna değildir.

Mekân ve Zaman

Bu kitap 1974'te adanın bölünmesinin ardından kendisini ayrı bir ülke olarak tanımlayan kuzey Kıbrıs'ta mekânı ve zamanı kavramsal olarak irdeliyor. Öyleyse, üzerinde yaşayanların (1963 ile 1974 arasındaki) enklav döneminde ve 1974'teki bölünmenin sonrasında, zamanı farklı ve özel bir şekilde deneyimlediği, sınırlarla kapatılmış bir bölgede zamanın mekânsallığına dikkat çekmek gibi bir derdi de olmalı. Dolayısıyla bu etnografik çalışma, mekânın yanı sıra zamana da dair.[8] Bölünmenin ve uluslararası tanınmayışın, kuzey Kıbrıs yönetimi topraklarında ve orada yaşayan insanlar arasında, bölgesel ve politik göndermelerde kendisini belli eden, zamanın kesintiye uğramasına dayalı benzersiz bir zaman algısı yarattığına inanıyorum. Bu

---

7   Benedict Anderson'ın *Hayali Cemaatler* kitabı yayımlandığından beri, ulus-devletlerin kurulmasında barınan yaratıcılık yaygın olarak araştırılmaktadır. Anderson'ın, Castoriadis'in ve Lacan'ın terimden anladığı anlamda imgeseli içerimleyen fantazmatiğin özgül kullanımına ilişkin detaylı bir açıklama için bkz. Ivy, *Discourses of the Vanishing*, 4. Daha eski bir çalışmamda, fantazinin çalışmasını politik bir alanda söylemlerin çalışmasından ayırıyorum ve (Lacan ve Žižek'e atıfla) "fantazi" teriminin, iktidara fiziksel bağlanımları yapıbozuma uğratılabilecek "söylemler"den daha iyi kapsadığını öne sürüyorum: bkz. Navaro-Yashin, *Faces of the State*. Öyleyse, bu kitapta fantazmatik, imgelem için psişik bir yapıştırıcı kisvesine bürünmek yerine, bizatihi somut, maddi bir şekle bürünüyor ve edimsel toplumsal pratikler biçiminde karşımıza çıkıyor.

8   Kıyaslanabilir bir açıklama için bkz. Killoran, "Time, Space and National Identities in Cyprus."

duygu, alan araştırmamı gerçekleştirdiğim 1998 ile 2003 yılları arasındaki dönemde, sınırlar açılıp Rum tarafına geçiş izini verilene dek özellikle belirgindi. Burada mekânsal bir zaman tanımını tarihsel olarak konumlandırmaya çalışıyorum. Sözünü ettiğim "kesintiye uğramış zaman" duygusunu "eşzamanlılık" veya "zamandışılık"la karıştırmamak gerekir. Bunu, 20. yüzyılın sona erip 21. yüzyılın başladığı dönemde kuzey Kıbrıslıların zaman deneyimlerine ilişkin kendi açıklamalarını temel alarak, belirsiz bir süre boyunca mekânsal olarak kapatılma ve zamansal olarak muğlak bir statüye sahip olma haline ilişkin tarihsel olarak başvurulan bir açıklama diye yorumlayacağım. Kıbrıslı Türkler, 2003'ten önce kuzey Kıbrıs'ta var olan bu özel "durdurulmuş zaman" duygusunu, güney Kıbrıs'la aralarındaki sınıra ve sınırın dayattığı kapatılmışlığa, Kıbrıs Cumhuriyeti'yle sürdürülen müzakerelerin girdiği açmaza ve KKTC'nin tanınmaması nedeniyle uluslararası ekonomide yeri olmamasına bağlar. Bu kesintiye uğramış zamansallık duygusunun 2003'te sınırın açılmasından sonra değişimden geçtiğini önsözümde belirtmiştim.

Kıbrıs on yıllarca süren İngiliz sömürgeciliğinin ardından çift toplumlu bir devlet olarak kuruldu. Adada Kıbrıslı Rumlara ve Kıbrıslı Türklere eşit anayasal haklar tanıyan, sömürge sonrası bağımsız bir yönetim olarak kurulan Kıbrıs Cumhuriyeti, Kıbrıslı Türklerin silahlanmış Kıbrıslı Rumlarca öldürüldüğü veya "kaybedildiği" 1963'teki kritik olayların ardından bölündü. Kıbrıslı Türkler için 1963, Kıbrıslı Rumlarla bir arada yaşamalarının son bulmasındaki ilk dönüm noktasını teşkil eder. Bu nedenle, bu etnognafik çalışma açısından büyük önem taşıyan bir dönüm noktası olarak kabul edilmelidir. Kıbrıslı Rumların 1963'teki saldırıları yüzünden Kıbrıslı Türkler 1974'e değin tecrit edilmiş enklavlarda yaşamak zorunda kalmıştır; bu enklavlar toplumlar arası çatışmanın tekrarlanmasının önlenmesi amacıyla Birleşmiş Milletler barış gücü askerleri tarafından korunan, Kıbrıslı Rumlardan ayrılmış yerleşim birimleridir. Bu ara dönemde, Kıbrıslı Rumlar, Kıbrıs Cumhuriyeti'ni fiilen [*de facto*] sahiplendi ve yönetimi tamamen ele geçirdi; bu sırada Kıbrıslı Türkler de yaşamaya mahkûm edildikleri enklavlarda kendi yönetim pratiklerini geliştirmeye başladılar.

Yunanistan'da gerçekleşen 1974'teki askeri darbenin ardından Kıbrıslı General Georgios Grivas, Kıbrıs Cumhuriyeti'nde Makarios rejimine karşı paralel bir askeri darbe girişiminde bulundu. Bu darbe girişimi, Türk ordusunun Kıbrıslı Türklerin çıkarlarını koruma iddiasıyla 20 Temmuz'da kuzey Kıbrıs'a yaptığı çıkarmayla birlikte neredeyse daha başlamadan başarısızlığa uğramıştır. Türk ordusunun kuzey Kıbrıs'ı ele geçirmesiyle birlikte burada yaşayan Kıbrıslı Rumlar yurtlarından güneye kaçmak zorunda kalmış, birçoğu öldürülmüş ya da kaybedilmiştir. Buna mukabil, Kıbrıs'ın güneyindeki enklavlarda yaşayan Kıbrıslı Türkler de Kıbrıslı

Rumların saldırılarına, öldürme ve kaçırma misillemelerine maruz kalarak kuzeye kaçmak zorunda kalmıştır. Kıbrıs 1974'ten itibaren bölünmüştür. Kıbrıslı Türkler adanın bir tarafında, Kıbrıslı Rumlarsa diğer tarafında yaşar; ada askeri bölge olarak korunan bir sınırla ayrılmıştır; bu, adayı kabaca tam ortadan ikiye bölen Yeşil Hat'tır.[9]

1960'ta Kıbrıslı Türklerle birlikte iki toplumlu kuruluşuna rağmen, neredeyse sırf Kıbrıslı Rumların sahiplendiği Kıbrıs Cumhuriyeti, uluslararası toplumun tanıdığı bir devlettir ve uluslararası ticari dolaşımın içinde bizzat yer alır. Kıbrıs'ın tamamını temsil ettiğini iddia etmekle birlikte, 1974'ten itibaren yalnızca Yeşil Hat'ın güneyindeki bölgeyi yönetmektedir. Kuzeydeyse Kıbrıslı Türkler, 1983'te Türkiye dışında uluslararası toplumun hiçbir üyesinin tanımadığı bağımsız bir devletin kurulmasıyla sonuçlanan bir dizi yönetim tarafından idare edilmiştir. KKTC (adada hâlâ yaklaşık 40.000 asker bulunduran) Türk ordusunun da desteğiyle 1983'te kuzey Kıbrıs'ta egemenliğini ilan ederek bu bölgeyi temsil ettiğini ileri sürmüştür. KKTC'ye muhtelif ekonomik ambargolar uygulanmış ve bunun sonucunda kuzey Kıbrıs neredeyse tamamen Türkiye'ye bağımlı hale gelmiştir. Ayrıca politik yaptırımlar da uygulanmıştır, dolayısıyla KKTC'nin idari uygulamaları ve resmi belgelerdeki temsilleri kuzey Kıbrıs dışında tanınmamaktadır. Sonuç olarak, Kıbrıslı Türkler küçük bir bölgede hapsolduklarını hissetmektedir; özellikle de Yeşil Hat üzerindeki güneye geçiş noktalarının 2003'te beklenmedik bir şekilde açılmasına kadar bu duygu yoğunluğunu korumuştur.

1974 hem Türk hem de Rum tüm Kıbrıslılar için önemli bir yıldır; her şeyin tamamen değiştiği noktayı simgeleyen duygusal [*affective*] özellikler taşır. Kıbrıslılar hem bu tarihe hem de öncesindeki ve sonrasındaki olaylara farklı anlamlar atfeder, ama yine de herkesin hatırladığı önemli bir tarihtir. Kuzey Kıbrıs'ta 1974 öncesi ve sonrası kuşaktan söz edilir. Kıbrıslı Türkler ile Kıbrıslı Rumlar arasında 1974'ün 1963'ten daha önemli bir tarih olup olmadığına dair anlaşmazlık vardır. Kıbrıslı Türklere göre adadaki dönüm noktasını simgeleyen 1963, hem 1974'ü önceleyen hem de 1974'ün habercisi olan daha önemli bir tarihtir; burada vurgulanan nokta, Kıbrıslı Rum EOKA (Ethniki Organosis Kyprion Agoniston; Kıbrıs Mücadelesi Ulusal Örgütü) savaşçılarının 1963'te ve müteakip enklav döneminde Kıbrıs Cumhuriyeti çatısı altında Kıbrıslı Türklere karşı düzenlediği saldırılardır.[10]

---

9 Sınır kavramı kuzey Kıbrıs rejimine bağımsız bir egemenlik atfedildiğini içerimleyebileceğinden, Kıbrıslı Rumların çoğu, kuzey ve güney Kıbrıs'ı ayıran sınırdan Yeşil Hat olarak söz etmeyi tercih eder.

10 EOKA, İngilizlere karşı savaşan ve Kıbrıs'ın Yunanistan'la birleşmesini (*énosis*) savunan bir gerilla birimiydi. Sömürgecilik karşıtı direniş sürecinde EOKA, Kıbrıs Türk toplumunun

Öte yandan, Kıbrıslı Rumlar ise 1974'ten genellikle adanın yakın tarihindeki kopuş noktası veya eşik olarak söz ederler; böylelikle, 1963 ile 1974 arasındaki toplumlar arası çatışma döneminin önemini azaltırlar. Ama adanın her iki tarafında da 1974 dünyanın alt üst olduğu noktayı simgeler.

Kuzey Kıbrıs, 1974'ten beri kendisini adanın güneyinden ayrı ve bağımsız bir ülke olarak tanımlamaktadır. Bundan önce Kuzey Kıbrıs diye bir ülke var olmamıştır. "Sorunu çözebilmek" için mahallelerin, pazar alanlarının, sokakların ve hatta insanların evlerinin ortasından geçen bir ateşkes hattı ve tampon bölge tesis edilerek Kıbrıs'ın başkenti Lefkoşa ikiye bölünmüştür. Aynı şekilde, bölge boyunca tarlaları köylerinden, nehirleri döküldükleri kaynaklarından ayıran, hatta sahil şeridini ikiye bölen sınırlar ve geçiş noktaları inşa edilmiştir. Kuzey Kıbrıs'ı kendi idari yapısına ve yönetim şekline sahip bağımsız bir ülke olarak kurabilmek için sayısız girişimde bulunulmuştur.

Ama sadece 1974 bir dönüm noktasını teşkil etmez. Kıbrıs'ın bölünmesi, Türk ordusunun ve Kıbrıslı Türklerin Türkiye'deki politikacılarla işbirliği içindeki liderlerinin yanı sıra, sömürge döneminin çözülme sürecinde İngilizler tarafından da tahayyül edilmiş ve ince bir şekilde işlenmiştir.[11] Bölünme ya da diğer bir deyişle "taksim", Kıbrıslı Rumların *énosis*, yani Yunanistan'la birleşme isteklerine ve planlarına karşı alınmış bir önlem olarak tasarlanmıştır.[12] Söz konusu dönemde Kıbrıslı Rumların çoğunluğunun talep ettiği Yunanistan'la birleşmenin gerçekleşmesi durumunda, Türk azınlığın adadaki geleceğinin ne olacağı dikkate alınarak, adanın etnik bakımdan ayrımlaşan çizgilerle bölünmesi bir alternatif olarak düşünülmüş ve planlanmıştır. Dolayısıyla, kuzey Kıbrıs 1974'ten önce bağımsız bir varlık olarak fiili veya maddi bir varoluşa sahip olmadıysa da politik imgelemlerde mevcut olmuş ve yaşamıştır. 1950'lerde ve 1960'larda Türkiye'de milliyetçiler "Ya taksim ya ölüm" sloganları atarak, Kıbrıs'ın bölünmesini desteklemek için gösteri yürüyüşleri düzenlemişlerdir. Bölünmeye yönelik uygulamalar 1974'ten önce de pekâlâ yürürlükte olmuştur. Adanın İngiliz egemenliği ve yönetiminde olduğu dönemde (1950'lerde ve 1960'ta bağımsızlığın ilan edilmesine değin) Kıbrıslı Türkler ile Kıbrıslı Rumlar için ayrı varoluş alanları ve ateşkes hatları oluşturulmaya çoktan başlanmıştı. 1963 ile 1974 yılları arasında, adada Kıbrıslı Türk ve Kıbrıslı Rum savaşçılar arasında çatışmalar başladığında, eski ateşkes hatlarından ve bariyerlerden bazıları yeniden inşa edildi. Söz konusu toplumlar arası çatışma döneminde,

---

birçok ferdini de hedef aldı.

11 Başka yerlerdeki bölünmeye dair İngiliz sömürge projelerini değerlendirmek ve bir karşılaştırma yapmak için bkz. Butalia, *The Other Side of Silence*.

12 Perry Anderson, "The Divisions of Cyprus."

Kıbrıslı Türkleri getto benzeri enklavlara hapsederek Kıbrıslı Rumlardan ayıran yeni tecrit uygulamaları icat edildi.[13]

Dolayısıyla, bölünme 1974'te Kıbrıs'ın etnik olarak tanımlanmış çizgilerde ayrılmasına yönelik daha eski uygulamaların zirvesi veya kaynama noktasıydı; popüler bellekte ve imgelemde önemli bir rol oynuyordu. Ama imgelemin her içeriğinin somut, maddi bir muadili de vardır. 1974 yılı bir anı, bir rüya, bir ideoloji, bir kâbus veya bir görü olmaktan ibaret değildir. Kıbrıs'ın tüm maddiliğine, fizikselliğine, dokusuna, yüzeyine ve topraklarına kazınmıştır. Sadece peyzajı değil, mekânı da dönüştürmüştür. 1974, Lefkoşa şehrini günümüze dek ortadan ikiye bölen tel örgünün ve bariyerlerin, tarlalara döşenmiş mayınların, toplu mezarlardaki (kimliği belirlenmiş ya da belirlenmemiş) cesetlerin katı ve maddi biçimlerinde, dikenli çalılarla kaplı falezlerde bulacağınız mermi kovanlarında, fazlasıyla büyümüş çalıların arasına gizlenmiş denize nazır siperlerde, binalarda ve damlardaki kurşun deliklerinde, Lefkoşa'yı boydan boya kat eden bölünmüş mekânda elle tutulur bir somutluk olarak var olur. Kurmaca gerçektir. Dolayısıyla, kitapta fantazmatiğe yapılan her gönderme, keza maddiliğe ve somut olana da bir göndermedir. Fantazmatik bir nesne niteliğindedir ya da tam tersi söz konusudur. Begoña Aretxaga'nın öne sürdüğü gibi, kurmaca ile gerçek birbirinden farklı değildir; biri diğerinden önce gelmez, diğerini öncelemez veya belirlemez.[14] İkisi birlikte bir çekirdeği oluşturur.

Peki, kurmaca bir mekân nasıl yaratılır? Özellikleri nelerdir? Hangi pratiklerle oluşur? Nasıl bir hissiyatı vardır? Kitapta yanıtlanmaya çalışılan kilit sorular bunlar. Kurmaca özelliklerine işaret ederken, tanınmayan bir devlet olduğu için kuzey Kıbrıs'ı anormalleştirerek veya istisnaileştirerek dışlamaya, köşeye kıstırmaya veya biçimlendirmeye çalışmıyorum. Kurmaca tek yönlü veya tek biçimli değildir; her ne kadar etnografik araştırma için seçtiğim alan veya yer, kuzey Kıbrıs olsa da bu ülke ve yönetimi, kurmacalığı bakımından benzersiz veya kıyaslanamaz değildir. Kuzey Kıbrıs'ın maddiliğini antropolojik olarak düşünme sürecinde kurmaca, bu kitapta, etnografik olarak betimleyici bir kategoriden kavramsal ve teorik bir kategoriye dönüşüyor. Bilgi üretimi de başka bir hayal, başka bir zanaat elbette. Aynı zamanda, başka türden bir maddiliği de var. Buradaki örnekte ve doğru antropolojik tarzda, kavramsal yaratıcılık alanın somutluğundan doğar veya türer. Tıpkı üzerindeki yazı kısmen ya da tamamen silinip, yerine başka bir yazı yazılmış olan bir parşömen gibi, kurmacaya dayalı bir kurmaca, başka bir şeyin üzerindeki bir şeydir. Kuzey Kıbrıs, kavramsal bir kategoriye dönüştüğünde, sadece Kıbrıs'ın

13 Volkan, *Cyprus* [*Kıbrıs: Savaş ve Uyum: Çatışan İki Etnik Grubun Psikanalitik Tarihi*, İng. çev. Berna Kılınçer, 1. baskı. İstanbul: Everest Yayınları, 2008].
14 Navaro-Yashin, "Fantasy and the Real in the Work of Begoña Aretxaga."

kuzeyinde var olanın değil, başka mekânların ve başka toplumsal biçimlerin kurmaca niteliklerini tahayyül etmemizi veya gözümüzde canlandırmamızı sağlayacak bir kavram havasına bürünür. Başka bir deyişle, kurmaca, yani buradaki örneğimizde kuzey Kıbrıs, düşünmemizi sağlar.

Hayalet Topraklar

Kuzey Kıbrıs, etnik olarak tanımlanmış çizgilerde gerçekleşen gayri resmi bir nüfus mübadelesiyle şiddetlenen bir savaşın sonrasında oluşmuş bir mekândır.[15] Mekânın (1963 ile 1974 arasında) enklav döneminde etnisite ile ilişkilendirilmesinden önce Kıbrıs, bu topraklarda yaşayan Kıbrıslı Türkler ve Kıbrıslı Rumlardan (ve elbette Maruniler, Ermeniler ve Britanyalılar gibi diğer toplulukların fertlerinden) oluşurdu. Hem Türklerin hem de Rumların birlikte yaşadığı pek çok karma köy vardı. Diğer Türk ve Rum köyleri de birbirine çok yakındı. Aslında Kıbrıs'ta gerek Türkiye'nin gerek Yunanistan'ın etkisiyle milliyetçilik tırmanana dek, Kıbrıslı Türkler ve Kıbrıslı Rumlar kendilerini veya birbirlerini etnik veya milliyetçi terimlerle tanımlamaz, farklı toplumlar olarak görmezdi.[16] Dinsel farklılık, cemaatleri dinsel bağlanım temelinde sınıflandıran Osmanlı millet sistemindeki gibi kabul görüyordu. Ama dinsel ayrımlar bile muğlaktı; örneğin Osmanlı yönetiminin isteği doğrultusunda pragmatik olarak din değiştiren veya birden fazla dini olan cemaatler vardı, *linobambaki* bunların en ünlülerindendir.[17] Benzer şekilde Kıbrıslı Türkler ile Kıbrıslı

---

15 Kuzey ve güney Kıbrıs arasındaki nüfus mübadelesinin tarihsel bir örneği vardır. Kıbrıslı Rumların güneye ve Kıbrıslı Türklerin de kuzeye iç yer değişimi, 1922'de Yunanistan ile Türkiye arasındaki daha eski ve büyük nüfus mübadelesine dayalı bir hususun maddileşmesiydi. 1963 ile 1974 arasında Türklerin ve Rumların ayrı enklavlara yerleştirilmesi ve 1974'ten itibaren etnik olarak tanımlanan çizgilerde mutlak bölünmenin gerçekleşmesi, yaşam alanlarının zorla ayrılmasına ilişkin bu tür daha eski bir olayın yinelenmesi olarak yorumlanabilir. 1922'de Türkiye ile Yunanistan arasında gerçekleşen nüfus mübadelesine ilişkin incelemeler için bkz. Hirschon, *Heirs of the Greek Catastrophe* [*Mübadele Çocukları*, İng. çev. Serpil Çağlayan, 2. baskı. İstanbul: Tarih Vakfı Yurt Yayınları, 2005]; Hirschon, *Crossing the Aegean* [*Ege'yi Geçerken: 1923 Türk-Yunan Zorunlu Nüfus Mübadelesi*, İng. çev. Müfide Pekin ve Ertuğ Altınay, 2. baskı. İstanbul: Bilgi Üniversitesi Yayınları, 2007]; Yıldırım, *Diplomacy and Displacement* [*Türk-Yunan Mübadelesi'nin Öteki Yüzü: Diplomasi ve Göç*, 1. baskı. İstanbul: Bilgi Üniversitesi Yayınları, 2006].

16 Bryant, *Imagining the Modern* [*Tebaadan Vatandaşa: Kıbrıs'ta Modernite ve Milliyetçilik*, İng. çev. Seyhan Özmenek, 1. baskı. İstanbul: İletişim Yayınları, 2007]; Yashin, *Step-Mothertongue* [Yaşın, Mehmet, der. ve İng. çev. *Diller ve Kültürler Arası Bir Edebiyat İncelemesi: Kıbrıs Şiiri Antolojisi*, 1. baskı. İstanbul: Adam Yayıncılık, 2005].

17 *Linobambaki* tam anlamıyla keten ile pamuğu birleştirmek demektir ve iki farklı dinsel çerçevenin birleştirilmesindeki senkretizme gönderme yapar. Daha ayrıntılı bir açıklama için bkz. Yashin, *Step-Mothertongue*.

Rumlar arasındaki farklılıklar dilsel açıdan da belirgin değildi veya karmaşıktı; anadili Rumca olan Müslümanların yaşadığı pek çok köy vardı.[18] Bu tür köylüler, onlara bir etnisite veya milliyet iliştiren toplumlar arası çatışmalarda "Türk" olarak sınıflandırılırdı. Adada milliyetçiliğin yükselmesinden önce birlikte varoluşun veya kozmopolitliğin mevcudiyetine dair bir mutluluk tablosu çizmeye çalışmıyorum; sadece 1963'ten itibaren yaşanan enklav dönemiyle ve 1974'ten sonraki bölünmeyle ortaya çıkan etnik ayrımlaşmadan önceki birlikte yaşama veya karma ikamet olgusuna dikkat çekiyorum.

Bundan önce Kıbrıslı Türkler ve Kıbrıslı Rumlar ayrı yönetimler altında birbirlerinden ayrı yaşamıyorlardı. Bölünmeden önce Kıbrıs'ın ana kasabaları ve şehirlerinin hepsinde (Lefkoşa, Baf, Larnaka, Limasol, Girne ve Mağusa) Kıbrıslı Türkler ve Kıbrıslı Rumlar birlikte yaşıyordu. Bu şehirlerin ve kasabaların hepsinin, Türklerin çalışma ve yerleşim mekânlarını belirtecek şekilde Türkçe ismi olan Türk mahalleleri ve sokakları vardı. Ama şehirlerdeki yaşam alanları ortaktı, ayrıca bu şehirlerin hepsinde Kıbrıslı Rumların ve Kıbrıslı Türklerin beraber yaşadıkları mahalleler de bulunuyordu. Aynı şekilde, pazar yerleri de ortaktı ve buralarda adadaki her cemaatten esnafın dükkânı olurdu. Toplumlar arasındaki farklılıklar kabul edilir, tanınır veya kurallara bağlanırdı ve adada (akrabalık ve evlilik de dahil olmak üzere) toplumsal pratikler bu tür farklılıklara ilişkin bilgiye uyardı. Yine de, bu farklılıklar henüz etnik veya milliyetçi çizgilerde tanımlanmış ve ayrılmış yaşam alanları biçiminde ifade edilmiyordu.

Bu kitapta tanımlanan kuzey Kıbrıs toprakları, bölünme olgusundan sonra çizilmiş ve şekillenmiştir. Kıbrıslı Türkler, 1963'ten itibaren Türkiye'nin desteklediği silahlı bir örgüt olan ve Kıbrıslı Türklerin özel askeri birimi Türk Mukavemet Teşkilatı'nın (TMT) yönettiği ve koruduğu enklavlarda yaşamaya başlamıştır.[19] Aslında Kıbrıslı Türklerin çoğu için Kıbrıslı Rumların askeri gücü EOKA'nın saldırısına uğrama korkusuyla TMT'nin koruduğu enklavlara taşındıkları 1963 yılı, baba ocaklarından, köylerinden, evlerinden kopuşu işaret eder. Kıbrıslı Türklerin yaşamaya başladığı enklavlar ile Kıbrıslı Rumların yaşam alanları arasındaki sınır çizgileri Birleşmiş Milletler tarafından yönetiliyor ve korunuyordu, ama enklavların (yönetimi ve) iç koruması TMT tarafından sağlanıyordu.

1974'te savaşın patlak vermesiyle ve Türk ordusunun Kıbrıs'ın kuzeyini ele geçirmesiyle birlikte, güneyde yaşayan Kıbrıslı Türkler, Rum milliyetçilerin misillemede bulunacağı korkusuyla dağları aşıp kuzeye kaçmaya başladı. Birçok Kıbrıslı Türk

---

18 Agy.

19 Enklav dönemine ilişkin ayrıntılı bir açıklama için bkz. Volkan, *Cyprus*.

aile, cemaat ve birey kuzeye hızlıca ulaşıp korkunç yolculuklarını anlatamadı, çoğu mağaralarda saklandı ya da köyleri EOKA'nın eline geçmek üzereyken Birleşmiş Milletler tarafından kurtarıldı.

1974'ün keza Türk ordusu tarafından ele geçirilen kuzeyde yaşayan Kıbrıslı Rumlar açısından da son derece çarpıcı sonuçları oldu; adanın Rumların elinde kalan güneydeki topraklarına kaçıp sığınmaları gerekti.[20] Çatışmalarda birçok Kıbrıslı Rum ve Kıbrıslı Türk öldürüldü ya daᶠ kaçırıldı, diğerleri ise Kıbrıs'ın güvenliklerinin sağlanacağına inandıkları kısmına sığındı.[21] Giderken yanlarında taşıyabildikleri kadar kişisel eşya götürdüler, ama bunun dışında neredeyse her şeylerini –evlerini, tarlalarını, bostanları, bahçelerini, hayvanlarını, ev eşyalarını, çeyiz sandıklarını vb.– geride bırakmak zorunda kaldılar. Bu vakaların hepsinde, insanlar kişisel duygularıyla özdeşleştikleri veya ilişkilendirildikleri maddi şeylerden ve çevrelerinden koparıldı. Her ne kadar insanlar (köylüler, kasabalılar, çiftçiler, ev kadınları, doktorlar, avukatlar, öğretmenler, esnaf, tüccarlar, zanaatkârlar, sanatçılar, yazarlar ve diğerleri) artık orada olmasalar da, çatışmalarda hayatını kaybetmiş veya güneye ya da kuzeye kaçmış olsalar da malları, mülkleri, ilişkilendirildikleri şeyler ve mekânlar geride kaldı. İnsanlar sahip oldukları her şeylerinden koparıldı.

Bu anlamda, adanın kuzey kesiminin bugünkü Kıbrıslı Türk sakinlerinin eskiden orada yaşayan Kıbrıslı Rumlarla bağlantılı olarak algıladığı şeylerin mevcudiyetine somut bir gönderme yaparak kuzey Kıbrıs'ın (nedenini daha sonra açıklayacağım üzere, fantazmatik değil) hayaletimsi bir mekân olduğunu söyleyebiliriz. Kıbrıs'ın "Rum kesimi" de, Kıbrıslı Türklerin geride bıraktığı çevreler ve mekânlar bağlamında bu gözle ele alınabilir elbette. Geride bırakılan nesnelerin (evler, tarlalar, ağaçlar, kişisel mal mülk) diğer tarafa kaçmış olan kişilerle ilişkilendirilmesine devam edilir. Günümüzde Kıbrıslı Türklerin nesneler, evler veya tarlalardan söz ederken kullandığı "Rumdan kalma" atfı, bu maddiliklerin hem geçmişinin tanındığını hem de 1974 sonrası dönemde de güçlü veya etkili olduklarının kabul edildiğini ifade eder. Başka bir deyişle, kuzey Kıbrıs, hayaletimsi olanın görünür ve somut hale geldiği bir mekândır.[22]

---

20 Loizos, *Heart Grown Bitter*.

21 TMT ve EOKA'nın toplumlararası çatışmada sadece öbür toplumun fertlerini hedef almakla kalmayıp, ayrıca kendi toplumları içindeki Kıbrıs'ta toplumların birlikte yaşaması için mücadele edenler dahil olmak üzere solculukla veya komünistlikle özdeşleşmiş kişileri de hedef aldığını unutmamak gerekir. Bu nedenle, kendi etnik gruplarını temsil eden gerilla güçlerinin yönetimindeki alanlarda, sol görüşlü Kıbrıslı Türklerin ve Kıbrıslı Rumların çoğu için güvenlik kolay değildi.

22 Kıbrıslı Türklerin bir zamanlar yaşadığı mekânlarda artık bulunmuyor olmalarına gönderme yapan güney Kıbrıs'a ilişkin benzeri bir araştırma henüz yapılmamıştır. Mevcut

Dolayısıyla, hayaletimsi nitelemesindeki "hayalet", gerçek olarak okunmalı, harfiyen veya somut olarak anlaşılmalıdır. Hayalet imgelemin yarattığı bir şey, bir hayal ürünü değildir basitçe; bir yanılsama veya bir batıl inanç değildir. Söz konusu etnografik mekânda ve zamanda, hayaletler veya hortlaklar, küçük bir bölgede "insan-olmayan nesneler" biçiminde görünür veya mevcudiyetini sürdürür. [23] Her ne kadar, kuzey Kıbrıs "Türkler"in [24] ayrı yaşam alanı olarak şekillendirilmiş olsa da ve Kıbrıslı Rumlar artık fiziksel olarak orada bulunmasa da geride bıraktıkları maddi nesneler, evler ve tarlalarla oradaki mevcudiyetlerini sürdürürler. Kıbrıslı Rumların kuzey Kıbrıs'ta hayaletimsi bir mevcudiyetleri vardır. Bedensel olarak orada olmamalarına rağmen, [25] yanlarında güneye götüremedikleri şeyler ve Kıbrıslı Türklerin onlar hakkındaki imgelemleri aracılığıyla, Kıbrıslı Türklerin 1974'ten itibaren yaşamaya başladığı veya yerleştiği mekânlarda kalıcı bir duygu yüklü mevcudiyetleri olmuştur. Kıbrıslı Türkler, artık onlarca yıldır Kıbrıslı Rumların boşalttığı mekânlarda ve geride bıraktıkları mal mülkle birlikte yaşamaktadır (ya da tüm bunlarla iç içedirler). Kuzey Kıbrıs'ta tüm bu maddi şeyler tam da mevcudiyetleri ile (politika, hukuk ve ekonomi dahil olmak üzere) hayatın her alanını güçlü bir şekilde etkilemektedir. Bu kitapta, kuzey Kıbrıs'taki tüm toplumsal, politik, hukuki ve ekonomik işlemlerde varlığı saptanabilecek ve incelenebilecek bir etki taşıdıklarını ileri sürüyorum.

1963 ile 1974 arasındaki toplumlar arası çatışma döneminden beri Kıbrıslı Türkler, Kıbrıs Cumhuriyeti'nden ayrı bir yönetim altında yaşamaktadır. 1974 itibariyle, bu yönetim pratiği kuzey Kıbrıs'ı başlı başına bir Türk mekânına dönüştürmeye çalışmıştır. Bu bölümün başlangıcında sözünü ettiğim katalog, kuzey

---

etnografik proje kuzey Kıbrıs'a odaklansa da, yapılan analizler, güney Kıbrıs'ı (ve benzeri savaş sonrası mekânları) ele alırken de son derece işe yarayacaktır.

23 Latour, *We Have Never Been Modern* [*Biz Hiç Modern Olmadık*, Fr. çev. İnci Uysal, 1. baskı. İstanbul: Norgunk Yayınları, 2008].

24 Burada, Kıbrıslı Türk yerine Türk demeyi tercih etmemin sebebi, adanın kuzeyinin müteakip dönemde Türkiye'den gelen ve kuzey Kıbrıs yönetimi tarafından (Laz, Kürt veya Arap kökenli olsalar bile) "Türk" olarak sınıflandırılan göçmenlerin yerleşimine açılmış olmasıdır.

25 Bu kitapta, 1974 sonrası dönemi, kuzey ve güney arasındaki sınırın karşılıklı geçişler için açıldığı 2003 yılına kadar inceliyorum. Kıbrıslı Rumların kuzeyde fiziksel olarak bulunmayışları 1974 ile 2003 arasındaki döneme tekabül ediyor. 2003'te sınır açıldıktan sonra birçok Kıbrıslı Rum bıraktıkları evlerini ve köylerini ziyaret etmek için kuzeye geçti. 2003 sonrasına ilişkin incelemeler için bkz. Bryant, *The Past in Pieces*; Demetriou, "Freedom Square"; Demetriou, "To Cross or Not to Cross?"; Dikomitis, "A *Moving* Field"; Dikomitis, "Three Readings of a Border"; Hadjipavlou, "I Grow in Different Ways Every Time I Cross."

Kıbrıs'ı kendi yönetimine ve belirlenmiş topraklarına sahip yeni ve sınırları belli bir mekâna dönüştürme projesinin bir mamulü, somut bir ürünüdür yalnızca. Rauf Denktaş önderliğindeki Kıbrıs Türk yönetimi 1983'te Kuzey Kıbrıs Türk Cumhuriyeti adında bağımsız bir devletin kurulduğunu ilan etti, ama Birleşmiş Milletler bu devleti tanımadı. Her ne kadar kuzey Kıbrıs'ta devlet sistemine benzer bir yönetim pratiği mevcut olsa da, uluslararası hukuk kapsamında söz konusu yönetim gayri meşru addedilmektedir. Kitabın ilerleyen bölümlerinde, yönetim ve hukukun anlamını, tanınmama veya gayri meşruluk bağlamında irdeliyorum. Burada, Kıbrıslı Türkler için bağımsız yönetim organlarının kurulması kadar, bağımsız bir devletin ilan edilmesinin de kuzey Kıbrıs'tan —benim de kurmaca kavramıyla incelediğim— yeni bir mekânsal-politik kendilik yaratma girişiminin parçası olduğunu söylemek yeterli olacak.

Bu durumda, fantazmatik (kurmaca devlet) bu örnekte bürokratik bir mana ile kullanılmaktadır; pratikte fantazmatik olan, şekillendirilen yeni toprakların hayaletimsi niteliklerini örtbas etmektedir. Başka bir deyişle, Kıbrıslı Rumların saldırılarına karşı Kıbrıslı Türkleri koruyacak ve bunun yanı sıra onlara barınak, geçim, cemaat ve refah sağlayacak yeni bir devlet hayalinin, kuzey Kıbrıs topraklarında eski sakinlerinden kalan maddi şeyler biçiminde varlığını koruyan hayaletleri bir şekilde gizlemiştir. Yaptığım analizde, kuzey Kıbrıs'ta fantazmatik ile hayaletimsi arasında söylemsel ve politik bir çatışma olduğu sonucuna ulaşıyorum; politik bağlanımlarına sadık olan Kıbrıslı Türkler ya kuzeyde ayrı bir devleti destekleyen ideolojilere sarılır ya da bu tür bir yönetim şeklinin dayandığı şiddeti hatırlar.[26] Kuzey Kıbrıs'ta çeşitli organizasyonların, partilerin ve sendikaların temsil ettiği politik muhalefetin üyeleri Kıbrıslı Rumların mülklerine hukuka aykırı bir şekilde el konduğundan söz ederken, çoğunlukla hayaletimsi olarak adlandırdığım şeye gönderme yaparlar ve kaybolan Kıbrıslı Rumlardan söz ederken de kuzey Kıbrıs'ta yönetimin fantazmatik pratikleri olarak adlandırdığım eleştiriye atıfta bulunurlar.[27] Dolayısıyla, hayaletimsi, kuzey Kıbrıs'ta politik duruşların, bağlanımların, çatışmaların ve farklılıkların da bir belirtisidir.

---

26 Kuzey Kıbrıs üzerine çalışan Mete Hatay ve Rebecca Bryant, benim fantazmatik adını verdiğim şeyi normalleştirmeye çalışıyorlar, KKTC kapsamında moderniteyi başka yerlerdeki küreselleşen modernitelerden ayrışmamış olarak temsil ediyorlar ve bu nedenle, kuzey Kıbrıs'ta milliyetçi ideolojilerin izlediği çizgiyi ve çerçeveyi yineliyorlar: bkz. Hatay ve Bryant, "The Jasmine Scent of Nicosia."

27 Kıbrıslı Türk bir gazeteci ve yazara ait, bölünmenin her iki tarafındaki kaybolan insanların durumuna ilişkin kapsamlı bir çalışma için bkz. Uludağ, *İncisini Kaybeden İstiridyeler*.

Buradaki örnekte, fantazmatikte barınan fantazi faktörünü (imgelemin) bir hayal ürünü, bir inşa veya bir söylem olarak değil, toplumsal bir pratiğin somut bir tezahürü, elle tutulur bir somutluk ve gerçek olarak anlamamız gerektiğini öne sürüyorum. Burada fantaziyi, gerçeği temsil eden ve bu nedenle gerçeği etkileyen şeyi kavramsallaştırmak için inşacı bir uygulama olarak kullanmamamız gerektiğini de belirtmeliyim. Fantazi, söylemi aşan şey değildir.[28] Bilakis, fantazmatikte barınan fantaziyi veya fantazmayı bir maddilik olarak, gerçek ve somut bir nesne olarak kavrarız. Burada, maddi bir gerçekleşmenin ötesinde bir inşa yoktur.[29] Daha ziyade, fantazi unsuru bizatihi maddilikte barınır ya da başka bir deyişle, fantazi ve nesne tamamen tek bir bütündür. Kavramsallaştırılmak üzere birbirlerinden ayrılamazlar. Bir bütün olarak var olur ve hareket ederler.

Bu kitapta hayaletimsi, tam da Teresa Brennan'ın ifade ettiği gibi "bir duygu uyandırır" ve bunu da fantazmatik olarak oluşturulmuş bir mekân ve politika kapsamındaki maddi mevcudiyeti ve sürekliliği aracılığıyla yapar.[30] Bu anlamda, "musallat olma"ya dair bir çalışmadır.[31] Bir bölgeyi terk etmeyen hayaletler, kurmacaya aykırı bir güç uygular ya da inşa edilmiş ve doğal çevreler şeklinde mevcudiyetini sürdürür ve söz konusu toprakları fantazmatik olarak dönüştürmeye çalışan faillere meydan okurlar.

Marx'ın Hayaletleri kitabında projesini "musallat bilimi" olarak tanımlayan Jacques Derrida şöyle der:

> Sözlerini herhangi birine, hele hele hayaletlere yöneltmeksizin konuşabilecek *scholar* yok artık, hiçbir zaman da olmadı. Hayaletle, olduğu gibi, gerçekten uğraşmış bir *scholar* hiçbir zaman da olmadı. Geleneksel bir *scholar* hayaletlere inanmadığı gibi, hayaletliğin sanal uzamı denebilecek olana da inanmaz. Gerçek ve gerçek-olmayan, etkili ve etkili-olmayan, canlı ve canlı-olmayan, varlık ve varlık-olmayan (alışılagelidik okumaya uyarsak, *to be or not to be*) arasındaki keskin ayrıma inanmayan, mevcut olan ile olmayan arasında, örneğin nesnellik biçiminde ortaya çıkan karşıtlığa inanmayan adına yaraşır bir *scholar* asla olmamıştır. *Scholar* için bu karşıtlığın ötesinde,

---

28 *Faces of the State* adlı kitabımda fantezi kavramını, yapıbozumu aşan, iktidara fiziksel bağlanımlara gönderme yapmak için kullandım. Burada ise maddiliğin cisimleşmesi olduğu için fantazmatiği tamamen farklı kullanıyorum.

29 Bu nedenle, bu noktada hem Henare vd., *Thinking through Things*'ten hem de Latour ve Weibel, *Making Things Public*'ten ayrılıyorum; zira bu çalışmalar, maddinin ontolojik eylemliliğini ve gücünü vurgulayabilmek için maddiyi imgeselden ayırmaya çalışıyorlar.

30 Brennan, *The Transmission of Affect*.

31 Gordon, *Ghostly Matters*. Hayaletimsi mevcudiyetlere ilişkin diğer antropolojik çalışmalar için bkz. Aretxaga, *States of Terror*; Carsten, *Ghosts of Memory*; Kwon, *After the Massacre*.

okullara özgü varsayımlardan, tiyatromsu kurgu, yazın ve spekülasyonlardan başka bir şey yoktur. Bir tek bu geleneksel *scholar* kişiliğine gönderme yapsaydık, Marcellus yanılsaması, aldatmacası ya da *Marcellus kompleksi* olarak tanımlayabileceğimiz şeyden sakınmamız gerekecekti. [...]

Bunun tam tersine, Marcellus da bir gün, bir gece, yüzyıllar sonra (burada aynı şekilde ölçülmez zaman) başka bir *scholar*'ın gelişini önceliyordu belki. İşte, bu *scholar* bulunuş ve bulunmayış, gerçek olma ve gerçek olmama, yaşam ve yaşam olmama arasındaki karşıtlığın ötesinde, hayalet olanağını, olanak olarak hayaleti düşünebilecek en sonunda. Ne mutlu ki (ya da ne yazık ki) ruhlarla nasıl konuşulması gerektiğini bilecek. Böyle bir becerinin olanaklı olduğunu bilmekle kalmayıp, böyle bir becerinin, beceri olmak hasebiyle, genel anlamda beceriyi her zaman koşullandırdığını da bilecek. Ne olursa olsun, böylesi bir beceri olanağının kilidini *açmayı* umabilecek kadar çılgın biriyle karşı karşıya bulunmaktayız.[32]

Hayaletlerden –özellikle de Avrupa'nın başına musallat olan komünizm hayaletlerinden– söz ederken Derrida şu soruyu sorar: "Bir hayalet *nedir* ki? Bir hayaletin, yani bir simulakr kadar, böylesine etkisiz, sanal, kıvamsız gibi görünen *etkililiği* ya da *mevcudiyeti* nedir ki?"[33] Derrida'nın hayaletlere veya güncel olan şeyin yaratılmasında hayaletin sahip olduğu etkiye olan ilgisini paylaşıyorum. Ayrıca, "Hegemonya hep baskıyı yani bir musallat olmanın onaylanmasını örgütler" gözlemine ve mükemmel bir egemenlik analizi olarak addettiğim, "Musallat olma tüm hegemonyaların yapısına aittir" gözlemine de katılıyorum.[34] Tam da bu anlamda, kuzey Kıbrıs'ın şimdisini güçlü bir şekilde etkiliyor olarak incelediğim hayaletleri, bir anormallik, kendine has yerelleşmiş bir etnografik vakanın örnekleri veya kuzey Kıbrıs'ı da tanınmayan, gayri meşru, farklı bir devletin yönettiği benzersiz, ayrı bir mekân olarak algılamamak gerekir. Tam tersine, Derrida'nın bu tür bir örnekle ilişkili fikirlerinin izinden giderek –kesinlikle Yeşil Hat'ın güneyindeki Kıbrıs Cumhuriyeti'ni de kapsayacak şekilde– birçok mekânda milliyetçi bir modernitenin yaratılmasına temel teşkil eden, hayaletlerin karşılaştırmalı bir kavramsallaştırmasında bulunmamızı sağlayacak bir "musallat olma" fikrini kastediyorum. (Bu bakımdan, Kıbrıslı Türklerin güneyde terk ettiği mülkleri de hayalet örneği olarak kabul etmek gerekir.)

Burada, hayaletlik durumunu Derrida'dan farklı bir şekilde kavrıyorum. Derrida pozitivizmi eleştirir, bu nedenle "mevcudiyetin metafiziği" veya nesnel hakikat

---

32 Derrida, *Specters of Marx*, 10, 12 [*Marx'ın Hayaletleri*, Fr. çev. Alp Tümertekin, 2. baskı. İstanbul: Ayrıntı Yayınları, 2007, 31, 32].

33 Agy., 10 [*Marx'ın Hayaletleri*, 29].

34 Agy., 37 [*Marx'ın Hayaletleri*, 67]. Ayrıca bkz. Negri, "The Specter's Smile."

olarak adlandırdığı şeye dair her türlü arayışı eleştirir.[35] Mevcudiyet kavramına karşı simulakr kavramını, yani gerçeğin metinsel, inşa edilmiş veya ikinci dereceden yorumunu öne sürer. Derrida'nın yorumlayışına göre, hayalet bir simulakrdır ve bu bakımdan ciddiye alınması gerekir.

Kuzey Kıbrıs'a ilişkin elimdeki etnografik malzemeyi temel alarak, hayalete dair farklı bir kavramsallaştırma öneriyorum. Burada, hayalet (fiziksel veya cisimleşmiş olmasa da) maddidir. İnsan biçiminde veya suretinde bir görüntü olmasa bile, insan-olmayan nesnelerde ve bu nesneler aracılığıyla var olur.[36] Hayalet, ortadan yok olmuş veya ölmüş bir şeyin veya kimsenin –simulakr olarak kabul edilebilecek– temsili olmaktansa, elimdeki etnografik malzemeden kavramsallaştırdığım biçimiyle, söz konusu şeyle ilişkili veya bağlantılı insanların yok olmasının ardından, maddi nesnelerde ve fiziksel çevrede kalıcı olur. Başka bir deyişle, hayalet, birisinin veya bir şeyin temsili olmaktan ziyade kendi başına bir şeydir, maddi bir nesnedir. Bu kitapta, kuzey Kıbrıs'ın toplumsal pratiklerinde hayaletlerin maddi nesneler ve çevreler şeklindeki mevcudiyetlerini inceliyorum.

Bir şeyin fiziksel olarak var olmamasına rağmen, musallat olma etkisine sahip olabilmesi, kalıcı bir güç haline gelebilmesi veya öbür dünya niteliğini taşıyabilmesi için, bu şeyin musallat olduğu kişilerin ille de hayaletlere metafizik bir inanç beslemesi gerekmez. Etnografik malzememin, günümüz Vietnam'ında savaşta ölenlerin (cisimleşmiş) görüntülerine dair anlatıları inceleyen Heonik Kwon'un malzemesinden farklılaştığı nokta da işte bu.[37] Kuzey Kıbrıs'ta yaptığım araştırma sırasında, ölü Kıbrıslı Rumların (veya Kıbrıslı Türklerin) göründüğüne dair hiçbir duyumla karşılaşmadım. Bu nedenle, kuzey Kıbrıs'taki toplumsal gerçekliği anlamak için musallat olmayı daha kavramsal bir biçimde kullanıyorum. Kıbrıslı Türkler gerçek hayaletler (veya cinler) gördüklerini söylemiyordu; daha ziyade, Kıbrıslı Rumlardan kalan nesneler ve mekânlar, içinde yaşarken veya satmaya, kiralamaya vb. çalışırken onlara zorluk çıkarıp ayaklarına dolanma biçimleriyle bir musallat olma etkisi (ve duygusu) yaratıyordu.[38] Öyleyse söz konusu musallat olma, kuzey Kıbrıs'ta politika üzerinde belirleyici bir güç sahibidir.

---

35 Derrida, *Writing and Difference.*

36 Kıbrıslı Türklerin, Kıbrıslı Rumların hayaletini gördüğünü söylediğini veya böyle bir kuşku dile getirdiğini hiç duymadım. Bu bakımdan, Heonik Kwon'un savaş sonrası Vietnam'a ilişkin belgelediği görülen hayaletlere dair malzemeden farklı bir etnografik malzeme sunuyorum: bkz. Kwon, *After the Massacre.*

37 Agy.

38 Aynı bölgeye ilişkin aydınlatıcı bir karşılaştırmada Orhan Miroğlu, yerel Süryanilere yönelik katliamlardan ve mülklerinin işgal edilmesinden sonra Mardinli ve Midyatlı Kürtlerin

Canlandırılmış Bir Çevre

Kitapta savaş sonrası ortamın yarattığı duygu üzerinde yoğunlaşıyorum. Çalışmamın çerçevesini bu şekilde çizerek, insanlar ile mekân arasındaki ilişkinin yeniden kavramsallaştırılması gerektiğini öne sürüyorum. Toplumsal inşacı imgelemde mekân, öznellik aracılığıyla kendisine yansıyan yorumlarla bir anlam kazanır. Bu ise içinde yaşayanların mekânsal bir ortama atfettiği türden içerimlere dair kültürelci —veya bağlamsallaştırıcı— bir okuma gerektirecektir. Bu tarz bir okuma tamamen yanlış değildir. Daha ziyade analiz olanakları bakımından sınırlıdır. Yorumbilgisinde insan merkezli çerçevelerin varsayımı, mekânsal çevrelere dair insan yorumlarını aşan hiçbir şey olmadığı şeklindedir. Yorumdan başka —ne bir fazla ne bir eksik— hiçbir şey yoktur. Amiria Henare ve çalışma arkadaşları, Bruno Latour, Brian Massumi ve Nigel Thrift'in yaptığı gibi[39] inşacı girişimi tamamen yadsımak yerine, bu kitapta "her ikisi de" şeklinde bir yaklaşımı benimsiyorum ve insan merkezli perspektifi yok etmek yerine, nesne merkezli bir perspektifle destekleyerek tamamlamak gerektiğini öne sürüyorum.[40] Argümanım şu: Çevre, insanlara kendince bir baskı uygular veya mekânda, maddi nesnelerde veya çevrede insan imgelemini aşan, onun ilerisine ve ötesine geçen bir şey vardır, ama bu aynı zamanda insanların deneyimleyebileceği türden bir duygu üretir. Benim bu kitapta etnografik olarak incelediğim şey de duygu kapsamında açığa çıkan bu aşırılık işte. Bana göre, fantazmatiğin ideolojik, toplumsal ve politik gücünün aksine, hayaletimsi kendisini bir çevrede duygu biçiminde mevcut kılar.

Teresa Brennan "En azından bir kez olsun, bir odada volta atmamış ve ortamın 'atmosferini hissetmemiş' birisi var mıdır?"[41] diye sorar. "Duygunun aktarımı" olarak adlandırdığı şeye odaklanır, bizi dışarıdan etkileyen ve gerek dışsal olarak diğer insanlara gerekse bizatihi dışarıya, dış çevreye ait duygu enerjilerini inceler. Brennan psikanalize ilişkin eleştirisinde, Batı geleneğinde duygunun sadece, tekil veya öncelikli olarak bir insan-öznesinin içselliğinden türediğinin varsayıldığını ileri sürer.[42] Bu tür bir çerçevelemenin zorunlu kıldığı özne-nesne ve öznel-nesnel bölünmesine karşı çıkar, (birbirleriyle ilişkilerinde) özneler arasındaki ve insanlar ile

---

günümüz Türkiye'sinde cin görme vakalarını ele alır: bkz. Miroğlu, *Affet Bizi Marin.*

39 Henare vd., *Thinking through Things*; Latour, *Reassembling the Social*; Massumi, *Parables for the Virtual*; Thrift, *Non-Representational Theory.*

40 Bkz. Latour ve Weibel, *Making Things Public.*

41 Brennan, *The Transmission of Affect*, 1.

42 Agy., 24-5.

çevre arasındaki duygu aktarımına uygun bir yaklaşım önerir.[43] Brennan "nesnel" olarak adlandırılan ve öznelliğin dışında veya öznellikten ayrı olduğu varsayılan şeyin yaydığı duyguları dikkate alır. "Nesnel" (dış veya dışsal) faillerin kendi çapında bir duygusal güç, baskı veya enerji uyguluyor olarak yorumlanabileceğini öne sürer. Şöyle der: "Tüm bunlar, aslında duygu aktarımı anlamına, yani kendi enerjilerimiz bakımından kendi içimize kapalı olmadığımız anlamına gelir. 'Birey' ile 'çevre' arasında kesin bir ayrım yoktur."[44] Bunun, insan öznelliğini tek başına merkeze yerleştiren duygu yaklaşımlarına kökten bir meydan okuma olduğuna inanıyorum.[45]

Brennan sadece özneler arasılığı ele almakla kalmaz, ayrıca insanlar ile çevreleri arasındaki ilişkiyi de duygusal aktarımın alanı olarak inceler. Bu anlamda, insanlar ile şeyler arasındaki ayrımın ötesine geçen bir ilişkisellik teorisinin taslağını çizer.[46] Ama çalışması öncelikle duygusal enerjinin öznel arası aktarımı üzerinde yoğunlaşır; örneğin bir kişinin bir başkasının depresyonunu veya iç gerilimini nasıl kendisine çektiğini araştırır.[47] Bir çevrenin duygusal güçlerinin tek başına insanlıklar üzerindeki etkilerinin araştırılmasının kendi incelemesinin kapsamı dışında kaldığını söyler.[48] Bu kitap ise Brennan'ın üzücü bir şekilde aramızdan ayrılarak bırakmak zorunda kaldığı noktadan yola koyuluyor. Duyguyu sadece felsefi veya teorik olarak değil, ama antropolojik, yani etnografik olarak da ele almayı amaçlıyor.

Brennan dışında, mekânsal çevrelerin [duygu, enerji vb.] yüklemesine veya yankılamasına dikkat çeken başka akademisyenler de vardır. Weberci (veya Kafkacı) inancını yitirmiş modernlik anlayışlarına ilişkin eleştirisinde siyaset kuramcısı Jane Bennett, "modern hayatın büyüsü"nü[49] inceler. "Büyü" kavramının ilahiyatçıların ve din âlimlerinin tekelinde bulunmasına (ve "büyü bakımından bir tür kutsallığın vazgeçilmez olmasına") rağmen, Bennett seküler modernliğin canlandırılmış özellikleri veya potansiyelleri ile ilgilenir;[50] ileri teknoloji kültürü ve bürokratik

---

43 Agy., 19.

44 Agy., 6.

45 Bu yaklaşımın, Biehl vd., *Subjectivity*; Das vd., *Violence and Subjectivity*; Kleinman vd., *Social Suffering* gibi çalışmalarda içselliğe yapılan göndermelerde karşılaştığımız insanı merkeze yerleştiren öznellik kavramsallaştırmalarına meydan okuyabileceğine ileri sürüyorum.

46 Ayrıca bkz. Strathern, *Property, Substance, and Effect*.

47 Bkz. Brennan, *The Transmission of Affect*, 6.

48 Agy., 8.

49 Bennett, *The Enchantment of Modern Life*, 1-2, 8.

50 Agy., 11. Ayrıca bkz. Connolly, *Why I Am Not a Secularist?*

pratikler de bunun bir parçasıdır.[51] Bennett "'büyüleme' gücüne sahip doğal ve kültürel alanlarla bezeli bir çağdaş dünya"[52] tahayyül eder. "Büyülenmek", der, "olağan ve gündelik olanın arasında yaşayan olağandışının afallatması ve sarsmasıdır. [...] Geçici bir süreliğine hareketsiz bırakan bir karşılaşmada bulunmak demektir; donakalmak, efsunlanmak demektir."[53] Bennett, seküler hayatın canlı yüklemelerine uyum sağlama aracılığıyla, varoluş nedeni olarak yabancılaştırıcı bir mesafelendirmeden ziyade duygusal yankılanımı benimseyen bir felsefi etik üretmek ister.[54]

Her ne kadar, Bennett'in modern hayatın "büyüsü" tahliline katılsam da modern hayatın yüklemelerine duygusal olarak uyum sağlamaya olumlu atıflarda bulunmasına katılmıyorum. Bennett'in çalışmasında etik bir felsefe yaratma çabasında saptanabilecek romantikleştirmeye dayalı belli bir yüceltmenin, duygunun belli ölçüde estetikleştirilmesinin barındığına inanıyorum. Ona göre duygu, seküler bir moderliğin yüklerini duyumsamaya açık oluşu temsil eder. Bennnett, bu yoğun bağlantıda, giderek yoğunlaşan bir etik konumlandırma olanağı görür. Ama yine de, bunun duygunun eğilimlerine –ya da bu bakımdan modernliğe– dair kısıtlı bir okuma olduğunu öne süreceğim. Bennett tam da yaklaşımına uygun bir şekilde, dış dünyayla mutlu bir yankılanım içinde olma halini temsil eden bir duygu olarak "neşeli bağlanım" üzerinde odaklanır.[55] Bense, savaş sonrası bir çevreyi incelerken, "büyü"yü olumlu bir etik yükleme olarak değil, yerinden edilen bir toplumun boşalmış yükü olarak arkasında bıraktığı maddi nesneler ve mekândaki ürkütücülük olarak ele alıyorum. Bu durumda, bu özel savaş sonrası modernliğe ilişkin incelememde "büyü" yerine, kuzey Kıbrıs ortamının uyandırdığı duyguların temsilcisi olarak "asabiyet" kavramını öne süreceğim. Bu tür yorumlar güney Kıbrıs ve diğer savaş sonrası çevreler için de yapılabilir elbette.

"Asabiyet" Gabriel Tarde'ın çalışmasıyla girdiğim eleştirel diyalogdan ürettiğim bir terim.[56] Hayalet barındıran çevrelerin ürettiği, yankılanımı bozucu bir his olarak kavramlaştırdım "asabiyet"i. Lisa Blackman'ın telkine açıklığın sirayetlerine bir gönderme olarak yorumladığı Tarde'ın "uyumlu" zihinler arası aktarım görüşüne karşıt bir kavram bu.[57] Blackman gibi ben de Tarde'ı bir duygu kuramcısı olarak

---

51 Bennett, *The Enchantment of Modern Life*, 14.

52 Agy., 3.

53 Agy., 4-5.

54 Agy., 3.

55 Agy., 12-3.

56 Tarde, *On Communication and Social Influence*.

57 Blackman, "Reinventing Psychological Matters."

yorumluyorum ve "asabiyet"i, ahenkli bir imgelemsel uyum haline karşıt olarak öneriyorum. "Büyünün" sıcak ve samimi niteliklerine aykırı şekilde, "asabiyet" çevrenin ve zamanın maddi, ideolojik pratiklerle açıklanabilecek tekinsiz nitelik-lerini öne çıkarır. Savaş sonrası bir çevrenin asabiyet yaratma niteliği, uzun süreli bir "öbür dünya" barındırır; bu bakımdan, kalıcıdır.

Dolayısıyla, Jane Bennett'in çalışmasının tersine, bir çevreyi ona uyum sağ-layarak yorumlayan etnografik yaklaşımımda duygu, etik bir kendini oluşturma projesi haline gelmiyor. Daha ziyade, duyumsamayı kişinin çevresini anlamak ve kavramsallaştırmak için bir yöntem olarak kullanmaya olanak tanıyan analitik bir yaklaşım bu. Duygunun bir mekânda yaşayan insanların toplumsallığında rol oynayan bir yüklenim (şarj) olduğunu öne sürüyorum. Dolayısıyla, antropoloğun analizlerinde de rolü olmalıdır.[58] Aslında antropolog, Amanda Anderson'ın anladığı anlamda[59] konusuna "tarafsız (veya mesafeli) yaklaşabilseydi" etnografik çevreye dair bu tür bir okuma veya kavrayış imkânsız olurdu. Bence antropoloji pratiği, kişinin araştırma deneyiminin kurucu bir öğesi olarak çevresine (ve etnografik araştırmasına konu olan öznelerin çevresine) bir ölçüde duygusal uyum gösterme-sini gerektirmektedir.

Antropolog Kathleen Stewart şöyle der: "[S]ıradan duygulanımlar, kuvveti ileten ve bağlantıların, rotaların ve kopuşların haritasını çıkaran canlı bir devredir. [...] Sıradan yaşam, yoğunlukları kayda geçirir; düzenli, fasılalı ya da hafiften omuz silkerek. [...] Sıradan yaşam, antenleri her an bir yerlerdeki küçük bir şeye ayarlan-mış bir devredir. Mümkün veya tehditkâr olanla uğraşma kipidir sıradan yaşam; şeylerdeki titreşimleri biriktirir."[60] Sıra dışı görünen bir mekânın –kuzey Kıbrıs'taki tanınmayan devletin alanının ve onun için oluşturulan savaş sonrası mekânın– duygularını incelerken, Stewart'ın ifadesiyle dile getirecek olursam, benzersiz görünen şeyin sıradanlığına dikkat çekiyorum.[61] Kuzey Kıbrıs'ta maddi nesneler kadar doğal ve inşa edilmiş çevreden de kaynaklandığına inandığım yüklenimler, bazen tekinsizlik kapsamında ve çoğunlukla da ürkütücülüğe dayalı kavramlar

---

58 Etnografinin materyalizmi, barındırdığı sürpriz unsurlar, antropoloğun duyguya yaklaşımı-nı bir kültür kuramcısının veya bir felsefecinin yaklaşımından ayıran şeydir. Bu anlamda, bu çalışmayı, doğru düzgün etnografik metodolojilerden yoksun olan ve büyük ölçüde Avrupa odaklı kalan coğrafyacıların duyguya ilişkin çalışmalarından da ayıracağım: örneğin bkz. Anderson, "Becoming and Being Hopeful"; McCormack, "An Event of Geographical Ethics in Spaces of Affect"; Thrift, *Non-Representational Theory*.

59 Anderson, *The Powers of Distance*.

60 Stewart, *Ordinary Affects*, 3, 10, 12 [*Sıradan Duygulanımlar*, İng. çev. Zehra Cunillera, 1. baskı. İstanbul: Boğaziçi Üniversitesi Yayınevi, 2008, 3-4, 10, 13].

61 Agy. Ayrıca bkz. Green, *Notes from the Balkans*.

aracılığıyla veya asabiyet olarak tanımladığım şey kapsamında incelediğim gerilim, rahatsızlık, sıkıntı veya sarsıntı hisleridir. Bir metodoloji olarak çevrenin yüklediği duyguların duyumsanması, uyumsuzluk (ahenksizlik) veya yankılanımın bozulma olasılığına açıklık gerektirir. Kitabın müteakip bölümlerini, günümüzde savaş sonrası bir çevrenin ürettiği bu rahatsız edici duyuma ilişkin farklı giriş noktaları olarak okumak da mümkündür.

Öznelliğin Ötesindeki Duygu

Duygunun öznellik alanlarının dışında araştırılabileceğini öne sürsem de, bunun öznelliğe tamamen karşıt veya öznelliği olumsuzlayarak yapılmasını önermiyorum. Duygu alanı, uzlaşımsal olarak, öznellikle veya insanların iç dünyasıyla, içsellikleriyle ilişkilendirilmektedir.[62] Psikanaliz, "psişe" (ya da Freud'un adlandırdığı biçimiyle "bilinçdışı") kavramını büyük ölçüde daha yüksek bir noktaya taşımış ve ona farklı bir statü kazandırarak duygu olasılığının veya potansiyelinin özünü temsil ettiğini ileri sürmüştür.[63] Bu gelenekte, "psişe" kavramı bizatihi bir "iç" olan imgelemle bir tutulur. İnsan dışındaki (ya da en azından organik olmayan) varlıkların psişesi (veya bilinçdışı) olmadığı varsayılır.

Gelgelelim, farklı psikanaliz kolları ve akımları olduğunu ve psikanalitik öz-nellik anlayışlarının da asla basite indirgenemeyeceğini unutmamamız gerekir. Örneğin, İngiliz Kleincı psikanaliz ekolünde, insanların (özellikle de çocukların) iç dünyalarının incelenmesinde yaygın olarak benimsenen yöntem, nesne ilişkilerine ağırlık verir. Melanie Klein, çocukların oyuncaklar ve ahşap nesnelerle oynadığı oyunları ve yaptığı resimleri incelemiş, analitik yaklaşımında insanlar ile nesneler arasındaki ilişkiye öncelik vermiştir.[64] Yine de Kleincı psikanalizde özne-nesne ilişkisinin, nesneyi öznenin psişesinin bir yansıtıcısına veya aynasına indirgediği ileri sürülebilir. Bu bakımdan, nesne artık analist için hastasının bilinçdışını in-celemesini sağlayan bir araçtan başka bir şey değildir. Böylelikle, bir içsellik (veya bir "iç") olarak tahayyül edilen insan öznelliği hâkimiyetini korur.

---

62 Bu yaklaşımı öznelliğe taşıyarak insan-varlıkların içselliği ile ilişkilendiren kilit bir antropo-lojik metin için bkz. Biehl ve dig., *Subjectivity*.

63 Freud, "The Unconscious." [*Metapsikoloji*, çev. Aziz Yardımlı, 1. baskı. İstanbul: İdea Yayı-nevi, 2000; *Metapsikoloji*, çev. Dr. Emre Kapkın ve Ayşen Tekşen Kapkın, 1. baskı. 2002.] Psikolojiye dayalı disiplinlerin icat ettiği şekliyle psişe kavramına ilişkin bir eleştiri için bkz. Rose, *Governing the Soul*; Rose, *Inventing Our Selves*.

64 Born, "Anthropology, Kleinian Psychoanalysis, and the Subject in Culture"; Jacobus, *The Poetics of Psychoanalysis*; Klein, *The Psycho-Analysis of Children* [*Çocuk Psikanalizi*, İng. çev. Ayşegül Demir, 1. baskı. İstanbul: Pinhan Yayınları, 2015]; Mitchell, *The Selected Melanie Klein.*

Fransız Lacancı geleneğin öznellik yaklaşımı da son derece inceliklidir. Lacan için öznellik asla hazır mamul bir ürün veya verilmiş bir gerçeklik değildir. Lacan'ın "ayna evresi" anlayışına göre, bebek ayrı bir varlık veya özne olarak kimliğini sadece anne babasıyla veya kendisine bakan kişilerle olan öznelerarası ilişkilerinin yansımalarıyla geliştirebilir.[65] Öyleyse, Lacan'da öznellik, ilişkilere dayalı inşanın bir ürünüdür. Psikanalitik aktarım kavramı da kişinin psişik mekanizmasını belirleyenin özneler arası ilişkiler olduğuna dair bir vurgudur ve kişinin kendisine bakan kişilerle ilgili çocukluk deneyimlerini yetişkinlik döneminde analisti de dahil olmak üzere diğer insanlara yansıtarak nasıl yeniden hayata geçirdiğini ortaya koyar.

Bu nedenle, psikanalizde (bırakın "birey"i) özerk ve bağımsız bir "insan-varlık" veya "insan özneliği" anlayışı olduğu bile iddia edilemez. Daha ziyade, öznelliğin diğer öznelerle ilişkili olarak oluşturulduğu vurgusu, muhtelif ekolleri ve akımları kapsayacak şekilde psikanalize içkindir. Yine de, tüm bu niteliklere rağmen, psikanalizin günümüze dek duygusal yüklemenin veya enerjinin ana alanı olarak insan benliğini ve öznelliğini daha ayrıcalıklı gördüğüne inanıyorum.[66] Ama duygunun psikolojikleştirilmesi olarak adlandırılabilecek olan bu varsayıma karşı çıkıyorum. Duygunun insan-varlıklarının yalnızca içlerinde veya iç dünyalarında saptanamayacağını veya incelenemeyeceğini iddia ediyorum. Ama bu, psişenin (Foucaultcu anlamda) kaçınılmaz olarak psikolojiye dayalı disiplinlerin ve mesleklerin söylemlerinin bir ürünü olduğunu ileri süren Nikolas Rose'unkinden farklı bir argüman.[67] Rose, psişeyi söylemsel bir inşaya veya bir hakikat etkisine indirgeyerek, insan içselliği ("ruh" veya "iç dünya") kavramına kökten bir şekilde saldırır. Bu kitabın kavramsal mecrası ise Rose'unkinden farklıdır.

Öncelikle iç-dış ayrımını ele alalım. Batı'nın felsefe geleneklerinde "iç" nasıl kavranır? "İç" neyin içidir? Psikanalitik geleneklere yaptığım göndermede ima ettiğim gibi, insanın içselliğine dayalı bir imgelem, duygu alanının kökenlerine ve izdüşümlerine ilişkin yaklaşımları hâkimiyet altına almıştır. Yakın bir tarihe dek, duygunun insanın içi olarak tahayyül edilen cisimleşmiş ve fiziksel bir iç ile örtüştüğü varsayılıyordu.[68] Psikanalitik bilinçdışı, insanın öznel içine ilişkin

---

65 Lacan, *The Four Fundamental Concepts of Psychoanalysis* [*Psikanalizin Dört Temel Kavramı*, Fr. çev. Nilüfer Erdem, 2. baskı. İstanbul: Metis Yayınları, 2014].

66 Borch-Jacobsen, *The Emotional Tie*.

67 Rose, *Governing the Soul*; Rose, *Inventing Our Selves*.

68 Joao Biehl, Byron Good ve Arthur Kleinman şöyle der: "İç hayat süreçleri ve duygu halleriyle eşanlamlı olan halihazırdaki öznellik anlayışının kökeni görece yakın bir tarihe dayanır": Biehl vd., *Subjectivity*, 6. Fakat Biehl ve meslektaşları, öznellik kavramını Batı

bu tür bir tahayyülün ürünüdür.[69] Şimdi, Brennan'ın "öznel ve nesnel" olarak adlandırdığı iç ile dış arasındaki ayrımı biraz kurcalayarak işi biraz daha karmaşıklaştıralım.[70] İçsellik ile dışsallık arasında niçin bir ayrım varsaymamız gerekir? İnsanları niçin birlikte var oldukları, bağlantılı oldukları veya birlikte yaşadıkları çevreden, mekândan ve nesnelerden ayrı kavramamız gerekir? Ayrı bir kendilik olarak kavramsallaştırılan bu içselliğin niçin her zaman ayrıcalıklı olduğunu, "dış" dünyaya yansımaları aracılığıyla her şeyi belirlediğini varsayarız? Bence bu, sınırlı bir yaklaşımdır.

Bir süre önce, araştırmacılar dışarıya –çevresel, mekânsal ve elle tutulur maddi dünyaya– hak ettiği ilgiyi göstermeye başladı. Bu minvalde en meşhuru, Michel Foucault'nun "iç"in dışın bir etkisi olduğu, ikisinin birbirinden ayrılamayacağı ve ayrı analiz edilemeyeceği görüşüdür.[71] Foucault'nun "özneleş(tir)me" kavramını ciddiye alırsak, öznelliği sadece bir "özne"ye varlık kazandıran (ve Foucault'nun dış olarak kavramsallaştırdığı) yönetimsellik pratiklerinin bir ürünü olarak okumamız gerekir.[72] Foucault'ya göre, öznenin nev'i şahsına münhasır bir varoluşu yoktur veya olduğu gibi, tek başına ve kendisi için var olmaz. Aslında, Foucault'nun yaklaşımına dayanarak, daha da ileri gidebilir ve daha kökten bir biçimde, öznelliğin hiçbir şekilde var olmadığını, sadece hakikatin bir etkisi, yönetimselliğin bir yansıması olduğunu öne sürebiliriz.[73]

Bruno Latour, Foucault'nun dışı ayrıcalıklandırmasını örnek alır. Beşeri bilimlere ve tahayyüllerine ilişkin Foucault tarzında kapsamlı bir eleştiri geliştiren Latour, "nesne merkezli" bir yaklaşım önerir; insanların, "insan-olmayan eyleyenler" olarak adlandırdığı şeylerle ilişkili anlaşmazlıklarına öncelik veren bir yaklaşımdır bu.[74] Bu yaklaşımda maddi şeyler, her türlü elle tutulur, somut nesne, insanların onlara yansıttıklarının dışında ve ötesinde, kendi başına eylemlilik barındırır ve

---

geleneğinde tarihsel olarak konumlandırdıktan sonra, onu sorunsuz bir şekilde projelerinin ana analitik kategorisi olarak kullanmaya yönelirler.

69 Freud, "The Unconscious."

70 Brennan, *The Transmission of Affect*, 19.

71 Deleuze, *Foucault* [*Foucault*, Fr. çev. Burcu Yalım, Emre Koyuncu, 1. baskı. İstanbul: Norgunk Yayıncılık, 2013].

72 Bkz. Butler, *The Psychic Life of Power* [*İktidarın Psişik Yaşamı: Tabiyet Üzerine Teoriler*, İng. çev. Fatma Tütüncü, 1. baskı. İstanbul: Ayrıntı Yayınları, 2005].

73 Aslında bu, Nikolas Rose'un *Governing the Soul* ve *Inventing Our Selves*'te iddia ettiği şeydir.

74 Foucault, *The Order of Things* [*Kelimeler ve Şeyler: İnsan Biliminin Bir Arkeolojisi*, Fr. çev. Mehmet Ali Kılıçbay, 5. baskı. Ankara: İmge Kitabevi, 2015]; Latour, *We Have Never Been Modern*; Latour ve Weibel, *Making Things Public*.

etkili addedilir.[75] Latour bu yolla, Foucault'nun "insan"ı veya "insan-varlığı" tekil veya öncelikli varlık, nihai kendilik olarak kabul eden Batı felsefesinde hümanizme yönelik eleştirisini geliştirmiştir diyebiliriz. Latour dış dünyadaki sözde insan potansiyellerini görebilmek için "öznellik niteliğini dışarıya yayma"mız gerektiğini öne sürer.[76]

Bu kitapta, bu tür konumlandırmaları örnek alıyorum ve bu yazarlarla birlikte "dışarı"ya bakıyorum. Öncelikle içe bakan psikanaliz de dahil olmak üzere tüm beşeri bilimlerin agorafobisi yerine, dışsallıkların, dış mekânların, çevrelerin ve nesnelerin bize yorumlamamız için neler sunabileceğini araştırıyorum. Ama bu çizgiyi izlerken, söz konusu agorafobinin muadili olabilecek başka bir tehlikeyle karşılaşabiliriz ki bunu, "dış"ı açmaya yönelik yakın tarihli teorik yönelimlerin klostrofobisi olarak adlandırabiliriz. Şayet dış (yeni yeni kullanılan ismiyle "nesne merkezli felsefe") beşeri bilim disiplinlerinde ve yaklaşımlarında ilgi görmeseydi, teorik olumsuzlamaya veya mesafelendirmeye bağlı olarak, insan öznelliği ve içsellikle ilişkilendirilebilecek her türlü şeyle bağlantıyı yitirme tehlikesi yaşanacaktı.[77]

İki taraftan birine ağırlık vermek yerine, teraziyi dengede tutmayı öneriyorum. Bu kitapta, iç ile dışı birleştiren ve ayrılmaz bir bütün haline getiren bir yaklaşım benimsedim.[78] Elimdeki etnografik malzeme, içsellik ile dışsallık, öznel ile nesnel veya insan ile nesne arasındaki her türlü ayrımı sorgulamamızı gerektiriyor. Aktör-Ağ Kuramı'nda olduğu gibi dışarıyı öne çıkaran yaklaşımlar (içi doğrudan doğruya olumsuzladıkları için) tıpkı psikanaliz gibi geleneksel olarak "iç"i (öznel) ayrıcalıklı kılan yaklaşımlar kadar zayıftır. Bu nedenle, duygu ve öznelliği birlikte ele alacak bir antropolojik yaklaşım benimsemekten yanayım. Önceki öznellik inşalarına karşı yeni bir duygu teorisi öne çıkarmak gibi bir amacım yok, ama duygu-öznellik sürekliliği olarak adlandırılabilecek, iç ve dış dünyaların karşıtlığına, karşılıklı bağımlılığına ve birbirlerini belirlemesine dikkat eden bir perspektif geliştirmeyi hedefliyorum. Kitabın alt başlığında geçen —ve metnin tamamının ana teması ve

---

75 Amiria Henare, Martin Holbraad ve Sari Wastell, Latours'un içgörülerini Alfred Gell, Eduardo Viveiros de Castro ve Marilyn Strathern'inkilerle birleştirerek nesnenin ontolojisini ayrıcalıklı kılan bu yeni materyalizmi zenginleştirirler: Bkz. Henare vd. *Thinking through Things*; Gell, *Art and Agency*; Strathern, *Property, Substance, and Effect*; Viveiros de Castro, 1998.

76 Latour, "On Recalling ANT," 23.

77 Henare vd., *Thinking through Things*; Latour ve Weibel, *Making Things Public*.

78 Burada, kitabımın baskı aşamasında elime geçen Lisa Blackman'ın çalışmasına gönderme yapıyorum. O da, iç ile dış karşıtlığı karşısında benzer bir fikir benimsiyor. Tarde aracılığıyla telkine açıklık kavramını geliştiriyor ve duygu sirayetinin "gözenekli" ve "geçirgen" sınırlardan geçtiğini öne sürüyor: Blackman, "Reinventing Psychological Matters," 39-41.

kavramı olan– "duygu coğrafyası" terimi, tam da iç-dış veya dış-iç olma faktörüne dayanıyor. Hem dış çevreye hem de insanın iç benliğine dayalı duyguların –bunlar birbirleriyle bağlantılı oldukları için– kartografisini çıkartma iddiasını taşıyor.

Şimdiye dek, duygu alanına ilişkin antropolojik çalışmaların çoğu, kültür ve benlik üzerinde yoğunlaşmıştır.[79] Antropologlar çok yakın bir tarihe değin duyguyu araştırmıyorlardı; daha ziyade, duyguları veya hisleri çapraz-kültürel veya kültürel-görececi bir perspektiften ele alıyorlardı. 1980'lerin ve 1990'ların psikolojik antropolojisine taşınan kültür ve kişilik ekolünden türeyen bu tür çalışmalarda, duyguların Batılı bir anlayışla biyolojik veya psikolojik hale getirilmesinin yerine, kültürel olarak inşa edilmesinin incelenmesi amaçlanıyordu.[80] Duygu antropolojisi kapsamında gerçekleştirilen bu tür çalışmaların kültürelci-postyapısalcı yörüngesinde, duyguların yorumlanmasının ana alanı olarak dil vurgulanıyordu.[81] Duyguların dünyasının kültürel olarak belirlenmiş özel duygu biçimleriyle örtüşen sözcüklerle şekillendiği ve bu sözcüklerle ifade edildiği varsayılıyordu.[82] Bu çalışmaların katkısı, duyguları birincil psikolojik vasıflarından ayırmak veya duyguları psikolojik disiplinlerin elinden kurtararak antropolojinin çalışma nesnesine dönüştürmek olmuştur. Bu, kesinlikle dışa dönüşü yansıtır ve söz konusu dışarısı da "kültür"dür.[83] Dolayısıyla, duygular artık psikolojikleştirilmeyecek, ama bunun yerine söyleme eklenmelerini sağlayan farklı kültürel bağlamlar kapsamında yorumlanacaklardı. Bu dönüş, Avrupa-merkezcil "benlik" anlayışlarının ötesine geçmeye yönelik bir hamleyi işaret ediyor gibiydi; ama bunun yerine, benlik kavramlarını kültürel olarak

79 Örneğin bkz. Mageo, *Power and the Self*. Bu çalışmanın büyük bir bölümü, Amerikan antropoloji geleneğine, özellikle de "kültür ve kişilik okulu"na bağlıdır. Amerikan antropolojisinde kültürelci yaklaşımlar ile psikolojiye dayalı yaklaşımları kaynaştırmaya yönelik özel bir ilgi olmuştur. Franz Boas'ın öğrencilerinin (Margaret Mead, Ruth Benedict vd.) ilk çalışmaları, antropolojik sorgulamaları benliğe ilişkin simgesel yorumlara yönlendirmeyi amaçlayan Clifford Geertz ve öğrencileri tarafından takip edilmiştir: Bkz. Biehl vd., *Subjectivity*, 6-7. Hem Catherine Lutz ve Lila Abu-Lughod hem de Biehl ve meslektaşları bu geleneğin mirasçısı olarak görülebilir: Bkz. Lutz ve Abu-Lughod, *Language and the Politics of Emotion*; Biehl vd., *Subjectivity*. İngiliz sosyal antropolojisi ise uzlaşımsal olarak kültür kadar (benliğe dair) psikoloji çalışmalarına da mesafeli olmuştur. Bunun izini Edmund Leach'in sosyal antropolojiyi psikolojiden açıkça ayıran ünlü makalesine kadar sürebiliriz: Bkz. Leach, "Magical Hair." Antropolojide tartışmaya açık bir şekilde milli gelenekleri sürdüren birisinin Leach'in bekçiliğine ilişkin eleştirisi için bkz. Obeyesekere, *Medusa's Hair*.
80 Bkz. Lutz, *Unnatural Emotions*.
81 Lutz ve Abu-Lughod, *Language and the Politics of Emotion*.
82 Örneğin bkz. Rosaldo, *Knowledge and Passion*.
83 Verimli bir şekilde kültürel kavramına da uygulanabilecek bir toplumsal kategorisi eleştirisi için bkz. Latour, *Reassembling the Social*.

değişken veya çokkatmanlı olarak inceliyor ve kültür kavramını benlikle eşleştirmeyi öneriyordu. Bu yaklaşımın asıl kısıtlılığı, bence duyguları sadece insanlarla ilişkilendirmesinden ve kültürü de insanların ürettiği bir bağlam, temel, alan veya arkaplan olarak kavramasından kaynaklanır.

"Kültür ve depresyon", "toplumsal acı" ve "öznellik" konularında çalışan antropologlar da benzer bir eğilim sergiler.[84] Bu tam da kültürel, politik, tıbbi ve psikolojik antropolojinin kesişme noktasıdır; amaçlanansa, öznelliğin rahatsız edici ve çatışmalı bir politik alanda ve farklı kültürel bağlamlarda nasıl biçimlendiğini araştırmaktır. *Violence and Subjectivity*'de Veena Das ve Arthur Kleinman şöyle yazar: "Öznelliğin –yani, kişinin bir ilişkisel güç alanında kendi görüşlerini de içeren, kendisinin duyumsadığı iç deneyimi– şiddet deneyimi aracılığıyla nasıl üretildiğini incelemek gerekli hale gelmiştir."[85] Bu derlemeye katkıda bulanan ve kavramsallaştırmayı bu mecrada sürdüren antropologlar, ya şiddetin içselleştirilmesini incelemeye odaklanır ya da insanların çarpıcı politik olayları, felaketleri kendi özel kültürel çevrelerinin sunduğu ahlaki repertuarlar aracılığıyla iç dünyalarında nasıl deneyimlediklerini araştırmaya yönelirler. Bu mecrada yayımlanan ilk kitapları *Social Suffering*'e yaptıkları göndermede Das ve Kleinman şöyle der: "Acıya ilişkin kültürel temsillerdeki ve kolektif deneyimlerdeki dönüşümlerin, felaket ve teröre yönelik kişilerarası tepkileri nasıl yeniden şekillendirdiğini örnekler."[86] Asıl mesele, insanın içselliği veya "öznenin yaşanmış ve imgelemsel deneyimi" olarak tanımlandığı şekliyle öznelliklerin, şiddete katılma veya tabi olma suretiyle nasıl üretildiğidir.[87] Bir bakış açısından, Das ve Kleinman'ın projesi benimkine yakınmış gibi görünebilir. Ama arada bir fark var. Öznelliğe ilişkin bu çalışmalarda, için bir öznenin duygusal dünyası (öznelliği) olarak anlaşıldığı ve dışın da daha geniş bir şiddet politikası alanında öznenin ahlaki, söylemsel ve kültürel göndermeleri olarak kavrandığı politik bir alanda iç ile dış arasındaki uçurumu kapamaya yönelik bir çaba vardır kesinlikle.[88] Yine de "toplumsal acı", "şiddet ve öznellik" konulu bu çalışmaların, öznelliği (insan içselliğine gönderme yaparak) kavramsallaştırmaları ve dış dünyanın (buradaki örnekte kültürel ve politik dünyanın) sadece insan eliyle yapıldığını varsaymaları bakımından, hümanist felsefi gelenek kapsamında

---

84 Örneğin bkz. Biehl vd., *Subjectivity*; Das vd., *Violence and Subjectivity*; Kleinman vd., *Social Suffering*; Kleinman ve Good, *Culture and Depression*.

85 Kleinman vd., *Social Suffering*, 1.

86 Agy., 1-2.

87 Agy., 5, 8, 10.

88 Örneğin bkz. agy., 5.

kaldığını iddia ediyorum. Bununla birlikte, konuyu bu çalışmaların yaptığı katkıya dayandırarak geliştirmenin bir yolu olduğunu belirtmeliyim.

Duygu özneliğe gönderme yapmıyorsa, basitçe insanın içselliğine indirgenemeyecek bir şeyse, o zaman nedir? Duygu, duygulanımdan ve hislerden farklıysa, onu nasıl kavramsallaştırabiliriz? Üstelik işin içine bir de duygu kavramını katarsak, insan duygusallığını analiz etme olanağını tamamen yitirmeden öznellik anlayışlarımızı nasıl değiştirebiliriz? Nihayetinde kitabın temel sorularından biri de şu: Duygu ve öznelliği birbiriyle iç içe geçmiş, birlikte yaşıyor veya birbirlerini karşılıklı içeriyor olarak tahayyül etmek mümkün müdür? Bu tür bir kavramsallaştırma için ne tür yeni terminolojilere veya analiz kategorilerine ihtiyaç duyarız?

"Duygu" konusunda kaynaklara dönmemiz gerektiğini düşünüyorum. Bundan kastım, Spinoza'nın *Ethica*'sı; insanın doğadan kopuk, onu yöneten veya ondan üstün olarak değil, doğanın parçası olarak kabul edildiği *Ethica*. İnsan ve doğa, Spinoza'nın felsefesinde birbirinden ayrı değildir; giriftir, ikisi bir bütünü oluşturur. İnsan doğası da, doğadan farklı veya doğadan kopuk değildir. Spinoza "duygu (*affectus*)" kavramını bu bağlamda geliştirir:

> Duygular ve insanların yaşam tarzları hakkında eser kaleme alan çoğu düşünür doğanın ortak yasalarından kaynaklanan doğal şeylerle değil de, doğanın dışında olan şeylerle ilgilenmişe benziyorlar. İnsanoğlunu doğada krallık içinde bir krallık olarak görmüşler adeta. Çünkü insanın doğa düzenine uymak yerine bu düzeni bozduğuna inanıyorlar; kendi eylemleri üzerinde mutlak bir denetim gücü olduğuna ve kendi eylemini kendisinin belirleyebileceğine inanıyorlar. Sonra da insani zayıflıkların ve tutarsızlıkların nedenini doğanın mutlak kudretine yoracaklarına insan doğasındaki falanca kusura yoruyorlar, bu yüzden de doğalarına dertleniyorlar, gülüyorlar, burun kıvırıyorlar ya da daha çok lanet yağdırıyorlar.[89]

Spinoza, insanı daha geniş doğa kategorisi kapsamında kavrayışına uygun olarak ("çünkü doğa hep aynıdır"), duygu kavramını da insanlara ve doğal dünyaya aynı şekilde ve aynı anda uygulanan bir kategori olarak geliştirir:

> Öyleyse kendi kendine meydana geldiği düşünülen nefret, öfke, kıskançlık gibi duygular da, bütün diğer tekil şeyler gibi, aslında doğanın zorunluluğundan ve kudretinden kaynaklanmaktadır. Bu yüzden bu duyguların hepsinin belirli nedenleri vardır ve hepsi kendi nedenleriyle anlaşılır hale gelir, ayrıca başka şeylerin sahip olduğu ve bizim de temaşa etmekten büyük zevk aldığımız özellikler gibi, duyguların da bilinmeye değer özellikleri vardır. Bu yüzden duyguların doğasını, gücünü ve zihnin bu duygular üzerindeki

---

89 Spinoza, *Ethics*, 68-9 [*Ethica*, Lat. çev. Çiğdem Dürüşken, 1. baskı. İstanbul: Alfa Yayınları, 2014, 195].

hâkimiyetini incelediğim bu bölümde de, Tanrı ve zihni incelediğim önceki bölümlerde kullandığım yönteme başvuracağım ve insanın eylemlerine ve isteklerine sanki geometrik çizgilerden, yüzeylerden ve cisimlerden söz ediyormuşum gibi yaklaşacağım. [90]

Spinoza'ya göre, doğanın ve insan doğasının farklı özelikleri, güçleri ve potansiyelleri olması gerektiğine dair bir önerme gülünçtür, çünkü insan ve doğa aynı özelliklerden, aynı malzemeden dokunmuştur: İkisi birlikte yaratılmıştır. Bu düşünce çizgisini izlersek, insanın duygusallığını doğal çevrenin duygularından farklı addedemeyiz. Kartezyen felsefenin ikiciliğine kökten bir şekilde karşı çıkan Spinoza'nın *affectus* kavramı hem insan hem de doğa için geçerlidir. *Affectus*'ta duygu ve öznellik örtüşür; farklı türden fenomenlere veya türlere gönderme yapmazlar.

Kitabın ana teorik çerçevesini tam da insanların güçlerinin, enerjilerinin ve duygu potansiyellerinin doğal, inşa edilmiş ve maddi çevreleriyle birleştiği fikrine dayandırıyorum. Doğanın insanda ve insanın doğada birlikte yaşaması veya birbirlerini şarj etmesi olarak adlandırabileceğimiz bu birleşmeden, kitabın alt başlığındaki "duygu coğrafyası" kavramının da içerimlediği, savaş sonrası bir çevredeki duygu-öznellik sürekliliği olarak tanımladığım şeyi incelemek için kullanacağımız kavramsal bir aygıt türeteceğiz.

Kurmaca Devlet

Yeniden sahaya, yani bir mekân olarak kuzey Kıbrıs'a dönüp, bu sefer başka bir nesneyi elime alıyorum: *North Cyprus Almanack* [Kuzey Kıbrıs Yıllığı]. Yıllık, KKTC'nin bağımsız bir devlet olarak kurulduğunun ilan edilmesinden kısa bir süre sonra 1987'de, "ulusal kılavuz" olarak basılmış. Yayımcısı ve yayın yönetmeni Kemal Rüstem, aynı zamanda Lefkoşa'daki ünlü bir kitapçının sahibi; KKTC eski Cumhurbaşkanı Rauf Denktaş, yıllığı kuzey Kıbrıs'ta yönetimin her yönüne ilişkin resmi kılavuz olarak desteklemiş. Bana göre bu kılavuz, kurmaca başlığı altında incelediğim devlet pratiklerinde barınan fantazmatik unsurunun ayrıntılı bir örneği.

North Cyprus Almanack, yönetimini tanımlayarak tanınmayan bir devleti somut kılmaya yönelik elle tutulur bir nesne olarak üretilmiş. Gördüğümüz kadarıyla, Kıbrıslı Türkler arasında enklav döneminden beri devlet sistemine benzer bir yönetim pratiği var olmuş. KKTC'nin 1983'te bağımsızlığını ilan etmesinden önce, Kıbrıslı Türklerin enklavlardaki ve kuzey Kıbrıs'taki yönetimi başka isimlerle anılıyordu: Genel Komite (1963-1967); Kıbrıs Geçici Türk Yönetimi (1967-1971); Kıbrıs Türk Yönetimi (1971-1975) ve Kıbrıs Türk Federe Devleti (1975-1983). Kıbrıslı Türkler

---

90 Agy., 69 [*Ethica*, 197].

arasındaki bu muhtelif yönetimler pratikte sadece fiili statülere sahip oldu. Kıbrıs Türk yönetiminin bir parçası olduğu (veya koptuğu) Kıbrıs Cumhuriyeti, KKTC'yi gayri meşru kabul eder. Resmi olarak Kıbrıslı Rumlar, Kıbrıs Cumhuriyeti ile KKTC arasındaki farklılığı hukuk ile hukuk dışı arasındaki farklılıkla açıklar. Öyleyse kuzey ve güney Kıbrıs arasındaki ilişkiler hukuki söylemler ve pratiklerle doludur.

Bu kitapta fiili bir devletin hâkimiyetinde yaşamanın nasıl bir şey olduğunu ele alıyorum. Kurmaca, *de facto* (fiili) kavramıyla bir oynama olarak da yorumlanabilir: Var olan bir şey, ama gerçekten var olan değil; fantazmatik olarak imal ve inşa edilmiş bir kendilik; tahayyülde yaratılarak veya maddileştirilerek mevcudiyetine inanılan bir varlık. Öyleyse, kuzey Kıbrıs dışında dünyada hiçbir yerde hiçbir belgesi doğru dürüst tanınmayan *de facto* bir devletin "vatandaşı" olmak ne anlama gelir? Kurmacanın gündeliğe nasıl sızdığını, fantazmatiğin nasıl sıradan, olağan haline getirildiğini, nasıl normalleştirildiğini araştırıyorum. Bu türden bir kendilik/mevcudiyet üzerinde yoğunlaşarak, dünyanın farklı yerlerinde ortaya çıkan, Kosova veya daha yakın tarihli bir örnek olarak Gürcistan Cumhuriyeti'nde hâlihazırda bağımsızlık mücadelesi veren Abhazya gibi devletlerle karşılaştırma yapılmasını teşvik etmek gibi bir niyetim yok. Her ne kadar göz ardı edilemeyecek olsalar da bu tür karşılaştırmalar, *de facto* bir yönetime ilişkin etnografik bir bakışın ortaya koyabileceklerine dair kısıtlı bir okumaya yol açacaktır. KKTC'nin bağımsız bir devlet olarak yaratılmasında barınan fantazmatik unsurların değerlendirilmesinin mukayese bakımından daha ilginç bir bakış açısı sunacağına inanıyorum. Bu unsurlar, bana göre, sadece kuzey Kıbrıs'a özgü değildir, ama hukuki olarak tanınan diğer devletler Birleşmiş Milletler'in resmen tanıdığı ve uluslararası sistemin üyesi sayılan tüm devletler kapsamında analiz edilmeyen kimi boyutları öne çıkarırlar. Bütün devlet pratiklerinin fantazmatik bir unsuru vardır. *North Cyprus Almanack* kurmacada barınan bu pratiği yalnızca daha görünür hale getiriyor. Bir mekânın bir toprak ve bir nüfusla tanımlanmasının, etnografya yazımının fantazmatik unsuru olan, bir yerin sınırlarını belirlemeye dayalı uzlaşımsal etnografi pratiğine ne kadar benzediğine dikkatinizi çekmek istiyorum.[91]

Almanack'ta, "Basic Facts on the TRNC" [KKTC'ye İlişkin Temel Gerçekler] başlığı altında şunlar sıralanıyor:

> Kuruluş tarihi: 15 Kasım 1983
>
> Cumhurbaşkanı: Rauf R. Denktaş
>
> Millet Meclisi Başkanı: Hakkı Atun

---

91 Bkz. Gupta ve Ferguson, *Anthropological Locations*.

Başbakan: Dr. Derviş Eroğlu

Millet Meclisindeki Sandalye Sayısı: 50 [...]

Alan: 3.355 kilometrekare (1.295 milkare)

Nüfus: 160.287

Kişi başına düşen milli gelir: 1.300 Amerikan doları

Yıllık ekonomik büyüme: %7

Kilometrekareye düşen yoğunluk: %47,78 (ortalama)

    İlçelerde: %51

    İllerde: %44

Başlıca İller (yaklaşık nüfusuyla)

    Lefkoşa (Nicosia): 37.400

    Gazi Mağusa (Famagusta): 19.428

    Girne (Kyrenia): 6.902

    Güzelyurt: 11.179 [...]

İhracat

    1984: 38,8 (milyon Amerikan doları)

    1985: 44,1 (milyon Amerikan doları)

İthalat

    1984: 136,3 (milyon Amerikan doları)

    1985: 145,6 (milyon Amerikan doları) [...]

Para durumu

    Türk para birimi kullanılıyor.[92]

De facto halini somutlaştırmak için *Almanack*'ta rakamlar kullanılmış. Rakamların fantazmatik bir niteliği vardır; bir güvenilirlik hissi yaratırlar; geçici ve belirsiz olanın simgesel olarak daha somut veya daha doğru görünmesini sağlarlar. Bu nedenle, gerçek olduklarını öne süreceğim; zira istatistik, toplumsal pratikleri (yansıtmakla kalmayıp) edimsel ve somut olarak üretir. Kuzey Kıbrıs'ta yönetim başka yerlerdeki devlet pratiklerini taklit eder; ülkesinin, topraklarının sınırlarını kilometrekarelerle ifade ettiği rakamlarla belirler, nüfusuna dair rakamlar ve ekonomik büyümesinin

---

92 *North Cyprus Almanack*, 1-2.

yüzdelerini veya indekslerini açıklayan ortalamalar verir.[93] Bunlar bir devlet pratiğinin gerçek olarak kabul edilmesi için gerekli olan rakamlardır.

Bağımsız bir devletin kendi ayrı tarihi de olması gerekir. Bu nedenle *Almanack*, "Yeni Taş Çağı"na denk düşen ve MÖ 4000 yılından başlayıp 15 Kasım 1983'te "Kuzey Kıbrıs Türk Cumhuriyeti'nin ilanı"na kadar süren bir "Kronolojik Tarih" sunar. Antik dönemlere dayanan kökleriyle birlikte Kıbrıs'ın tarihi böylece KKTC'nin kuruluşuyla tepe noktasına ulaşır. Bu nedenle, KKTC bir anlamda taşlara kazınmış, arkeolojik kalıntılarla özdeşleştirilmiş, fosilleştirilmiştir. Bu durum, artık "Rum tarafı"nda olan, köklerinin antik Yunan geçmişine dayandığını iddia eden Kıbrıs Cumhuriyeti'nin pratiklerinin ve söylemlerinin taklit edilmesi olarak incelenebilir.

Almanack'ta Kıbrıslı Türklerin yönetim tarihinin bir soykütüğü de yer alır ve Kıbrıslı Türklerin tüm yaşam alanlarının yeni yönetim pratiklerinde nasıl yeniden tasarlandığını gösterir. *Almanack*, Kıbrıs Geçici Türk Yönetimi'ne yaptığı göndermede şöyle bir açıklamaya yer verir: "Bu yönetimin Anayasası 19 bölümden oluşuyordu. 1. Bölüm, 1960 Anayasası'nın tüm hükümleri yürürlüğe koyulana dek Kıbrıs Türk kesiminde yaşayan tüm Türklerin bu yönetime bağlı olmasını öngörüyordu ve buna bağlı olarak 2. Bölüm de, Türk bölgelerinde gerekli tüm yasaları uygulayacak bir Yasama'nın kurulmasını öngörüyordu."[94] Bu açıklamada, yönetimin nasıl bir yeni şeyler yaratma kabiliyetiyle oluşturulduğunun örtük bir ifadesi vardır. Bir Yasama Meclisi kurulmuştur; Yürütme Konseyi'nin yetkilerini tanımlamak için düzenlemeler yapılmıştır.[95] Kıbrıs Türk Federe Devleti kurulduğunda, anayasa taslağı hazırlanması için bir Kurucu Meclis oluşturulmuş, daha sonra bu taslak oylanarak onaylanmış ve 1975'te *Resmi Gazete*'de yayımlanmıştır.[96] *Almanack*, kuzey Kıbrıs yönetimini ayrıntılı bir şekilde açıklar: Anayasa, cumhurbaşkanlığı, Millet Meclisi ve görevleri, parti sistemi, başbakan, bakanlar kurulu, bakanlıkların sorumlulukları, milli marş, savunma, kolluk kuvveti, yargı (Anayasa Mahkemesi, alt mahkemeler ve Yargıtay), yasama (siyasi partiler), hükümet organlarının görevleri (bakanlıklar, Enformasyon Dairesi, Devlet Planlama Teşkilatı, Nüfus Sayım Dairesi), barolar birliği, bölge yönetimi (yerel yönetimler ve belediyeler), şehir ve bölge planlama (Tapu ve Kadastro Dairesi).[97] Uluslararası sistemde tanınan devletlerinkine benzer işlevlere ve görevlere ilişkin bir sınıflandırma yapan resmi kılavuz, sağlık, ekonomi ve finans, tarım, diğer doğal kaynaklar, hayvanlar ve bitkiler, işbirliği, ticaret ve

---

93 Haritalar ve rakamlara ilişkin bir etnografi için bkz. Green, *Notes from the Balkans*.
94 *North Cyprus Almanack*, 20-1.
95 Agy., 21.
96 Agy., 22.
97 Agy., 24-72.

pazarlama, sanayi ilişkileri, eğitim, din, sanat ve kültür, ulaşım ve iletişim, coğrafya ve iklim ve turizme dair olguları sıralar.[98]

Kapağında KKTC logosu basılı olan kitapçık, yönetim biçiminin tek tek her unsurunu somut olarak hem açıklayıp hem de örnekleyerek kuzey Kıbrıs'ta yönetimin devlet olma halini (kendi nesnel niteliği biçiminde) somut kılma çabasının bir ürünüdür. Böylelikle vurgulanmak istenen, yönetimin hiçbir boyutunun devlet pratiğinden yoksun olmadığı, tanınan diğer devletlerle karşılaştırıldığında yönetimin sistem ve süre bakımından hiçbir eksik yönü bulunmadığıdır.

Almanack fantazmatik bir nesne olarak, devlet sistemine benzer özerk bir yönetim pratiğinin yaratılmasında yer alan failleri ve yaratıcılığı aydınlatır. KKTC'nin uluslararası hukuk kapsamındaki gayri meşruluğuna *Almanack*'ın hiçbir sayfasında gönderme yapılmaz, sadece KKTC "henüz Birleşmiş Milletler üyesi değildir"[99] ibaresi yer alır. Hukuk ve hukuk-dışı arasındaki hukuksal, teorik ve analitik ayrımları yeniden değerlendirmemizi sağlayacağına inandığım için bu yönetim pratiğinin dayandığı yaratıcılıkla devam edeceğim.

Hukuk ve Yönetimde Duygu

Bu kitap, alışılmadık alanlarda duygunun haritasını çıkartmaya çalışıyor. Duyguya duyulan ilgi kendi başına, birçok alanda duyumsama olanaklarına bir açıklık gerektirir; gelgelelim insan öznelliklerinden kaynaklanan yansımaların ötesinde bir açıklık olmalıdır bu. Duygunun araştırılması için kapsamın bu şekilde genişletilmesi, beni kurumları ve yönetimleri, yönetim tarzlarını ve hukuksal pratikleri gözlemlemeye itti ve onların duygu üretme ve yükleme kapasitesine sahip olduklarını saptamamı sağladı. Burada, yönetimi sadece insan eylemliliğin bir ürünü (dolayısıyla duygulanım yüklü bir kendilik) olarak görmüyorum. Her ne kadar kesinlikle "insan yaratımı" olsalar da, yönetimlerin aynı zamanda kendilerince duygusal güçleri üretme ve uygulama kapasitesine de sahip olduklarını öne süreceğim. Örneğin resmi kılavuzlar, gazeteler, hukuki formlar ve belgeler, büro mobilyaları, resmi binalar gibi yönetim araçları kadar araştırmalar, denetimler, nüfus sayımları gibi kurumsal pratikler ve millet meclislerindeki, mahkeme salonlarındaki hukuki pratikler ve uygulamalar da duygu üretme kapasitesine sahiptir.[100] Bu kurumsal (veya hukuksal ve yönetimsel) duygu, onda ve onun aracılığıyla edimde bulunan insan faillerinin bir yansıması değildir basitçe. Kurumların insan hayatının ile-

---

98 Agy., 73-186.

99 Agy., 36.

100 Bkz. Stoler, *Along the Archival Grain*.

risinde ve ötesinde kendilerine ait bir hayatları olduğuna (diğer bir deyişle, canlı olduklarına) inanıyorum. Farklı bir şekilde ifade edecek olursak, kurumlar insan potansiyelini aşar; ondan daha fazlasına sahiptirler. Kendi çaplarında canlıdırlar. Bennett'in ifadesiyle, kurumlar "büyüsünü" korumaktadır. Max Weber'in etkili bir biçimde ifade ettiği gibi, kurumların "büyüsü bozulmuş"[101] değildir basitçe. Bu kitapta, özel bazı kurumları, (Kıbrıslı Rumların adlandırdığı şekliyle) "sözde devlet"in kurumlarını canlı olarak ele alıyorum ve etnografik açıdan inceliyorum. Ama onu duygu yaratmaya daha yatkın hale getiren şeyin, kesinlikle KKTC'nin "sözde"lik niteliği olmadığını belirtmem gerekir. Kuzey Kıbrıs'taki belirli yönetim pratiklerine odaklanmak, buradaki özel örnekte duygunun kendisini hissedilir kılma veya görünür hale getirme türünü tanımlamamızı gerektirir. Öyleyse, kurumların yarattığı duygu, muhtelif biçimlere ve tarzlara bürünür ve tanımlanması gerekir.

Bu kitapta, bir kurumu yönetim pratiklerine bakarak antropolojik olarak inceliyorum ve bu bakımdan, denetim kültürleri, kuruluşları, belgesel pratikleri ve endüstriyi incelemiş olan antropologların izinden gidiyorum.[102] Her ne kadar, yönetim pratiği bir devlet pratiğini temsil ediyor olsa da, hatta onunla aynı şey olsa da, yönetime duyulan etnografik ilginin devlete duyulandan farklı olduğunu belirtmem gerekir.[103] Devletleri antropolojik analiz için farklı türden fenomenler olarak ayıklamak yerine, sadece yönetime odaklanmak, yönetimin devlete özgü olan ve olmayan pratikleri ile kurumsallık tarzları arasındaki farklılığı yavanlaştırır. Bundaki niyet açıktır. Devlet pratiklerini daha gerçekçi hale getirmeye, diğer kurumsal pratiklerle karşılaştırarak uyguladıkları gücü azaltmaya çalışıyorum. Gündelik ölçekte, düşük dereceli memurların, sosyal hizmet uzmanlarının ve sınır polislerinin küçük pratikleri düzeyinde ele alındığında, bir devlet pratiği (ve bu pratiğin yerine getirilmesi) çok daha sıradan görünür. Böylece, yer seviyesine indirerek daha gerçekçi hale getirildiğinde, daha genel olarak yönetimlerde örtük olarak bulunan olağanüstülüğü çekip çıkarabiliyorum.

Karşı-Weberci çalışma alanı tanıdıktır. Şayet Weber (kendisinin ünlü Demir Kafes imgesinde ikonik hale geldiği gibi) kapitalizmin oluşumunda bürokrasilerin büyüyü bozma ve yabancılaşma biçimleri üretmeye yöneldiğini öne sürdüyse,

---

101 Weber, "Bureaucracy." ["Bürokrasi." *Sosyoloji Yazıları*, çev. Taha Parla, 1. baskı. İstanbul: Deniz Yayınları, 2008.]

102 Denetim kültürleri konusunda bkz. Strathern, *Audit Cultures*. Kuruluşlar konusunda bkz. Wright, *Anthropology of Organisations*. Belgesel pratikler konusunda bkz. Riles, *Documents*. Endüstri konusunda bkz. Born, *Rationalizing Culture*; Corsin-Jimenez, "Industry Going Public."

103 Örneğin bkz. Navaro-Yashin, *Faces of the State*.

başkaları da, kurumların sadece rasyonelleştirme terimleriyle incelenemeyeceğini öne sürmüştür.[104] Foucault'nun disipline ve hükümetin rasyonelleştirmelerine olan ilgisini benzer bir ışıkta okursak, daha ziyade dikkatimizi iktidarın fiziksel tezahürlerine veya fantazi olarak iktidara çeviririz. Bu kitapta, Ann Laura Stoler'in çalışmasıyla aynı safta yer alarak, bu argümanı daha da geliştirmeye çalışıp, kurumların "rasyonel olmayan" potansiyellerini ve eğilimlerini araştırıyorum. Bu ise yönetimi, Foucault'nun "yönetimsellik" kavramının ötesine geçen bir tarzda kavramsallaştırmamızı gerektirir. "Politik akıl" kavramı, yönetimselliğe içkindir ve birçok kişi yeni liberal kurumları bu kisve altında incelemektedir.[105] İncelediğim yönetim kavramında, yönetimler sadece yönetimsellik (veya katı ve mesafeli, rasyonelleşmiş disipliner pratik) örnekleri olarak okunmaz, aynı zamanda duygu üretme ve güç aracılığıyla çalışıyor olarak açıklanır. Öyleyse, bu incelemede Karl Deutsch'un "hükümetin sinir ağları"[106] kavramını andıran, başka bir kurum tablosu da ortaya çıkar.

Bürokrasilerin yol açtığı ve akademik olarak öne sürüldüğü üzere temsil ettiği arındırmayla ve duygusuzlaştırmayla baş etmeye çalışıyorum. Böylece, yazma üslubumda ve etnografik betimleme biçimimde kurumların rasyonelleştirici duruşlarını taklit etmektense, "yönetmeye dayalı duygular" veya "duygulara dayalı yönetme" olarak incelediğim bu arındırmanın bir pratik ve bir süreç olarak ürettiği duyguları araştırdım. Hissizleştirmek (bazılarının "yansızlık veya kayıtsızlık" olarak adlandırdığı şey) belli bir nitelikte, bir tür duygudur.[107] Michael Herzfeld'in "kayıtsızlık"[108] olarak adlandırdığı şey de öyle. Kurumların yüklediği duyguları,

---

104 Örneğin bkz. Aretxaga, *Shattering Silence*; Aretxaga, *States of Terror*; Navaro-Yashin, *Faces of the State*; Stoler, "Affective States"; Stoler, *Along the Archival Grain*.

105 Bkz. Barry vd., *Foucault and Political Reason*; Burchell vd., *The Foucault Effect*; Cruikshank, *The Will to Empower*.

106 Deutsch, *The Nerves of Government*.

107 Aydınlanma geleneğinden kalan örnek bir motif ve metodoloji olarak kayıtsızlık kavramını ortaya atan kişi Amanda Anderson'dır. Anderson "yansızlığın geliştirilmesi" adını verdiği ve beşeri bilim insanlarının doğa bilim insanlarından alıp benimsemesi gerektiği bu yaklaşımı yaymaya çalışır: Anderson, *The Powers of Distance*. Bense, tam da yansızlığın/ kayıtsızlığın kendi çapında bir duygu olduğunu, özel yönetim tarzlarının uyandırdığı ve ürettiği bir duygu olduğunu öne sürerek pozitivizm ve nesnelliğe dayalı Aydınlanma geleneğini diriltmeyi amaçlayan bu tür girişimleri eleştiriyorum. Bürokrasileri yansızlıkla birleştirmeye çalışan belli Weberci yaklaşımlara keza ben de karşı çıkıyorum. Bunların yerine, bürokrasilerin kendilerinin duygu içeren kendilikler/varlıklar olduğunu, yansızlığın da bürokrasilerin aktardığı, yaydığı, ürettiği veya yüklediği türde bir duygu olduğunu öne sürüyorum.

108 Herzfeld, *The Social Production of Indifference*.

kurumların nesnelerini ve pratiklerini inceliyorum. Kurumların bir sinir sistemine veya ruh haline sahip olduğunu, yatıştırıcı veya susturucu etkilerinin olduğunu da düşünebiliriz. Belgeleri duygu yüklü olarak da inceleyebiliriz: korku yaratan, güven aşılayan veya kullanıcılarına duygusuzluk aktaran belgeler.[109] Burada yönetimi canlı olarak, kendi kendisini şarj ediyor olarak ele alıyorum.[110] Bu nedenle, Stoler'in "duygusal devletler / duygusal durumlar" kavramının izinden giderek "duygusal yönetim" olarak adlandırabileceğimiz şeyi araştırıyorum.

---

109 Ayrıca bkz. Patel, "Imagining Risk, Care, and Security."

110 Bu proje, "kuruluşlarda duygu" konusunda örgütsel davranış ve yönetmeyi ele alan psiko-loglların ve diğer araştırmacıların çalışmalarını hatırlatır: Fineman, *Emotion in Organizations*. Ama kuruluşlara danışmanlık yapmak ve çözümler önermek amacıyla kuruluşlarda duygu-nun rolünü inceleyen disiplinler ile bu kitapta kendi başlarına duygu üreten veya uyandıran yönetim pratiklerine ilişkin geliştirilen yaklaşım arasında bir ayrım yapılması gerekir.

I. Kısım

Mekânsal Dönüşüm

Egemenliğin Maddiliği

Lefkoşa'nın Yenişehir semtinde polis karakolunun hemen yakınındaki KKTC Harita Dairesi'nin küçük bürosunda oturuyorum. Doğrudan kuzey Kıbrıs'taki Türk Silahlı Kuvvetleri'ne bağlı olan Harita Dairesi, KKTC yönetiminin en önemli birimlerinden biri addediliyor. Kuzey Kıbrıs topraklarında düzenli olarak sürdürülen kartografi çalışmalarını burada görevli olan sivil memurlar yürütüyor; ortaya çıkardıkları haritalar, resmi olarak sadece silahlı kuvvetler tarafından kullanılmıyor, ayrıca Tapu ve Kadastro Dairesi tahsis ve devir işlemlerinde, okulların coğrafya derslerinde, ilçe ve il konseylerinin yerel yönetimlerinde, kolluk kuvvetlerinin cezai soruşturmalarında ve Nüfus Dairesi'nde kayıt ve teyit amaçlı kullanıyor. Bu bölümde, meseleyi (temsili soyutlama ürünü olarak) haritaları ele alarak değil, harita yapım çalışmalarını (ve pratikleri) tartışarak irdeleyeceğim.

Harita Dairesi'nde çalışan Kemal Bey'le görüşüyorum. Kemal Bey köken olarak güney Kıbrıs'ın bir köyünden Kıbrıslı bir Türk ve bana bu çalışmanın detaylarını anlatıyor:

> Köylerde muhtarların elinde arazi haritaları vardı. İşe bu haritalarla başladık, tabii köylerde, oradan buradan bulup çıkardığımız haritalara da baktık. Kıbrıslı Rumların bırakıp gittiği köylerin yeni haritalarını çıkardık. Örneğin, Demirhan köyü için elimizdeki kabataslak çizimlerden ortaya bir harita çıkaran bizdik. Derken, beklenmedik bir şekilde çıkagelen bir köylü, köyün eski bir haritasını bulduğunu söyledi. Eski haritayı bizim çıkardığımız yenisiyle karşılaştırdık. Yenisinde parselleri biraz daha farklı göstermişiz.

Kemal Bey masasındaki bir çekmeceyi açtı ve sözünü ettiği şeyi örneklemek için eski bir köy haritası çıkardı:

> Şuna bir bakın, bu Yenağra köyünün eski haritası. 1911'de [İngiliz] Kadastro Dairesi tarafından hazırlanmış ve 1970'te kopyalanmış. Haritada parsellenmiş arsaların ve tapu paylarının numaralandırıldığını görüyorsunuz. Bu numaralar 1911'den daha eski bir tarihten beri aynı, hatta KKTC'nin verdiği tapularda da kullanılıyorlar. Bu eski haritada köyün ortasındaki arazinin eski ismini buldunuz mu? İşte bu eski ismi değiştirip Türkçeye uyarladık.

Kemal Bey bu sefer de başka bir çekmeceyi açtı ve genel bir Kıbrıs haritası çıkardı; Harita Dairesi'nin bunu 1987'de hazırladığını, ama "bu haritada bazı ufak tefek hatalar" olduğunu söyledi:

> Örneğin, Güzelyurt'a hiç gönderme yok [Kıbrıslı Türkler için burası Omorfo; Rumlar içinse Morphou]; gördünüz mü yeri hâlâ boş. Çünkü yerleri yeniden isimlendirdiğimiz dönemde Güzelyurt ayrı bir yer olarak kayda geçirilmedi; Lefkoşa'ya bağlıydı. Güzelyurt sonradan ilçe oldu ve kendine ait ayrı bir idari yapıya sahip oldu. Benzer şekilde, [Kıbrıslı Rumlarca öldürülmüş] şehit veren üç köyü (Muratağa, Sandallar ve Atlılar) birleştirdik ve tek bir idari birime dönüşen yeni köye Şehitler adını verdik. Bu haritada sadece Şehitler gösteriliyor; eski köy isimlerine eklemedik. Günümüz standartlarına göre bu harita da eski olarak kabul edilebilir, ama yine de bakmak isteyebilirsiniz.

Kemal Bey, 1987 tarihli haritanın bir nüshasını bana hediye etti. Daha sonra, kuzey Kıbrıs'ta yerlerin isimlerini değiştirme projesi haline gelen çalışmayı anlatmaya devam etti:

> Köy isimlerini değiştirmek için bir komite kurduk. Ama bu büyük ölçüde benim ve [Harita Dairesinin başkanı] Halil Bey'in işiydi. Projeyi tamamlamak 22 yılımızı aldı. Tablolar yaptık, eski köy isimlerini verdiğimiz yeni isimlerle eşleştirdik ve bu tür her eşleşme için yaptığımız değişikliği gerekçelendiren bir açıklama ekledik. Bazı durumlarda, belirli bir köye veya mevkiye soru işareti koyardık. Soru işareti olan köye bir memur yollardık; memur, muhtarla veya köyün ihtiyar heyetiyle görüşür ve onlara belirli bir arazi, tarla veya tepe için eskiden hangi ismi kullandıklarını sorardı. Böylelikle, eğer uygunsa, bu yere ona göre bir isim verirdik.

Kemal Bey'e şunu sordum: "Peki ya köylüler, bu yerlerin eski isimlerini bilmeyen, güneyden gelen mülteciler veya Türkiyeli göçmenlerden oluşuyorsa, o zaman ne oluyordu?" Sorumu şöyle yanıtladı: "Belli bir yerde bir süre yaşamışlarsa, onlara 'Buraya hangi ismi verirsiniz?' diye sorardık ya da 'Köyünüzden şehit verdiniz mi?' diye sorardık, vermişlerse oraya şehidin ismini verirdik. Bir diğer seçenek de, köylülere güneyde bıraktıkları köylerini hatırlatan isimler vermek olurdu." (bkz. **HARİTA 1**). Öyleyse Harita Dairesi'nin işlerinden biri de, İngiliz kartografi pratiklerinde "araştırma yöntemleri" olarak adlandırılan şeye benzeyen (ve onu kaynak olarak kullanan) bir tür saha çalışması yapmaktı. Dairenin kuzey Kıbrıs topraklarının yeniden inşasında önemli bir rol oynayan kıdemli memurlarından olan Kemal Bey'in açıklamalarındaki en önemli kısım, harita yapımı ve yerlere yeni isimler verilmesi işinin, bu yerlerde yaşayan Kıbrıslı Türklerle uzlaşma sağlamak veya rızalarını almak için belli ölçüde işbirliği gözetilerek yapıldığı bilgisiydi.

Araştırma aşaması yöneticiler ile köylüler arasında bir ilişki içerse de, projenin sonunda (ve uzun vadede) yeni yer isimleri resmi bir işlemle biçimlendi. Kemal Bey, "Yeni isimler bulduktan sonra, bunları Bakanlar Kurulu'na sunardık" dedi. "Kurul isimleri onaylardı; isimler *Resmi Gazete*'de yayımlanırdı, sonra yürürlüğe girerdi. Buna benzer pek çok yer isimlerini standartlaştırma işi yaptık." Yönetimin yer isimleri değişikliği yöntemini anlatırken birdenbire "Haritalarımızın çoğu askeri olduğu için gizliydi" dedi.

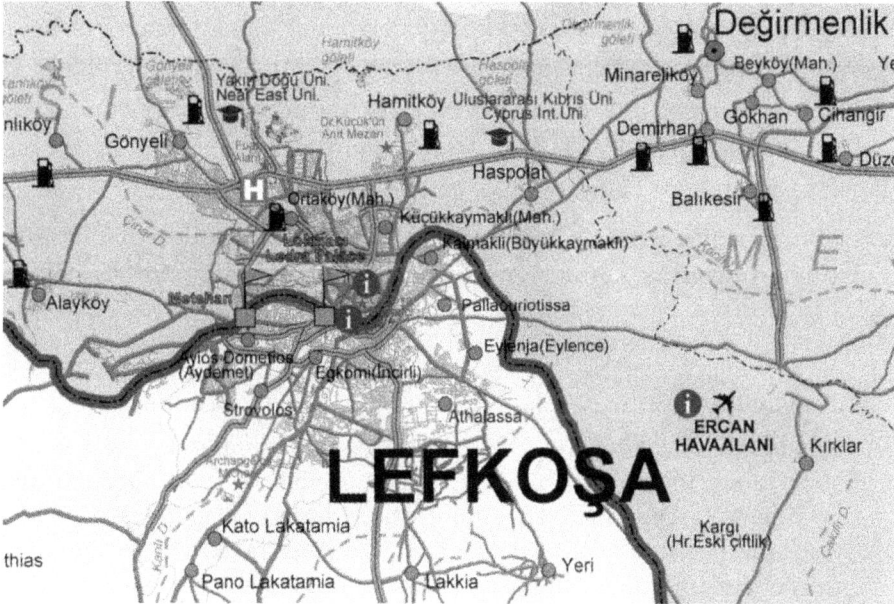

HARİTA 1. KKTC Harita Dairesi'nin hazırladığı bir haritadan bir parça, Lefkoşa'nın ikiye bölünmüş halini gösteriyor; kuzeydeki yerlere Türkçe, güneydekilere ise Rumca isimler verilmiş.

Harita Dairesi'nde, köken olarak Sivaslı olduğunu, ama 17 yıldır kuzey Kıbrıs'ta yaşadığını söyleyen bir memurla da konuştum. KKTC Harita Dairesi'nin Türkiye'deki Harita Genel Komutanlığı'na bağlı olduğunu belirterek şöyle dedi: "Biz onlara bağlı küçük bir daireyiz. Burası da Güvenlik Kuvvetleri Komutanlığı'na (GKK) bağlı neticede. Binamızın inşaatını da GKK yaptırdı. Türk ordusu bu daireye çok önem veriyor, ama bence burada çalışanlar önemi anlayacak nitelikte değiller." Dolayısıyla, yönetici, Türkiye ve Türk ordusuna dair Kıbrıslı Türk sivil memurların bilmediği belli bir teknik bilgiye sahip olduğunu iddia ediyordu.

Kemal Bey, Türkiye'nin kuzey Kıbrıs'a getirdiği yeni ve modern bir kartografi pratiğini anlatmaya koyuldu: "Bu eski sistemler değişecek. Türkiye'den yeni bir kartografi sistemi getiriyoruz. Bundan böyle tapulardaki yüzey ölçümü dönüm[1] ile değil metrekare olarak ölçülecek. Pilot bölge olarak da Değirmenlik köyünü seçtik. Parselleme yöntemi değişecek." Kemal Bey'in açıklamasına göre, Harita Dairesi çalışmalarını sırf Türk ordusuna bağlı olarak yürütmüyordu, aynı zamanda Kıbrıslı Rumların topraklarını ve mülklerini "Eşdeğer Puan Sistemi"ne göre Kıbrıslı Türklere tahsis eden Tapu Dairesi ile de bağlantılıydı. Kemal Bey, KKTC'de "tapu" çıkarma usulünü şöyle anlatıyordu: "Tapu Dairesi'nden koçan alabilmek için başvuru yapan kişinin ilk önce mülkiyet sicilini kontrol eden Yerleşim Dairesi'nden bir eşdeğer puan belgesi alması gerekiyor. Daha sonra bu sicil numarası tapuya da işleniyor." Ayrıca gayri menkullerin hisse ve değerlerinin ölçümü ve dökümü için kullanılan yöntemi de açıkladı. Bir taşınmazın Tapu Dairesi'nden alınmış tapu senedini gösterdi, üzerinde KKTC logosu bulunuyordu; bu tür bir belgeyi nasıl okumak ve yorumlamak gerektiğini bana açıkladı:

> Görüyorsunuz, arazi için önce kasabanın veya köyün ismini ve mahallenin ismini yazıyorsunuz. Sonra mevkiini ve yüzölçümünü belirtiyorsunuz. Türkiye'den aldığımız yeni sisteme göre artık yüzey ölçümü dönüm olarak değil metrekare cinsinden hesaplanıyor. Bazı köyler eski zamanlardan itibaren "bloklar"a bölünmüş. Şayet blok bir arazi varsa, tapuya bu da kaydediliyor. Harita ve pafta numarası da ekleniyor ve ölçek belirtiliyor. Bunun altında arazinin hududunu gösteriyoruz ve eksiksiz tanımını yapıyoruz (ister bir ev olsun isterse parsel olsun). Ayrıca arazinin eski kayıt numarası da belirtiliyor. Bunun altına da arazinin tapuda kayıtlı olduğu şahsın ismini yazıyoruz, haklarını veya hissesini belirliyoruz. Arazi ya da mülk eşdeğer puanlama sistemiyle alınmışsa, Yerleşim Dairesi'nin verdiği sicil numarasını da ekliyoruz. Güneyde mülklerini bırakan insanlar için güneyde kaydedilmiş tapularındaki numaraları Tapu Dairesi aracılığıyla bulmak mümkün.

Bir Alanı Çalışmak

Mekâna ve yere ilişkin antropolojik çalışmaların önemli bir bölümü, analiz nesnesini kültürel olarak bağlamsallaşmış ve ayrımlaşmış bir peyzaj incelemesi olarak çerçeveler.[2] Antropologlar, peyzajın (görsel veya edebi/metinsel) temsil aracılığıyla Batılı olduğu kadar coğrafi şeyleştirilmesine karşı, yeri ve mekânı Batılı olmayan şekillerde incelemenin ve tanımlamanın alternatif yollarını araştırmışlardır.[3] Tim Ingold'un izinden giden Eric Hirsch, peyzajın "kültürel bir süreç" olarak kavramsallaştırılması

---

1 Dönüm, 1.000 metrekarelik eski bir alan ölçüsüdür.

2 Örneğin bkz. Bender ve Winer, *Contested Landscapes*; Hirsch ve O'Hanlon, *The Anthropology of Landscape*.

3 Örneğin bkz. Weiner, *The Empty Place*.

için bir çerçeve önerir; böylece bir peyzajdaki gündelik toplumsal hayat pratikleri kültürel olarak bağlamsallaşmış ve ayrımlaşmış bir şekilde incelenebilecektir.[4] Bu tür çalışmalar, peyzaja ilişkin çeşitlilik gösteren süreçsel ilgilerin araştırılmasına yönelik etnografik araçların ve metodolojilerin geliştirilmesini sağlamıştır.

Peyzajın bu şekilde antropolojik yeniden çerçevelendirilmesinin kökeninde bellek, söylem, imgelem ve temsil incelemelerini ayrıcalıklı kılan insan merkezli (hümanist) Batılı mekân ve yer yaklaşımlarına duyulan rahatsızlık vardır. Toplumsal inşacı gelenekte mekânsallık insan imgeleminin daha geniş bir fiziksel çevreye yansıması olarak yorumlanmaktadır. Dolayısıyla, mekâna dayalı bellek çalışmaları, peyzajın insan benliklerindeki veya öznelliklerdeki işleyişlerini irdeler.

Bu yerleşik (hümanist/inşacı) mekân yaklaşımlarının tersine Kevin Hetherington gibi araştırmacılar, bir yerin/mekânın yaratılmasında (insan-olmayan) maddilikler ile (insansı) öznelliklerin iç içe geçmesine ilişkin "post-hümanist" bir değerlendirmenin zorunluluğunu işaret ederler.[5] Mekânla bağlantılı olarak geometrinin soyutlamacılığına ve yorumbilgisinin temsiliyetçiliğine karşı çıkarak Aktör-Ağ Kuramı'nın metodolojilerini benimseyen Hetherington, "mekânın maddiliği"ne hak ettiği dikkati vermemiz gerektiğini öne sürer; insan aktörlere karşı nesnelerin failliğine odaklanan bir yaklaşımdır bu.[6] Hetherington sözünü ettiği "karmaşık topoloji"de şu açıklamayı yapar:

> Mekânları/yerleri sadece insan öznelliği terimleriyle düşünmeye son verirsek ve söz konusu öznelliğin kimlikleri mekâna dayalı kimlik gibi ifade etme şeklinden vazgeçersek, mekânı artık öznelliğin belirlediğini düşünmemiz gerekmez. Mekân bir benzeşme etkisidir, birbiriyle karmaşık bir ilişki içindeki şeylerin bir yere yerleştirilmesi ve bu düzenlemelerle gerçekleşen faillik-gücü etkileriyle harekete geçirilen bir temsil edilmeyiştir. Mekânlar maddi yerleştirmeler aracılığıyla, mekânların ve şeylerin birlikte kıvrılarak katlanmasıyla ve bu katlanmaların yerleşikleştirdiği farklılığa dayalı ilişkilerle dolaşıma girerler. Bu maddi düzenlemeler ve katlanmalardan kaynaklanan anlamlarla varlık kazanırlar.[7]

Kuzey Kıbrıs'a dair elimdeki malzeme beni bu çerçevelerden ayırsa da yine onlara dayalı bir teorik yaklaşım geliştirmeye yöneltiyor. Kültürel farklılığı vurgulayan ve kültürel bağlamın (hümanist ve posthümanist çerçeveler aracılığıyla) peyzaj yorumları üzerindeki gücünü ifade eden antropolojik çalışmalar, politik süreç olarak

---

4 Hirsch, "Introduction," 5, 22-3.
5 Hetherington, "In Place of Geometry," 188-9.
6 Agy., 183-4.
7 Agy., 184, 187.

adlandırabileceğimiz şeyi incelemekten çoğunlukla kaçınmışlardır. Açıklamaya başladığım kuzey Kıbrıs vakasında, mekân toprak üzerindeki politik çalışmanın ürünüdür. Savaşın ve bölünmenin ardından kuzey Kıbrıs'ta yer isimlerini değiştirme projesinin özünü biçimlendiren Harita Dairesi yöneticileri, çalışmalarının "politik" olduğunu açıkça söylüyorlardı. Yer isimlerinin yeniden haritalanması politik bir iş olarak kabul ediliyor ve bu nedenle, hem Kıbrıslı Türkler hem Kıbrıslı Rumlar hem de Türkiyeli göçmenlerce ya olumlanıyor ya da eleştiriliyordu. Dolayısıyla, bu bölümde bir bölgenin yaratılmasına (veya yeniden imaline) yönelik uygulamalı bir pratik olarak söz konusu politik çalışmayı analiz edeceğim.

Giorgio Agamben gibi egemenlik kuramcıları, politiğe ilişkin çalışmalarında, failliği sadece ve esasen "egemenin istemi"ne atfetmektedir. Carl Schmitt'in bir yönetim şeklindeki yönetenlerin "olağanüstü hal"e karar verme hakkı şeklindeki politiklik anlayışını benimseyen Agamben'in ünlü egemenlik kuramı, benim yorumuma göre, failliği tekil olarak insanlarla, buradaki örnekte nihai güç sahibiyle ilişkilendirmesi bakımından politika incelemesinde hümanist bir yörünge izlemektedir.[8]

Bu nedenle, elimdeki etnografik malzemeyi temel alarak, failliği daha geniş bir alanda insanlar ile maddilikler arasında paylaştırmayı olanaklı kılan bir politika kuramı öneriyorum.[9] Buradaki yaklaşımım, Kevin Hetherington gibi insan ve insan-olmayan faillerin iç içe geçmesini inceleyen Aktör-Ağ kuramcılarının yaklaşımlarına dayanıyor. Bununla birlikte, –politik olmayan simetri olarak yorumladığım– eşzamanlılığı, inceledikleri insanlar ve şeyler ağına bağlayan Aktör-Ağ Kuramlarının çerçevelerinden ayrılıyorum. Kuzey Kıbrıs'ta araştırdığım dönüşmüş bölgede, insanlar ve insan-olmayanlar hâlâ devam etmekte olan bir politik çalışmanın ürünüdürler. Bunu başka türlü ifade edecek olursak, ele alınan veya üzerinde çalışılan insanlar ağı ve maddilikler yoluyla egemenlik üzerinde çalışırız; bu maddilikler, kartografi ölçüm araçları, askeri havacılık fotoğraf araçları, coğrafi harita hesaplama araçları, tapu belgeleri, Harita Dairesi'nin binası, ayrı mülklere değer atfetme metodolojileridir. Öyleyse, egemenliği oluşturan şey, insanlar ve araçlar arasında uygulanan bu ağdır. Ya da egemenlik, sırf belirli bir bölgede insanlar ve şeyler arasında failliğin öyle ya da böyle yasalaştırılması aracılığıyla gerçekleşebilir. Bu durumda, bir yönetenin tekil otoriter istemine –ele aldığımız vakada bu Türk devleti ve ordusudur– politik bir faillik atfetmektense, bu yakın etnografik okumada

---

8 Agamben, *Homo Sacer* [*Kutsal İnsan: Egemen İktidar ve Çıplak Hayat*, İt. çev. İsmail Türkmen, 2. baskı. İstanbul: Ayrıntı Yayınları, 2001]; Schmitt, *The Concept of the Political* [*Siyasal Kavramı*, Alm. çev. Ece Göztepe, 3. baskı. İstanbul: Metis Yayınları, 2014].

9 Örneğin bkz. Strathern, *The Gender of the Gift*.

egemenlik, insanlar ile maddi araçlar arasında bölünmüş bir faillik kapsamında ele alınan bir alan olarak görülür. Daha da önemlisi, KKTC'ye bağlı bir yönetici olan Kemal Bey'in açıklamalarından edindiğim malzeme, egemenliğin geçici bir olağanüstü hal ilanı değil, bir pratik alanı olduğunu içerimlemektedir. Egemenlik, verilmiş bir bölgede zaman aracılığıyla incelenir, maddiliklere ve fiziksel mülklere dayalı bir yerde muhtelif aktörler arasındaki uzun vadeli bir müzakere, tartışma ve arabuluculuk sürecidir. Dolayısıyla ben de burada tepeden inme değil, belli bir temele dayanan etnografik bir egemenlik açıklaması sunuyorum.

Yeni Yer İsimlerinin Kataloglanması

Şimdi tekrar *K.K.T.C. Coğrafi İsimler Kataloğu (Cilt-III)*'e geri dönelim. Katalog tam da Kemal Bey'in bana tanımladığı kartografi pratiklerine dayalı, basılmış, elle tutulur bir üründü. Kemal Bey'in çalıştığı Harita Dairesi'nin başındaki kişi olan Halil Giray kataloğa yazdığı ("Giriş: Kurmaca Mekân" bölümünde alıntıladığım) önsözde, kuzey Kıbrıs'taki yer isimlerini Türkiyeleştirme yöntemini, belirli bir bölgede politik egemenlik iddia etme edimi olarak rasyonelleştirmiş.[10] Giray, yeni bir toprak kazanan tüm egemen devletlerin bunu yaptığını iddia ediyor ve bunun için özellikle de Kıbrıs'taki İngiliz sömürge pratiklerine gönderme yapıyor. Dolayısıyla, haritalama pratiklerinin politik niyetlerini tam da bunu kanıtlayan belgenin önsözünde belirgin hale getiriyor.

Bu örnekte, insanın fiziksel çevreyle olan bu özgül ilişkisi politik pratik olarak analiz edilecektir. Kuzey Kıbrıs (bir mekân olarak) bu tür bir politik çalışmanın ürünüdür. Kataloğun kendisi de bu mekânın yaratılmasını son derece şeffaf hale getiren pratikleri oluşturur. Aslında unutulup gidecekleri umuduyla eski yer isimlerinin geçiştirilmesinden ibaret değildir olan biten; bilakis eski yer isimlerini kullanmaya devam edenlere adanın kuzey kesimindeki kendi yönelimlerini hatırlatacak şekilde eski isimlere üstüne basa basa gönderme yapılır. Rumca, Latince ve Kıbrıs Türkçesindeki eski yer isimleri, yeni verilen Türkçe isimlerle birlikte kayda geçirilir.

Bu, politik bir pratiğin ürünüdür; oluşumdaki egemenliğin yansımasıdır. Bu egemenlik, Agambenci uyarlamasında olduğu gibi, politik bir iradenin veya olayın tepeden inme ve tekil olarak insani edimi değildir. Daha ziyade insan aktörler, maddi toprak ve mülk, arazi ile ölçüm, numaralandırma ve paylaştırma araçları arasındaki, üzerinde çalışılmış bir ilişkisellik alanıdır. Bu, birbirine karşı toprak,

---

10 Burada "Türkleştirme" yerine "Türkiyeleştirme" terimini kullandım, çünkü Harita Dairesi aynı zamanda Kıbrıs Türkçesi köy ve kasaba isimlerini de değiştirmiş, onlara Türkiye ve standart resmi dili Türkçe ile daha bağlantılı isimler vermiş.

arazi ve mülk üzerinde hak iddia eden iki topluluğun, yani Kıbrıslı Türklerin ve Rumların yerleşme ve temellük ediş pratiğinin betimlenmesidir; oluşum sürecindeki, yeni doğan bir devletin pratiğinin tanımlanmasıdır. Egemenlik, insan aktörler ile maddi mülkler ve bizatihi kendi payına politik bir nesne olan katalog da dahil olmak üzere, araçlar arasındaki bir ilişkinin işleyişi dışında söz konusu olamaz. Benzer şekilde, bu örnekte insanlar ile maddilikler arasındaki pratikler ağı da kendi başına egemenliğin çalışmasıdır.

Askerileşmiş Arazi

Dağlar, ovalar, tepeler ve vadiler içeren kuzey Kıbrıs bölgesi, Türkiye'nin askeri egemenliğini ve kuzey Kıbrıs üzerindeki hak iddialarını gösteren yazılar ve simgelerle donatılmıştır. Yazılar belirgin şekilde askerler tarafından yollara ve geçitlere bakan tepelerde kayaların üzerine kireçle yazılmıştır: Örneğin, "Önce Vatan" (Türkiye'ye atfen), "Orduya Sadakat Şerefimizdir" (Türk ordusuna atfen), "Ne Mutlu Türküm Diyene", "At, Vur, Övün" yazılarını görürüz. Beşparmak (Pentadaktilos) Dağları'nın Rum kesimine bakan kısmında askerler toprağın üzerine, (Lefkoşa/Lefkosia'nın her iki tarafındaki sokaklardan ve şehre bağlanan köy yollarından görülebilen) Türk milli kimliğinin simgesel renkleriyle, kırmızı ve beyaz bir KKTC bayrağı resmi yapmıştır (bkz. RESİM 1). Dağın üzerine yapılmış bu dev bayrak resmi, gece özel bir aydınlatmayla aydınlatılır ve karanlık bir peyzajda gizemli bir dalgalanan bayrak görüntüsü oluşturur. Kormacit (Kormakitis) köyü sınırlarında ortak bir yola bakan bir tepede, Türkiye ve KKTC bayraklarının yanına Türkiye'nin kurucusu ve ulusal önderi Mustafa Kemal Atatürk'ün bir portresi yine askerler tarafından yapılmıştır. Aynı şekilde, Beşparmak (Pentadaktilos) Dağları'nın Girne (Kyrenia) şeridinde, Güzelyurt (Omorfo, Morphou) yoluna bakan bir tepede, simgesel olarak Atatürk'ün "Kurtuluş Savaşı"nı başlatmak üzere Samsun'a çıkışını gösteren (ve 1919'a gönderme yapan) metal bir Atatürk heykeli dikilmiştir. Girneia-Lefkoşa yol ayrımına bakan bir tepede de benzer bir nesneye rastlarız. Kuzey Kıbrıs'ta maddi ve fiziksel ortamların ve coğrafyanın Türkiyeleştirilmesi için çok fazla pratik, emek ve çaba sarf edilmiştir. Türk milli kimliğini simgeleyen yıldız ve hilal, birçok yerde ovalara ve tarlalara bakan tepelere çizilmiş veya resmedilmiştir; bu da kırmızı ve beyaz renklerini doğal ortamın maddi bileşenine çevirir. Ağaçlandırılan alanlar isimlerini Atatürk'ten alır; arazide gördüğümüz yazılarda, daha ağaçlar büyümemişken, birer fidanken bile "Atatürk Ormanı" ibaresini okuruz. Hem maddi hem de simgesel yazılar, kuzey Kıbrıs'ta yaşayan Kıbrıslı Türkler için aşikârdır ve uzun süre yurtdışında yaşadıktan sonra geri dönenler içinse kuzey Kıbrıs'taki fiziksel mülkün ve ortamın görünüşünü dönüştürmüş işaretler olarak göze çarpan bir görünüm arz eder.

Mekânın ve arazinin bu simgesel ve maddi Türkiyeleştirmesi, kuzey Kıbrıs'taki her köyde ve şehirde aşikâr ve görünürdür. Çoğunlukla eski Rum kiliselerinin, pazarın, dükkânların ve okulun yanında yer alan idari yerlerin ve birimlerin hepsinin merkezinde standart olarak bir Atatürk büstü vardır ve büstün iki yanında, birinde Türk, diğerinde de KKTC bayrağı bulunan iki bayrak direği yer alır. Atatürk büstlerine ve etraflarındaki platforma, onları çevreleyen konutlardan çoğunlukla daha iyi bakılır. Bazı şehirlerde ve köylerde ordu, maliyetini üstlenerek uzun minareli yeni camiler yaptırmıştır.[11]

RESİM 1. Beşparmak (Pentadaktilos) Dağları'nda, Kıbrıslı Rumların harabeye dönmüş evlerinin hemen yanı başındaki Kuzey Kıbrıs Türk Cumhuriyeti bayrağı.

Kıbrıslı Türk siviller çoğunlukla KKTC'nin yüzde 95'inin Türk ordusunun elinde ve hâkimiyetinde olduğundan söz eder. Mekân askeri alanlarla doludur: kışlalar, erişimi olmayan, yasak bölgeler ve tatbikat alanları. Dikenli teller boyunca asılı

---

11 Bu özel cami mimarisi türü Kıbrıslı Türklere Kıbrıs'ta alışık oldukları geleneksel cami türünden farklı görünür. Kıbrıs'taki eski camilerin hem kendileri hem de minareleri daha küçüktür, oysa Türk ordusunun mali desteğiyle inşa edilen yeni camiler boyut ve şekil bakımından çok daha baskın ve belirgindir. Bazı Kıbrıslı Türkler, bu yeni camilerin kuzey Kıbrıs'ta inşa edilmelerini ve tasarımlarını, güneydeki Rum Ortodoks kiliselerinin baskın maddi mevcudiyetine karşı kuzeydeki Türk egemenliğinin mesajı olarak yorumlar.

askeri uyarı levhalarında belirtildiği gibi, bu tür yerlere giriş "kesinlikle yasak"tır. Kıbrıslı Türklere göre, "birinci derecede askeri bölge" türünden bir terminoloji son derece anlaşılırdır. Yerleşim bölgelerinin etrafı çoğunlukla askeri mıntıkalarla çevrilidir. Resmi verilere göre, kuzey Kıbrıs'ta 40.000 Türk askeri bulunmaktadır. Askerlerin ailelerini de hesaba katılırsa, bu sayı 70.000'e kadar yükselebilir.

Lefke'nin (Lefka) merkezinde insanların evlerinin hemen karşısında askeri bir atış talim alanı vardır, burası açık hava bir mekândır. Yine ikamet edilen konutların hemen yanında, savaşta şehit olanların yattığı askeri şehit mezarlığı bulunur; mezarlıkta ayrıca şehitler için bir anıt da mevcuttur. Kıbrıslı Rumlara ait Varoşa (Maraş) da dahil birçok köye ve mülke ordu el koymuştur. Savaştan sonra önceki sahipleri tarafından tahliye edilen tüm yerleşim yerleri dikenli telle çevrilip askeri bölgeye dönüştürülmüştür. Bu tür yerlerdeki konutlar, askeri yerleşim alanları haline getirilmiştir. Mekânı askeri tatbikat alanı haline getirmek için arazinin, ormanların ve tepelerin belirli doğal özellikleri altyapı olarak kullanılmış veya yok edilmiştir.

Kıbrıslı Türkler yaşadıkları ortamın askerileştiğinin büsbütün farkındadır ve bu tür pratikler artık normalleşmiş olsa da, bu konuda sıkça fikir yürütürler. Yaşlı bir adam yaptığımız görüşmede şöyle demişti: "Kıbrıs'ın talihsizliği stratejik konumundan kaynaklanıyor. Yüzyıllardır politik güçler Kıbrıs'ın kontrolünü ele geçirmek için birbirleriyle savaşıyorlar." Bu adam yaşadığı fiziksel ortamın politik çıkarlar yüzünden geçirdiği dönüşüme hayıflanıyordu.

Egemenliğin Elle Tutulurluğu

Pek çok akademisyen ve araştırmacı, bir ülkenin mekânındaki maddiliklerin yeniden işlenerek egemenliğin nasıl pratiğe döküldüğünü inceler. Paul Hirst anlamlı bir şekilde şöyle yazmıştır: "Mekânlar politik güç, silahlı çatışma ve toplumsal kontrol biçimleri ile etkileşim halindedir ve bunlar tarafından inşa edilirler. Mekân bir iktidar kaynağıdır ve iktidar mekânları da karmaşık ve niteliksel olarak farklıdır."[12] İsrail/Filistin üzerine çalışanlar, bölgesel egemenliği oluşturan maddi pratiklerin mimari, arkeolojik ve kartografik incelenmesine yol açmıştır. Eyal Weizman, İsrail yerleşimlerini hem mimari açıdan hem de bir işgali somut ve elle tutulur bir şekilde ayakta tutan "maddi politika"[13] olarak inceler. Benzer şekilde, Rafi Segal ve diğerleri de İsrail devletinin şekillenmesinde inşaat teknolojilerinin rolünü incelemiştir.[14] Meron Benvenisti'nin *Sacred Landscape*'i (2000) Filistin,

12 Hirst, *Space and Power*, 3.
13 Weizman, *Hollow Land*, 5.
14 Segal ve Weizman, *A Civilian Occupation*, 2003.

İsrail'e geçerken Filistin'deki eski Arapça Filistin yer isimlerinin değiştirilmesi için başvurulan kartografi yöntemlerine ilişkin eksiksiz bir etnografik açıklama sunar. Nadia Abou El-Haj'ın *Facts on the Ground*'ı (2001) da devlet inşası projesinde İsrail arkeolojik ve coğrafi tekniklerinin iç içe geçmesine ilişkin bir açıklamadır. Bu çalışmaların tümü, kartografik araştırma ve isim değiştirme metodolojilerine bölgesel egemenliğin merkezi bileşeni olarak gönderme yapar. Benvenisti ve Abou El-Haj, Filistin/İsrail'de yer isimlerinin değiştirilmesinin izlerini geçmişte, kartografi alanındaki İngiliz Mandası ve koloni tekniklerinde ararlar. Eşzamanlı olarak İngiliz egemenliği altındaki Kıbrıs'la tarihsel bağlantı ve analoji bir hayli belirgindir. Gerçekten de, Lord Kitchener hem Filistin'in hem de Kıbrıs'ın tam ölçekli haritasını çıkaran ilk kartograftı, her iki iş için de İngiliz sömürge hükümeti tarafından görevlendirilmişti.[15]

Özel bir proje olarak yer isimlerinin değiştirilmesi ve bir bölgenin milli olarak yeniden tanımlanmış çizgilerde maddi olarak yeniden kayda geçirilmesi mukayeseli bir görünüm barındıran bir sömürge geçmişine ve keza sömürge sonrası bir yörüngeye sahiptir; bu bakımdan Filistin'le referanslar ve benzerlikler çarpıcıdır. KKTC Harita Dairesi'ndeki uzmanlar işlerini birtakım devlet pratiklerine ve geleneklerine gönderme yaparak yürütmeyi öğrenmişler. Halil Giray, kuzey Kıbrıs toprakları üzerindeki KKTC pratiklerinin öncülü olarak Kıbrıs'taki İngilizlere ve onların araştırma metodolojilerine doğrudan gönderme yapıyor. Giray'ın altında çalışan Kemal Bey de Türkiye'nin kuzey Kıbrıs'taki askeri mevcudiyeti ve yeni kartografi sistemleri ve teknikleri aracılığıyla doğrudan bir etkiye sahip olduğunu kabul ediyor.

Elimdeki, kuzey Kıbrıs'la ilgili malzemeyi İsrail'deki egemenliğin maddiliği incelemeleriyle ilişkilendirerek, yer ve mekâna dair antropoloji literatüründeki bir boşluğa atıfta bulunmayı amaçlıyorum; maddi ile politiği paranteze alarak kültürel ile simgeselin vurgulanmasından kaynaklanan bir boşluk bu. Bu kitapta bir yerin, bir bölgenin politik niyetle elle tutulur biçimde yeniden işlenmesini, coğrafi uzmanlığın ve teknolojilerin toprak üzerinde uygulanması kapsamında ele alıyorum.

Tartışmalı Egemenlik

Ama önce mekânın bu politik dönüşümünün burada yaşayan Kıbrıslı Türkler tarafından nasıl alımlandığı sorusunu sormamız gerekiyor. Harita Dairesi'ndeki

---

15 Kıbrıs'ta İngiliz sömürge dönemindeki harita yapım pratiklerine ilişkin bir açıklama için bkz. Ilıcan, "The Making of Sovereignty through Changing Property / Land Rights and the Contestation of Authority in Cyprus."

memurların verdiği yeni yer isimleri özümsenerek gündelik hayatta kullanılmakta mıdır? Eski yer isimleri tamamen unutulup gitmiş midir?

Yerlerin eski ve yeni isimleri arasındaki ayrımın, Kıbrıslı Türklerin politiği tanımlarken kullandığı bir ayrım olduğunu fark ettim. Eski yer isimlerinin bilgisi "yerel bilgi" addediliyordu ve bu bilgi temelinde Kıbrıslı Türkler kendilerini Türkiyeli göçmenlerden ayırıyordu. Eski köy isimleri bir yakınlık ve aşinalık duygusu uyandırıyordu, yeni isimler ise usulle, resmiyetle ve yönetimle ilişkilendiriliyordu.[16] Resmi kayıtlarda "Serdarlı" olarak geçen yerin köylüleri, köyün eski ismi "Çatoz"dan aidiyet temelinde birbirlerinden ahbap ya da akraba olarak söz ediyorlardı. Kıbrıslı Türklerin hepsi, geleneksel "Bellapais"i (ya da yerel Kıbrıs Türkçesinde "Balabayıs"ı) kullanıyor ve sonradan verilen "Beylerbeyi" ismini Girne'ye (Kyrenia) tepeden bakan güzelliğiyle ünlü köy için tamamıyla uygunsuz buluyordu.

Eski ve yeni isimler arasındaki bağlantı konusunda ben de bir karışıklık olduğunu düşünüyorum; Kıbrıslı Türkler, özellikle de yaşlılar kuzey Kıbrıs'ta bir oryantasyon bozukluğu duygusunu gösteriyorlar. Kıbrıslı Türk bir kadın, Ayyorgi köyünde yaşadığını zannettiği bir arkadaşının telefon numarasını öğrenmek için bilinmeyen numaralar servisiyle yaptığı telefon görüşmesini anlatmıştı. Hattın öbür ucundaki kişi Türkiyeli aksanı ile "Ayyorgi diye bir yer yok" demiş. Kıbrıslı kadın da şaşkınlıkla şu yanıtı vermiş: "Ayyorgi yok mu? Nasıl olabilir?" Sonra –1974'te buranın alınmasında kilit rol oynamış bir Türkiyeli generalin ismi verilerek– Ayyorgi'nin isminin Karaoğlanoğlu olarak değiştirildiğini hatırlamıştı. Kadının yer isimlerini birbirine karıştırmasıyla ilgili öyküsü arkadaşları ve akrabaları arasında konuşulmuş ve dalga konusu olmuştu.

Girne'de (Kyrenia) çocuklarıyla birlikte meyhane işleten yaşlı bir adamın da benzer bir öyküsü vardı; kendisine Vasilya köyüne nasıl gidileceğini sorduklarında o da benzer bir karışıklık yaşamıştı. Oğlu İzmir, Karşıyakalı bir generali onurlandırmak için köyün adının Karşıyaka olarak değiştirildiğini söylemişti. Yaşlı adam da şaşkınlıkla şöyle demişti: "Yani Vasilya'yı gösteren yönlendirme levhalarında 'Karşıyaka' mı yazıyor diyorsun?"

Gönendere'deki kahvehanede yaşlı adamlar bana köyleri için yeni yer isimlerinin nasıl bulunduğunu anlatmıştı. Bu köy, Kıbrıslı Rumlardan Türklere el değiştirmemişti; 1974'ten önce de hep bir Kıbrıslı Türk köyüydü. "Köyümüz eskiden Konetra diye bilinirdi" dedi yaşlı bir adam, "Gönendere adını almadan önce. [...] 'Konetra'yı yeterince Türkçe bulmadıklarından olacak, değiştirdiler." Ve şunu ekledi: "Bu yeni isimlere bir türlü alışamadık gitti."

---

16 "Kültürel yakınlık" konusunda bkz. Herzfeld, *Cultural Intimacy*.

Kahvedeki başka bir yaşlı adam da köylerdeki tarlaların adlarının bile değiştirildiğini söyledi. Kahvehanenin sahibi araya girerek köylüler arasında her tarlanın bir isimle anıldığını açıkladı: "Köyün etrafındaki yaylaların farklı kısımları, halk arasında ayrı alanlar olarak bilinir ve her birinin de kendi adı vardır. Örneğin karşımızdaki bu tarlaya Broz deriz; onun arkasındaki de Akuntu; işte böyle birbiri ardına ta Maludya tarlasına kadar bir sürü tarla var." Yaşlı adam bana eliyle köy tarlalarına giden yolu işaret etti ve şöyle dedi: "Gelip tarlaların isimlerini tek tek değiştirdiler. Düşünebiliyor musun? Ama yeni isimleri bir türlü hatırlayamıyoruz." Yaşlılardan biri araya girerek şöyle dedi: "Eski isimler bize atalarımızdan miras kaldı; bu isimleri bize dedelerimiz öğretti. Bazısı da Osmanlı zamanından veya İngiliz zamanından kalma." Bir diğeri de şunları söyledi: "İsim değiştirme işi 1974'te başlamadı. 1955-1958 dönemine kadar geri gidiyor aslında, [Kıbrıslı Rumlarla] sorunların başladığı zamana yani. O sırada Türkiyeli bir general geldi ve yerlerin isimlerini değiştirmeye başladı."

Dolayısıyla, Kıbrıslı Türklerde yeni yer isimlerine karşı bir hoşnutsuzluk olduğunu sezinledim; kendilerini politik olarak KKTC rejiminin ideolojisine yakın bulanlarda bile böyle bir hoşnutsuzluk vardı. Yeni isimler kolay benimsenmemişti; çoğunlukla resmi işlerde, bürokratik veya idari amaçlarla kullanılıyordu. Harita Dairesi uzmanları kuzey Kıbrıs için yeni yer isimleri tayin edip bunları uygulamaya geçirme konusunda ne denli titizlense de, ilan edilen bu egemenlik, kendileri için yapılmış olsa da insanlar tarafından hiç de sorunsuzca kabul görmüyordu. Kıbrıslı Türkler kendi coğrafyalarının KKTC yönetimi tarafından Türk ordusu rehberliğinde yeniden isimlendirilmesini eleştiriyordu, buna karşı çıkıyordu ve bunu sorgulamaya çalışıyordu. Bu nedenle bu, eksiksiz ve kusursuz bir egemenlik olarak değil, bilakis sorunlu ve yanlı bir egemenlik olarak incelenmelidir.

Bir Yeri Yeniden Nüfuslandırma

"Kıbrıs sorunu"na dair yazılanların çoğunda problem, "Türk" ve "Rum" olarak tanımlanan iki etnik grup arasındaki çatışma olarak kavranır.[1] Etnik çatışma kavramı ve bu çatışmanın çerçevelenmesi Kıbrıs'a dair araştırmaların merkezinde yer alır ve bir hayli belirleyicidir.[2] Burada farklı bir şey denemek istiyorum. Söz konusu çatışmayı uzlaşımsal olarak Türkler ve Rumlar arasındaki veya Kıbrıslı Türkler ile Kıbrıslı Rumların ulus söylemleri ve ideolojileri arasındaki fay hattında incelendiği şekliyle araştırmak yerine, kuzey Kıbrıs'a, yani Türkiye'nin 1974'te Kıbrıs'ı ele geçirmesinden sonra ayrılmış olarak damgalanan, yeniden nüfuslandırılan ve öncelikle "Türk" diye sınıflandırılan insanların yaşamasına tahsis edilen bir yere içsel olan çatışmaları ele alacağım. Bu bölümde kuzey Kıbrıs'ta yeniden nüfuslandırmanın ardından gelişen toplumsal ve politik şekillenimler ve dinamikler üzerinde duracağım. Özellikle de KKTC nüfus kayıtlarında resmi olarak "Türk" diye kayda geçirilen insanlar arasındaki çatışmaya odaklanacağım: Bu insanlar, bir tarafta adanın yerlisi olan Kıbrıslı Türkler ve diğer tarafta da 1974'ün ardından KKTC rejimi tarafından kuzey Kıbrıs'a yerleşmeye çağrılan Türkiyeli göçmenlerden oluşmaktadır. Yeniden nüfuslandırma pratiklerini, kuzey Kıbrıs'ın maddi dönüşümünün önemli bir boyutu –bir yerin yeniden oluşturulmasının ve yeniden şekillendirilmesinin ayırt edici boyutu– olarak ele alıyorum.

Türk milliyetçi söylemlerinde (ya da resmi olarak üretilen ideolojisinde) Kıbrıslı Türkler ve Türkiye vatandaşları aynı milliyeti ve aynı etnisiteyi paylaşıyor olarak temsil edilir. Türkiye'deki kamusal söylemlerde de Kıbrıslı Türklerden "soydaşlarımız" diye söz edilir. Türkiye, kuzey Kıbrıs'a yaptığı askeri müdahaleyi soydaşlarını, yani Kıbrıslı Türkleri, Rumlar tarafından yok edilme tehdidinden kurtarmak için gerçekleştirdiği bir girişim olarak tanımlamaktadır. Resmi söylemlerde bu topluluğu-

---

1   Örneğin bkz. Joseph, "International Dimensions of the Cyprus Problem"; Volkan ve Itzkowitz, *Turks and Greeks* [*Türkler ve Yunanlılar: Çatışan Komşular*, İng. çev. M. Banu Büyükkal, 1. baskı. İstanbul: Bağlam Yayıncılık, 2002].

2   Örneğin bkz. Bryant, *Imagining the Modern*; Bryant, "The Purity of Spirit and the Power of Blood"; Volkan, *Cyprus*.

ğun üyeleri, büsbütün Türklüğü vurgulayan "Kıbrıs Türkü" veya "Kıbrıslı Türkler" ifadeleriyle adlandırılır. Bu kitapta yerli Kıbrıslı Türklerin çağdaş kimliğine atıfta bulunmak için "Kıbrıslı Türk" terimini kullanıyorum. Kıbrıslıların kimlikleri tarihsel olarak karmaşık değişiklikler geçirmiştir ve "Kıbrıslı Türk veya Kıbrıs Türkü", kimliğin belirlenmesi açısından görece yeni ve olumsal bir terimdir.[3] Bu terim, hâlihazırda yerli Kıbrıslı Türkler tarafından kendi kimliklerini tanımlamak için yaygın olarak kullanılmaktadır. Etnik veya milli bir yafta veya gönderme içermeyen "Kıbrıslı" terimi ise çok daha yaygın bir kullanıma sahiptir.[4] Kimlik inşaları duruma bağlı olarak kullanılmaktadır. Yakın dönemde "Kıbrıslılar", "Türkiyeliler"den farklılığı ifade eder; Kıbrıslı Türkler, kuzey Kıbrıs'a gelen yerleşimcileri Türkiyeliler diye isimlendirir. Bu çalışmada Kıbrıs'ta kimliklerin belirsizliğini, tarihselliğini, karmaşıklığını ve toplumsal inşasını göstermeyi amaçlıyorum. Bu nedenle, kimliğe yaptığım tüm göndermeler olumsaldır ve konumlanmıştır.

Resmi söylemlerde Kıbrıslı Türkler, Türkiyelilerin uzantısı addedilir; Osmanlı İmparatorluğu'nun çöküşüyle birlikte milli sınırların sağlamlaşmasının ardından Türkiye Cumhuriyeti'nden Kıbrıs'a gitmişlerdir. Türk milliyetçiliği söyleminde hem Kıbrıslı Türkler hem de Türkiyeliler "Türk"tür; her iki grubun da aynı milli veya etnik grubun parçası olduğu kabul edilir; Kıbrıs Türk kültürü, bizatihi Türk kültürünün kalbini veya beşiğini temsil ettiği düşünülen Anadolu'nun uzantısı olarak inşa edilir.[5] Uzun yıllar Kıbrıs Türk toplumunun önderliğini yapmış olan Rauf Denktaş, kendisini "hasbelkader Kıbrıs'ta doğmuş bir Türk" olarak tanımlamış ve Türklüğünü öne çıkarırken, Kıbrıslılığını tali veya rastlantısal bir olgu olarak göstermiştir. Örneğin şöyle demiştir:

> Ben bir Anadolu çocuğuyum. Her şeyimle Türküm ve köküm Orta Asya'dadır. Kültürümle, dilimle, tarihimle ve tüm benliğimle Türküm. Benim bir devletim ve anavatanım var. Kıbrıs kültürüymüş, Kıbrıslı Türkmüş, Kıbrıslı Rummuş, ortak Cumhuriyetmiş, hepsi boş laflar. Onların Yunanistan'ı bizim de Türkiye'miz varken, neden aynı cumhuriyet çatısı altında yaşayalım?

---

3 Kıbrıs'ta milliyetçilik gelişene dek "Kıbrıslı Türk" terimi ortada yoktu. İnsanlar kimliklerini Müslüman veya Osmanlı olarak tanımlıyordu: Ateşin, *Kıbrıslı "Müslüman"ların "Türk"leşme ve "Laik"leşme Serüveni*. Sömürge döneminde Kıbrıs Türk kimliğinin gelişimi konusunda bkz. Bryant, *Imagining the Modern*. Kıbrıs'ta bağdaştırıcı pratiklere ilişkin çalışmalar için bkz. Yashin, *Step-Mothertongue*; Yaşın, *Kozmopoetika*.

4 Kıbrıslı Rumların da kendilerini Yunanlardan ayırmak için kendilerinden Kıbrıslı olarak söz etmeleri ilginçtir. Ama Kıbrıslı Rumlar çoğunlukla Kıbrıslı sıfatını kendilerini Kıbrıslı Türklerden ayırmak için kullanırlar.

5 Türk milliyetçiliğine ilişkin bazı çalışmalarda da bu görüş sorunlu bulunmaktadır: Örneğin bkz. Bryant, "The Purity of Spirit and the Power of Blood."

[...] Bazıları yapay olarak Kıbrıslılar varmış, Kıbrıs Türkleri, Kıbrıs Rumları varmış, gibi kültür edebiyatı yapıyorlar. Kıbrıslı Türk de yoktur. Sakın ola ki bizlere, "Kıbrıslı mısınız?" diye de sormayın. Bu bir hakaret olarak algılanabilir ve yanlış anlamalar çıkabilir. Neden mi? Nedeni, Kıbrıs'ta yaşayan bir tek Kıbrıslı vardır, o da Kıbrıs eşeğidir.[6]

Denktaş, bu sözleri 1995'te Kıbrıslı Rumlarla ortak figürleri vurgulayan Kıbrıslı Türklerin halk dansları gösterisine dair fikirlerini dile getirdiği sırada herkesin önünde sarf etmişti. Pek çok Kıbrıslı Türk, Denktaş'ın bu sözlerine sinirlendiğini, bu sözlerinden dolayı incindiğini ve küçük düştüğünü belirtmişti. Eşek metaforu, Denktaş'ın bu kamusal beyanına ilişkin popüler anlatımlarda anımsanır ve yaygın olarak eleştirilir. Denktaş başka bir sefer de şöyle demişti: "KKTC diye bir millet yoktur. Bizler KKTC'nin Türkleriyiz. Türk olmakla gurur duyarız. Anavatan bizim de anavatanımızdır, milletimizdir. Biz o milletin Kıbrıs'ta devlet kurmuş parçasıyız."[7] Kuzey Kıbrıs'ta politik rejimi temsil ettiği sürece Denktaş'ın kimliği hakkında söyledikleri KKTC'nin resmi politikasını teşkil etmiştir. Yönetim kaynakları bu vesileyle kuzey Kıbrıs'ta Kıbrıslılığı yok etmeye, Türk kültürel unsurlarını öne çıkarmaya yönlendirilmiştir. Türkiye'yle milli ve etnik yakınlık (kısacası Türklük) iddiası, Denktaş rejiminin taksimi daha da ileri götürüp Türkiye ile birleşme arzusuna hizmet etmiştir.

Kuzey Kıbrıs'ta yönetimin yayınlarında, Türkiye'nin güney kıyılarına yaklaşık 70 km mesafede (Yunanistan kıyılarındansa 900 km uzakta) oluşu nedeniyle Kıbrıs adasının coğrafi konumu, Kıbrıs'ın Türkiye'yle bağlantısının kanıtı olarak yorumlanmaktadır. KKTC'nin resmi yayınları, sözgelimi kuzey Kıbrıs'taki çocuklara yönelik tarih kitapları, Kıbrıs'ın bir zamanlar coğrafi olarak Anadolu'ya bağlı olduğunu, ama yaşanan jeolojik değişimlerle Anadolu'dan koparak bir adaya dönüştüğünü iddia eder.

Kıbrıslı Türkler ve Türkiyeliler

Kuzey Kıbrıs'ta araştırmamı yaptığım dönemde, Kıbrıslı Türklerin zihnini en çok kurcalayan konulardan biri de KKTC rejiminin nüfus politikaları sonucu kuzey Kıbrıs'a yerleşen Türkiyeli göçmenlerle birlikte yaşama deneyimiydi. Anadolulu yerleşimciler tarafından rahatsız edilme hislerinin ifade edilmesi özel bir önem taşıyordu.[8]

---

6 Rauf Denktaş, alıntı Belge, "Kıbrıslı Var mıdır?"

7 Agy.

8 Bu bölümde Türkiyeli yerleşimcileri kapsamlı bir şekilde ele almıyorum; sadece Kıbrıslı Türklerin kendileri ile Türkiyeli yerleşimciler arasındaki farklılıklara ilişkin algılarını ince-

Sınırlardaki kontrol noktalarının 2003 Nisan'ında açılmasından önce Kıbrıslı Rumlarla çatışma, Kıbrıslı Türkleri kuzey Kıbrıs'a yerleşmeleri karşılığında rejim tarafından ev (Kıbrıslı Rumların mülkleri), iş ve vatandaşlık verilerek ayrıcalıklı kılınan Türkiyeli göçmenlerle birlikte yaşama deneyimleri kadar kaygılandırmıyor veya zihinlerini kurcalamıyordu. Yerli ailelerin yaşlı fertlerinden Kıbrıs'taki savaşa ve toplumlar arası çatışmaya dair anılarını anlatmaları istenmedikçe, sınırlardaki kontrol noktalarının açılmasından önceki gündelik konuşmalarda "Kıbrıslı Rumlar"dan çok söz edilmiyor, daha ziyade "Türkiyeliler"e yönelik eleştiriler dile getiriliyordu. Kıbrıslı Türkler, Türkiye'den gelen yerleşimcilere ya da genelde Türkiye vatandaşlarına atıfta bulunmak için "Türkiyeliler" diyor, kendilerini de "Kıbrıslılar" diye adlandırarak onlardan ayırıyorlardı.[9] Araştırmam sırasında gördüğüm üzere, sol görüşlü olan ve Türkiye'nin Kıbrıs'taki askeri ve politik mevcudiyetinin devam etmesine eleştirel bakan Kıbrıslı Türkler, Türkiye'den gelen yerleşimcilerin mevcudiyetinden duyduğu rahatsızlığı dile getiren yegâne kişiler değillerdi. İstisnasız her politik cenahtan Kıbrıslı Türk, benzer duygular dile getiriyordu.

Kıbrıslı Türkler, yerleşimciler hakkında konuşurken mekâna atıfta bulunur. Yerleşimcilerin gelişini ve mevcudiyetlerinin devam etmesini, bizatihi kendilerinin son derece aşina oldukları mekânın radikal uzamsal ve maddi dönüşümlerine bağlarlar. Örneğin 50 yaşındaki bir Kıbrıslı Türk olan Hatice Hanım, Girne'den (Kyrenia) söz ederken şöyle demişti: "Burası Kıbrıs olmaktan çıktı; Kıbrıs'a benzer bir yanı kalmadı artık; Türkiye'den gelenler yüzünden görüntüsü de, havası da değişti, eski Kıbrıs'la hiç ilgisi yok." Evini taşıyan Kıbrıslı Türklerin çoğu, Türkiyelilerin gelip, kuzey Kıbrıs'ın büyük şehirlerinin surlar içi semtlerine yerleşmesi nedeniyle taşındıklarını söylüyordu. Saha araştırmamı yaptığım

---

liyorum. Mete Hatay, Kıbrıslı Türklerin Türkiyeli göçmenlerle ilişkilerine dair tamamen farklı bir perspektif geliştirir ve bunu sadece yabancı düşmanlığı olarak inceler: Bkz. Hatay, *Beyond Numbers*.

9   Kıbrıslı Türkler yerleşimcilere "yerleşimci" veya "göçmen" demezler. Yaygın olarak kullandıkları tabir "Türkiyeli"dir. Muhtelif ötekileştirme mekanizmaları aracılığıyla kendilerini Türkiyelilerden ayırırlar. Bu ayrım, Türkiye ve KKTC tarafından her ikisi de Türk olarak sınıflandırılan Kıbrıslı Türkler ile Türkiyeliler arasındaki resmi soydaşlık iddialarına ters düşer. Uzun süren Denktaş döneminin ardından hükümet değişikliği yaşanıp, KKTC Cumhurbaşkanlığı'na 2005'te Mehmet Ali Talat gelene dek, Türkiye ile Denktaş rejiminin bütünleşmeci politikalarına karşıt olacağı için kuzey Kıbrıs'ta yetkililer görev başında "Türkiyeli" sözcüğünü kullanmamıştır. Bunun yerine, "anavatanlılar" terimini kullanmışlar ve böylelikle, anavatan Türkiye ile yavruvatan KKTC arasındaki akrabalığa dayalı metaforlarla Türkler arasındaki içsel farklılıklara dair içerimleri vurgularlar, dolayısıyla Türkiyeliler ile Kıbrıslı Türkler arasında simgesel bir ebeveynlik ilişkisi inşa ederler.

dönemde, Türk milliyetçiliğini savunan sağ siyasi partilerden birini (Ulusal Birlik Partisi, UBP) destekleyen ve mesleği çilingirlik olan 60 yaşındaki Hasan Bey, Lefkoşa'nın kuzeyde kalan kesiminde surlar içinde yaşayan Türkiyelilerden söz ederken "Bizi buradan attılar" diyordu. Hasan Bey, Lefkoşa'da doğup büyümüştü, ama birkaç yıl önce ailesiyle birlikte şehrin içinden dış kesimlerine taşınmışlardı. Açıklamasını şöyle sürdürdü: "Artık geceleri burada dolaşmaya kalkışırsak, saldırıya uğrayacağımızdan veya bıçaklanacağımızdan korkuyoruz." Korktuğunu söylediği şey, bazı yerleşimcilerin kaba saba ve şiddet içeren davranışları olarak deneyimlediği şeydi. Hasan Bey, anahtarcı dükkânının pencere önünü kapattığı için Türkiyeli bir yerleşimciden arabasını dükkânın önüne o şekilde park etmemesini istediğinde, adam yumruklarını sıkarak hışımla arkasına dönmüş ve "Bu ülkeyi kim yönetiyor, biliyor musun?" demişti. Türkiyeli yerleşimci kendisini simgesel olarak Türkiye'nin KKTC'deki askeri rejimiyle ilişkilendiriyordu. Buradaki çelişki ise, Hasan Bey'in de kuzey Kıbrıs'taki Türk otoritesini desteklemesi ve Türkiye'nin buradaki politik, ekonomik ve askeri mevcudiyetinin devam etmesini istemesiydi. Hasan Bey, 1963 ile 1974 yılları arasındaki toplumlar arası çatışmalarda EOKA ile mücadele etmiş olan Türk Mukavemet Teşkilatı'nın (TMT) mensubu olmuştu. Ama Hasan Bey ile tartıştığı Türkiyeli yerleşimci arasında belirtilmesi gereken bir farklılık vardı: Adam, adanın yerlisi Hasan Bey'den daha fazla politik güce sahip olduğunu (veya sahip olma arzusunu) dile getiriyordu; hatta belki de kendisi Türkiye kökenli olduğundan ve Türkiye'nin kuzey Kıbrıs üzerindeki egemenliğinden ötürü Hasan Bey üzerinde bile bir politik gücü olduğunu düşünüyordu. Türkiyeli yerleşimci bir özne olarak kendisini Türkiye Cumhuriyeti ile özdeşleştiriyordu. Kıbrıslı Türklerle gündelik etkileşimlerinde, onlara karşı gücünü göstermek için Türk devletiyle özdeşleşme kisvesine bürünüyordu. Sağ görüşlü UBP yanlısı Hasan Bey'in bana bu anekdotu anlatması bunun için önemlidir. İstisnasız her politik görüşten Kıbrıslı Türk, Kıbrıs'ta Türkiyelilerin mevcudiyetinden rahatsızlığını değişik şekillerde ifade etmektedir.

Kıbrıslı Türkler çoğu zaman Türkiyeli yerleşimcilerle askerleri bir tutuyor veya birbirine karıştırıyordu ve bu iki toplumsal grubu birbirinden ayırmıyordu. Muhalif *Avrupa* (sonraki ismiyle *Afrika*) gazetesinin coşkulu bir okuru ve bir Kıbrıslı Türk olan Yılmaz, Türk askerleri hakkında şöyle dedi: "Çok korkuyorduk." Eşi Emel de şunu ekledi: "Özellikle askerlerden korkuyordum. Çocuklarımı evde yalnız olduklarında kapıyı askerlere açmamaları konusunda uyarıyordum." Kıbrıslı Türklerin bana sıkça söylediği gibi, kuzey Kıbrıs'ta çok fazla Türk askeri vardır ve ekonomi onların ihtiyaçlarına karşılık verir. Kuzey Lefkoşa'da çarşı (arasta), araştırmamı yaptığım dönemde izne çıkmış çıkmış askerler için bir alışveriş mekânına dönüşmüştü.[10] Bir ayakkabı mağazasının sahibi "Bu mekân öldü" dedi. Lefkoşa'nın içinin askerlerin akrabalarını araması için bir tür telefon kulübesi hizmeti sunan dükkânlarla, askerlere yönelik kafeler, çay ocakları, gazinolar ve genelevlerle dolduğunu anlattı.[11]

Lefkoşa çarşısında ikinci el çanta, kitap ve öteberi satan bir dükkânın sahibi olan 60 yaşındaki Kıbrıslı Türk Rasime Hanım ise başından geçen bir olayı şöyle aktardı: "Bir gün bir Türk askeri geldi ve onları neden sevmediğimizi sordu."[12] Ona şu yanıtı vermişti: "Dedim ki 'Savaş boyunca Türk askerlerini besledim, yedirdim, içirdim.'" Kıbrıslı Türkler, Kıbrıslı Rum milliyetçilerin saldırılarından kurtulacaklarını düşündükleri için Türk askerleri 1974'te uçaklarla ve paraşütlerle Kıbrıs'a ayak bastığında rahatladıklarını ve sevindiklerini hatırlıyor. Ama askerlerle ilişkileri beklediklerinden daha uzun sürdü ve daha karmaşıklaştı. Kıbrıslı Türkler ille de korkularını dışavurmasalar da, Türk askerleri hakkında bir ölçüde tedirginliklerini belirtiyorlar. 8 yaşındaki Tamer, "Türk askerlerinin yaptıklarına" dikkat çekip şunu anlattı: Bir gün, iki Türk askeri bahçemizden geçiyordu. Portakal ağaçlarımızın yanında durup kopardıkları portakalları çantalarına doldurdular. Babam yanlarına gidip neden izin almadan portakallarımızı topladıklarını sordu. Askerlerden biri 'Seni kim kurtardı?' dedi." Bu küçük çocuk, Türk ordusunun Kıbrıs'taki mevcudiyetine dair Türk askerlerin söyleminin farkındaydı. Bu söyleme göre, askerler soydaşlarını Kıbrıslı Rumların katlinden kurtarmak için 1974'te Kıbrıs'a gelmişlerdi. Ama yine de, Tamer kendi ailesine ait olan portakal bahçesi üzerinde bu askerin kaba bir şekilde hak iddia etmesinin ironik olduğunun farkındaydı. Tamer'in annesi Emel, portakal bahçesindeki olaydan sonra kocasını ister asker isterse yerleşimci olsun Türkiyelilerle tartışmaması konusunda uyardığını söyledi: "Onlarla tartışırsan başın belaya girer. Neler yapabileceklerini tahmin bile edemezsin." Burada Türkiyeli yerleşimciler ile askerler arasında yine bir temsil karışıklığı söz konusudur. Tamer'in babası Yılmaz, genel olarak tüm Türkiyelilere temkinli yaklaştığını söyledi. Taciz edildiğinde bile kendisini savunmadığını dile getirdi: "Burası askerlerin ve Türkiyelilerin. Her şey hasbelkader var. Burada sı-

---

10 2003'te sınırdan geçişe izin verildiğinden beri, kuzey Lefkoşa'nın ve daha genel olarak da kuzey Kıbrıs'ın ekonomisi Kıbrıslı Rum müşterilere ve uluslararası turistlere hitap etmeye başlamıştır; Kıbrıslı Türk orta sınıfının yükselişi de bu döneme tekabül eder.

11 Cynthia Enloe da militerleşmeye ilişkin benzer özellikleri araştırır: Bkz. Enloe, *Bananas, Beaches, and Bases* [*Muzlar, Plajlar ve Askeri Üsler*, İng. çev. Ece Aydın ve Berna Kurt, 1. baskı. İstanbul: Çitlembik Yayınları, 2003].

12 Kıbrıslı Türkler, Kıbrıslı Türk askerlere değil, sadece Türkiyeli askerlere gönderme yapmak için "Türk askeri" terimini kullanır. Kıbrıslı Türk askerleri, toplumlar arasındaki çatışma dönemindeki TMT savaşçılarına gönderme yapacak şekilde "mücahitler" olarak anılır.

radışı bir durum söz konusu, olağanüstü hal var. Burada olanlar konusunda her gün endişelenmeye kalkarsanız, burada yaşayacak gücü kendinizde bulamazsınız. Burada yaşamak istiyorsanız, olanları olduğu gibi kabullenmekten başka yapacak bir şeyiniz yok. Örneğin biz razı olduk, boyun eğdik. Yerleşimcilerin ve askerlerin bizi küçük düşürüp aşağılamasına ses çıkarmıyoruz." Bu, zorunlu olarak ve rızasız benimsenen bir boyun eğme koşulunun söz konusu olduğu, askeri yasaların hüküm sürdüğü bir dönemde, güç ilişkilerinin bilincinde olunan bir hayatta kalma stratejisinin tarifiydi. Yılmaz, baskıcı bir politik rejime tabi olduğunu bildiğinden yetkililere boyun eğdiğini söyledi. Her gün geçtiği yolların etrafındaki girişin yasak olduğu bölgeler, Denktaş yönetimini eleştirmeye kalkıştığında akrabalarının ve iş arkadaşlarının kendisine karşı davranışları, yanından geçen askeri kamyon konvoyları ona bu baskıyı hissettiriyordu. Ama gidecek bir yeri yoktu. Kuzey Kıbrıs'ta yaşamak zorundaydı, bu yüzden belli ölçüde katlanması gerektiğini hissediyordu.

Kıbrıslı Türkler özellikle yerleşimcilerden şikâyetçiydi. Yaşlı bir kadın olan Pembe Hanım şöyle demişti: "Gâvursa gâvur [Kıbrıslı Türklerin Rumlar için kullandığı bir sıfat], ama onlarla komşu olarak birlikte yaşarken işler hiç de bugün fellahlarla [Kıbrıslı Türklerin Türkiyeliler için kullandığı bir sıfat] birlikte yaşarken olduğu kadar kötü değildi. Para sıkıntımız olduğunda gâvur bize borç verirdi. Hastaysak yardım eder, doktoru çağırırdı. Oysa şimdi fellahlar vermezler, sadece almasını bilirler, sizden çalarlar."[13] Pembe Hanım, "Rumlar" ile "Türkler"i geriye dönük ve olumsal olarak birbiriyle kıyaslıyordu. Rumlarla geçmişteki komşuluk deneyimini şimdi Türkiyelilerle yan yana yaşama deneyimiyle karşılaştırarak değerlendiriyordu. "Ötekileştiren" isimler kullanarak (gâvur ve fellah gibi), kendisini hem Kıbrıslı Rumlardan hem de Türkiyelilerden açıkça ayırıyordu. Din farklılığını vurgulasa

---

13 "Fellah" teriminin Kıbrıs Türkçesindeki kullanımı, Türkiye Türkçesindeki kullanımından ve Arapça anlamından farklıdır. Örneğin bu konuda bkz. Türk Dil Kurumu, *Türkçe Sözlük*, 493. Arapçada "fellah" "köylü" anlamına gelir: Bkz. Fahmy, *All the Pasha's Men* [*Paşanın Adamları: Kavalalı Mehmed Ali Paşa, Ordu ve Modern Mısır*, İng. çev. Deniz Zarakolu, 1. baskı. İstanbul: Bilgi İletişim Grup Yayıncılık, 2010]. Oysa Kıbrıs Türkçesinde "çingene" sözcüğüyle değişimli olarak kullanılan "fellah" sözcüğü, metaforik olarak Roman kimselere veya mülksüzlere atıfta bulunmak için kullanılır: Bkz. Hakeri, *Kıbrıs'ta Halk Ağzından Derlenmiş Sözcükler Sözlüğü*, 27. Günümüz Kıbrıs Türkçesinde "fellah" sözcüğü Araplara bir gönderme yapmaz. Aslında, çoğu Kıbrıslı Türk, özellikle de köken olarak Mağusa (Famagusta) yöresinden olanlar, Arap kökenleri ve kan bağları olduğunu iddia ederler, Arap (ve bazen de Mısırlı) atalarıyla açıkça gururlanırlar. "Fellah" bir ötekileştiren ve aynı zamanda küçük düşürücü bir terimdir ve Kıbrıslı Türkler bu terimi kuzey Kıbrıs'taki Türkiyeli yerleşimciler için kullanırlar. Kıbrıs Türkçesine de yer veren, Türkçenin farklı kullanımlarına (veya farklı Türkçelerin kullanımına) ilişkin bir inceleme için bkz. Yashin, *Step-Mothertongue*; Yaşın, *Kozmopoetika*.

da ("gâvur" sözcüğünü kullanıyordu), Kıbrıslı Rumlarla yan yana yaşarken hayatın aynı dinden olan Türkiyelilerle birlikte yaşarkenkinden daha iyi olduğunu söylüyordu. Elbette bu konuşmanın bir bölümü retorikti, zira Pembe Hanım Türkiyeli yerleşimcilerle yan yana yaşamanın rahatsızlığını vurgulamaya çalışıyor ve Kıbrıslı Rumlarla geçmişteki birlikte yaşama deneyimlerini belli belirsiz tasvir ediyordu.

Türkiyeli yerleşimciler heterojen bir topluluktur. Çoğu, Türkiye'de geçmişte –toplumsal, ekonomik, politik– kimi sıkıntılar yaşadığı için şimdi Kıbrıs'tadır. KKTC'nin nüfus politikalarına bağlı olarak 1974'ün ardından kuzey Kıbrıs'ta iş, toprak ve bedava konut vaadiyle, daha iyi bir geleceğe sahip olmak umuduyla buraya gelmişlerdir. Her ne kadar, politika yapıcılar hepsini "Türk" olarak sınıflandırsa da, yerleşimcilerin kökenleri farklıdır; Laz, Kürt, Arap, Alevi ve Türklerden oluşurlar. Ama çoğu kendisini –en azından resmi olarak– Türklükle özdeşleştirir ve Türkiye'nin Kıbrıs'taki askeri mevcudiyetinden olumlu söz eder, zira Türk olarak sınıflandırılmanın sonucunda KKTC'de kimi ayrıcalıklar kazanırlar. Genel olarak, 1990'ların sonlarına dek Türkiyeli yerleşimciler (Kürt, Alevi ve Türkiye'de solculukla özdeşleştirilen diğer topluluklardan insanlar da dahil olmak üzere) kuzey Kıbrıs'ta oylarını sağcı Türk milliyetçisi partilere (DP veya UBP'ye) verdiler. DP ve UBP'nin, Türkiyeli yerleşimcilere oy karşılığında hem vatandaşlık verdiği hem de türlü türlü ayrıcalık ve fayda sağladığı söyleniyordu. Bu nedenle, yerleşimciler bu partileri kendi çıkarlarına hizmet ediyor olarak algılıyordu. Ayrıca, 1974 sonrasında Türkiye'nin ve kuzey Kıbrıs yönetiminin nüfus politikaları uyarınca Kıbrıs'a getirilen, mal mülk tahsis edilen ve vatandaşlık verilen resmi yerleşimcilerin yanı sıra, Türkiye'den kuzey Kıbrıs'a göç eden birçok başka göçmen kategorisi de vardır. Bazıları geçici çalışma için gelir; diğerleri ise "kayıt dışı işler"de çalışır ve KKTC rejimi bu kişileri kaçak göçmen statüsünde görür. Ama Kıbrıslı Türklerin temsillerinde tüm Türkiyeli göçmenler, sanki aralarında hiçbir içsel toplumsal, kültürel farklılık yokmuş gibi kabul edilmektedir.[14]

Kıbrıslı Türkler yerleşimcilerle aralarındaki ayrımı, kültürel farklılık ve toplumsal sınıfı ifade eden terimlerle dile getirir ve çözümler.[15] Ayrımın sınırları özellikle yaşam tarzını işaret eder. Kıbrıslı Türkler, Kıbrıslılar ile Türkiyelileri, ilişkilendirdikleri belli simgesel çizgilerde birbirinden ayırır. Örneğin geleneksel Kıbrıs

---

14 Türkiyeli kaçak işçiler KKTC'den çalışma izni alamadan en zor koşullarda yaşar ve çalışırlar. Bu işçiler kuzey Kıbrıs'taki yasal oturma ve çalışma izni olan ve KKTC vatandaşlığına sahip olan yerleşimcilere verilen haklardan yoksundurlar.

15 Bourdieu, *Distinction* [*Ayrım: Beğeni Yargısının Toplumsal Eleştirisi*, Fr. çev. Derya Fırat ve Günce Berkkurt, 1. baskı. İstanbul: Heretik Yayıncılık, 2015].

köy yaşamının bir parçası olarak başörtüsünün yanlardan sarkan uçlarının başın tepesinde bağlanması şeklinde olmadıkça, alışkanlık veya inanç nedeniyle örtünme veya çeşitli başörtüsü tipleri takma biçimleri yaygın olarak Türkiye kültürüyle ilişkilendirilir. Kıbrıslı Türk genç bir kadın Türkiye'de örtünme için yaygın olarak kullanılan bir deyişle "Kıbrıslı kadınlar genellikle başlarını örtmezler" demişti.[16]

Yine Kıbrıslı Türk başka bir kadın da yaygın bir farklılığı dile getirerek şöyle demişti: "Birisinin evine bakıp Türkiyeli olup olmadığını anlayabilirsiniz. Mesela, bir Kıbrıslı yere asla plastik veya taklit bir halı sermez. Biz zaten yazın halı kullanmayız." Kıbrıslı Türkler ayrıca insanların bahçelerine bakıp Türkiyeli olup olmadıklarını da anlayabiliyorlardı. 80 yaşındaki bahçıvan İbrahim Bey, yaşamının son dönemlerini Lefkoşa'da geçirmişti ve yerleşimcilerin ağaçlara davranış biçimine sinirleniyordu. Şöyle diyordu: "Ağaçlar hakkında bir şey bildikleri yok. Biz ağaçların arasında doğduk; ağaçlarla birlikte büyüdük. Türkiyelilerin geldiği yerde dağlar var, ormanlar var. [...] Çapalamayı biliyorlar, ama çiçek ile otu birbirinden ayıramazlar." İbrahim Bey yerleşimcilerin tarla açmak için ağaçları kurutmasına veya otlarla birlikte çiçekleri yakmasına dair birçok öykü anlattı; böylelikle yerleşimcilerin bazı yerel bilgilerden yoksun olduğunu ima etmeye çalışıyordu.

Kıbrıslı Türkler ile Türkiyeliler arasındaki iktidar ilişkisi karmaşıktır ve sırf toplumsal sınıf analizine dayandırılarak açıklanamaz. Sözgelimi, Almanlar ile Türkiyeli göçmen işçiler arasındaki ilişkiyle veya İstanbul'un üst orta sınıfı ile Anadolu'nun kırsal kesimlerinden şehre göç edenler arasındaki ilişkiyle karıştırılmaması gerekir. Türkiyeliler ile Kıbrıslı Türkler arasındaki ilişki, Türkiye'nin kuzey Kıbrıs'taki hâkimiyeti bağlamında değerlendirilmelidir. Kıbrıslı Türklerin yerleşimcilere yönelik tutumları, sınıf veya göç çalışmalarının evrenselci çerçevelerine başvurularak içi boş bir analize tabi tutulamaz. Kuzey Kıbrıs'taki politik durumun özellikleriyle ilgili sosyopolitik spektrum kapsamında analiz edilmeleri gerekir. Kuzey Kıbrıs'ta toplumsal, ekonomik ve politik hayatın çoğu alanında Kıbrıslı Türkler yönetimin birçok biriminde devlet memuru olarak çalışma önceliğine sahiptir; daha iyi mevkilere gelirler. Toplumsal bağlantıları

---

16 Türkiye'deki örtünen kadınlar, sınıf ve kültürün ana göstergesi olarak inşa edilmektedir: Göle, *Forbidden Modern* [*Modern Mahrem: Medeniyet ve Örtünme*, 12. baskı. İstanbul: Metis Yayınları, 2014]; Navaro-Yashin, *Faces of the State*. Kıbrıslı Türkler, öncelikle televizyon aracılığıyla ve gerek Türkiye'ye yaptıkları yolculuklar gerekse Türkiye'de çalışma ve okuma amaçlı geçici ikametleri yoluyla Türkiye'de artık bu tür ayrımların ortadan kalktığının farkındadır. Ama Kıbrıslı Türklerin örtünme ile yaptığı irtibatlandırmalar, Türkiye'nin iç kültürel politikasıyla karıştırılmadan kendi bağlamında ele alınmalıdır. Günümüzde Kıbrıslı Türkler için örtünme, diğer şeylerin yanı sıra, yönetimin nüfus politikaları aracılığıyla Kıbrıs'ın geçirdiği kültürel dönüşümün bir göstergesidir.

ve akrabalık ağları (torpil) sayesinde, kendilerinin veya akrabalarının çıkarlarına hizmet etmesi için yönetimi manipüle edebilirler. Ama Kıbrıslı Türkler yerleşimcilere karşı sosyokültürel sermaye kozunu kullanabilseler de, bazı yerleşimci bireyler veya topluluklar da Kıbrıslı Türkler üzerinde farklı türde bir iktidar kurabilmek için Türkiye'yle veya Kıbrıs'taki Türk ordusuyla yakınlık kurmaya (veya himayesine girmeye) çalışırlar.[17] Alan araştırmamı yaptığım sırada Kıbrıslı Türkler, Türkiye'nin egemenliği altındaki politik tabi kılınmışlıklarına dair tedirginliklerini ve şüphelerini Türkiyeli yerleşimciler hakkında simgesel yorumlar yaparak ifade ediyorlardı. Ama aynı zamanda, kamu sektöründeki konumları aracılığıyla ve ekonominin pek çok sektöründe (özellikle de inşaat alanında), işveren olarak yerleşimciler karşısında güçlü olduklarını varsayıyorlardı. Kıbrıslı Türkler, kendilerini yerleşimcilerden ayırma stratejilerinde, onlara karşı statülerini, yaşam tarzlarını, gelir düzeylerini ve otoktoni iddialarını kullanıyorlardı. Buna mukabil bazı yerleşimciler de vatandaşı oldukları Türkiye'ye bağlılıklarını ileri sürerek, Türk milliyetçi bir söyleme başvurarak veya KKTC rejiminin sağcı partilerine oy vererek, Kıbrıs'taki sosyokültürel marjinalleşmelerini alt etmeye çalışıyorlardı.

Türkiye 1974'ten beri "Rumlar"a karşı Kıbrıs'ın "Türk" nüfusunu artırmaya yönelik bir politika izlemiştir. Bunun yanı sıra, Kıbrıslı Türkleri, Anadolu'nun "Türk kültürü"ne asimile etmeye yönelik kapsamlı kurumsal girişimlerde de bulunulmuştur; bunlar okullar, medya, ordu ve diğer organlar yoluyla uygulanan politikalardır. Kıbrıslı Türklerin yerleşimcileri ötekileştirmesinin bağlamının bir boyutunu da Denktaş yönetiminin uyguladığı ayrıntılı ve takviyeli Türkiyeleştirme politikaları oluşturur.[18] Kıbrıslı Türkler sayıca Türkiyeli yerleşimcilerin gerisinde kaldıkları duygusunun üzücü bir şekilde kültürel olarak azaldıkları veya bozguna uğradıkları hissine yol açtığını dile getiriyorlardı. Gerçekten de birçok Kıbrıslı Türk yıllardır Kuzey Kıbrıs'tan göç etmeye devam etmektedir; bu göçler sonucunda Türkiye'de, İngiltere'de ve Avustralya'da hatırı sayılır büyüklükte Kıbrıslı göçmen toplulukları oluşmuştur. Kıbrıslıların bu dış göçünden, kuzey Kıbrıs'ta Türkiyeli

---

17 Yerleşimcilerin bu tür girişimleri her zaman başarılı olmaz.

18 Burada "Türkiyeleştirme" ile "Türkleştirme" arasında bir ayrım yapılması gereklidir, zira kuzey Kıbrıs'ta yönetimin uyguladığı politikalar, Kıbrıs Türkçesini Türkiye'nin dili içerisinde asimile etmeye yöneliktir. Okullarda Türkiye Türkçesi öğretilmek suretiyle ve Kıbrıs Türkçesinin kullanımı özendirilmeyerek Kıbrıslı Türklerden doğru düzgün "Türkler" yaratmaya yönelik resmi girişimler söz konusudur; Kıbrıs'taki yer isimlerinin (sadece Rum değil, ama Türk köylerinin ve yerleşimlerinin isimlerinin de) Türkiye'deki yer isimlerini çağrıştıran isimlerle değiştirilmesi ve Türkiye'nin kültürünün Kıbrıslı Türklerin kültürü olarak gösterilmesi bu girişimlerin birer örneğidir.

göçmenlerin giderek artan nüfusu bağlamında, geride kalanlar şikâyet ediyordu.[19] Kıbrıslı Türklerin kuzey Kıbrıs'tan dış göçüne ilişkin sorgulamalara cevaben, Kıbrıslı Türkler onaylamazcasına sık sık Denktaş'ın bir sözünü aktarıyordu: "Giden de Türk, gelen de Türk." Bu, dış göçe karşı kayıtsızlığa içten eleştirel bir gönderme olarak yorumlanabilir; sanki Kıbrıslı Türkler, aynen Türkiyeli yerleşimciler gibi, adadaki Kıbrıslı Rumlarla ilişkili nüfus politikasındaki basit stratejik endekslerdir. Dolayısıyla Kıbrıslı Türkler, Denktaş'ın KKTC yönetiminin rejimin sadık halkı olarak yerleşimcilere adanın yerli sakinleri olan kendilerinden daha fazla imtiyaz tanıdığı bir dönemde duygularını dile getiriyorlardı. Yakın arkadaşları Kıbrıs'tan İngiltere'ye ve Kanada'ya göç etmiş olan 30 yaşındaki Kıbrıslı Türk Emin, yönetimin nüfus politikaları yüzünden fiziksel ve kültürel olarak yok oldukları duygusunu şöyle dillendiriyordu: "Biz Mohikanların sonuncusuyuz. Bizi Kızılderiliye çevirdiler. Kültürümüzü yok ettiler. Hiç değilse, Kızılderilileri hâlâ hatırlayanlar var. Peki ya bizi kim hatırlayacak?" Alan araştırmamı yaptığım dönemde Kıbrıslı Türklerin kuzey Kıbrıs'ta Türkiyeli göçmenlerin sayısının giderek artması karşısında, kendilerinin bir topluluk olarak "yok oluş"ları olarak algıladıkları duruma dair endişelerini ifade etmeleri çok yaygındı. Bunun için kullanılan en yaygın ifade de "Yok oluyoruz"tu.

Diğer Farklılıklar, Diğer Çatışmalar

Uluslararası kuruluşlarınkinde olduğu kadar çoğu akademik araştırmanın söyleminde de Kıbrıs'taki çatışma iki taraflıdır: "Türk" tarafı ve "Rum" tarafı. Türkiye, Yunanistan, Kıbrıs Cumhuriyeti ve KKTC'deki resmi söylemler de bunu böyle kabul etmektedir. Etnik çatışma dili, Kıbrıs'ta hâlâ politikaya merkezidir. Ama bölünmeden ve hem kuzeyde hem de güneyde özel yönetim politikalarının uygulamaya girmesinden beri, Kıbrıs'ta toplumsal ve politik dinamikler temel değişiklikler geçirmiştir. KKTC'nin nüfus politikaları aracılığıyla Kıbrıslı Türkler ve Türkiyeli göçmenler birbirleriyle olumsal, karmaşık ve özel güç ilişkileri geliştirmişlerdir. Kıbrıslı Türkler, hem devlet dairelerindeki mevkileri hem de özel sektördeki işveren konumları bakımından yerel bilgiye ve sosyokültürel kapitale sahip olma konusunda yerleşimcilere nazaran daha üstün bir noktada bulunmakla birlikte, farklı yerleşimci toplulukları da Kıbrıslı Türklerin onları marjinalleştirmesine karşı koruyucu devletleri olarak Türkiye'yi seferber etmeye çalışmaktadır. Hâkim politik söylemlerde "soydaş" veya aynı etnik, milli ve hatta kültürel grubun üyesi

---

19 Kuzey Kıbrıs'ta istatistikler politik olarak belirlenir ve Kıbrıslı Türklerin nüfusunun yerleşimcilere oranını hiç kimse tam olarak bilmez, çünkü yönetimin yaptırdığı nüfus sayımları, kökenine veya geçmişine bakmaksızın herkesi "Türk" olarak kaydeder.

olarak sınıflandırılmalarına rağmen, Kıbrıslı Türkler ve Türkiyeli yerleşimciler karşılıklı olarak birbirlerini farklı görürler. Uluslararası söylemlerde uzlaşımsal olarak Kıbrıs'ta etnik çatışma diye adlandırılan şeyi Türk tarafına atfetseler de, böyle özsel bir taraf yoktur. Söylemsel bakımdan aynı etnik veya milli gurubun üyesi, örneğin Türk olarak sınıflandırılanlar, kuzey Kıbrıs'ta mevcut rejim kapsamında aralarında geliştirdikleri özel iktidar ilişkilerinde kendilerini böyle algılamaz veya deneyimlemezler. Kendi farklılık teorileri vardır.

ÜÇÜNCÜ BÖLÜM

Mekânsal Kapatılma Duyguları

KKTC yönetimiyle yakın ilişki içinde olan ve yönetimin propaganda organlarının birçoğunda aktif olarak görev alan Cevat Bey, "Klerides [Kıbrıslı Rumların lideri] penceresinden bayrağımızı görebilir" diyordu. Onunla tanıştığımda Cevat Bey ve arkadaşları Beşparmak Dağları Bayrağı Işıklandırma Derneği adını verdikleri derneği kurmuşlardı; amaçları 1 milyon İngiliz sterlini tutarında bir fon oluşturup bayrağı ışıklandırmaktı; böylece bayrak geceleri de görünür olacaktı. Lefkoşa çarşısında küçük bir dükkânı olan Cevat Bey bu projeyi şöyle özetledi: "İlk önce, Türkiye'nin bayrağını simgeleyen ortadaki ay ve yıldız aydınlatılacak. Ardından beş saniye sonra, KKTC bayrağını simgeleyen üstteki ve alttaki iki çizgi aydınlatılacak. [...] Bu bayrak egemenliğimizin simgesi. Rum tarafında bulunan, adanın en güneyindeki Larnaka'dan bile görünecek." Anlatısını şöyle sürdürdü: "Tamamen iflas edip batsak da burada egemeniz. Egemenliğimize kimse dokunamaz. Kimsenin gücü buna yetmez. Rumlar bunu anladılar!"

Cevat Bey'le görüştüğüm dönemde kuzey Kıbrıs, Türkiye'deki büyük ekonomik krizin tesiriyle dibe vurmuş ve iflas etmişti. Kıbrıslı Türklerin hesaplarının bulunduğu sınır ötesi bankalar müşterilerinin paralarını hortumlayarak 2000 yılında iflaslarını duyurmuştu. Önemli bir işsizlik ve derinleşerek artan bir hoşnutsuzluk hâkimdi. Cevat Bey, Türkiye'nin kuzey Kıbrıs'taki kalıcı egemenliğine ilişkin açıklamalarını bu atmosferde yapmıştı. KKTC rejimi, vatandaşları nezdindeki meşruluğunu yitirdikçe, onu savunanlar da ideolojiye ve politik simgeciliğe daha fazla sarılıyorlardı.

Gelgelelim Kıbrıslı Türkler, bu dönemde nadiren böyle gösterişli egemenlik dışavurumları sergiliyorlardı. Bilakis çoğu bu dönemde rejimlerini ve ideolojik aşırılıklarını açıkça eleştiriyorlardı. Yerel bankaların çökmesinin ardından, hem KKTC yönetimini hem de Türkiye'nin kuzey Kıbrıs'taki mevcudiyetini eleştiren Bu Memleket Bizim Platformu adında kitlesel bir halk hareketi doğdu. Yönetimi destekleyenler (Rauf Denktaş önderliğinde) popüler söylemde marjinalleşmişti. O dönemde kendi hesabına yaptığı tavizsiz açıklamalarla sadece yönetime sadık bir azınlık seferber oldu. Bu Memleket Bizim Platformu'nun üyeleri Denktaş rejimini sert bir şekilde eleştiriyordu, hatta bazen Türkiye'nin kuzey Kıbrıs'taki egemenliğini "işgal" olarak tanımlıyorlardı; bu, Türkiye'de olduğu kadar KKTC'deki resmi çevrelerde de bir hakaret ve saygısızlık olarak algılanıyordu.[1] Platformun katılımcıları, bir cesaret örneği sergilemekle birlikte cezalandırabilecekleri endişesini de taşıyorlardı.

RESİM 2. 20 Temmuz kutlamaları, Girne (Kyrenia) kapısında askeri tören, kuzey Lefkoşa.

Türk askeri birliklerinin 1974'te kuzey Kıbrıs'a gelmesiyle birlikte kutlanmaya başlanan en önemli milli bayram 20 Temmuz Barış ve Özgürlük Bayramı'dır (bkz. RESİM 2). Bu tür kutlamalar ve diğer vesilelerle, Türk ordusunun Kıbrıs'a gelişinin ve bunu müteakip Kıbrıs'ın bölünmesinin, kendilerine "barış ve özgürlük" getirdiği Kıbrıslı Türklere sürekli hatırlatılır. 1990'ların sonlarında ve 2000'lerin başlarında kuzey Kıbrıs'ta rejim hâlâ Kıbrıslı Türklerin 1974 öncesindeki 10 yıllık dönemde Kıbrıslı Rumların saldırılarından kurtarıldığı görüşünü temel alarak meşruluğunu korumaya çalışıyordu. Ama ideolojik barış ve özgürlük retoriği, Kıbrıslı Türklerin kuzey Kıbrıs'ta yaşama deneyimleri ve kapatılmışlık hisleriyle taban tabana zıttı. Kıbrıslı Türkler rejimin ideolojik aygıtına kanmıyorlardı. Sınırın kuzey tarafını kendileri için bir özgürlük bölgesi olarak tanımlayan sistematik propaganda, KKTC

---

1 *Avrupa* (sonradan *Afrika*) gazetesi, Denktaş rejimini eleştiren gündelik yayınlarıyla bu hareketin başını çekti, birçok sendika ve organizasyon bu platformda güçlerini birleştirdi. *Afrika*, Türkiye'nin kuzey Kıbrıs'taki mevcudiyetini "işgal" olarak adlandıran makaleleri düzenli olarak yayımlamaya devam etti.

vatandaşlarını sınırlar içerisine kapatılmanın özgürlük olduğuna veya savaşın barış olduğuna inandıracak bir Orwellci etkiye sahip değildi.[2] Bilakis insanlar evlerinde ve arka bahçelerinde, en mahrem ve samimi mekânlarda oturup, televizyonlarında yayınlanan milliyetçi programlar ve propaganda eşliğinde, en karşıt ideolojik tarzda birbirlerine içlerini döküyorlardı. İdeolojinin eleştirilmesi sıradan ve yaygın bir şey haline gelmişti. Okullarda, medyada, orduda ve devlet dairelerinde abartılı bir biçimde yayılan milliyetçi retorik, Kıbrıslı Türklerin sokaklara dökülerek sayısız milli bayramı coşkuyla kutlamasına yol açmıyordu.

Terör Ruhu

2000 ve 2001'de Denktaş rejiminden duyulan hoşnutsuzluk iyice tırmanıp kamusal bir seferberlik başladığında Kıbrıslı Türkler, "TMT'nin ruhu"nun kuzey Kıbrıs'ta eski bir politika *etos*'unun kalıntısı olarak bugünü esir aldığını söylüyorlardı. Türk Mukavemet Teşkilatı (TMT), 1958'de Kıbrıslı Türkler tarafından EOKA ile savaşmak için kurulan, Türkiye'nin Özel Harp Dairesi'ne bağlı, silahlı bir gizli örgüttü.[3] Esin kaynağı ise, bağımsızlık ve *énosis* (birleşme) için İngilizlerle savaşan Kıbrıslı Rumların Ethniki Organosis Kyprion Agoniston örgütüydü (EOKA, Kıbrıs Mücadelesi Ulusal Örgütü). Bu iki gizli örgüt arasındaki benzerlik ile birbirini yansılama ve icra ettikleri idari pratikler önemlidir. Bu iki örgüt, Kıbrıslı Türkler ile Kıbrıslı Rumlar arasındaki toplumlar arası çatışmayı üretirken veya kızıştırırken, 1960'ta İngiltere'den bağımsızlık ilan edildiğinde EOKA'nın ve TMT'nin mensupları da Kıbrıs Cumhuriyeti'nin yönetim organında kendi toplumlarının temsilcileri oldular. EOKA'lılar 1963'te Kıbrıslı Türklere saldırmaya başladığında, tüm ada etnik olarak birbirinden ayrılmış enklavlara bölündü ve aralarındaki karmaşık sınırlar da Birleşmiş Milletler tarafından korunmaya başlandı. Kıbrıslı Türk yöneticiler, çift toplumlu Kıbrıs Cumhuriyeti'nden ayrıldı ve TMT'nin inisiyatifiyle enklavlarda kendi bağımsız yönetim sistemlerini oluşturmaya başladılar. Bu, Kıbrıslı Türkler arasında özerk ve ayrı bir devlet pratiğinin başlangıcıydı. TMT'nin yapısı ve politik havası, Kıbrıslı Türklerin hem memur hem de vatandaş olarak yer alacağı bir dizi yönetim yapısının kurulmasını sağladı. Kıbrıslı Türk bir avukat bunu şöyle açıklamıştı: "TMT, Kıbrıslı Türkleri EOKA'nın saldırılarından koruyordu, Kıbrıslı Türkler de kendilerini koruyan bu gücü tanımak zorundaydı."

---

2 Bu çalışmanın, tabi oldukları yönetimler tarafından halkların beyinlerinin yıkandığını öne süren 1930'ların ve 1940'ların sosyal psikolojisinden ayrıldığı nokta budur: Örneğin bkz. Adorno, "Freudian Theory and the Pattern of Fascist Propaganda."

3 Akkurt, *Kutsal Kavgaların Korkusuz Neferi Dr. Niyazi Manyera*, 35; Tansu, *Aslında Hiç Kimse Uyumuyordu*, 27-9.

Denktaş da dahil olmak üzere eski mücahitler, araştırmamı yaptığım sırada, TMT'nin kurulmasının üzerinden 40 yıldan uzun zaman geçmiş olmasına rağmen hâlâ yönetimin lideri ve mensubuydular. TMT'nin Kıbrıslı Türkleri maruz bıraktığı terör kültürünün konuşulması bir tabuydu. Resmi temsillerde (yönetimin gazetelerinde, milli bayramlar ve törenlerdeki, ders kitaplarında ve televizyon programlarındaki propaganda konuşmalarında vb.) TMT mücahitleri Kıbrıslı Türkleri Kıbrıslı Rumların elinde katledilmekten kurtaran kahramanlar olarak sunuluyordu. Her ne kadar, Kıbrıslı Türkler bu yorumu kısmen kabul etseler de doğrudan doğruya Denktaş rejimiyle hiçbir bağlantısı olmayan kişiler, düşündüklerini açıkça söyleyebileceklerini hissettikleri mekânlarda, bu yorumu eleştiriyor ve daha karmaşık bir hale getiriyorlardı. En samimi ortamlarda, yakın dostlar ve aile içindeyken, insanlar Kıbrıslı Türklerin TMT tarafından katledilme öykülerini anlatıyor veya resmi olarak "şehit" olduğu açıklanan akrabalarının resmi açıklamalara göre EOKA veya Rumlar tarafından suikasta kurban gittiği belirtilse de, aslında TMT tarafından katledildiğini düşünüyorlardı. Kapalı çevrelerde, TMT'nin bizatihi Kıbrıslı Türklere yönelik vahşetine ilişkin sayısız öykü anlatılıyordu. Kıbrıslı Türkler, Denktaş ve diğer TMT mensuplarının camiler gibi Kıbrıs Türk kültürünün mirası olan mekânlara sabotaj düzenleyip, Türkiye'nin misillemede bulunması için zemin yaratmak amacıyla saldırıların suçunu Kıbrıslı Rumlara attığının kanıtlarını ve birçok örneğini sunuyordu. İki toplumlu Kıbrıs Cumhuriyeti'ni savunan tanınmış entelektüel, gazeteci Ayhan Hikmet'in bir suikastla katledilmesinden de TMT suçlanıyordu.

TMT'nin kurulduğu dönemde doğmuş olan Cemil'in anlatısı şöyleydi:

> Bugüne kadar bu ülkeyi yönettikleri sistem TMT sistemidir. TMT 1958'de kuruldu ve Kıbrıslı Türkleri yönetmeye başladı. 1963 ile 1974 arasındaki enklav döneminde posta hizmeti bile TMT'nin denetimindeydi. Şimdiyse bu yönetimi farklı bir isimle, "Kuzey Kıbrıs Türk Cumhuriyeti" ismiyle sürdürüyoruz.

> 1958 ruhu hâlâ yakamızı bırakmadı. Bu sistem içerisinde büyümüş olan insanlar sağduyulu olmayı, sözlerine ve konuşmalarına dikkat etmeyi öğrendiler. Ben hiç böyle olamadım. Girdiğim işlerden boyuna atılmamın sebebi budur. Birisi, başka birisine yönetimi eleştiren bir şeyler söylediğimi duyuyor ve bu da işimin sonu oluyor.

İster sivil isterse yönetici kıyafetlerine bürünmüş olsunlar, hâlâ güçlü olan eski mücahitlere ve yeni bir kisveye bürünmüş eski örgütlenme biçimlerinin filizlenmelerine bakarak insanlar TMT'nin kuzey Kıbrıs'ta salt bir politika kültürü[4] olarak

---

4 "Politika kültürü" terimiyle kolektif hafızaya kazınmış bir dizi deneyime, ortak bir politik başvuru noktaları ağına, özel bir hükümet tarzına sahip kalıcı bir politik sisteme ve özel

değil, ayrıca gerçek ve uygulanan bir politik örgütlenme biçimi olarak da hâlâ canlı olduğunu iddia ediyorlardı. Kıbrıslı Türkler "TMT ruhu"na atıfta bulunduğunda, 1963 ile 1974 arasında gündemde olduğunu söyledikleri terör kültürünü ve zorla sokuldukları gizlilik kültürünü hatırlıyorlardı.

Eski bir mücahit olan Savalaş Bey politika kültürünün TMT aracılığıyla yayılışını şöyle açıkladı:

> Teşkilata 18 yaşında katıldım. Gündüzleri köy kooperatifinde çalışırdım. Geceleriyse gizli faaliyetlere başlardım. Her şey gizli yapılırdı. Ananıza babanıza bile bir şey söylemeniz yasaktı. Benim ihtiyarın kafası pek basmazdı. İlk başta neler çevirdiğimi anlamadı. Sonra bir gece beni eve yine çok geç saatte dönerken yakaladı ve "Ne işler çeviriyorsun?" diye sordu. "Eşeği ağaca bağlıyordum" yanıtını verdim. Ama sürekli geç döndüğümü fark edince, küplere bindi. Evlenince, geçiştiremeyeceğimi anladım ve karımla konuştum. Ona "Bak teşkilattayım; gece sürekli dışarı çıkmamın sebebi bu. Ama bunu kimseye söyleme, yoksa beni öldürürler" dedim. Karım ailemin yanına gitti ve onlara geceleri kooperatifte çalışmam gerektiğini anlattı, böylece herkes çenesini kapalı tuttu. Bana bir daha hiç soru sormadılar. Şifreli konuşuyorduk, böylece hiç kimse bizi anlamıyordu.

Bazı Kıbrıslı Türkler, TMT'nin körüklediği korkuyu neredeyse duygusal bir biçimde hatırlıyordu. Altmışlı yaşlarında bir kadın olan Pembe Hanım şöyle diyordu:

> TMT köyümüze geldi ve her serseriyi, her hırsızı mücahit yaptı. Bu adamlar köyümüzde TMT'nin liderleri oldular. Hem Kıbrıslı Rumlardan hem de Kıbrıslı Türklerden korkuyorduk. TMT içimize korku saldı; bu korku hâlâ devam ediyor. Birçok Kıbrıslı Türkü öldürdüler. Örneğin komşumuz Behice Hanım'ın kocasını öldürdüler, İngiliz üssünde polisti. Bir gece TMT onların evini basmış ve üssün kapılarını açmasını istemiş, üsten silah kaçıracaklarmış. Adam bunu İngiliz amirlerine bildirmezse, işsiz kalacağını bildiği için onları haberdar etmiş. Ertesi gün TMT onu köy meydanına çağırdı ve acımasızca dövüp kemiklerini kırdı. Aslında linç ettiler. Çok yaşamadı, hemen öldü.

2001'de Ulusal Halk Hareketi (UHH) adında bir örgüt kuruldu. Eski mücahitlerden oluşan Mücahitler Derneği'nin bir yan kuruluşu olan UHH, Bu Memleket Bizim Platformu'na bir tepki olarak kurulmuştu. 2000'de ve 2001'de Bu Memleket Bizim Platformu'nun binlerce üyesi, sınırların açılması talebiyle bir dizi gösteri yürüyüşü düzenleyerek sınırlara yürümüştü. Buna mukabil UHH "Kıbrıs Türk halkının sesi" olduğu iddiasıyla bir "sivil toplum örgütü" olarak faaliyete geçti.

---

bir tarihsel olumsallıkta özel bir yönetim şekline tabi olan, bu yönetimin vatandaşı olan bir insan topluluğunun dile getirilmeyen ve bilinçdışı deneyimine gönderme yapıyorum.

Kıbrıslı Türkler, TMT'nin eski mücahitlerinin faaliyetlerini hem kaygı hem de ironiyle anıyordu. UHH'nin yönetimin gizli servisi olarak çalışan bir gizli örgüt olarak Denktaş tarafından kurulduğu herkesçe malum bir bilgiydi (bkz. RESİM 3). Ama kırklı yaşlarındaki Mustafa şöyle diyordu: "UHH'den korkmuyorum. Kim oldukları belli; bir grup aynı insan her yerde karşımıza çıkıyor. Denktaş'ın adamları, Milliyetçi Adalet Partisi'nin üyeleri ve UHH hepsi aynı sonuçta. UHH'nin kurulmasıyla ne değişti ki? Hiçbir şey."

RESİM 3. Kuzey Lefkoşa'da reklam panolarındaki Ulusal Halk Hareketi (UHH) afişleri.

Bir zamanlar mücahit olan, 87 yaşındaki eski TMT mensubu Ahmet Bey yaşamış olduğu politik kültürü içtenlikle anlattı: "Sorunlar yaşarken [1963 ile 1974 arasındaki toplumlararası çatışma tırmandığında] herkes teşkilattan [TMT] çekiniyordu. TMT öyle bir korku salmıştı ki herkes ona boyun eğiyordu. TMT insanları tehdit etti, birçoğunu öldürdü. Hatta Kıbrıslı Türklerin öldürülmesinin arkasında kendisinin olduğunu çoğunlukla saklamadı bile. TMT bu dehşeti yaymasaydı, insanların otoritesine boyun eğmesini sağlayamazdı." Ahmet Bey'e bugün geçmiştekinden daha fazla bir korku kültürü olup olmadığını sordum. "Hiç kuşkusuz geçmişte daha fazlaydı" diye yanıtladı sorumu ve şöyle devam etti: "Artık farklı bir isimleri var, UHH ve insanları korkutmaya çalışıyorlar. Ama kimse korkmuyor; UHH'ye herkes gülüyor." Kıbrıslı Türkler, UHH'yi acı bir mizahla ve umursamazlıkla karşıladı, zira tanıdık karakterlerle bildik eski bir öykü gibi görünüyordu bu onlara. Pembe Hanım bunu şöyle ifade etti: "Ne olursa olsun, hep arka bahçelerimizde konuşuruz. Başka yerlerde ağzımızı kapalı tutarız. Şimdi UHH ile ne değişecek ki? Eskiden yaptığımız gibi idare etmeye devam edeceğiz."

Zihinsel Sınırlar

Güneyden ayrılan bölgeyi belirleyen sınır, muhtemelen kuzey Kıbrıs'ta egemenliğin en önemli mekanizması ve simgesidir. Bölünme (taksim) fikri TMT'nin Kıbrıs hayalinin merkezini oluşturur ve EOKA'nın Yunanistan ile birleşme (*énosis*) talebinin karşıt muadilidir. Adayı ikiye bölen sınır, TMT mücahidi oldukları günlerden beri Kıbrıslı Türk yöneticilerin politik imgeleminin en önemli bileşenidir. "Ya Taksim Ya Ölüm", 1950'lerde ve 60'larda Kıbrıslı Türk ve Türkiyeli milliyetçilerin sloganıydı. Birleşmiş Milletler 1963'te sınırları belirledi, ama enklavlar ile birimler arasındaki sınır çizgileri 1974'te Türk ordusunun gelişiyle birlikte değişti; bu sefer ada tam ortasından geçen karmaşık bir sınırla ayrılıyor ve şehirler, mahalleler, köyler ortadan ikiye bölünüyordu. Böylece TMT'nin bölünme hayali gerçekleşmiş oldu ve uygulandı. 1974'ten itibaren Türk ordusu tarafından (ve öbür tarafında da Kıbrıslı Rum askerler tarafından) korunan sınır, fiziksel olduğu kadar simgesel olarak da adanın Kıbrıslı Rumların elindeki güney kesimi ile yeni bir politika kapsamında bağımsız bir politik gerçeklik yaratılması için faaliyetler sürdürülen kuzey kesimi arasındaki ayrım çizgisini belirliyordu.

RESİM 4. Kuzey ve güney Lefkoşa'yı bölen sınır, askeri yasak bölge levhalarıyla evleri de ikiye bölüyor.

Lefkoşa'nın bazı eski sakinleri sokaklarının ortasına, bazen evlerinin balkonlarını bile bölen bir duvar inşa edildiği günü hatırlıyordu (bkz. **RESİM 4**). Evlerinin önünde, dışarıda sırtlarını duvara dayayıp oturuyorlardı. Yaşlı zanaatkârlara ve esnafa göre 1963 ile 1974 arasında yaşam dolu bir yer olan çarşı, 2000 ve 2001'de bir ucu şehrin güneyine açılan her sokağın askeri yasak bölge ilan edildiği bir yer haline geldi. Sınırın öbür tarafındaki mekân, Türk ordusu, Birleşmiş Milletler ve Kıbrıs Cumhuriyeti arasında taksim edilmiş bir "ölü bölge"ydi.[5] Ama bir taraftan da, Lefkoşa'da sınırın kuzey tarafı, burada yaşayanlar tarafından ölü bölge olarak algılanıyordu. Sınırın ikiye böldüğü sokaklardaki dükkânların, işyerlerinin, mağazaların çoğu yıllardır kapalı ve boştu. Rum tarafında, erişime kapalı, sınıra yakın yerlerde eski dükkânların vitrinlerinin indirilmiş kepenkleri paslanmıştı. Bu bölgede yıkık bir evin yanındaki lokantada çalışan bir adam "Hayat ölüdür burada" dedi.

Kuzey Kıbrıs'ta yönetim, insanların hayatında ve hayat öykülerinde, kişisel tarihlerinde bir bölünmeyi işaret eden bu sınırı egemenliğin simgesi ve maddiliği olarak savunuyordu. Ordu erişim izini verilmeyen yasak bölgeleri belirlemek için anıtlar inşa ettirmişti. Barikatlar boyunca birçok yerde duvarlara milliyetçi sloganlar yazılmıştı; bunlar sınıra resmi simgesel anlamını kazandırıyordu. KKTC yönetiminin bakış açısından sınır, Kıbrıslı Rumların 1963 ile 1974 arasındakilere benzer saldırılarından Kıbrıslı Türkleri korumak için vardı. Tam da bu nedenle kuzey Lefkoşa'nın sınır bölgesinde barikatlarla kapatılmış bir sokağın ucundaki duvara sınırın nasıl yorumlanması gerektiğini gösterecek şekilde "Ey Türk Katliamları Unutma" sloganı yazılmıştır (bkz. RESİM 5). Rauf Denktaş'ın Kıbrıslı Rumlarla müzakereyi reddederken söylediği sözler yaygın olarak alıntılanıyordu: "Kanla alınan toprak, kalemle [bir barış anlaşmasıyla] verilmez." Denktaş halka yaptığı sayısız konuşmada Kıbrıs'ı bölen sınır ile Türk ve Kıbrıslı Türk "şehitler"in toprağa dökülen kanını ilişkilendirmiştir.[6]

---

5 Yiannis Papadakis sınır bölgesinin Rum tarafı hakkında etnografik olarak yazar: Bkz. Papadakis, *Echoes from the Dead Zone* [*Ölü Bölgeden Yankılar: Kıbrıs'ın Bölünmüşlüğünü Aşmak*, İng. çev. Burcu Sunar, 1. baskı. İstanbul: Bilgi İletişim Grubu Yayıncılık, 2009].

6 Rebecca Bryant'ın Kıbrıs Türk milliyetçiliğinin kan metaforu hakkındaki yazısı için bkz. Bryant, "The Purity of Spirit and the Power of Blood." Ancak Türk milliyetçilerin simgesel "kan" ve "şehit" kullanımlarının Kıbrıslı Türkler (hatta daha genel bir kategori olarak Türkler) arasında yaygın olan genel bir eğilimi veya duyguyu yansıttığı iddiası çok sorunludur ve tartışmalıdır. Kuzey Kıbrıs'ta araştırmamı yaptığım döneme tekabül eden on yıllık zaman diliminde, hiçbir Kıbrıslı Türkün "şehitlerin kanı"na gönderme yaparak adadaki otoktonisi meşrulaştırmaya çalıştığına rastlamadım. Kıbrıslı Türkler, bunu Denktaş yönetiminin ve yandaşlarının bildik ideolojik söylemi olarak tanımlıyor ve dalga geçiyorlardı. Bryant örneğinde olduğu gibi bir antropoloğun "kan" metaforunun Kıbrıslı Türkler açısından ve "ruh" metaforunun da Kıbrıslı Rumlar açısından kültürü temsil eden milliyetçi söylemler olarak kabul etmesi son derece sorunludur. Ayrıca etnografik olarak da hatalıdır.

Büyük ölçüde simgesel yüklemelerle dolu olan kuzey ve güney arasındaki gerçek sınır, kuzey Kıbrıs'ta rejimin öznelerine erişimi engellemenin tek aracı değildir. Şehir dışındaki köyler ve açık alanlar kadar bölünmüş Lefkoşa'nın pek çok kısmı da "birinci derecede askeri yasak bölge" olarak belirlenmiştir; halka kapalıdır, sınır dışında kalan yasak bölgedir. Bölgenin tamamında çitler ve dikenli teller sivillere tahsis edilen alanlar ile sadece askerlerin erişimine izin verilen bölgeleri birbirinden ayırır. Dolayısıyla, kuzey Kıbrıs'ta yaşayan ve sivil olarak sınıflandırılan herkes sınırlandırılmış bir alanda yaşamak zorundadır.

RESİM 5. Kuzey Lefkoşa'da sınır duvarındaki "Ey Türk: Katliamları Unutma" yazısı.

Ama bir sınır, askeri araçlarla zorunlu hale getirilse ve egemenliğin ana motifi olarak simgeleştirilse bile kendi başına bir sınır değildir. Benim ilgimi çeken şey, maddi veya somut bir gerçeklik olarak sınırın, KKTC vatandaşı Kıbrıslı Türklerin imgelemlerinde ve öznelliklerinde bıraktığı izlerdi; yani, özel türde bir egemenliğin yan etkilerini, gizli etkilerini veya görünmez etkilerini araştırıyordum. Mekânsal metaforlar Kıbrıslı Türklerin kuzey Kıbrıs'taki yönetimin öznesi olarak yaşama deneyimlerini ifade etme biçimlerinin tam merkezinde yer alır. "Burası bir açık hava hapishanesi", 2000 ve 2001'de kullanılan en yaygın ifadelerden biridir. Açık hava hapishanesi metaforu ima yüklüdür ve içkin bir paradoks içerir. Kıbrıslı Türkler, o dönemde "dış mekân"ı —yani açık havayı, havayı, dağları, denizi, gökyüzünü, peyzajı— bir "iç mekân" olarak, kapatılmış ve kuşatılmış bir mekân olarak deneyimliyordu. O dönemde kuzey Kıbrıs'taki en ağır suçlardan biri, sınırdan güneye kaçak geçişti. Kasıtlı veya kasıtsız olarak sınırdan geçiş yaptığı gerekçesiyle birçok insan askeri mahkemeye çıkarılmış ve suçlu bulunarak hapis cezasına çarptırılmıştı. Yine kapatılma deneyimini ifade ederken Kıbrıslı Türkler, kuzey Kıbrıs'ı "esir kampı" olarak da tanımlıyorlardı ve kendilerinden rejimin yöneticileri ve askerler tarafından "içeride" tutulan esirler diye söz ediyorlardı.

Çok fazla yaratıcı metafor vardı, ama hepsi de bir kapatılma deneyimini ifade ediyordu. Ellili yaşlarındaki bir kadın olan Atiye şöyle diyordu: "Sanki bizi bir kafese kilitlediler. Mahallemde Rum tarafına bakıyorum ve barikatları görüyorum; diğer tarafa bakıyorum ve çıplak dağları [Beşparmak, Pentadaktilos] görüyorum; bunların tam ortasında beton yapılarda yaşıyoruz. Sanki bizi alıp hapishaneye tıktılar." Yirmili yaşlarındaki Selen ise şunları söylüyordu: "Sanki nesli tükenen bir türmüşçesine bizi alıp hayvanat bahçesine koymuşlar gibi hissediyorum." Kırklı yaşlarındaki Kemal de benzer şekilde, "Burası bir barınak, sığınak benzeri bir yer adeta" diyordu. Lefkoşa'da sakin bir yaz akşamında bahçesinde otururken, 80 yaşındaki İbrahim Bey de durumdan benzer bir dille şikâyet ediyordu: "Burada güzel hiçbir şey kalmadı. Buraya geçemezsin. Oraya geçemezsin. Burada asker, orada polis. Bu tarafta [Kıbrıs'ın Türk kesiminde] insanları boğuyorlar. Sınırlar açılırsa bu taraftaki insanların sevineceğinden korkuyorlar. Sınırlar açılırsa, ne olur söyleyeyim mi, bu tarafta kimse kalmaz. Herkes öbür tarafa [Rum tarafına] gider."

Denktaş rejiminin beklenmedik bir şekilde sınırdan geçişlere izin verdiği 2003'e dek, Rum tarafına geçmek ve özel bir izin almadıkça Kıbrıslı Rumlarla temas kurmak Kıbrıslı Türklere büyük ölçüde yasaktı.[7] Bu nedenle Kıbrıslı Türkler, kuzey Kıbrıs'ı mekânsal ve zamansal olarak gerçekdışı bir yer olarak hissetme duygusunu dile getiriyorlardı. Eskiden aşina oldukları yerlere farklı bir şekilde yabancılaşınca ve kâh yer isimlerinin değişmesi, kâh fiziksel çevrenin ve inşa edilmiş çevrenin geçirdiği maddi dönüşümler ve kuzey Kıbrıs'ta gerçekleşen nüfus değişiklikleri sonucunda bir yönünü yitirme duygusu yaşayan Kıbrıslı Türkler, yaşadıkları yere karşı bir yabancılaşma duygusunu ifade ediyorlardı. Birçoğu bir parça toprakta sıkışıp kalma ve bunalma duygusunu dile getirerek şöyle diyordu: "Boğuluyormuş gibi hissediyoruz." Birisi kuzey Kıbrıs dışına yaptığı kısa bir seyahati "hava alsın diye avluya çıkarılan bir mahkûmun volta atmasına izin verilmesi" olarak tanımlıyordu. Lefkoşa Belediyesi'ne bağlı Zafer Burcu adlı bir parka sıkça giderdim; park şehri bölen varillerin ve dikenli tellerin hemen yanı başındaki gizli bir cephaneliğin üzerine inşa edilmişti. Gittiğim her seferinde karşılaştığım manzara şuydu: Parka

---

7 Birleşmiş Milletler'in kontrolündeki tampon bölgede bulunan Ledra Palas'ta iki toplumun buluşması gibi etkinliklere veya sağlık açısından aciliyet arz eden durumlarda Rum tarafında hastane tedavisi gibi faaliyetlere nadiren de olsa bazen izin verilmekteydi.

gelen Kıbrıslı Türkler, Türkiyeli yerleşimciler ve izinli askerler çite yaslanıp meraklı gözlerle Rum tarafına bakarlardı.[8]

Sınır, Kıbrıslı Türklerin politik imgeleminde merkezi bir yere sahipti, zira kendi yönetimlerinin sınırlarını simgeliyordu. Uçurum gibi addediliyordu. "Sınır"ı kuzey Kıbrıs rejiminin kendine has fay hattı olarak analiz edebiliriz. 2000 ile 2002 yılları arasında kuzey Kıbrıs'taki yaşamında bir kırılma noktası yaşayıp sınırı geçmeye ve Rum tarafına gitmeye çalışan pek çok Kıbrıslı Türk olmuştur.

Defalarca sınırı geçip güneye gitmeyi deneyen Ömer Bey'in öyküsü aydınlatıcı olacak. Aşağıdaki alıntı, 11 Mart 2002 tarihli alan notlarımdan:

> Ömer Bey bir keresinde kırılma noktasına gelmişti. Kumaş satıyordu, ama ekonomik krizle birlikte işsiz kalmıştı. Karısı Sevgül Hanım, Lefkoşa'da haftanın altı günü evlerde temizlikçilik yapıyordu; üç çocuklu aile, Sevgül Hanım'ın kazancıyla zar zor geçiniyordu. Ömer Bey iki yıldan uzun bir süre iş aramasına rağmen iş bulamıyordu. Bu sırada, yurtdışında çalışmak için kuzey Kıbrıs'tan çıkmanın yollarını araştırıyordu. KKTC pasaportuyla İngiltere vizesi almayı denemiş, ama Lefkoşa'daki İngiliz Elçiliği yaptığı üç başvuruyu da geri çevirmişti. İngiltere'ye girmenin bir yolunu bulmak istiyordu. Bu sebeple Avrupa'ya seyahat edebilmek için Kıbrıs Cumhuriyeti pasaportu almayı denedi. Sınırdaki karma bir köy olan Pile'den [Pyla] bir aracı yoluyla başvuru yapmıştı, ama hâlâ bekliyordu. Önceki hafta, Kıbrıs Cumhuriyeti pasaportunu alamayacağını öğrendi, oysaki bu onun kuzey Kıbrıs'tan çıkış için tek umuduydu. Kendi sınırına ulaşmıştı. Bunu daha fazla sürdüremezdi. Uzun vadede kendisini çok kötü hissediyordu, işsizdi, borca batmıştı ve ailesine bakamıyordu. Karısının işyerine gitti ve ona şöyle dedi: "Bu gece eve dönersem dönerim; yoksa Rum tarafına geçmiş olacağım." Sınırın öbür tarafına geçip orada iş arayacağını söylemiş ve yola çıkmıştı.
>
> Karısı Sevgül Hanım umutsuzdu. "Öbür tarafa geçerse, her şey biter. Geri dönemez. Dönse bile, onu askeri mahkemeye çıkarırlar" dedi. Sonuçta Ömer Bey sınırı geçememişti; sınırı geçmeye çalışırken askerlerin onu fark edip yakalayacağından korkmuştu. Bir kırılma noktası yaşamış, sınırı geçmeye kalkışmış, ama barikatlarda nöbet tutan askerlerle bu işin tehlikeli olacağına karar verip vazgeçmişti.

---

8 2003'te kontrol noktalarının geçişe açılmasından sonra, parka sadece Rum tarafına geçiş izni olmayan Türkiyeli yerleşimciler ve askerler gelmeye başladı. Türkiye vatandaşı olanların, kuzey Kıbrıs'ta yerleşimci olanlar da dahil, Rum tarafına geçmesine izin verilmiyor. 2003'ten sonra Rum tarafına geçiş izni elde eden Kıbrıslı Türkler, Zafer Burcu parkına gitmeye son verdiler. Zira artık Rum tarafından da parkı görebiliyorlar, parkın üzerinde inşa edildiği eski şehrin surları boyunca dolaşıp parka bakabiliyorlar.

Rum tarafıyla aradaki sınır, limit olarak, gelinebilecek son nokta olarak algılanıyordu ve buraya kadar gelen herkes ona tosluyordu. Sanki Ömer Bey, kendi hayatındaki bir son noktaya toslamış ve sınırlar içine sıkışıp kalmış olmasının, nihai sınırlanmasının simgesi olarak sınıra dayanmak istemişti. Sınırı geçmeye çalışırken öldürülebileceğini veya tutuklanabileceğini, sınırı geçmeyi başarırsa da ailesini bir daha göremeyebileceğini biliyordu. Bu eşiği geçmenin bir dönüm noktası olacağını düşünmüştü. Ama Ömer Bey'in tersine diğer birçok Kıbrıslı Türk yakalanma tehlikesinden ötürü sınırı geçme teşebbüsünü bile göze alamamış veya dememişti.

İmgelemdeki Sınırlar

Maddi bir sınır, bu sınırların içinde yaşayanların öznel deneyimlerinde ne tür izler bırakır? Mekânsal kapatılma, 2003'te sınırlardaki kontrol noktalarının açılmasından önce KKTC'de yürürlükte olan ana toplumsal kontrol biçimiydi. Fiziksel sınırlar ve bu sınırların propaganda aracılığıyla rasyonelleştirilmesi yoluyla KKTC, vatandaşlarının sadece hayatlarını değil imgelemlerini de sınırlandırmayı bir şekilde başarmıştı.

Kıbrıslı Türklerin 2003 öncesindeki döneme ait düşünceleri ve yorumları bu açıdan aydınlatıcıdır. Taylan'ın çocukluğu 1974'ten önce enklavlara bölünen Mağusa'da (Ammochostos, Famagusta) geçmişti:

> Mağusa'da Yeşil Hat'ın hemen yanında yaşıyorduk. 1963 ile 1974 arasında bu hat şehrin Rum ve Türk kesimini birbirinden ayırıyordu. Ben çocukken annem, "Orada Rumlar var" diyerek öbür tarafa geçmemem konusunda beni sürekli uyarırdı. Yeşil Hat'a bir tel örgü veya barikatlar yoktu. Sokağın öbür tarafının "Rum tarafı" olduğunu bilirdik ve oraya geçmezdik. 1974'ten sonra Yeşil Hat'ın diğer [Rum] tarafı bizim olduğumuz tarafa eklendiğinde, Rum olan kahvehanelere gidemez oldum. Öbür tarafa geçemiyordum.

Bu konuşmayı dinleyen Serhat şöyle dedi: "Kendimizi hapsettik. Şimdi de kendi yaptığımız hapishaneden çıkamıyoruz." Taylan deneyimine ilişkin açıklamasını şöyle sürdürdü: "Otuz yıldır sınırların içinde yaşamış olan insanlar, Kıbrıs, Avrupa Birliği'ne üye olursa sınırların kalkacağını hayal edemezler. Hayal gücümüz öyle dar ve sınırlı ki! İnsanlar hâlâ Lefkoşa'daki Lokmacı barikatının kaldırılıp kaldırılmayacağını soruyorlar. Sınırsız bir dünya hayal edemezler."[9] "Bunun içinde" kuzey Kıbrıs'ta yaşama deneyimini ifade etmek için kullanılan bir deyimdi. Gündelik

---

9   2003'te Ledra Palas ve Metehan-Kermiya/Ayios Demetios'taki kontrol noktaları geçişe açıldığında, Lokmacı barikatı onlarla birlikte geçişe açılmadı. Aslında, bölünmüş şehrin göbeğinde yayalar için merkezi olan bu barikatın açılması çok daha uzun sürdü, iki tarafta da ihtilaf yarattı.

hayatlarını izin verilen ve erişilebilen alanların sınırları içerisinde yaşayan ve hiçbir sınırı ihlal etmeyenler, kuzey Kıbrıs'ın tüm mekânını bir "içerisi" olarak, bir kuşatılma veya kapatılma olarak deneyimliyorlardı. Taylan, İngiltere'ye göç eden akrabalarının ve Kıbrıslı Türk arkadaşlarının hayatlarını şöyle değerlendiriyordu: "Yıllardır Londra'da yaşayan Kıbrıslılar şehrin merkezine hiç gitmezler; İngilizce öğrenmezler. [...] Sanki hâlâ 1963 ile 1974 arasında Kıbrıs'ta ya da 1974'ten sonra kuzey Kıbrıs'ta yaşıyormuşçasına hayatları iki sokak arasında geçer durur." Öznelliklerini böylesine temel bir şekilde mekânsal sınırların maddiliği aracılığıyla deneyimleyen ve gündelik deneyimlerini böylesine bilinçli bir şekilde bir tür kapatılma biçimi olarak dillendiren ve vatandaşlık hakları, ekonomik geçimleri kısıtlanmış olan insanlar için sınırdan geçmenin veya sınırı kaldırmanın istenen bir şey olduğu düşünülebilir (bkz. RESİM 6). Ne var ki sınırlar, böylesine uzun bir süre mekânsal tecride maruz kalan insanların öznel dünyalarında çelişkili ve karmaşık izler bırakırlar.

Lefkoşa'nın mevcut sınırlarının çizilmesinden dört yıl sonra, 1978'de dünyaya gelmiş olan Olgun isimli gencin söylediklerine bakalım. "Biz gençler ne yapabiliriz ki!" diye şikâyet ediyordu Olgun, "Duvarların ve varillerin arkasında hapsedildik. Sabrımız taştı artık; patlama noktasına geldik." Yaşadığı bu hayal kırıklığı üzerine düşünüp ona şöyle dedim: "İki taraf anlaşsa ve şehrinizin öbür tarafına geçebilseniz harika olmaz mı?" Olgun şu karşılığı verdi:

> Bakın, benim haritam sınırın başladığı yerde son buluyor. [...] Bir keresinde öbür tarafa geçiş izni almıştım, gençler için düzenlenmiş iki toplumlu aktivitelere katılmaya gidecektim. Ama sınırı geçtiğimde kendimi memleketimdeymiş gibi hissetmedim. Rum tarafına geçtiğimde, sanki başka bir ülkeye gelmiş gibiydim. İnsanlar bana baktığında, insan olduğum için değil de sırf Türk olduğum için bana baktıklarını zannediyordum. Rum tarafına geçtiğimde korktuğumu hissettim. Çok gergin ve sinirliydim. Birkaç Rum arkadaşla aynı arabaya binmiştik. Trafik ışıklarında durduğumuzda paniğe kapıldım, sanki başıma bir şey gelecek diye korkuyordum. Kendimi güvensiz hissediyordum. Sınıra dönüp KKTC bayrağını görünce rahatladım. Tekrar bu tarafa geçtiğimdeyse tekrar huzura kavuştum. Vatanıma dönmüş gibi hissettim. Burada büyüdüm sonuçta.

Olgun'a göre "burası", kuzey tarafı, hem yaşam alanıydı hem de ait olduğu yönetimin alanıydı. Olgun sırf aşina olduğu kendi mekânına döndüğü için rahatlamış hissetmiyordu, ayrıca kendi doğru yönetim şekline, kendi bayrağının dalgalandığı KKTC'ye döndüğü için de rahatlamıştı. Mültecilerin 1963 ile 1974 arasında öbür tarafta bıraktıkları köylerine ve evlerine duydukları özlemi değerlendirirken Olgun şöyle dedi: "Öbür tarafa özlemini çektiğim hiçbir şey yok, çünkü ben burada doğdum. Ailemin güneydeki bir köyde evi ve tarlası var, ama bunları bize

iade etmelerini istememize gerek yok bence. Neden isteyelim ki? Orayla ne ilgim
var ki benim?" Olgun, KKTC vatandaşıydı ve bu, kendisine hiçbir uluslararası
tanınırlık kazandırmayan bir statüydü. Birçok Kıbrıslı Türk gibi Olgun da Kıbrıs
Cumhuriyeti pasaportuna sahipti ve bu sayede Kıbrıs dışına kolayca seyahat ede-
biliyordu. Ama Olgun'un bu pasaport hakkındaki hissiyatı ilginçti. Şöyle dedi:
"Kıbrıs Rum pasaportum var, ama böyle bir pasaportum olmasından memnun
değilim. Benim pasaportummuş gibi gelmiyor bana. Böyle bir pasaportum olduğu
için bundan faydalanıyormuşum gibi geliyor." Olgun büyümüş olduğu belirlenmiş
yönetim alanının dışında olmaktan huzursuzdu. Sınırlar içerisine kapatılmış,
bunalmış ve bitkin hissetme konusunda arkadaşlarıyla birlikte şikâyet etseler de
yetişmiş olduğu politik gerçeklik içerisinde kendini daha huzurlu hissediyordu.
Sınır ve onu aşarak mitleşmiş "öbür taraf"a geçme fikri imgeleminde öylesine
baskındı ki gerçek deneyim korkutucu geliyordu. Bu kadar şikâyet ettiği tabi olma
ve kapatılmayı belirleyen rejimin hüküm sürdüğü alana geri dönünce kendini
rahatlamış hissediyordu.

RESİM 6. Lefkoşa'da sınırdaki paslanmış variller ve atılmış eski mobilyalar.

Kuzey Kıbrıs'ın birbirini izleyen yönetimlerinden başka bir politik gerçeklik
tanımayan Olgun gibi pek çok gençle konuştum.[10] Kuzey Kıbrıs'ın kendileri için
samimi ve aşina bir alan olduğu böyle bir gençlik, başka bir dönemin Kıbrıs'ını farklı
türde bir mekân olarak hatırlayan yaşlı Kıbrıslı Türkler tarafından "74 kuşağı" olarak
adlandırılır. Sınırın öbür tarafındaki köylerini, kasabalarını görme özlemi çeken

---

10 Kuzey Kıbrıs'taki –"74 kuşağı" olarak adlandırılan– gençlerin kuzey Kıbrıs'ın 1974 sonrası
   gerçekliği dışında bir deneyimleri olmadı.

insanların çocukları için sınırlar rahatsız edici olmayabiliyor. 1987 doğumlu Deniz'e sınır hakkındaki düşüncelerini sordum, "Beni etkilemiyor, çünkü bilmiyorum. Rum tarafını hiç görmedim" dedi. "Sınır"a yüklenmiş simgesel ağırlık –Kıbrıslı Türklerin ideolojik temsillerinde barış ve özgürlüğü savunmak– KKTC'lilerin öznelliklerini olumsuz etkiliyordu ve bu ağırlığın özellikle daha en baştan başka hiçbir şey deneyimlememiş olan genç insanlar üzerinde çok kötü etkileri oluyordu.

12 yaşındaki Seçil şöyle dedi: "Kıbrıslı Rumlarla bir barış anlaşması yapılmasını hiç istemiyorum." "Neden? Anlaşma imzalanırsa ne olur ki?" diye sordum. Şöyle yanıt verdi: "Rumlar gelip yine bize saldırır. Bundan çok korkuyorum. 1963 ile 1974 arasında yaptıklarını bize tekrar yaparlar. Anlaşma olursa Kıbrıslı Rumlar sınırın bu tarafına gelmeye başlarlar. Bu beni korkutuyor. Bunu istemiyorum." "Peki, böyle mi kalsın istiyorsun?" diye sordum. "Evet" dedi, "Burasının hep böyle kalmasını istiyorum. [...] Bir arkadaşım 'Barış istiyorum; barış istiyorum' diyordu. Ona dedim ki 'Barışla ne yapacaksın? Rumların gelip yine bize saldırmasını mı istiyorsun?' Durdu ve bir düşündü ve bana şöyle dedi: 'Haklısın. O zaman barış olmasın.'"

Seçil'in ailesi ve diğer aile fertleri de barışı savunuyordu ve o sırada kuzeyde hüküm süren Denktaş rejimini eleştiriyordu, ama Seçil müfredatın ana bileşenini 1963 ile 1974 arasında Kıbrıslı Türklerin Kıbrıslı Rumlar tarafından katledilmesine dayalı standart bir açıklamanın oluşturduğu bir okula gitmişti. Seçil'e Kıbrıs'ın öbür tarafını merak edip etmediğini sordum. Kesin bir şekilde "Hayır" diye yanıtladı. Bölünme ile bağımsız bir ülke fikirlerinin ve yeni bir politik gerçeklik yaratma projesinin, rejimin öznelerinde yaratmış oldukları öznel dünyalara rağmen, kısmen başarılı olduğu söylenebilirdi.

Mekânsal kapatılma ile bir alanın fantazmatik ve maddi yeniden şekillendirilmesi, kuzey Kıbrıs'taki Türk egemenliği pratiklerinin temel yönlerini oluşturmaktadır. Bu bölümde, yaşanan, ikamet edilen coğrafyanın –vatandaşları arasında bu coğrafyanın yöneticileri ve savaşçıları tarafından bir korku atmosferi yaratılması da dahil olmak üzere– egemenlik araçlarıyla köklü bir biçimde yeniden şekillendirilmesinin, insanlarda özel duygulara yol açmasını ve farklı içsellik deneyimleri yaratmasını ele aldım. Dış (mekânsal, fiziksel, inşa edilmiş, maddi) çevrede politik araçlarla gerçekleşen dönüşümler, cisimleşmiş ve metaforik biçimlerde ifade edilen nitelikli iç (içeri, içsel, öznel) deneyimleri teşvik eder.

1990'ların sonunda ve 2000'lerin başında, 2003'te güneye geçişin serbest bırakılması için kontrol noktalarının açılmasından önce kuzey Kıbrıs'ta yaşadığım ve alan araştırmamı yaptığım dönemde, Kıbrıslı Türkler politiği mekânın yönetilmesi üzerindeki bir iktidar biçimi olarak görüyordu. Sınırdan geçiş yasağı ve KKTC pasaportuyla kuzey Kıbrıs'ın dışına seyahat etmenin güçlüğü, Kıbrıslı Türklerin kendi içselliklerini, içeride olma durumlarını politik olarak çizilmiş, sınırlanmış bir dışsallığa referansla kavramalarına yol açıyordu. Böylece, bu konumlanmış egemenlik deneyiminde içerisi ve dışarısı iç içe geçmiş, harmanlanmıştı. Kıbrıslı Türklerin bir toprak parçasında, küçük bir mekânda sıkışıp boğulma, nefes alamama biçimi olarak ifade ettikleri sınırlar içerisine kıstırılma deneyimi, egemenliğin "gizli bir yara"sı olarak yorumlanabilir.[11] Bu bölümde "egemenliğin içerisi" diyebileceğimiz şeyi inceledik.

---

11 Gizli yara kavramını ödünç aldığım kaynak şudur: Sennett ve Cobb, *The Hidden Injuries of Class*. Wendy Brown yara kavramını geç modernlikte iktidar analiziyle ilişkili olarak kullanır: Brown, *States of Injury*.

II. Kısım

Yönetim

DÖRDÜNCÜ BÖLÜM

Yönetim ve Duygu

"Sana bir kısmet var" dedi kahve falına bakan Zühre Hanım, "Devlet dairesinde bir kapı açılacak." Şöyle devam etti: "Şapkalı iki adam görüyorum. Bunlar hükümetin adamları. Bak gördün mü? Şurada şapkalarının birinde bir kuş var, bu şans demek. Bir iş teklifi alacaksın." Sonra da şöyle dedi: "Devlet kapısında görüyorum seni." Kahve falına bakılan Ayten duyduklarına sevinmiş görünüyordu. Kuzey Kıbrıs'ta falla gelecekten haber verme işi çok makbuldür. Ayten, falına bakan Zühre Hanım'a kendisinin iyiliğini istediği için teşekkür edercesine "Ağzına sağlık" dedi.

Bu bölümde Kıbrıslı Türklerin hem devlet memurluğunu küçümsemelerinin ve devlete ironik bakışlarını hem de devlet dairesinde çalışma arzularını ve idari mevkilere saygı duymalarını ele alacağım.[1] Yukarıda aktardığım anekdot, çağdaş Kıbrıs Türk toplumunda devlet memurluğuyla ilişkili baskın duyguyu açığa vuruyor. Bilgi kaynaklarımdan birisinin ortaya koyduğu gibi "Kıbrıslı Türkler devlet memuru olmak için yanıp tutuşur." Anne babalar çocuklarını devlet memuru yapabilmek için torpil arar. Aileler kızlarını evlendirmek için devlet memuru damat adayı arar. Devlet memurlarının gevşekliği ve "devlet"in yetersizliği parodileştirilmekle birlikte, bu tür mevkiler ve bu mevkilerdeki insanlar yine de büyük saygı görür.

Bu neden böyledir? KKTC uluslararası hukuk kapsamında meşru bir devlet olarak kabul edilmese de ve KKTC'nin devlet dairelerinde yapılan çoğu işlem, kuzey Kıbrıs dışında hiçbir yerde resmi olarak tanınmasa da, Kıbrıslı Türkler yine de devlet bünyesinde bir iş bulabilmek için birbiriyle yarışmaktadır. Tanınmayan bir devletin yönettiği bir toplum neden devlet memurluğuna böylesine güçlü bir bağlanım sergiler? Devlete karşı duyarsızlığa dayalı hisler besleme ile iç içe geçmiş olan devlette çalışma arzusu nasıl analiz edilebilir? Kıbrıslı Türkler, yönetimlerinin tanınmamasına ve Türkiye'ye bağımlı olmasına istinaden yönetimlerinin sınırlılıklarının tamamen farkındadırlar. Kendi aralarında KKTC'ye "korsan devlet", "kurmaca devlet" diyerek bu konuda şakalaşırlar. Yine de devlette bir mevki peşindedirler.

---

1 Türkiye'deki devlete kinik bir saygıya dayalı bir çalışma için bkz. Navaro-Yashin, *Faces of the State*.

Bu bölümde, tanınmayan bir devlette devlet memurluğunun yarattığı duyguyu inceleyeceğim. Modern bürokrasilere ilişkin yakın tarihli araştırmalar, yönetimi bir duygusal yansızlık alanı olarak resmetme eğilimindedir. Bürokrasi, disiplini teşvik eden, denetim usullerini düzenleyen ve duygu içermeyen bir rasyonelleş-tirme aygıtı olarak incelenir.[2] Devlet memurluğuna ilişkin elimdeki malzeme ise, kurumların ve kuruluşların bir diğer boyutunu öne çıkarıyor. Yönetimin karmaşık bir duygu spektrumuna yol açtığını öne sürüyorum.[3] Kuzey Kıbrıs'ta bu, görünüşte karşıt duygularla deneyimleniyor: Kıbrıslı Türkler devlet yöne-timine aynı anda hem bir arzu hem de bir ilgisizlik duyuyorlar. Bu malzemeyi temel alarak, bürokrasinin duyguyu yok eden veya duyguya karşı çıkan bir pra-tik olarak değil, bilakis kendi hesabına özel duygu biçimleri üreten veya teşvik eden bir pratik olarak incelenmesi gerektiğini öne sürüyorum.[4] Bunun, duyguya dayalı bir devlet memurluğu veya duygusal bir alan olarak bürokrasi incelemesi olduğu söylenebilir.

Totaliter rejimlere odaklanan diğer yönetim incelemelerinde bürokrasi aslında duygu yüklü olarak ele alınır. Hannah Arendt ve Zygmunt Bauman, her ikisi de kendine özgü bir şekilde olmak kaydıyla, bürokrasiyi yıkıma ve şiddete dayalı kışkırtıcı duygular yaratan bir birim olarak ele almıştır.[5] Demokrasiyi rasyonel-leşmiş pratik olarak tahayyül eden Arendt, duyguyu bu şekilde harekete geçirme eğiliminin totaliter rejimlerin bir özelliği olduğunu öne sürerken, Bauman daha radikal bir biçimde, aşırı duygu potansiyelinin, bizatihi modern politik sistemlerin bürokratik yapısında üretildiğini ileri sürer. Bürokrasi incelememin merkezine duyguyu yerleştirirken bu düşünürlerin rehberliğinde ilerleyeceğim.

Kuzey Kıbrıs'ın tanınmayan devleti, özel bir biyopolitika ve egemenlik karışı-mıdır ve Giorgio Agamben'in modern devletler kapsamında incelediği disiplin ve kudretin yakınlığını andırır.[6] Bu anlamda, KKTC'yi bir anomi olarak veya modern

---

2   Örneğin bkz. Barry ve Slater, *The Technological Economy*; Shore ve Wright, *Anthropology of Policy*; Strathern, "Introduction," *Audit Cultures*; Wright, *Anthropology of Organisations*.

3   Burada Stoler ile benzer düşünüyorum, "Affective States"; Stoler, *Along the Archival Grain*.

4   Michael Herzfeld "ilgisizliğin" bürokratik üretimini inceler: bkz. Herzfeld, *The Social Production of Indifference*. Ann Laura Stoler devlet pratiklerinin duyguya dayalı doğası-nı araştırır: Bkz. Stoler, "Affective States"; Stoler, *Along the Archival Grain*. Ayrıca bkz. Graham, "Emotional Bureaucracies."

5   Arendt, *The Origins of Totalitarianism* [*Totalitarizmin Kaynakları*, 3 cilt, İng. çev. Bahadır Sina Şener, İstanbul: İletişim Yayınları, 1996-2014]; Bauman, *Modernity and the Holocaust* [*Modernite ve Holocaust*, İng. çev. Süha Sertabiboğlu, 1. Baskı. İstanbul: Versus Kitap, 2007].

6   Agamben, *Homo Sacer*.

bir hukuk devletinin geçerli usullerini tamamen yerine getiren bir yönetim pratiği olarak ele almayacağım. Kıbrıslı Türklerin devlet yönetimlerine model aldıkları pratikler, İngiltere, Kıbrıs Cumhuriyeti ve Türkiye gibi tanınan meşru devletlerin bürokrasi pratiklerinin aynısıdır. Diğer bir deyişle, KKTC kültürel olarak "öteki" devlet yapısı değildir; diğer modern yönetim sistemleriyle benzerlikler taşır. Yine de, meşruiyetsiz olduğu ve başka bir ülkenin egemenliğine ve ordusuna bağımlı olduğu için bu "devlet"te memuriyet özgün bir duygu karışımı yaratır. Bu bölümde, modern ama yine de tanınmayan, bağımlı bir devletin uyandırdığı duyguların karmaşıklığını ve bunun nedenlerini irdeleyeceğim.

Devlet Memurluğu Duygusu

KKTC'de bir devlet dairesinde iki memur, devlet memurluğu hakkında konuşuyordu. İsmi Hakan olan memur şöyle diyordu: "Memurların burada prestiji yüksek. Herkes memur olmak istiyor. Devlet yönetiminde çalışmayanlar, burada iş bulabilmek için her şeyi yapar. Torpil bulmaya çalışırlar; çocuklarını devlet memuru yapabilmek için arkadaşlarından, akrabalarından yardım isterler." Gülşen isimli diğer memur da şöyle diyordu: "Doğru, ama devlet memuruna pek saygı duyulmuyor. Toplumsal statümüz var, ama buna karşın boşuz diye, yapacak işimiz yok ya da işimizi yapmıyoruz diye ve maaşımız düşük diye bizimle alay ediyorlar." Hakan ve Gülşen gülerek yan odadaki bir meslektaşlarına işaret ettiler. Aradaki cam panelden uyuklayan bir memur görünüyordu. "Bilirsin ya, Kıbrıs Türk toplumunda buna uygun bir deyiş var" dedi Hakan: "Devlet memurluğu yan gelip yatmaktır." "Sahiden," dedi Gülşen, "maaşımızı alma zamanı yaklaştı diye hep 'Ayın sonu kapının ardında' demez miyiz? [...] Dairede uyuyan memurlar var; diğerleri de geç geliyor. Aslında hiç çalışmadan devletten maaş alan bir sürü kişi var." Sabahları bakanı getirip ardından bütün gün yatan ve akşam gelip bakanı evine götüren şoförle dalga geçtiler. Hakan tek işleri devlet dairesinde bürodan büroya evrakları getirip götürmek olan "odacılar"ı anlattı. Gülşen şöyle dedi: "Başka ülkelerde devlet memurları evrakları kendileri götürüyormuş." Hakan "Evet!" diyerek onu onayladı: "Hem biliyor musun, kendilerinden başka bir iş istediğimizde odacılar buna nasıl da karşı çıkıyorlar?"

Gülşen daha fazla para kazanmaları için bazı memurlara fazla mesai izni verildiğini anlattı. Ve Kıbrıslı Türklerin devletle ilişkilerini ifade etmek için Türkçe bir deyişi dönüştürerek kullandıklarını söyledi: "Bu tür çalışanlar devlete belden bağlanırlar." Bu, devletle cisimleşmiş bir ilişkinin ifadesidir.

Bu tür yakıştırmalar en azından kısmen sadakat içerir. Hakan, Kıbrıslı Türkler arasında yaygın olan devlet memurluğuyla ilgili bir fıkrayı anlattı:

Devletin besi çiftliği iyi bir damızlık koç arıyordur. Herkes, çiftliğin tüm koyunlarını cezbedeceğini söyleyerek Ali Amca'nın koçunu önerir. Devlet çiftliğindeki memurlar gidip Ali Amca'ya "Koçunuzu bize verir misiniz?" diye sorarlar. Ali Amca da onlara "Olur, ama tek bir koşulla," der ve ekler: "Kızıma devlet dairesinde bir iş verirseniz." "Elbette veririz," der memurlar ve Ali Amca da onlara koçunu verir. Aradan haftalar geçer, ama devlet çiftliğinde hiçbir şey olmuyordur. Koç bir ağacın gölgesine çekilmiş, bütün gün uyuyordur. Koyunlar onun ilgisini çekmeye çalışır, ama koç onlara aldırmaz, başını kaldırıp onlara bakmaz bile. Çiftlik yetkilileri Ali Amca'ya giderler ve "Bizi aldattın; koçun işini yapmıyor," derler. Ali Amca onlarla çiftliğe gider ve koçun başına dikilir. "Koçum benim ne oldun sen böyle?" diye sorar. Koç da ona şu yanıtı verir: "Meeee–mur."

Bu fıkrada gördüğümüz gibi, Kıbrıslı Türkler, Türkçe "memur" sözcüğünü, özellikle de bir devlet dairesinde göreve atandıktan hemen sonraki rahatlık ve tembellik için bir metafor olarak kullanıyordu.

Kıbrıslı Türkler (hatta kendisi memur olanlar da dahil) bu ülkedeki devlet memurluğunu tanımlarken yağma ekonomisine gönderme yaparlar. Sonradan devlet memurluğunda bir göreve gelmiş olan Kıbrıslı Türk bir avukat şöyle demişti: "Burada insanlar çok çalışmadan para kazanmaya alıştılar. 1974'ten sonra bir yağmalama yaşandı. İnsanlar ganimetleyerek kazandı. Şimdi aynı şekilde devlet memurluğu yapıyorlar, çok çalışmadan maaş alıyorlar." Devlet memurluğu yapma ile "ganimetleme" arasındaki bu tür analojiler, Kıbrıslı Türklerin yönetimlerine yönelik eleştirilerinin ve kinizmlerinin doğasında vardır. Kıbrıslı Türklerin temsillerinde "ganimetçi", çalışmadan zengin olan kişidir. Benzer şekilde çok zaman devlet memurluğu da çalışmadan kazanma ile ilişkilendirilir.

Kıbrıslı Türklerin devlet memurluğuna dair anlatılarında en belirgin olan şey, devlet görevlerinin dağıtılmasını ve devlet dairesinde iş bulmayı sağlayan "torpil" veya kayırma ağları ve bağlantılar konusuna yapılan göndermelerdi. Kuzey Kıbrıs'ta insanlar devlet yönetiminde mevkilerin, özellikle de hükümeti yöneten siyasi partilere gösterilen sadakat için verilen ödül olduğuna dikkat çekiyorlardı. Siyasi partiler mensuplarının akrabalarına, arkadaşlarına veya müşterilerine iş buluyorlardı. Rejime yakın partilerin seçimlerden önce oy vaadi karşılığında iş dağıttığı biliniyordu. Hükümet 2002'de eski muhalefete (CTP) yenilene dek sayısız Kıbrıslı Türk, devlet dairelerinde atamaların ve terfilerin rejim partilerine (UBP ve DP) ve onların milliyetçi ideolojilerine sadakat temelinde yapılmasından şikâyetçiydi. CTP iktidara gelince bu sefer de bu partinin kendi yandaşlarına torpil yaptığı konusunda benzer şikâyetler gündeme geldi.

Devlet memuru olan Kıbrıslı Türk Dervişe şöyle diyordu: "Devlet memurlu-ğunda meziyet olmaz. Devlet memurluğunda hiç kimse sırf bazı meziyetleri var diye yükselmez. Ancak bir yerden torpilli diye, eş dost ilişkisiyle yükselir." Genç insanlar torpilleri olmadığından, devlet yönetiminde iş bulamadıklarından şikâyet ediyorlardı. Orta yaşlı bir Kıbrıslı Türk olan Mustafa Bey, bunu şöyle ifade ediyor-du: "Torpiliniz yoksa devlet dairesindeki bir işinizin görülmesinin veya bir işlemin yapılmasının yolu yoktur. Örneğin bir keresinde hastalanmıştım, bana devlet hastanesinde dört ay sonraya randevu verdiler. Sonra hastanede çalışan baldızım araya girdi ve doktordan hemen randevu alındı. Anlayacağınız, sağlığımız bile torpile bağlı. Bu ülkede akrabanız, eşiniz, dostunuz veya etkili, nüfuz sahibi veya bağlantıları olan partili tanıdıklarınız yoksa hiçbir şey yaptıramazsınız." Kıbrıslı Türklerin yönetim sistemleriyle işlerini halledebilmelerinin yolu torpildir. Yaşlıca bir Kıbrıslı Türk, Hüseyin Bey şöyle anlattı: "Torpil olmasa, burada hayatta ka-lamayız. Bu ülkede bundan daha büyük bir güç yok elimizde. Oğlumun nüfus cüzdanındaki bir hatayı düzelttirmem gerekiyordu. Bunun için nüfus dairesine gittim. Düzeltemeyeceklerini söylediler; bir sürü zorluk çıkardılar. Sonra akra-balarımdan birisi şöyle dedi: 'Neden Arif'le gitmiyorsun?' Gerçekten de, Arif'le birlikte gidince devlet dairesindeki bütün işim halloldu. Devlet dairesinde Arif'i herkes tanıyor. Orada bağlantıları var."

Devlet memurluğuna ilişkin bu düşüncelerde Kıbrıslı Türkler bir paradoksu işaret ediyorlardı. Devlet yönetimindeki mevkilerle bağlantılı derin saygı, devlet memurlarına ve devlet sistemine duyulan saygısızlıkla iç içe geçmiştir. Hakan bu-nu şöyle ifade ediyordu: "Devlet dairesinde çalışmayanlar bizi her zaman küçük görür. Devlet memurluğuna dair bir tabir vardır: 'Ay geçsin, para gelsin.' Ama aynı zamanda bizi kıskanırlar da. Bunu söyleyen kişi devlet memuru olmaya can atar."

Üniversiteden mezun olduğundan beri devlet dairesinde çalışan Nurcan, "Bende bir isteksizlik var. Hiçbir şeyi umursamıyorum. Hiçbir şeye ilgi duymuyorum. Sanki makineleştim, otomatikleştim. Düşünmeden yapıyorum işimi. Yapmam gereken işi birkaç saatte bitiriyorum, işim bittikten sonra da dairede olup olmadığımı hiç soran olmuyor. Kimse aldırmıyor" dedi. Sözlerini şöyle sürdürdü: "Aslında bu toplumda durumu en iyi olan, biz memurlarız. Düzenli ve garantili bir maaşımız var. Yediğimiz içtiğimiz iyi. Dışarıdan bakılınca hiçbir eksiğimiz yok. Ama dairede hepimiz bunalımdayız." Diğer memurlar da devlet dairelerinde hem ahlaken hem de manen bir çöküş deneyimlediklerini söylediler.

Araştırmamın büyük kısmını yaptığım 2001-2002 yıllarında, devlet memurları da, o dönemde Denktaş yönetiminde olan rejimi destekleyen çalışma arkadaşlarına şüpheyle bakıyor ve temkinli yaklaşıyorlardı. Örneğin Burhan bunu şöyle ifade etti: "Asla terfi edilmedim, çünkü muhalefet partisini desteklediğimi biliyorlar." Turgay da şöyle dedi: "Rejimi eleştiriyor olarak damgalanmaktan korktuğumuz için dairede siyaset konuşmayız."[7]

Bir toplumdaki en büyük arzu nesnelerinden biri olan devlet dairesinde memurluğun, elde edildiğinde haz ve tatmin sağlaması gerekirdi, ama öyle değildi ve aslında depresyon, temkinlilik, kinizm gibi olumsuz hissiyata ve motivasyon eksikliğine yol açıyordu. Bir tarafta, devlet yönetiminde yer alma arzusu ve devlete saygı duyma, diğer tarafta hınç, ironi, ilgisizlik ve tatminsizlik birlikte var oluyordu. Peki, bunu nasıl açıklayabiliriz?

Bir Devlet Yönetiminin Oluşturulması

Devlet memurluğuna bu bağlanımı ve bunun ürettiği duyguları analiz etmek için, 1960'lardaki döneme bakmamız gerekir: Bu dönemde Kıbrıslı Türkler, Kıbrıs Cumhuriyeti'nden yabancılaşmış ve kendi bağımsız devlet yönetimlerini oluşturmaya başlamışlardı. Tanınmayan bu özel devlet yönetiminin yapısı ilk kez bu dönemde kuruldu. 1960'ta İngiltere'den bağımsızlaşan Kıbrıs Cumhuriyeti iki toplumlu bir yapıya sahipti ve devlet dairesinde istihdam, toplumsal nispi temsil ile düzenleniyordu. Cumhuriyetin anayasasının dayandığı 1959 tarihli Londra ve Zürih Antlaşmaları uyarınca, devlet memurluğu kadrolarının yüzde 30'u Kıbrıslı Türklerin olacaktı; bu, Türklerin Kıbrıs nüfusunda temsil ettikleri yüzde 18'den daha yüksek bir orana karşılık geliyordu.[8] Cumhuriyetin kurulmasından kısa bir süre sonra Kıbrıslı Rumların itirazları başladı. Rumlar ayrıca Lefkoşa'dan başka şehirlerde belediye hizmetlerinin anayasaya göre etnik olarak bölünmesi fikrini de eleştiriyorlardı.[9] Kıbrıslı Türkler kendilerini anayasa temelinde savunuyorlardı. Ama sorun patlak verdi ve çok geçmeden bir iç savaşa yol açtı, böylece Cumhuriyetin iki toplumlu yapısı parçalandı.[10]

1963 ile 1974 arası dönemde Kıbrıslı Türklere ait enklavların yaratılmasının da devlet memurluğu üzerinde etkileri olmuştur. Richard Patrick bu konuda şöyle yazar: "Birçok Kıbrıslı Türk, Rum işverenleri tarafından işten atıldı; bazısı da kendi isteğiyle ayrıldı. Ama çoğu kişi, Kıbrıslı Rumlara ait bölgelerde çalışmayı

---

7 Eski muhalefet partisi CTP'nin seçimleri kazanması sebebiyle bu his, bu bölümü yazdığım dönemden sonra büyük ölçüde değişti. Ama CTP'nin hükümette kaldığı süre boyunca, yönetimde gücünü kötüye kullandığına dair benzer düşünceler geliştirilmeye başlandı.

8 Patrick, *Political Geography and the Cyprus Conflict*, 34.

9 Sömürge döneminde İngilizler, Lefkoşa'da (Nicosia, Lefkosia) Kıbrıslı Türklere ve Kıbrıslı Rumlara kendi özerk belediyelerini kurma iznini çoktan vermişti.

10 Hakkı, *Kıbrıs'ta Statükonun Sonu*, 40-1.

tehlikeli buluyordu. Bunun sonucunda, Kıbrıs polisi, hükümet ve devlet memurluğu fiili Kıbrıslı Rum organizasyonlarına dönüştü."[11] Kıbrıs Cumhuriyeti'nde parlamenterlik yapmış Kıbrıslı Türk bir avukat olan Fazıl Plümer anılarında Kıbrıslı Rumların Kıbrıs Türk toplumuna yönelik saldırılarını izleyen ve bağımsız Kıbrıs Türk yönetiminin ilk oluşum dönemini şöyle tanımlar: "21 Aralık, 1963 Kanlı Noelini izleyen günlerde artık [Lefkoşa'nın] Rum semtinde bulunan Bakanlıklara veya dairelere gitmek imkânımız yoktu. Dairelerde çalışan Türkler artık Hükümet mekanizmasındaki vazifelerinden dışlanmışlardı. [...] Bu vaziyet karşısında Türk toplumunun bekası ve iyi idare edilmesi maksadıyla yönetimde re-organizasyona ihtiyaç duyulmuş ve bir Genel Komite kurulmuştur."[12] Araştırmacı Metin Münir Hakkı, Kıbrıs Cumhuriyeti yönetimi altında haklarından ve yetkilerinden yoksun kaldıklarında cumhuriyetin Kıbrıslı Türk başkan vekili, bakanlar ve parlamenterlerin, Kıbrıs'ta Kıbrıslı Rumların kontrolünde olmayan Kıbrıslı Türklere ayrılmış enklavlarda özerk bir yönetim sistemi oluşturmaya başladıklarını anlattı. Ayrıca, Kıbrıslı Rumlarla birlikte cumhuriyet çatısı altında çalışmayı tercih eden Kıbrıslı Türkler, TMT'nin Kıbrıslı Türk mücahitleri tarafından tehdit ediliyor ve Kıbrıslı Türklerin yönetimine katılmaya zorlanıyordu. 1967'de bu paralel Kıbrıs Türk yönetimine bir isim verildi: Kıbrıs Geçici Türk Yönetimi.[13]

Burada Kıbrıslı Rum savaşçılar tarafından yok edilme tehlikesi altında ve Kıbrıslı Türk muadillerinin baskılarıyla, özerk bir yönetim sisteminin doğuşunu gözlemleriz. 1963 ile 1974 arasında şekillenen etnik olarak bölünmüş enklavlarda Kıbrıslı Türkler bir devlet yönetiminin yaratılmasına ve faaliyete başlamasına tanık oldular ve oluşumunun bir parçası oldular. Bir çatışma döneminde bu devlet sistemine, iki toplum arasında şiddete ve enklavlara kapatılmaya maruz kalmak, Kıbrıslı Türkler arasında şekillenmekte olan yeni yönetim sistemine bağlı olma sonucunu yarattı.[14] Bundan böyle onları temsil ettiğini iddia eden bir yönetime bağımlı olma durumu, artık tamamen Kıbrıslı Rumların eline geçen Kıbrıs Cumhuriyeti hükümetinin Kıbrıslı Türklerin enklavlarına ekonomik ambargo uygulaması ve böylece iki toplum arasındaki ticaret yollarını engellemesiyle birlikte iyice kızıştı.[15] Enklavlar arasında seyahat etme özgürlüğüne getirilen kısıtlamalarla birlikte, çok az sayıda Kıbrıslı Türk eski işlerini sürdürebildi. Üstelik mülteciler eski mahallelerinden tecrit edilmekteydi.

---

11 Patrick, *Political Geography and the Cyprus Conflict*, 49.

12 Plümer, *Anılar*, 100.

13 Hakkı, *Kıbrıs'ta Statükonun Sonu*, 45.

14 Ayrıca bkz. Patrick, *Political Geography and the Cyprus Conflict*, 82.

15 Agy., 106-8.

Bu dönemde Türkiye önemli yardımlarda bulunmaya başladı. Patrick şu noktaya dikkat çeker: "1968'e gelindiğinde Türkiye hükümeti Kıbrıs Türk ekonomisine yıllık 8.000.000 sterlin destek veriyordu. Sosyal yardım paketlerinin dışında Kıbrıslı Türk liderlere, devlet memurlarına ve [TMT] Mücahit örgütüne bu fonlardan ödeme yapılıyordu."[16] Böylece enklav döneminde uygulanan baskılarla bir nüfusun tamamı başka bir ülkenin desteklediği geçici bir devlet yönetimine büyük ölçüde bağımlı kılınıyordu. Mülakat yaptığım kişiler arasında enklav dönemi üzerine fikir yürüten Kıbrıslı Türk bir doktor olanları şu şekilde anlattı: "TMT mücahitleri bize şöyle dedi: 'İşinizi bırakıp enklava yerleşin ve direnişe katılın. İşte size aş, işte size maaş.' Sonra birbiri ardı sıra yeni devlet yönetimleri geldi, hepsi de şöyle dedi: 'Alın size memurluk; alın size maaş.' Bunun sonucunda, Kıbrıslı Türkler devlet dairesindeki işlerine çok bağlandılar."

Her ne kadar, Kıbrıslı Türkler bu fiili refah sistemini faydalı bulup bir ölçüde minnettarlıkla karşılasa da, TMT mücahitlerinin ve yönetimdeki liderlerin toplumlarına uyguladığı baskılar, insanlarda korku kadar hıncı da körüklüyordu. Kıbrıslı Türklerin iş ve maaş dağıtılarak desteklenmesi karşılığında, yeni oluşmakta olan devlet yönetimine ve müteakip yönetimlere mutlak itaat ve sadakat talep ediliyordu. Hikmet Afif Mapolar anılarında liderleri ve TMT tarafından Kıbrıslı Türkler arasında yaratılan korku atmosferini anlatır. Mapolar, toplumlar arası savaş döneminde kurulan devlet yönetiminin aslında önceki yeraltı örgütü TMT'nin yüzeye çıkması olduğunu yazar.[17] Richard Patrick bunu şöyle ortaya koyar: "Çoğu durumda köy, mahalle ve bir bütün olarak toplum düzeyinde fiili liderlik Mücahitlerdeydi. Bu nedenle, toplumun hükümet yapısı aslında sivil-askeri bir sentezdi."[18] Mapolar, yönetimin büyük ölçüde bir askeri güç mahiyetinde bir vesayet atmosferi yarattığını yazar:

> Kurulan "Yönetim" o günlerin dikta rejimiydi, getiriyor, götürüyordu ama, hikmetinden de sual edilemiyordu. [...] Belki savaş yıllarında, örgüt kurallarına göre, "dikta" bir "özgürlük" sayılabilirdi ama, bizim "Yönetim"in sistemi ve ağırlığı çok daha başkaydı. Sanki "idam sehpası"ydı bizim "Yönetim". İpi de, sabunu da elinde olan bir güçtü bizim "Yönetim"deki rejim ve kurallar.
>
> Tam anlamıyla bir baskı rejimiydi "Yönetim". Kararları, uygulamaları Kur'an kadar kutsal, Kur'an emirleri kadar kurallara dayanıyor, daha doğrusu dayandırılıyordu. Bu tutum içerisinde insanları kâbus basmış gibiydi.

---

16 Agy., 110.

17 Mapolar, *Kıbrıs Güncesi*, 332.

18 Patrick, *Political Geography and the Cyprus Conflict*, 84.

Herkeslerin dilleri yoktu, herkeslerin ağızları, korku iğnesiyle dikilmek suretiyle susturulmuştu. [...]

[...] Ve çoğu kişiler, böyle bir rejimde nasıl varolduklarına, nasıl yaşamlarını sürdürdüklerine şaşıp şaşıp kalıyorlardı.[19]

Mülakat yaptığım kişilerin çoğu TMT mücahitlerinin ve onların enklavlarda yarattıkları yönetimin kendilerine aşıladığı şiddetli korkuyu hatırlıyordu.[20]

Bugün KKTC olarak bilinen kuzey Kıbrıs'ın o günkü mevcut devlet yönetiminin temelleri ve yapısı, iç savaş döneminde enklavlarda bu şekilde kurulmuştu. Bu ilk yönetim oluşumunun yapısal ve duygusal kalıntıları, çağdaş Kıbrıs Türk rejiminde ve toplumunda gözlemlenebilir. Türkiye'ye politik ve ekonomik bağımlılık, tanınmama statüsü, sivil-askeri karmaşıklığı ve "büyük hükümet" eğilimi (geniş bir devlet hizmeti) bu dönemde tam anlamıyla kurulmuştur. Bu bölümün ana meselesini teşkil eden Kıbrıslı Türklerin devlet memurluğuna meyletmesi, iş, aş ve maaş dağıtan devlet yönetimine bağımlılıkları nedeniyle enklav döneminde iyice artmıştır.[21] Bu nedenle Kıbrıslı Türklerin ilgisizlik, temkinlilik ve hınç duygularıyla karışık, onlarla iç içe geçmiş bir şekilde devlet memurluğuna bağlanımlarının kökleri bu ilk fiili devlet oluşumu döneminde aranmalıdır.

Yönetimler Silsilesi

KKTC, devlet olmanın muhtelif inşa aşamalarından geçerek var oldu. İngiliz sömürgeciliği süresince ve sonrasında ve Kıbrıslı Rumlarla çatışma dönemleri boyunca Kıbrıslı Türkler şu yönetim yapılarında yaşadılar: (1943'ün ardından) Kıbrıs Adası Türk Azınlığı Kurumu (KATAK); (1957'nin ardından) Türk Mukavemet Teşkilatı (TMT); (1958'de kurulan) Kıbrıs Türk Kurumları Federasyonu; büyük şehirlerde kurulan özerk/bağımsız Türk konseyleri –örneğin (1958'den sonra kurulan) Lefkoşa Türk Konseyi, Birleşmiş Milletler tarafından iki toplumlu bir devlet olarak tanınan Kıbrıs Cumhuriyeti (1960)– Kıbrıslı Türklerin enklavlarda yaşadığı (1963-1974 arasındaki) dönemde ilan edilen Kıbrıs Türk Genel Komitesi; Kıbrıs Geçici Türk

---

19 Mapolar, *Kıbrıs Güncesi*, 332-3.

20 2001-2 dönemine gelindiğinde Kıbrıslı Türkler artık enklav dönemlerinde kendi yönetimlerine duydukları korkuyu duymuyorlardı, ama KKTC'nin mücahitler rejiminin bir uzantısı olduğunu biliyor ve buna dikkat çekiyorlardı. Alan araştırmamı yaptığım dönemde, rejim normalleşmişti; otoriter eğilimlere sivil memurlar ve diğer vatandaşlar arasında (korkudan ziyade) temkin ve çekinceyle yaklaşılıyordu.

21 Kıbrıslı Türklerin 1940'larda ve İngiliz yönetiminde devlet memurluğu görevlerini tercih etme eğilimlerini irdeleyen kaynaklar için bkz. Attalides, "The Turkish-Cypriots"; Gürkan, *Bir Zamanlar Kıbrıs'ta*, 135-43.

Yönetimi (1964'te ilan edildi ve 1967'de geçici statüsünü iptal etti) ve Kıbrıs Türk Federe Devleti (Türk ordusunun 1974'teki adaya çıkışından sonra 1975'te kuruldu ve önerilen birleşik Federal Kıbrıs Cumhuriyeti'nin bir bileşeni olarak tahayyül edildi). Kuzey Kıbrıs'ta devlet pratikleri, KKTC 1983'te bağımsız bir devlet olarak kurulduğunu ilan edene dek bu yönetim yapılarıyla yürütüldü.[22]

Bu yönetimlerin çoğu Türkiye dışında uluslararası toplumun üyesi hiçbir devlet tarafından tanınmamıştır.[23] Birleşmiş Milletler Güvenlik Konseyi'ne göre KKTC "hukuken geçersiz"dir. Yunanistan ve Kıbrıs Cumhuriyeti, KKTC'yi "sözde devlet" olarak tanımlarlar.[24] Kıbrıslı Türk yetkililer 1983'ten beri KKTC'nin uluslararası kabul gören, tanınan "devlet" statüsünü kazanması için her türlü lobicilik, destek arama ve propaganda faaliyetini sürdürmektedir. Rauf Denktaş cumhurbaşkanı olduğunda, KKTC'nin tanınmasına yönelik faaliyetlerin en ön cephesinde bulunuyordu.[25]

Burada KKTC'nin memurları, yetkilileri ve destekçileri arasında "devlet" ve uluslararası tanınma konusuna büyük ilgi duyulduğuna dikkat çekmek istiyorum. Kuzey Kıbrıs'ta devlet olma ve onun birçok inşasının söz dağarcığı (federal, konfedere, egemen) kamusal söylemlerle doludur. Devlet olma konusu Kıbrıs dışındaki uluslararası toplantılarda ve konferanslarda da önceliklidir. Kuzey Kıbrıs'ta Türkiye'ye politik ve ekonomik bağımlılığın ve uluslararası tanınmayışın üstünü örtmek için Kıbrıslı Türklerin bağımsızlığına dair resmi bir söylem üretilmiştir. Bu muğlak durum, Kıbrıslı Türklerde belirsiz ve karmaşık bir devlet olma dili üretmektedir. Devlet olma durumunun hem var olmadığı hem de var olduğu, iki uç arasında kaldığı böylesi bir bağlamda "devlete dair bir etnografi çalışması", "devlet"in gündelik imgelemine ilişkin özel bir analizi hak eder.[26]

Kuzey Kıbrıs'a dair ders kitaplarında ve derslerde çocuklara "devlet"leriyle ilgili çelişkili göndermeler sunulur. Bir taraftan, KKTC'nin bağımsızlığına saygı duymaları öğretilirken, diğer taraftan çocuklar devletleri olarak Türkiye'ye göndermelerle

---

22 Bkz. Attalides, "The Turkish-Cyprios," 78-86; Calotychos, *Cyprus and Its People*, 6-9; Fehmi, *Kuzey Kıbrıs Türk Cumhuriyeti'nin El Kitabı*; Gürkan, *Bir Zamanlar Kıbrıs'ta*, 134-57; *North Cyprus Almanack*.

23 Türkiye bile KKTC'yi tam anlamıyla bir devlet olarak tanımaz ve Türkiye'de düzenlenen uluslararası toplantılara Kıbrıslı Türk yöneticileri davet etmekten kaçınır.

24 Calotychos, *Cyprus and Its People*.

25 Kıbrıs'ta tanınma meselesiyle ilgili bkz. Constantinou ve Papadakis, "The Cypriot State(s) in Situ."

26 Gupta, "Blurred Boundaries." Ayrıca bkz. Abrams, "Notes on the Difficulty of Studying the State"; Mitchell, "The Limits of the State"; Navaro-Yashin, *Faces of the State*; Taussig, "Maleficium."

karşılaşırlar. Sözgelimi Lefke'de bir ilkokulda tahtaya şöyle bir cümlenin yazıldığını görmüştüm: "Devletimiz 29 Ekim 1923'te kurulmuştur." Öğretmen, Türkiye Cumhuriyeti'nin kuruluşuyla KKTC'nin kuruluşu arasında bir ayrım yapmayı gerekli bulmamıştı. Bir anne şöyle bir açıklama yapmıştı: "Kafa karıştırıyorlar. Okulda bazen devletimizin Türkiye Cumhuriyeti olduğunu, bazen de KKTC olduğunu öğretiyorlar. Ama çocuklar zamanla bu durumu kavrıyorlar." Bugün okullarda Kıbrıslı Türk çocuklara ve Türkiyeli göçmenlerin çocuklarına iki farklı tarih dersi öğretiliyor; derslerden birinin adı "İnkılap Tarihi", bu derste Türkiye Cumhuriyeti Milli Eğitim Bakanlığı'nın standart ders kitapları okutuluyor; diğer dersin adıysa "Kıbrıs Tarihi". Bu tür dersler Türk devletliğini şeyleştirme işlevi görüyor.[27] Çocuklara muğlak bir "devlet fikri" ile özdeşleşmeleri ve kendilerini yüzyıllardır devlet kuran kuşakların soyundan gelenler olarak görmeleri aşılanmak isteniyor.[28] "Tarih" devlet yapılarının ardışıklığı olarak inşa edilir. Çoğunlukla "Türk Devletlerinin Tarihi" olarak gönderme yapılır ve "Orta Asya'daki ilk Türk devletleri"ni (Hun ve Göktürk İmparatorlukları) içerir; Selçuklular, Anadolu beylikleri, Osmanlı devletinin kuruluşu, Türkiye Cumhuriyeti'nin kuruluşu ile devam eder ve KKTC'nin ilan edilmesiyle son bulur. Kimlik, meşruluğunun bulunmamasına rağmen veya tam da bundan ötürü devlet olma durumunun mevcudiyetiyle yakından bağlantılı bir şekilde inşa edilir. "Anavatan" Türkiye ile bağlantılı olarak KKTC için resmi olarak kullanılan "yavruvatan" terimiyle, Kıbrıslı Türklere devlet olma durumlarını Türkiye'ninkiyle özdeşleştirmeleri öğretilir. Güçlü bir militarist içeriğe ve imgelere sahip tarih anlatıları, Türklerin toprak fetihlerini ve bu türden son başarı olarak da kuzey Kıbrıs tasvirlerini anlatır. Böylece Türkiye ile özdeşleşmeye dayalı bir altmetin, 1990'ların sonları ve 2000'lerin başında kuzey Kıbrıs'ta resmi söylemlere ve yönetim politikalarına temel teşkil eder, onları pekiştirir; aynı zamanda, Kıbrıs Cumhuriyeti ile her türlü özdeşleşme de yasaklanır ve cezaya tabi tutulur.[29]

Ama paradoksal bir şekilde, "Türk devleti olma"ya bu tür tumturaklı ve zafer gösterisini andıran göndermeler yapılmasına rağmen, araştırmamı yaptığım dönemde Kıbrıslı Türkler kendi "devletleri" (KKTC) veya Türkiye ile pek de gururlanmıyorlardı. Bilakis, baskın bir ironi, kinizm ve eleştiri havası hâkimdi. Kıbrıslı Türklerin ekseriyetle şikâyet ettiği şey, yönetimlerinin bir devlet olarak tanınmayışı nedeniyle

27 Örneğin bkz. Navaro-Yashin, *Faces of the State*.
28 Abrams, "Notes on the Difficulty of Studying the State."
29 Bu tür ceza önlemleri, hükümetin 2002'de CTP'ye geçmesinden önceki Denktaş rejimi dönemine gönderme yapar.

kendilerine dayatılan kısıtlamalardı. KKTC kimlik belgeleri Türkiye haricinde, kuzey Kıbrıs dışında seyahat etmelerini büyük ölçüde kısıtlıyordu.

Kıbrıslı Türklerin deneyimlediği şekliyle tanınmama durumu, Aziz Nesin'in *Yaşar Ne Yaşar Ne Yaşamaz* isimli romanının başkahramanının durumuna benzetilebilir. Yaşar Yaşamaz nüfus kayıtlarındaki bir yanlışlık yüzünden nüfusa ölü olarak kaydedildiğini öğrenir ve şöyle düşünür: "İnsan hükümet defterinde yaşamalı ki, yaşıyor olsun. Hükümet makamları sana yaşıyor demedikten sonra, sen istediğin kadar yaşıyorum diye kendini kandır, avun dur... [...] Defterde ölü yazılı diye insan ölü sayılır mı?"[30] Uluslararası sistemin pratiklerinde var oluş, şeyleşmiş ve tanınan bir devlete mensubiyetin görünürlüğüyle bağlantılıdır. Yeterli temsilin olmayışı –belgeler, semboller ve devlet yönetiminin pratikleri– uluslararası ulaşımı, bağlantıyı ve ayrıcalığı engeller. Çoğu Kıbrıslı Türk kendisinin etnik olarak tanımlanmış çıkarlarını temsil ettiğini iddia eden KKTC ile kendisini tam olarak özdeşleştirmez, ama yine de onun yönetim pratiklerine bağlı olmayı sürdürür.

Tanınmayan Bir Devlette Memurluk

Kıbrıs Türk Amme Memurları Sendikası'nın (KTAMS) 2002'de yayınladığı rakamlara göre, KKTC'de 12.500 devlet memuru vardır. Bunlar öğretmenleri, kamu işçilerini ve polisleri de içerir. Kendisiyle o sırada görüşme yaptığım KTAMS Başkanı Ali Seylani, Kıbrıslı Türklerin devlet memurluğuna ilişkin yakın tarihi konusunda beni bilgilendirdi. Seylani şunları söyledi: "Kıbrıslı Türklerde devlet memurluğu sayısındaki önemli artış 1974'le birlikte başladı. Kamu sektörü girişimcilerini, öğretmenleri, belediye çalışanlarını ve polisleri de buna dahil edersek, kuzey Kıbrıs'ta çalışanların yüzde 18'i kamu işçisidir." Seylani bunun gerekçelerini şöyle açıklıyordu: "1974'te, adanın kuzey tarafı Türk yönetimine geçtiğinde, devlet daireleri istihdama açıldı. İlk olarak, gerçek bir ihtiyaç söz konusuydu; ikinci olarak, politikacılar iyilik karşılığında iş dağıtıyordu, bu nedenle aşırı istihdam oldu ve üçüncü olarak da, endüstri gelişmediği için çok fazla başka iş fırsatı yoktu. Böylece kamu sektörü devlet memuruyla doldu." Kıbrıslı Türklerin maaşlarının parası Türkiye'den geliyordu. Seylani şöyle dedi: "Türkiye buradaki yönetimi ayakta tutabilmek için kuzey Kıbrıs'ta 'kamu sektörü hizmeti' kisvesinde istihdam yarattı."

Kuzey Kıbrıs'ta devlet memurları maaşlarının Türkiye'den gelen yardıma bağlı olduğunu bilirler. Emekli bir üst düzey memur şöyle demişti: "Türkiye'den yardım gelmezse kamu sektörü maaşları ödenemez. Biz hükümetteyken bakanlarımızı

---

30 Aziz Nesin, *Yaşar Ne Yaşar Ne Yaşamaz* (31. baskı), İstanbul: Nesin Yayınevi, 2012, 336, 339 –en.

düzenli olarak Türkiye'ye para dilenmeye yollamamızın nedeni buydu." Düşük düzeyli başka bir memur da şunları söyledi: "Hükümet bir gün memurlarının maaşlarını kendi bütçesinden ödeyebilseydi bundan büyük gurur duyardı." Hakan, Kıbrıslı Türklerin sistemlerinin işleyişini tanımlamak için kullandıkları bir deyime başvurarak şöyle dedi: "Bu değirmenin suyu Türkiye'den geliyor."

Ama ekonomist Çetin Uğural, "Türkiye'nin yaptığı yardım"ın politik nedenlerle abartıldığını söyledi. Aslında Kıbrıslı Türklerin hayatta kalmasını Türkiye'nin yardımına bağlayan bu tür nitelemeler, bir sonraki yardım paketinin Türkiye'den adaya gelmek üzere olduğu konusunda halka vaatlerde bulunan politikacılar tarafından her gün pekiştirilir. Kendisiyle mülakat yaptığımda Uğural bana şunu söyledi: "Devlet memurları Türkiye'ye bağımlılığın kendi iş güvenlikleri açısından gerekli olduğu yanılsamasına kapılıyorlar." Uğural'a göre bu durum bir "şükran ekonomisi" ile ayakta tutuluyor. "Devlet memurlarına Türkiye'ye şükran duymaları gerektiği düşündürtüldüğü sürece yönetimin politikalarına bağlanımları devam edecek." Uğural, Türkiye'nin yaptığı yardımdan daha fazlasını ekonomik olarak kuzey Kıbrıs'tan kazandığını göstererek bu fikri yıkmaya çalışan çalışmalar yayımlamıştı.[31] Ama bu gerçekler, devlet memurlarının hayatta kalmalarının Türkiye'nin desteğine bağlı olduğu yönündeki inançlarını yıkmaya yetmiyordu. Türkiye'ye minnet duyma ve keza bağımlılık duygusu, kuzey Kıbrıs'ın birbirini izleyen yönetimlerinin uyguladığı politikayla defalarca teşvik edilmektedir. Devlet memurları bu politikayı bir noktaya kadar içselleştirmektedir. Ama Türkiye'ye bağımlılık sadece biçimsel, kamusal veya resmi ortamlarda bir şükran olarak ifade ediliyordu. Aslında Kıbrıslı Türk memurlarda hem kızgınlık hem de muhalefet birlikte var olmaktadır. İşlerinin anlamsızlığı ve motivasyon eksiklikleri üzerine kafa yorarlar, bu durumu asıl egemen gücün Türkiye olduğu kuzey Kıbrıs'ta yönetimin egemenliğinin bulunmayışına bağlarlar.

Artun Bey adlı devlet memuru bağımlı ve tanınmayan bir devlet bünyesinde çalışmasının niyet edilen sonuçları doğurmadığını açıklamak için bir deyim kullanmıştı:

> Adeta havanda su dövmek gibi. Devlet dairesindeki işimiz boşuna, çalışmamızın hiçbir anlamı yok. Örneğin dairemizin görevlerinden biri de kaçak işçileri tespit etmek. Bunun için yönetmeliklerimiz var. Bir plan, bir program ve bir yasa var [...] ve biz de bunlara uyuyoruz. Tüm prosedürleri uyguluyoruz; kaçak işçiler hakkında dosyalar açıyoruz, işverenlere ihtar çekiyoruz ve dosyaları polise iletiyoruz. Ama polis hiçbir şey yapmıyor. Buradaki rejimde Türkiyeli kaçak işçileri destekleyen bir politika var ve

---

31 Bkz. Uğural ve Soyer, *Şükran Ekonomisi*.

polis de olması gerektiği gibi İçişleri Bakanlığı'na bağlı değil, Türk ordu-
suna bağlı. Tabiri caizse, polis devlet yönetiminin değil, Türk ordusunun
yönetmeliklerine uyuyor. Dolayısıyla, burada bir çelişki var. Polis bizim
prosedürlerimizi uygulamıyor ve işini yapmıyor. Yani boşuna çalışıyoruz.
Bu yüzden dairemizin müfettişleri artık kaçak işçileri tespit etmek için pek
de gidip araştırma yapmıyor.

KKTC iki kademeli bir sistem olarak incelenebilir: Bir tarafta, hukuksal olarak
tanınan devletlerinkine benzer yönetim usulleri, yasalar ve düzenlemeler vardır,
ama yönetimin işlevleri Türkiye'nin kuzey Kıbrıs'taki askeri egemenliğine bağlı
olunması ölçüsünde sınırlıdır. Bu durumun kabul edilmesi, gayri meşru bir devle-
te ilişkin basite indirgeyici analizlerden ve kestirimlerden kaçınmamıza yardımcı
olabilir. KKTC, her ne kadar uluslararası hukukta tanınmıyor olsa bile, yine de
modern meşru devletlerin pratiklerini ve prosedürlerini uygulayan bir devlettir.
Foucaultcu anlamda –en azından teoride ve üslup bakımından– modern devlet-
lerin devlet dairelerindeki ve yönetimlerindeki pratiklere benzeyen yönetimsellik
biçimlerine sahiptir.[32] Terfiler toplumsal etkiye, nüfuza ve siyasi yakınlığa bağlıdır,
yine de atamalar ve maaşlar tamamen keyfi değildir. Devlet memurlarının maaşları
yasayla düzenlenir ve barem sistemine dayanır. Memurlar ekseriyetle bana bu barem
sistemindeki kıdemlerinden söz ediyorlardı. Aynı şekilde, Marilyn Strathern'in
tasvir ettiği anlamda[33] bir mevzuat ve "denetleme" örneği olarak kuzey Kıbrıs'ta
devlet memurları daha üst düzey görevlilerin denetimine tabidirler. Çalışanların
sicil kayıtlarını tutan bu sistem yozlaşmıştır, ama yine de düzenleyici bir sistem
yürürlüktedir. Başka bir deyişle, bu gayri meşru devlet yönetimsellik pratiklerinde
ve biçimlerinde hukuktan büsbütün yoksun değildir. Kıbrıslı Türk memurların
uyguladığı düzenleme ve pratik biçimleri başka bir güç biçiminin önemli evreleriyle
kesintiye uğrar: Türkiye'nin kuzey Kıbrıs'taki egemenliği ve bu egemenliği des-
tekleyen KKTC rejiminin veçheleri. Burada modernliğin incelenmesinde iktidara
dayalı yönetim biçimlerine önem veren Foucaultcu bir analizi güce dayalı hükümet
ve egemenlik biçimlerinin birlikte varoluşuna dair Agambenci bir görüşle birleş-
tirmek gerekir. KKTC, gayri meşru olmasına ve başka bir devletin egemenliğinde
bulunmasına rağmen, basitçe veya sadece askeri bir güçle yönetilen bir yönetim
sistemi değildir. Aslında, diğer modern devletlerin ve hukuk sistemlerinin çoğu

---

32 Batı Avrupalı organizasyonlar ve kurumlara ilişkin Foucaultcu analizler için bkz. Barry
vd., *Foucault and Political Reason*; Shore ve Wright, *Anthropology of Policy*. Kuzey Kıbrıs,
Michel Callon'un ifadesiyle ekonomik "hesaplanabilirlik" veya Andrew Barry'nin ifadesiyle
ekonomik "ölçülebilirlik"in sınırları dışında incelenemez: bkz. Callon: Barry ve Slater, *The
Technological Economy* içinde; bkz. Barry: Barry ve Slater, *The Technological Economy* içinde.

33 Strathern, "Introduction," *Audit Cultures*.

gibi KKTC de, yönetimsel ve hesap edilebilir işlevlerin egemen iktidar biçimleriyle sabit ve süreğen bir gerilim içinde olduğu iki kademeli bir yapıdır.

Bununla birlikte, KKTC'nin tanınmayışının ve Türkiye'ye bağımlılığının kamu sektörünün yarattığı duygular açısından taşıdığı önem göz ardı edilemez. KKTC'nin bağımsızlığının her yıl tekrarlanan kutlamalarında devlet dairelerinin duvarları "Cumhuriyetimiz Egemenliğimizin Simgesidir" sloganı yazılı afişlerle donatılır. Ama devlet yönetiminin bu kadar çok desteklenmesine rağmen memurlar devletlerinin meşruluğuna veya "egemenliği"ne tam olarak inanmazlar. Araştırmamı yaptığım dönemde kuzey Kıbrıs'ta devleti eleştirmek devlet dairelerinde yaygın, sosyal çevrelerdeyse oldukça yaygın rastlanan bir durumdu. Bir devlet dairesinde, sıkça olduğu üzere bir gün elektrik kesildiğinde bir devlet memuru ironik bir şekilde şöyle demişti: "Gördünüz mü nasıl bir devlet bu?" Masasında oturan bir başka memur da Kıbrıslı Türklerin yaygın kullandığı, kişinin kendisini değersiz gösteren bir tabirle şöyle onayladı: "Ne beklen Müslümanın işinden?"[34]

KKTC'nin bağımlı egemenliği ve tanınmamayışı, devlet memurluğunun yarattığı duygularda bir rol oynar. Yönetim, Kıbrıslı Türklerde bir *raison d'être* [varlık sebebi] biçimidir; bu nedenle devlet memurluğu aşırı arzulanan bir şeydir. Yine de, memurluk bir kötü niyet, motivasyon eksikliği, temkinlilik ve ilgisizlik yaratır. Yönetime dair ve yönetim içindeki bu karışık duygular, KKTC'nin hem egemen hem bağımlı, hem bağımsız olma hem tanınmama, hem mevcut olma hem de olmamasından kaynaklanan karmaşık statüsüyle ilgili olmalıdır. Bir memurun kullandığı "havanda su dövmek" deyimi, bir taraftan böylesine karmaşık bir yönetim(sellik) düzenlemesinde devlet memurluğunun yarattığı duyguyu, diğer taraftan da egemenliği çok iyi ifade eder. Devlet memurluğu işi çok gürültü çıkarır, ama sonuç vermez ve çoğunlukla verimsiz görünür. Ve her aşamada devlet memurunun işi görünüşte başka bir iktidar biçimi tarafından kesintiye uğruyor gibidir: Başka bir ülkenin askeri egemenliği. Peki, öyleyse, devlet memurluğuyla ilişkilendirilen yüksek statü bir "kuru gürültü" müdür?

Devlet memurluğunun yarattığı duygu çelişkili görünmektedir; hem isteklilik hem de isteksizlik yaratır. Ama devlet yönetimiyle ilişkili olarak duygudaki bu görünür çelişki aynı zamanda daha genelde tabi olmanın doğasıyla bağlantılıdır. Judith Butler, bu konuda şöyle der: "Bir iktidar biçimi olarak, tabiiyet [*subjection*] paradoksaldır." İktidar, öznede arzu uyandırarak tahrik yoluyla çalışır. Hayatta

---

34 Kıbrıslı Türklerin "Müslüman" bir yönetim altındaki bir devlet pratiğine gönderme yapmak için kullandıkları bir ifadedir bu. Görüştüğüm Kıbrıslı Türkler bana Kıbrıs'ta Osmanlı yönetimine gönderme yapmak için de eskiden benzer bir terim kullanıldığını söylediler.

kalmayı arzulayan özne, kendi istediğiyle –ama elbette farkında olmadan– bizatihi kendi tabi kılınma sürecine katılır.[35] Tanınmayan ve bağımlı KKTC yönetiminde tabiiyetin içkin çelişkisi aşikârdır. Devlet memurluğu eşanlı olarak hem arzu hem de apati yaratır, zira kişinin hayatta kalma koşulu olarak gördüğü ve istediği şey aynı zamanda tabi oluşunun ve tabi kılınmasının sonucudur. Öyleyse devlet memurluğu duygusu olarak istek ve isteksizliğin birlikte var oluşu çelişkili değildir. Bu, iktidar ve tabiiyetin, itaatin duygu biçimindeki tezahürüdür.

Devlet Memurluğunda Duygu

Bu bölümün başında antropolojik bürokrasi literatüründeki bir boşluğa dikkat çektim. Organizasyonlar ve kurumlara ilişkin, Foucaultcu bir paradigmayı benimseyen son çalışmalar bürokrasilerin rasyonelleştirici, düzenleyici, ölçücü, hesaplayıcı ve yönetici yönlerine odaklanmaktadır. Bu özelliklerin KKTC'de devlet memurluğunda eksik olmadığını düşünüyorum. Ama organizasyonlara ilişkin son çalışmalarda yönetimsel rasyonellik ve hesaplanabilirlik özelliğine odaklanmak, bürokrasilerin duyguyu idare etmek, kontrol altında tutmak, pasifleştirmek veya yok etmek için duyguya karşı çalıştığı izlenimini vermektedir. Oysa kuzey Kıbrıs'ta devlet memurluğuna ilişkin sunduğum etnografik malzeme aksini göstermektedir. Yönetimsel pratikler birtakım duygular yaratır. Ama bana göre, modern bürokrasinin duygu(sal) olmayan olarak ele alınabilecek hiçbir boyutu yoktur.

Her ne kadar, modern bürokrasilere ilişkin son antropolojik çalışmalar yönetimlerin rasyonelleştirme ve hükümetlik yapma nitelikleri üzerinde yoğunlaşmaya meyletse de, örneğin Arendt ve Bauman gibi totaliter rejimlerde bürokrasiyi araştıranlar, bu bürokrasilerin aşırı ve şiddete dayalı duyguları harekete geçirme eğilimine odaklanır. Bu bölümde, kuzey Kıbrıs'taki yönetimi tamamen "modern" bir oluşum olarak ele alıyorum. Agamben'in izinden giderek, KKTC'nin politik bir yönetimsellik ve egemenlik biçimleri karışımı sergilediğini ve bu nedenle modern devlet sistemlerine aykırı olmadığını öne sürüyorum. "Meşru" devletler de dahil olmak üzere aynen diğer modern devletler gibi KKTC de özde bir şiddet edimi aracılığıyla kurulmuştur: Türk ordusunun kuzey Kıbrıs'ı ele geçirmesi, Kıbrıslı Rumlara karşı uygulanan şiddet, mallarının ve mülklerinin temellük edilmesi. Walter Benjamin bu tür bir şiddeti modern hukuk kapsamında inceler.[36] Bu anlamda, KKTC bir devlet yapısı veya "hukuksal" bir oluşum olarak egzotik öteki değildir.

---

35 Butler, *The Psychic Life of Power*, 1, 3 [*İktidarın Psişik Yaşamı*, 9, 11].

36 Benjamin, "Critique of Violence." ["Şiddetin Eleştirisi Üzerine," Al. çev. Ece G. Çelebi, *Şiddetin Eeleştirisi Üzerine*, 19-42, der. Aykut Çelebi, 1. baskı. İstanbul: Metis Yayınları, 2010.]

Ama modern yönlerini, yani, yönetimsel olduğu kadar "hukuksal" yönlerini de, aydınlatarak KKTC'nin yönetim tarzını tanıtmaya çalışırken, aynı zamanda tanınmama ve bağımlı olma niteliğine atıfta bulunarak kendisine özgü özelliklerine de dikkat çekeceğim. KKTC bürokrasisinin özgüllüğü, kendisini devlet memurluğu konusunda incelediğim özgün bir isteklilik ve isteksizlik karışımında dışavurur. Ama bu özgünlüğün görünüşte bir aykırılığı, gayri meşru bir devleti aydınlattığını düşünmememiz gerekir; bilakis yönetimin modern biçimleri üzerine düşünmemize başka bir boyut katar. Benim analizimde, duygu modern bürokrasi çalışmalarının merkezinde yer almalıdır.

Belgelerin Duygusal Yaşamı

Devlete dair yeni antropolojik çalışmalarda "devlet"in varlığı veya oluşumu, yönetim şekli veya varoluşunu tırnak içine alarak kavramsallaştırmak bir hayli yaygın bir pratik haline gelmiştir. Michael Taussig'in ifadesini kullanacak olursak, bununla içerimlenen, "devlet"in bir "fetiş" olduğu, hem kamusal-politik söylemde hem de akademik söylemde bir "şey" olarak tahayyül edilen bir soyutlama olduğudur.[1] Ortaya çıkan bu yeni literatür, antropologların daha ziyade devleti oluşturan gündelik toplumsal ilişkilere odaklanarak devlet kavramını yapıbozuma uğratan etnografiler kaleme almaları gerektiğini ileri sürer. Bu bölümde tırnak içine almanın basitçe yapıbozumun kuramsal aracı olmadığı, kendi hesabına bir antropolojik nesne, uluslararası hukuksal işlemlerde kullanılan bir araç olduğu üzerinde duracağım. Burada vurgulamak istediğim nokta, uluslararası belgelerde belli bir devlet pratiğinin tam anlamıyla tırnak içine alındığıdır. Kendisine verilen muhtelif isimlerle gayri meşru, korsan veya sözde devlet olarak anılan "Kuzey Kıbrıs Türk Cumhuriyeti", kuzey Kıbrıs ve Türkiye dışında yapılan atıflarda tartışmalı hukuksal statüsünün vurgulanması amacıyla daima tırnak içine alınır.

Costas Douzinas ve Ronnie Warrington'ın saptamasına göre, hukuk mesleğinde "sıradan noktalama işaretlerinin kullanımına dair tartışmalar davaların başarıya ulaşmasında veya başarısız olmasında fark yaratabilmekte, belirleyici olabilmektedir."[2] Gerçekten de, tırnak işaretleri uluslararası hukukta özel politik etkiler üretir.[3] Kıbrıs Cumhuriyeti, Yunanistan ve Birleşmiş Milletler'in resmi belgelerinde olduğu kadar yarı resmi ve resmi olmayan yayınlarında da kuzey Kıbrıs'ta bir devletin var olduğuna yönelik doğrudan ve örtük tüm göndermeler tırnak içine alınarak yapılır. Tırnak işaretlerinin kullanılması, devlet olmaya yapılan göndermeyi tek hamlede yazar ve siler, "bir şey"i kabul etmeden, tanımadan onun

---

1 Navaro-Yashin, *Faces of the State*; Taussig, "Maleficium."

2 Douzinas ve Warrington, *Justice Miscarried*, 17.

3 Belgeleme pratiğinde bu tür araçlara ilişkin incelemeler için bkz. Riles, *Documents*.

hakkında söz eder. Oysa uluslararası belgelerde Kıbrıs Cumhuriyeti'ne yapılan göndermeler dolaysızdır.[4]

Bana ilginç gelense, tırnak işaretleriyle askıya alınan veya şüpheli kılınan bu tanınmayan devletin vatandaşlarının/öznelerinin deneyimi. Bu devlet pratiğinin öznelerinin kâğıt üzerinde tanınmak için girişmek zorunda olduğu türden hukuksal işlemler ise, bizi uluslararası hukukta "meşru" ve "gayri meşru" (hukuki ve hukuk dışı) arasındaki problematik sınır üzerinde düşünmeye davet ediyor. Bu bölümdeki amacım hukuki ile hukuk dışı arasındaki diyalektik ilişkiye dikkat çekmek olacak.

Tabandaki Uluslararası İlişkiler

Uluslararası ilişkilere atıfta bulunmadan Kıbrıs üzerine bir antropoloji kaleme almak çok zor olurdu; esasen hem Kıbrıslı Rumlara hem de Kıbrıslı Türklere dair etnografik çalışmaların çoğunun bunu açıklayan bir önsözü bulunur.[5] Ama antropologlar genellikle uluslararası ilişkileri olduğu gibi kabul ederler ve kendi mikro analizlerinin arkaplanı veya bağlamı olarak konumlarlar. Benim buradaki amacımsa bizatihi uluslararası hukuku bir antropolojik çalışma nesnesine dönüştürmek.[6] Burada uluslararası sistemin diline ve doğruluk etkilerine dair veya yönetim belgelerine ve yeni kendilik biçimlerinin üretimine dair sırf Foucaultcu bir söylem analizi önermiyorum.[7] Hukuki ve hukuk dışı belgelerin birbirine yansıdığı aynalı salonda insanların hukuki işlemlerde "ihlal ettiği" meşru ile gayri meşru arasındaki sınırlar ile ikisi arasında sıkışıp kalmaya dayalı deneyimler, söylem analizinin ötesine geçen düşünümler gerektiriyor.

---

4   Uluslararası hukukta ve pratikte Kıbrıs Cumhuriyeti'ne yapılan göndermelerde tırnak işareti kullanılmaması da antropolojik bir konu olarak büyütülebilir.

5   Örneğin bkz. Papadakis, "Greek Cypriot Narratives of History and Collective Identity."

6   Bunun emsalleri vardır elbette. Richard Wilson "ulus-aşırı hukuksal süreçleri etkin olarak araştıran antropolog sayısının görece az" olduğunu belirtir: Wilson, *Human Rights, Culture, and Context*, 1. Burada yapmaya çalıştığım şey, Wilson'ın ana hatlarını çizdiği, ulus-aşırı hukuki söylemlerin yerel bağlamlarda alımlanışını inceleme veya "insan haklarının küresel ve yerel formülleştirimleri arasındaki gerilimleri" inceleme projesinden farklıdır: agy., 23. Wilson'ın tanımladığı amacın, yereli (küreselde asimile olması veya ona karşılık vermesi bakımından) araştırmaya yönelik uzlaşımsal antropoloji projesine pek de karşıt olduğunu sanmıyorum. Wilson'ın iddialarına rağmen antropologların modern hukuk sistemlerinin söylemlerini ve politikalarını daha radikal bir şekilde analiz etmesini engelleyen evrenselcilik-görececilik tartışmasına çok uzak da değil.

7   Örneğin bkz. Ferguson, *The Anti-Politics Machine*; Malkki, *Purity and Exile*; Shore ve Wright, "Policy."

Genç Kıbrıslı Türkler arasında uluslararası ilişkiler ve siyaset bilimi 20-30 yıldır yükseköğrenimde en çok tercih edilen bölümlerin başında geliyor. Aslında, Kıbrıs'ta gündelik konuşmalar uluslararası ilişkilerin diliyle kaplı. Mülakat yaptığım kişilerden biri şöyle demişti: "Anlayacağın, Kıbrıs stratejik bir konumda olmasa bu sorunların hiçbirini yaşamazdık." Kıbrıs'ın uluslararası çıkarlar ekseninde konumlandırılmasına ilişkin muazzam bir kamusal farkındalık söz konusudur. Sıradan gündelik konuşmalarda Kıbrıslı Rum ve Kıbrıslı Türk yetkililer arasında iki toplumlu görüşmeler düzenlenmesine yönelik son girişimlerden, İngiliz ve Amerikalı liderler, Birleşmiş Milletler ve Avrupa Birliği (AB) liderleri ile Türk ve Rum siyasi liderlerin son açıklamalarından ve –"federasyon", "konfederasyon", "AB'ye giriş", Türkiye ile birleşme", "Yunanistan'la birleşme" gibi– "Kıbrıs sorunu"na ilişkin muhtelif çözüm önerilerinden sıkça söz edilir. KKTC'nin tanınması meselesi, evlerde, dairelerde ve kahvelerde bir tartışma konusudur. Bu nedenle, tanınmayan devletin öznelerinin deneyimlerine ve bu öznelerin bürokratik belgelerdeki muğlak konumlarına odaklanmak, yine uluslararası hukukun dili ve pratiğiyle ilintili pek çok unsur barındırır.

Tırnak İşaretleri

Birleşmiş Milletler Güvenlik Konseyi, Kıbrıslı Türk yetkililerin kuzey Kıbrıs'ta tek taraflı bağımsızlık ilanından üç gün sonra 18 Kasım 1983 tarihinde 541 Sayılı Kararı almıştır. Bu belgenin nasıl "hukuk"un sınırları dışına çıkan bir "devlet" inşa ettiğine dikkat edin:

> [Güvenlik Konseyi] Kıbrıslı Türk yetkililerin 15 Kasım 1983 tarihinde, kuzey Kıbrıs'ta bağımsız bir devlet kurduklarını iddia eden deklarasyonundan *endişe duyarak*,

> Bu deklarasyonun Kıbrıs Cumhuriyeti'nin kurulmasıyla ilgili 1960 Antlaşması ve 1960 Garanti Antlaşması ile bağdaşmadığını *dikkate alarak*,

> Ve buna bağlı olarak, bir "Kuzey Kıbrıs Türk Cumhuriyeti" kurma girişiminin geçersiz olduğunu ve Kıbrıs'ta(ki) durumun kötüleşmesine sebep olacağı hususunu *dikkate alarak*, [Güvenlik Konseyi]...

> Tüm [üye] Devletleri, Kıbrıs Cumhuriyeti'nin egemenliğine, bağımsızlığına, toprak bütünlüğüne ve bağlantısızlığına saygı duymaya *davet eder*,

> Tüm [üye] Devletleri, Kıbrıs Cumhuriyeti dışında başka hiçbir Kıbrıs devletini tanımamaya *çağırır*.[8]

---

8 Resolution 541 (1983), alıntı Basın ve Enformasyon Dairesi, "Resolutions Adopted by the United Nations on the Cyprus Problem," 87-8.

Bu karara göre, kuzey Kıbrıs'taki devlet yönetiminin ne türden olursa olsun hiçbir simgesi, temsilcisi, işlevi veya pratiği tanınmayacaktır. Bu türden uluslararası belgeler dışlanmış devletlere her türlü itibar imasından kaçınmaya büyük özen gösterir. Tırnak işaretleri "devlet"e ve türevlerine yapılan göndermeleri çerçeveye alır ve uluslararası hukuka göre nelerin uygun ve uygunsuz devlet yönetim şekli olarak kabul edileceği hususunda antropologlara ipuçları verir. Başka bir Birleşmiş Milletler kararından bir diğer alıntıyı inceleyelim:

> Kıbrıs Cumhuriyeti'nin işgal edilen bölgesinde gerçekleşen ve 541 (1983) Sayılı Kararı ihlal eden, Türkiye ile hukuki olarak geçersiz "Kuzey Kıbrıs Türk Cumhuriyeti" arasında sözde "Büyükelçi atanması" ve planlanmış bir "Anayasa referandumu" ve "seçimler" düzenlenmesi şeklindeki ayrılıkçı eylemler ile sözde bağımsız devletin güçlendirilmesine ve Kıbrıs'ın bölünmesine yönelik eylemler ve eylem tehditlerinden *derin bir endişe duyulmaktadır.*[9]

Aynen "devlet" gibi, temsilcileri ("yetkililer", "yöneticiler", "büyükelçiler") ve işlevleri de ("seçimler", "referandumlar") sahte ve geçersiz kabul edilir. Bu tür belgelerde tırnak işaretlerinin kullanılması, kuzey Kıbrıs'taki politik yapının varlığını şüpheli kılan "sözde", "iddia edilen", "sözüm ona", "geçersiz", "gayri meşru" ve "hukuk dışı" gibi sıfatlarla pekiştirilir.

Bu tür uluslararası belgeleri üretenlerin, tıpkı antropologların yaptığı gibi, devletin ve işlevlerinin inşa edilmiş doğasına dikkat çekmeleri bakımından iyi yapıbozumcular olduklarını söyleyebiliriz. Ama uluslararası belgeleri üretenler, tam da bir devletin varlığını yazıya geçirirken diğer devletlerin ve bizatihi devlet içi uluslararası sistemin varlığını da tescil ve teyit ederler. İki arada bocalayan bu türden bir yapıbozumda, uluslararası hukuk sisteminde tanınmayan devlete ve onun öznelerine karşı tanınan devletleri geçerli kılmak mümkündür elbette. Bu belgelerdeki tırnak işaretlerinin devlet yönetimi mantığına dayalı bir uluslararası sistemi desteklediği düşünülebilir.[10] Ama tırnak işaretleri, antropologlar için faydalı bir analiz aracıdır. Bu tartışmada meşru devletleri ve bizatihi uluslararası sistemi tırnak içine aldığımda, hukuki ve hukuk dışı arasındaki diyalektik ilişkiye dikkat çekmiş olurum. Jacques Derrida "Hukukta hukuku askıya alan bir şey vardır" görüşünü ileri sürer.[11] Muhtemelen "hukuk dışı" "hukuk"a iyi hizmet eder ve onu pekiştirir.

9   Resolution 550 (1984), alıntı agy., 90.

10 Bkz. Malkki, "Citizens of Humanity."

11 Derrida, "Force of Law," 36 ["Yasanın Gücü: Otoritenin Mistik Temeli," Fr. çev. Zeynep Direk, *Şiddetin Eleştirisi Üzerine*, 43-133, der. Aykut Çelebi, 1. baskı. İstanbul: Metis Yayınları, 2010].

Kıbrıs Cumhuriyeti'nin ürettiği belgelerde, eşanlı olarak hem bir şeye gönderme yapan hem de onu yok eden, tırnak işareti gibi araçlar benzer bir tarzda ve bazen de abartılı olarak kullanılır. Örneğin Kıbrıs Cumhuriyeti Basın ve Enformasyon Dairesi'nin yayımladığı bir belgede yer alan şu açıklamaları inceleyelim:

Kıbrıs Türk Yönetimi "Yasama Meclisi" tarafından 15/11/83'te oybirliği ile bağımsız bir devlet olduğu ilan edilen sözde "Kuzey Kıbrıs Türk Cumhuriyeti"nin ilanı, bir diğer kışkırtma vesilesiyle başlayan ve Türkiye'nin 1964'te tamamen aleni bir şekilde, ama aslında 1955'ten itibaren örtük şekillerde dahil olduğu ayrılıkçı eylemlerin doruk noktası ve uzantısıdır. Bir önceki aşama olan sözde "Kıbrıs Türk Federe Devleti" de 13/2/75'te ilan edilmiştir ve o da, 1967'de kurulmuş olan "Geçici Türk Yönetimi"nin devamıdır. Toplumlar arası sürtüşmenin başladığı ve Kıbrıslı Türklerin çoğunluğunun esas olarak liderlerinin baskısıyla kendilerini enklavlarda tecrit ettiği 1963'ten 1967'ye dek Kıbrıslı Türkler, Fazıl Küçük'ün Başkanlığı'ndaki bir Genel Komite tarafından yönetilmiştir...

Üstelik Türkler, Kıbrıslı Rumların anlamsızca kendilerinin meşru Kıbrıs Hükümeti olduğunu savunduklarını ve azınlık olduğunu varsaydıkları Kıbrıslı Türklere politik ve ekonomik bir ambargo uyguladıklarını ve aynı zamanda uluslararası forumlara başvurduklarını iddia etmektedir. Kıbrıslı Türk liderlerin Kıbrıslı Türklerin ne kadar engellenirse engellensin adanın federal yönetim altında nihai bir yeniden birleşmesi söz konusu olmaksızın bağımsızlık ilan etmekten başka bir seçeneklerinin olmadığını iddia etmelerinin nedeni budur. [...]

Sözde devletin tanınması, uluslararası olarak tanınan meşru Kıbrıs Cumhuriyeti'nin varlığının son bulacağı ve ülkenin yeniden birleşme talebinin aşikâr olmaktan çıkacağı, hatta tamamen ve doğal olarak anlaşılır olmasının son bulacağı anlamına gelmektedir. Federasyon veya konfederasyon için uzlaşmaya varmayı isteyip istemedikleri iki eşit "devlet"e bağlı olacaktır ve her türlü ortaklık müzakeresi her iki taraf için aynı noktada başlayacaktır. Başka bir deyişle, sanki birleşik ve meşru bir devlet, bir istila, bir işgal, mülteciler hiçbir zaman var olmamış gibi; her şey silinmiş gibi. İşte Kıbrıs'ın işgal edilmiş bölgesindeki bağımsızlık bildirisinin arkasındaki amaç budur.[12]

Burada devlet olma ve doğru dürüst bir uluslararası tanınma konusunda bir çelişki vardır. Dolayısıyla, hem güneydeki hem de kuzeydeki "yetkililer" propaganda veya yönetim için belge hazırlarken tırnak işareti kullandıkları yerlere çok dikkat ederler. Aslında hem güney hem de kuzeydeki yönetimlerde resmi belgelerde tırnak

---

12 Basın ve Enformasyon Dairesi, "Turkish Policy on Cyprus and Efforts to Solve the Cyprus Problem," 16-7.

işaretlerinin yanlış kullanılmasından veya çıkarılmasından veya sınırın her iki tarafındaki kurumlarla etkileşimlerden ötürü sıkıntı yaşayabilmektedir. Güneyde hazırlanan belgelerde, kuzeydeki yönetimin pratikleri ve tüm amblemleri sorgulanır.

Ama bu sorgulamaya rağmen Kıbrıslı Türkler muhtelif yönetim yapılarınca yönetilmiştir. Doğum belgeleri almışlardır; yüksek eğitim dahil her düzeyde öğrenim görmüşlerdir; kendilerine ev ve arsa tapusu verilmiştir; sürücü ehliyetleri verilmiştir; devlet çalışanı olarak maaş almaktadırlar; yaşlılık aylığı bağlanması ve sosyal güvenlik hakları için başvuru yapmaktadırlar; avukat ve doktor olarak tescillenirler; zorunlu askerlik yaparlar. Gerçekten de, 1963-1974 arasındaki enklav döneminden günümüze dek Kıbrıslı Türkler arasında bir çeşit devlet pratiği söz konusu olmuştur. Kendilerini tanınmayan bir devletin öznesi/vatandaşı olarak bulan Kıbrıslı Türkler için bu duruma gündelik bir katılım zorunludur.

KKTC kurumlarının hazırladığı çoğu belge ve tapu, Kıbrıs Cumhuriyeti ve uluslararası sistem tarafından geçersiz addedilir.[13] Ve tıpkı "devlet"in tanınmaması gibi, devletin hazırladığı belgelerdeki temsillerinin sorunlu olduğu ölçüde "vatandaşları" da tanınmamaktadır. Sadece KKTC kimlik belgesine, diplomasına, ehliyetine vb. veya seyahat belgelerine sahip olanlar (2003'ten önce) kuzey Kıbrıs'tan çok uzaklaşamıyordu (Türkiye dışında ve özel düzenlemelerle gidebildikleri bazı ülkeler dışında yurtdışında hiçbir yere gidemiyorlardı). Kuzey Kıbrıs'taki kişilerin kişisel tarihleri, tanınmayan devletin belgelerinin damgasını yiyordu: doğum, öğrenim, evlilik ve ölüm belgeleri; maaş bordroları; elektrik, su, doğalgaz faturaları; tapu sicil belgeleri; vergi formları; askerlik hizmeti belgeleri. Kıbrıs Cumhuriyeti, bu belgelerdeki işlemlerin çoğunu geçersiz bulur. Aslında "Sözde devletin sözde dışişleri bakanı, kuzeydeki sözde üniversitede bir konuşma yaptı" gibi açıklamaların pek de nadir olmaması da esasen kuzeydeki yönetimin pratiklerini tanımama konusundaki endişelerini gösterir. Kıbrıslı Türkler, bu durumla sıkça dalga geçer; "Bizim sözde devletimizin sözde sanatçısı sözde sanat galerisinde eserlerini sergiledi" türünden cümleler kurarak kendi olumsuzlanmalarının taklidini yaparlar.

Kıbrıs Cumhuriyeti ve Birleşmiş Milletler'in belgelerindeki tırnak işaretleri ve gayri meşruluk iddiaları, KKTC'nin devlet dairelerinde hazırlanmış yayınlardaki benzer iddialarla ve KKTC'nin yurtdışındaki temsilcilerince dengelenir. KKTC'nin bağımsızlık ilanından kısa bir süre sonra yayımlanmış olan bir propaganda broşüründe "Kuzey Kıbrıs Türk Cumhuriyeti Başsavcısı" Zaim M. Nejatigil şunları yazar:

---

13 Ancak 2003'te Yeşil Hat boyunca sınır noktalarının açılmasından itibaren Kıbrıs Cumhuriyeti kurumları, örneğin sınır polisi, KKTC nüfus kâğıtlarını ve sürücü ehliyetlerini Kıbrıs Türk kimliğinin kanıtı olarak kabul etmeye başladı.

15 Kasım 1983 tarihinde o zamanki adıyla Kıbrıs Türk Federe Devleti, Yasama Meclisi'nin oybirliğiyle Kuzey Kıbrıs Türk Cumhuriyeti'nin kuruluşunu ilan etti. [...]

Birleştirebileceği hiçbir federal yapı olmamasına rağmen Türk Federe Devleti 1975'te kurulmuştu. Bu hamlenin arkasındaki saik, iki federe Devlet'ten oluşan bir federasyona kapıyı açık bırakmaktı. Ama uluslararası alanda Kıbrıslı Türkler "devletsiz" olmaya devam ettiler, zira Türk "Federe" Devleti uluslararası tanınma istemedi ve isteyemezdi de. Paradoksal olarak, Kıbrıs Rum yönetimi de, BM Genel Sekreteri'nin 11 Mart 1965 tarihli S/6228 sayılı raporunda onayladığı üzere, Aralık 1963'ten beri Türk bölgelerinde hiçbir iradesi (yönetim erki) olmamasına rağmen tüm Kıbrıs'ın "Hükümeti" olduğunu iddia ediyordu. [...]

1975'ten beri Birleşmiş Milletler himayesinde gerçekleştirilen toplumlar arası müzakere süreci boyunca Kıbrıs Rum tarafı, mevcut gerçeklikleri tamamen hiçe sayarak, birleşik bir "Kıbrıs Hükümeti"nin hâlâ var olduğunu ve Kıbrıs Rum yönetiminin de bu "Hükümet" olduğunu varsaydı.[14]

Nejatigil, gerçekte Kıbrıslı Rumların elinde olan Kıbrıs Cumhuriyeti'ne karşı aynı aracı (yani tırnak işaretlerini) kullanmaya çalışsa da, onun bu edimi, güney Kıbrıs yönetimi açısından aynı ölçüde bir "tanınmama" etkisi üretmez. Diğer bir deyişle, Kıbrıslı Rumlar gündelik yaşamlarında tırnak işaretlerinin bu özel kullanımının etkilerini hissetmezler. Uluslararası açıdan kuzey Kıbrıs'ta yönetimin vatandaşları üzerinde ekonomik ve politik ambargosu vardır.

Belgelerin Karşıt Yansıtmaları

İngiltere İçişleri Bakanlığı'nın bir belgesine göre Derviş Tahsin, "20.4.97 tarihinde kuzey Kıbrıs'tan İngiltere'ye geldi ve sığınma talebinde bulundu."[15] Göçmen Bürosu memurunun belirttiği üzere "geçerli bir kuzey Kıbrıs seyahat belgesine sahipti." Derviş Tahsin alıkondu, pasaportunun ve uçak biletinin fotokopileri alındı. Soru cevap şeklinde gerçekleştirilen ilk standart görüşmede ülkesini terk etmesine neden olan sebepleri açıklaması istendi. Milliyetçi bir gösteriye katılmayı reddettiği için kuzey Kıbrıs'ta tutuklandığını söyledi. Göçmen Bürosu memuru "Seni neden tutukladılar?" diye sordu. Tahsin'in yanıtı "Sınırdaki karışıklık yüzünden" şeklindeydi.

---

14 Nejatigil, *Turkish Republic of Northern Cyprus in Perspective*, 3.

15 Gizliliklerini koruyabilmek için kişilerin gerçek isimlerini ve olayların ayrıntılarını değiştirdim. Bu öyküdeki kişi çoktan İngiltere'den sığınma hakkı aldı ve şimdi yasal belgelere sahip olarak orada ikamet ediyor. Göçmen Bürosu belgeleri kamusal belgelerdir ve iltica başvurusu yapanın veya iltica edenin gizliliği korunduğu sürece alıntılanabilir.

Soru: Seni tutuklayanlar Kıbrıs Türk polisi ve askerleri miydi?

Yanıt: Evet Türk askerleri ve Kıbrıs Türk polisiydi.

Soru: Bunlar anavatan Türkiye'nin askerleri değil mi?

Yanıt: Evet.

Soru: Neden kendi halkından insanları tutuklamak istesinler ki?

Yanıt: Sınıra yakın yaşanan olaylar yüzünden. [...]

Soru: Seni tutuklamak için ne sebep gösterdiler?

Yanıt: Kıbrıslı Rumlar sınırda sorun çıkarıyorlardı ve gelip onlarla kavga etmemizi istiyorlardı. [...]

Soru: Sınırda ne tür sorunlar yaşandı?

Yanıt: Taş atmak veya benzeri şeyler. Kıbrıs'ta savaşı değil barışı destekliyorum ben.

Soru: Hiç politik bir faaliyete katıldın mı?

Yanıt: Hayır.

Bu görüşmeden sonra Tahsin'in sığınma talebi reddedildi. Mültecilik ve Vatandaşlık Müdürlüğü'nden şöyle bir resmi mektup aldı:

Sayın Tahsin Bey [...]

Savaştan korktuğunuz ve barış istediğiniz için Kuzey Kıbrıs'ı terk ettiğinizi iddia ediyorsunuz. Ayrıca, kuzey ve güney Kıbrıs arasındaki karışıklıktan ötürü Türk güvenlik güçleri tarafından tutuklandığınızı da iddia ediyorsunuz. Sizin Rumlarla savaşmanızı istediklerini ve bu isteklerine karşı çıktığınız için yıllardır Türk yetkililer tarafından tutulmakta olduğunuzu iddia ediyorsunuz. Can güvenliğiniz olmadığını iddia ediyorsunuz.

Bakanlığımız başvurunuzu dikkatle incelemiş ve mülteci olamayacağınıza karar vermiştir.

Kuzey Kıbrıs yetkilileri tarafından sizin isminize hazırlanmış geçerli bir KKTC yolculuk belgesine sahipsiniz. KKTC pasaportuna sahip birisi olarak Kuzey Kıbrıs uyruklu olduğunuz düşünülmektedir ve bu bakımdan, Kuzey Kıbrıs vatandaşı olarak kabul edilmektesiniz ve bu nedenle, 12 Mart 1985 Anayasası'nın öngördüğü üzere, vatandaşlara tanınan her türlü olanaktan faydalanma hakkına sahipsiniz. Herhangi bir siyasi işbirliğiniz olduğunu iddia etmiyorsunuz; yolculuk belgesi alma konusunda bir sıkıntı yaşadığınızı da iddia etmiyorsunuz. Kuzey Kıbrıs'tan ayrılma konusunda herhangi bir güçlük yaşadığınızı iddia etmiyorsunuz. Yolculuk belgenizi meşru bir şekilde elde etmiş olmanız ve rahatlıkla kullanabilmemiz, Bakanlığımıza normal yollarla çıkış yaptığınızı ve Kuzey Kıbrıslı yetkililerle çıkarlarınızın çatışmadığını göstermektedir. Bu nedenle Bakanlığımız, yetkililer karşısında riskli bir konumda olmadığınızı düşünmektedir.

Ama Kuzey Kıbrıs'ta korktuğunuzu iddia ettiğiniz Kuzey Kıbrıslı yetkililer değildir; size yıllardır zarar veren, taciz ettiğini iddia ettikleriniz Türk silahlı kuvvetleri askerleridir. [...] Aynı zamanda, Kuzey Kıbrıs'ta konuşma ve ifade özgürlüğü olmadığını da iddia ediyorsunuz.

Bakanlık bu iddiaların Kuzey Kıbrıs'ta var olan durumla ilgili bilinenlerle uyuşmadığı düşüncesindedir. Bakanlık, bu sonuca ulaşırken olaylara dair yaptığınız açıklamanın doğruluğundan tatmin olmamıştır.

Bakanlık, Kuzey Kıbrıs'ın insan haklarına saygılı, iyi işleyen bir demokrasi olduğu kanaatindedir. Aksini gösteren hiçbir tarafsız kanıt bulunmamaktadır. Eldeki bilgilere göre, Kuzey Kıbrıs'ta konuşma özgürlüğü, din özgürlüğü ve siyasi partiye üye olma özgürlüğüne saygı duyulmaktadır. Bu haklar ve özgürlükler hukukun koruması altındadır. [...]

Bakanlığımız, Kıbrıs Türk ordusunun Kuzey Kıbrıs yetkililerinin isteğiyle Kuzey Kıbrıs'ta bulunduğunun ve bu nedenle söz konusu silahlı güçlerin Kuzey Kıbrıslı yetkililerle işbirliği içerisinde olduğunun farkındadır. Bakanlık, hukuk ve düzeni sağlamaya yönelik her türlü tedbirin huzuru ve barışı sağlama sınırları içerisinde olduğu ve güvenlik güçlerinin aldığı her türlü önlemin de Anayasa'nın öngördüğü hukuk sisteminin yetki sınırları içerisinde olduğu görüşünü taşımaktadır. Bakanlık, Türk güvenlik güçlerine yönelik her türlü şikâyetinizin Kuzey Kıbrıs vatandaşı olarak sahip olduğunuz haklar çerçevesinde kendi sorumluluğunuzda olduğu, bunu normal yasal yollara başvurarak yapmanız gerektiği görüşündedir. [...]

Bakanlık kendisine sunulan bilgileri değerlendirerek, Mültecilerin Statüsüne ilişkin 1951 Birleşmiş Milletler Sözleşmesi kapsamında mülteci statüsüne sahip olma hakkınızı kanıtladığınız kanaatinde değildir. Bu nedenle, başvurunuz reddedilmiştir.

Saygılarımızla,

Mülteci Müdürlüğü

İngiltere Mültecilik ve Vatandaşlık Müdürlüğü'nün bu belgesini bu bölümde ele aldığım diğer belgelerle karşılaştırmak istiyorum; böylece birbirlerine ışık tutup aydınlatabilecekler. Bu çoklu yansımalar aracılığıyla üretilecek olan karşıt imgeler, analizimi konumlandıracağım uzamı oluşturuyor.

Öyleyse, daha önce alıntıladığım Birleşmiş Milletler'in 541 Sayılı Kararı ile Mültecilik Müdürlüğü'nün bu belgesini, Kıbrıs Cumhuriyeti ile KKTC belgelerinin birbirlerini nasıl yansıttıklarını akılda tutarak, karşılaştıralım. Tırnak işaretlerinin mevcudiyeti, Birleşmiş Milletler'in KKTC'ye yaptığı göndermelerde fark ediliyorsa,

Mültecilik Müdürlüğü'nün belgesindeki eksiklikleri de ilginçtir. İngiltere, Türkiye dışındaki diğer tüm Birleşmiş Milletler üye devletleri gibi, KKTC'yi "devlet" olarak tanımamaktadır. Ama yine de Mültecilik Müdürlüğü'nün belgesi, KKTC'nin "hukuk"unu uygun ve "otorite"sini geçerli bulur; bunu yaparken de meşruluğunu onaylamak için Batı liberalizminin dilini kullanır; "demokrasi"ye, "konuşma ve ifade özgürlüğü"ne ve "insan hakları"na gönderme yapar. Üstelik kuzey Kıbrıs'a yapılan Türk çıkarması, uluslararası hukuki belgelerde "işgal" olarak kabul edilse de, Mültecilik Müdürlüğü'nün belgesi, sığınma talebinde bulunan kişinin başvurusunu reddetmek için Türkiye'nin kuzey Kıbrıs'ta uyguladığı yönetime ve askeri hukuka gönderme yapar. Göçmen dairesindeki memurun Tahsin'e tavsiyesi "Kuzey Kıbrıs vatandaşı olarak hakları"nı araması ve ordudan şikâyetçi olmak için "normal yasal yollar"a başvurmasıdır. Oysa bizatihi Türk ordusunun kuzey Kıbrıs'taki mevcudiyetinin, hukuki sorumluluğun "normal" önlemlerinin uygulanamayacak olmasına işaret etmesi, ne olursa olsun göçmen dairesindeki memurun söylemini (ve davranışını) etkilemez. Bilakis memur, Türk ordusunun kuzey Kıbrıs'ta "etnik bir grup olarak Türkler"i koruyacağını varsayarak ve tam da bu nedenle, Kıbrıs'taki mevcudiyetinin devam etmesini meşrulaştırma çabasında bizatihi ordunun ideolojisini savunarak Tahsin'e şu soruyu sorar: "Bunlar anavatan Türkiye'nin askerleri değil mi? Neden kendi halkından insanları tutuklamak istesinler ki?" Etnisiteye dayandırılmış bu mantığa göre, Tahsin "Rum" olsaydı, Türk askerlerinden zulüm görmesi anlamlı olacaktı.[16] Burada, Tahsin her ne kadar kendisinin tanınmayan devletinden iltica etmiş ve başka bir devlete sığınmaya çalışmış olsa da, Mülteci Müdürlüğü'nün verdiği mesaj, Tahsin'in söz konusu tanınmayan devletin vatandaşı olmaya devam etmesidir; temyize gitmeden önce kuzey Kıbrıs'a gönderilmek üzere sınırdışı edilme kararı verilmesinin nedeni budur.

Birleşmiş Milletler'in ve İçişleri Bakanlığı'nın –"uluslararası hukuk"un kutsallaştırılmış alanı içinde uyumlu olması gereken– belgelerini karşılaştırdığımızda, meşru uluslararası alanın inşa edildiği kadar gayri meşru alanın desteklendiği ve onaylandığı da açık olsa gerektir. Burada, antropolog "gayri meşru devlet"e ait belgeyi, kolaylıkla "meşru devletler"e ait belgelerin yanına ekleyebilir ve benzer teorik araçlarla analiz edebilir.

---

16 8 Mart 2001 tarihinde görüştüğüm, sığınma talep eden kişileri temsil eden yasal bir temsilci, İngiltere'deki göçmen hâkimlerinin, her ne kadar Cenevre Sözleşmesi uyarınca mülteci olmanın "uygun" kriterlerinden biri olarak kabul edilse de, kişinin politik iddiaları temelinde maruz kaldığı zulmü idrak edemediği gözlemini dile getirmişti: bkz. Tuitt, *False Images*, 11-2. Temsilciye göre, Göçmen Bürosu memurları etnisite veya ırk temelinde maruz kalınan zulmü idrak edecek yeterli zamana sahip oluyordu.

Alternatif Belgeler

Londra'da bulunan Kıbrıs Konsolosluğu'nun kapısında uzun bir kuyruk vardır. Pasaport memurları Kıbrıslı Rum sivillerden oluşur. Başvuruda bulunanların çoğunluğu ise Kıbrıslı Türktür. Konsolosluk'taki üst düzey bir yetkili bu durumu şöyle açıkladı: "Tüm Kıbrıslı Türkler hakları olduğu için Kıbrıs Cumhuriyeti pasaportu almak için başvurabilir." Yetkiliye göre kuzeydeki tanınmayan devlet, hukukun eksikliğini temsil etmekte olduğundan, bu tezadı vurgulamak için "Kıbrıs hukuku işliyor" der. "Kıbrıslı bir Türk kendisine pasaport verilmediği gerekçesiyle Kıbrıs Cumhuriyeti'ni dava edebilir."

Gerçekten de, Kıbrıs Cumhuriyeti, KKTC'yi tanımadığı için Kıbrıslı Türklerin kendi vatandaşı olduğunu iddia eder. Konsolosluk'taki memur bu durumu şöyle açıkladı: "Pasaport başvurusu yapabilmek için anne babanızın doğum belgelerini ibraz etmeniz gerekir." Ama müteakip kuzey Kıbrıs yönetimlerinden 1974 sonrasında alınan doğum belgeleri kabul edilmez. Konsolosluk memuru şöyle açıkladı: "Şayet 1974'ten sonra doğmuş birisinin anne babası 50 yaşındaysa, onların doğum belgelerini getirmesi gerekir." Kıbrıs 1960'a dek bir İngiliz kolonisiydi ve İngilizlerce verilen doğum belgeleri, bir yeniden onay sürecinden geçmekle birlikte Kıbrıslı yetkililerce geçerli kabul ediliyordu. Şunu sordum: "Peki ya Kıbrıslı bir Türkün ibraz edebileceği, anne babasına ait bir doğum belgesi yoksa ne yapacak?" Memur şu yanıtı verdi: "Kıbrıs'taki bütün doğumların kaydı vardır, dolayısıyla birisi doğum belgesini bulamıyorsa, bunu arşiv kayıtlarından kontrol ettirebilir. Sonra gelip filanca anne babanın çocuğu olduğuna dair yemin etmelidir. Böylece Kıbrıs Cumhuriyeti pasaportu almaya hak kazanır." Memurun dikkatini, o dönemde, yani 2003'te kontrol noktalarının geçişe açılmasından öncesinde Kıbrıslı Türklerin güneye gidip kayıtlarını araştırabilmeleri için özel izin veya bağlantılar olmadan geçemedikleri bir sınır bulunduğu gerçeğine çekmedim. Ama birçok Kıbrıslı Türk, Londra'daki Konsolosluk aracılığıyla Kıbrıs Cumhuriyeti pasaportuna başvuru yapmak için Londra'ya giderdi. Kıbrıslı Türklere yönelik danışmanlık ve kültür dernekleri, merkezleri vb. bu tür başvurular için aracılık ediyordu.[17]

Kıbrıs Cumhuriyeti pasaportu ile AB'nin her ülkesine vizesiz girilebilir. Belgeleri tanınmayan ve bu nedenle kuzey Kıbrıs'tan çıkış yapma konusunda zorluk yaşayan KKTC vatandaşları içinse, Kıbrıs vatandaşlığı ve pasaportu bir nimet olarak kabul edilir. Uluslararası hukukun perspektifinden, KKTC vatandaşlarının Kıbrıs

---

17 Ama kişi doğru kültür merkezinden tavsiye almalıydı. KKTC ile yakınlığı bulunan sosyal hizmet görevlileri, Kıbrıs Cumhuriyeti pasaportuna başvuran kişilere yardım etmemekteydi, çünkü KKTC yetkilileri Kıbrıs Cumhuriyeti'ni tanımıyorlardı.

pasaportu almak için başvuru yapması "yasal"dır. Kıbrıs Cumhuriyeti tanınan bir devlettir ve Kıbrıslı Türkler, Kıbrıs'ın ve uluslararası hukukun perspektifinden, Kıbrıs Cumhuriyeti vatandaşıdırlar.

Ama bir perspektiften yasal görünen bir şey, bir diğerinde yasadışı veya hukuka aykırı görünebilir. KKTC yasalarında yasadışı addedildiği için uluslararası hukukun talimatlarına uymak bir dönem kuzey Kıbrıs'ta tehlikeli bir işti. Kuzey Kıbrıs gazeteleri *Kıbrıs* ve *Yeni Düzen* 12 ve 14 Nisan 1998'de hükümetin bir açıklamasını yayımladı; buna göre, "Kıbrıs Cumhuriyeti pasaportu olanlar 2 milyar Türk liralık para cezası ve 5 aylık hapis cezası" alacaktı. Oradaki tabiriyle bu "pasaport skandalı" patlak verdiğinde ben de kuzey Kıbrıs'ta bulunuyordum; Kıbrıslı Türkler, Kıbrıs Cumhuriyeti kayıtları veya vatandaşlıkları öğrenilecek diye korkuyorlardı. Alt düzey bir memur şöyle demişti: "Kıbrıs pasaportu almayacağım, çünkü korkuyorum. Ya bizi yüz kızartıcı suçtan hapse atarlarsa? Ben devlet görevlisiyim, maaşımı devletten alıyorum. Böyle bir riski göze alamam." Bu memurun hem KKTC pasaportu hem de Türkiye Cumhuriyeti pasaportu vardı. Türkiye, Kıbrıslı Türklere geçerli yolculuk belgesi olarak kullanmaları için TC pasaportu veriyordu. Ama bu memur Londra'da yaşayan kuzenine Kıbrıs pasaportu almasında yardımcı olacaktı, çünkü böylece AB ülkelerine vize almadan gidebilecekti.

Denktaş yönetimi Kıbrıs Cumhuriyeti pasaportu alanları tehdit ettiği için, kuzey Kıbrıs'ta yaşayan Kıbrıslı Türkler pasaporta başvurma konusundaki ikilemlerini ifade ediyorlardı. Yaygın söylemde Kıbrıs Cumhuriyeti pasaportuna "Rum pasaportu" deniyordu. Kıbrıslı Türk olan Orhan Bey şöyle demişti: "Rum pasaportu almak istemiyorum, çünkü prensiplerim var. Kıbrıs Rum yönetimini olduğu gibi tanımak istemiyorum. Ama oğlumun almasını istiyorum, çünkü böylece Kıbrıs'tan çıkıp kendisine başka bir yerde bir hayat kurabilir." KKTC otoritesini eleştiren veya yurtdışında yaşayan başkaları bu tür ikilemlerden pek rahatsız olmuyorlardı ve Kıbrıs Cumhuriyeti pasaportuna başvurmada tereddüt etmiyorlardı.

Pasaportlar uluslararası dolaşımda pahalı metalardır. Pasaporta büyük talep vardır ve pazarı çok büyüktür. 1994'e dek İngiltere, KKTC pasaportu olanlara vize uygulamadı. O dönemde tanınmayan KKTC pasaportuyla İngiltere'ye gitmek, tanınan Türkiye pasaportuyla gitmekten daha kolaydı. Bu nedenle, Türkiye'den çok sayıda insan, kuzey Kıbrıs'ta faaliyet gösteren pasaport mafyasına büyük paralar ödeyerek KKTC pasaportu almıştı. Böylece, Türkiye Cumhuriyeti pasaportu üzerindeki vize engeline takılmadan İngiltere'ye gitmiş ve iltica talebinde bulunmuşlardı. İngiltere İçişleri Bakanlığı o zamandan beri KKTC pasaportu için de vize şartı koydu. Artık geçerli bir İngiltere vizesi olmadan kuzey Kıbrıs'tan KKTC pasaportuyla uçağa atlayıp İngiltere'ye girmek mümkün değil.

Bu zorluklardan ötürü, 2003'te kontrol noktalarının geçişe açılmasından önce, özellikle de 1974 sonrası doğumlu Kıbrıslı Türkler için Kıbrıs ve uluslararası hukuk kapsamında tanınmalarını sağlayacak Kıbrıs Cumhuriyeti pasaportu almak çok daha zorlaştı. Kıbrıs Cumhuriyeti, 1974'ten sonra doğan bireylere karşı çok daha katı bir tutum benimsiyor, Kıbrıslı Türkler ile Türkiyeli yerleşimcileri birbirinden ayırmak istiyordu. Bir keresinde, Baflı (güney Kıbrıs'ta Paphos) bir anne babanın çocuğu olarak 1981 Mağusa'da (Famagusta) dünyaya gelmiş olan genç bir Kıbrıslı Türk, yasal hakkı olan Kıbrıs Cumhuriyeti pasaportunu almak için güney Kıbrıs'ta faaliyet gösteren bir pasaport mafyasına 3.000 İngiliz sterlini ödemişti. Başka bir deyişle, Kıbrıs Cumhuriyeti vatandaşı olarak yasal hakkını alabilmek için yasal olmayan yollara başvurmak zorunda kalmıştı. Kuzeydeki yetkililerin Kıbrıslı Türklerin güneydeki akrabalarını ziyaret etmeleri için ara sıra geçmelerine izin verdiği Pile (Pyla) sınır köyünde bazı aracılar türemişti ve belli bir ücret karşılığında Kıbrıslı Türklerin güney Lefkoşa'daki pasaport bürosuna gitmelerine aracılık ediyorlardı ya da önceden belirlenen bir komisyon karşılığında Kıbrıslı Türklerden belgelerini alarak pasaportlara bizzat başvuruyor ve Pile'de sahtesini yapıyorlardı. Bunun yanı sıra, sırf kuzeyde yaşayan Kıbrıslı Türk arkadaşlarına yardım etmek için bunu yapan Rumlar da vardı.

Sorunlar patlak vermeden önce Kıbrıs Cumhuriyeti'nde çalışmış olan Kıbrıslı Türklerin de emeklilik hakkı vardı. 1957'de Kıbrıs'ta İngiliz yönetimince çıkarılan bir sosyal güvenlik yasası hem Rumları hem de Kıbrıslı Türkleri kapsıyordu. Yasaya göre, 1957 ile 1963 arasında veya toplumlararası çatışmanın çıkmasından hemen önce Kıbrıs'ta çalıştığını belgeleyebilenler emeklilik hakkına sahip olacaktı. Kuzey Kıbrıs'ta 2001 yılında birçok yaşlı, Kıbrıs Cumhuriyeti'nden Kıbrıs paundu ile ödenen maaşını almaya devam ediyordu. Kıbrıs Cumhuriyeti'nden maaş almak için yapılan başvurular kuzey Kıbrıs'ta Dev-İş sendikası tarafından işlemden geçiriliyordu. Güneyden emekli maaşı bağlatmak için yapılan bu başvurular, belli bir aşamada KKTC yetkilileri tarafından yasaklanmıştır. Kıbrıslı Türkler Kıbrıs Cumhuriyeti'nde çalışma hakkına sahip olduklarını söyleyerek buna karşı çıkmışlardır. Bu nedenle, kuzey Kıbrıs yönetimi "Bu tür emekliler nasılsa kısa bir süre sonra ölecekler" diyerek yasaklama kararından vazgeçmiştir. 2001'de yaklaşık dört bin Kıbrıslı Türk kuzeyde yaşamasına rağmen hâlâ güneyden maaş almaya devam ediyordu.[18] Hatta Kıbrıs paundu karşılığı verilen maaş çeklerinin karşılığını Türk lirası ile ödeyebileceğinin reklamını yapan döviz büroları bile vardı. Birçok

---

18 Araştırmamı yaptığım dönemde Türk-Sen sendikasının başkanı olan Önder Konuloğlu'na göre bu böyledir.

Kıbrıslı Türkün yaşlı anne babaları, Kıbrıs Cumhuriyeti'nden aldığı emekli maaşıyla geçiniyordu.

Hukuksallığın Diyalektiği

Tanınmayan bir devletin vatandaşlarının yasal belgeler elde edebilmek için maruz kaldığı türden işlemler, askeri bariyerleri ve hukuki bölünmeleri aşarak geçmek zorunda oldukları sınırlar, uluslararası hukuk uygulamalarında çok fazla tartışılır. Uluslararası hukukun rasyonalist mantığı ve retoriğiyle bakıldığında "gayri meşru" devletin vatandaşlarının yaşadığı sorunlar, kuraldışı yapıyla, yani bizatihi gayri meşru devletin kendisiyle bağlantılıdır. Gayri meşru devleti "korsanlığı"ndan veya hukuka aykırı olmasından ötürü yalıtacak ve nesneleştirecek olan bu yaklaşım, hukukun kendisini suçla savaşan bir aktör olarak mitsel bir şekilde temsil edişini yeniden üretir. Ama benim hukuk konusunda farklı şüphelerim var.

Şayet hukuk rasyonelliğinden ve meşruluğundan bu kadar hoşnutsa, "hukukdışı"nı tırnak işareti, olumsuzlama ve şüpheye dayalı sıfatlar gibi üslupsal araçlarla işaretleme takıntısı niçin devam eder? Kuzey Kıbrıs Türk Cumhuriyeti enternasyonalizmin kabul edilen sınırları dışında işlerlik gösteren bir devlet olarak ilginçtir. Ama KKTC'nin uluslararası hukuka karşı değil, bilakis onun desteğiyle kendisini ayakta tutabildiğini öne süreceğim. İngiltere ve ABD'nin, adanın bölünen kısmının Türkiye tarafından askeri olarak ele geçirilmesi karşısındaki atıllıklarını (ve dolayısıyla bunu onaylamalarını) işaret eden Kıbrıs'ın karmaşık tarihine ilişkin analizler de bunu onaylamaktadır.[19] Üstelik uluslararası hukukun onu gıyaben desteklediğini daha net görmemizi sağladığı için de KKTC'yi gayri meşru bir devlet olarak ilginç buluyorum. KKTC, bir antropolog olarak bana kuraldışı bir vaka olarak ilginç gelmiyor. Bilakis özgün görünen bu "devlet"in bizi normal olduğu varsayılan devletler hakkında antropolojik olarak düşünmeye sevk ettiğini düşünüyorum. "Meşru" devletlerin ve bizatihi uluslararası hukuk sisteminin tuhaflığını daha net görmemizi sağlıyor.

Kâğıt Parçaları

Şimdi bir kez daha, meşru bir devlete ait bir belgeyi ele alalım ve onu, tanınmayan bir devletin belgesiyle karşılaştıralım: Örneğin KKTC pasaportu ile Kıbrıs Cumhuriyeti pasaportunu karşılaştıralım. Jacques Derrida'nın önermelerini benimsersek, aralarında hiçbir farklılık olmadığını ileri sürebiliriz. Hukuk söylemi de dahil olmak üzere muhtelif kurumsal söylemlerde "mevcudiyetin metafiziği"ni eleştiren Derrida,

---

19 Bkz. Hitchens, *Hostage to History*.

"aşkın veya ayrıcalıklı bir gösterilen olmadığını ve [...] bu nedenle, anlamlandır-
manın kendisi ile etki alanının hiçbir sınırı olmadığını" öne sürer.[20] Derrida tam
da orijinal ile kopya arasındaki ayrımı sorgular. Derrida'ya göre her yazma edimi
zaten bir kopyalamadır; ayrıca kendisini orijinal olarak sunan şey de buna dahildir.
Bu anlamda, meşru bir otorite kapsamında hazırlanmış yazılı bir belge ile gayri
meşru bir yönetimin belgesi arasında hiçbir fark yoktur. Bu argümanın ve özelikle
de Derrida'nın hukukun özünün "yinelenebilirliği"ne ilişkin çalışmasının izinden
giden Veena Das, bizatihi devletin kendi pratiklerinin sahteciliğini yaptığını ileri
sürer.[21] Bu nedenle, sahte bir belgenin bizatihi meşru bir devlet otoritesinin ortaya
koyduğu olasılık koşullarıyla çeliştiği ileri sürülemez. Benzer bir teorik perspektiften
Brinkley Messick, Yemen'de litografinin ve baskı teknolojisinin bulunmasından
önce "on binlerce müstensihin var olmasını" inceler ve "kopyalamanın, orijinalin
yetkinliğine sahip olabildiğini" öne sürer.[22] Bu antropolojik çalışmalar belki de,
benim de ilgimi çeken bir mesele olan "orijinal" ile "meşru" devlet eleştirisinin bir
emsalini teşkil etmektedir. Orijinal nosyonunu Derridacı bir tarzda yapıbozuma
uğratsaydık, hem meşru hem de gayri meşru devletin belgelerinin birer kopya
olduğunu ileri sürebilirdik.

Yapıbozumdan türetilmiş olan bu argüman, özellikle meşru ve gayri meşru
devletlerin otoritesini içerimleme şekli bakımından ikna edici ve radikal göründüğü
kadar, bence kısıtlıdır da. İlgi odağımda, tanınmayan bir devletin vatandaşları
olarak Kıbrıslı Türklerin etnografik açıdan özgül deneyimleri bulunduğu için da-
ha kapsamlı iddialar öne sürmekten kaçınacağım. Bu vatandaşların yasal belgeler
edinme çabalarına ve çelişkili belgeler arasında sıkışıp kalma deneyimlerine ilişkin
açıklamamın ışık tuttuğu kadarıyla, Kıbrıslı Türkler için KKTC belgesi ile meşru
devletlerin veya uluslararası sistemin belgeleri arasında varoluşsal bir farklılık vardır.
KKTC pasaportu kuzey Kıbrıs dışında hareket konusunda kimi kısıtlamalar içerir.
Kıbrıs Cumhuriyeti pasaportu ise aksine dünyanın her yerine ulaşım özgürlüğü
sağlar. İki belge arasındaki farklılık deneyimsel olarak KKTC vatandaşları açı-
sından çok gerçektir. Kıbrıslı Türklerin Kıbrıs Cumhuriyeti pasaportu alabilmek
uğruna, askeri mahkemelere çıkarılıp tutuklanmak da dahil olmak üzere, böyle
riskler alabilmesinin nedeni budur.

Uluslararası hukuk söylemleri tırnak işaretlerini bir farklılık etkisi yaratacak
şekilde kullanarak "gayri meşru devlet" anlamı kazandırdığı için, deneyimlen-

20 Derrida, *Writing and Difference*, 281.
21 Das, "Documentary Practices"; Derrida, "Force of Law."
22 Messick, "On the Question of Lithography," 162, 164.

diği şekliyle farklılığın sadece bir farklılık olduğu ileri sürülebilir. Bu, yeterince doğrudur. Ama Douzinas ve Warrington'ın dikkat çektiği gibi, hukuk zorunlu olduğu için hukuktur.[23] Başka bir deyişle, tırnak işaretleri yorumbilgisel olarak hukuk eleştirmenleri tarafından yorumlanabilecek bir yapıntı [*artifact*] değildir basitçe. Hukukun dayatmacı mekanizmalarını da ele almak gerekir.[24] Hukukun öznelerinin –buradaki örnekte Kıbrıslı Türklerin– perspektifinden meşru bir devlet ile gayri meşru bir devlette vatandaşlık deneyiminde bir farklılık vardır. Kıbrıslı Türkler; KKTC, Kıbrıs Cumhuriyeti, Türkiye Cumhuriyeti ve İngiltere belgelerine başvurma sürecinde aynı şeyleri deneyimlemezler. Bir belge, kendi özel üretiminin, işleminin ve alımlanmasının tarihsel koşullarından teorik olarak soyutlanamaz. Başka bir deyişle, belgelerin kendi tarihsel bağlamlarında incelenmesi ve konumlandırılması gerekir. Sonuçta hepsinin de birer nüsha (kopya, kâğıt parçası) olduğu ileri sürülebilse de, onları kullanan insanların deneyimlerinde aynı etkileri veya aynı duyguları üretmezler.

Yasal Formlar

Londra'da yaşan bir Kıbrıslı Türk olan ve yaşadığı yerdeki İngiliz belediyesinden her mektup aldığında korkan ve paniğe kapılan Fuat'ın öyküsüne bakalım. Fuat zarfları kendi başına açamıyordu; bu yüzden mektupları alıp Londra'nın doğusundaki Hackney'de bulunan kültür derneğine gidiyordu ve buradaki Kıbrıslı Türk çevirmenlere mektubun içeriğini tercüme ettiriyordu.[25] Çoğu zaman mektuplar sıradan oluyordu: Örneğin belediye meclisinin park izninin yenilemesine dair bir hatırlatma pusulası veya çocuk vergi kredisi talep etmek için doldurulması gereken bir Vergi Dairesi formu. Kültür merkezinde Türkçe konuşan sosyal hizmet görevlileri, İngiliz devlet aygıtı ile Kıbrıslı Türkler arasında çeviri yoluyla arabuluculuk yapıyorlardı. Fuat'ın politik olana ilişkin duygusal deneyiminde İngiliz refah devletinin görünüşte rasyonelleşmiş yapısına karşı mecburi sorumluluklara dayalı uğraklardan daha keskin bir şey yoktu. Sosyal hizmet görevlileri formlarla dolu odalarda oturuyor, çay ve sigara içerek Kıbrıslı göçmenlerin resmi formları doldurmalarına yardımcı oluyorlardı.

Kültür merkezinde kendisiyle ilk karşılaşmamızda Fuat, "Formlarımızı doldurmak için buraya geliriz" demişti. Omuzlarını dikleştirmişti, bedeni iki büklümdü, örtük bir biçimde, İngiliz devleti kurumlarıyla etkileşiminin kendisine ne denli

---

23 Douzinas ve Warrington, *Justice Miscarried*, 211-3.

24 Agy.

25 Hackney, Londra'da çoğunlukla Türkiyeli, Kıbrıslı ve Karayipli göçmenlerin yaşadığı bir yerdir.

acı verdiğini, eziyet ettiğini beden diliyle anlatıyordu. Bir belge doldurması veya bir İngiliz yetkiliyle yazışması gerektiği her seferde paniğe kapıldığını söylüyordu. Formları dolduramıyor, mektupları "normal" bir İngiliz vatandaşının yapacağı gibi okuyamıyordu. Çevirmenlerden bunu kendisinin adına yapmasını istiyordu, ama endişesini yatıştırabilmek için bunu ancak birkaç seferde yapabiliyordu. Yerel yetkililere yazılan mektuplar kültür merkezinden gönderiliyor ve özgün yazışmanın aslı merkezdeki bir dolapta, Fuat'ın adına açılan bir dosyada tutuluyordu. Bu belgeler Fuat'ın İngiliz devlet aygıtına ilişkin duygusal deneyimini öyle bir etkiliyordu ki Fuat evrakları evine götürmeye bile cesaret edemiyordu. Fuat'ın Mültecilik Dairesi ile yaptığı yazışmaların tümü kültür merkezinde dosyalanmıştı, sosyal hizmet görevlileri, sosyal yardım formlarını ve Fuat'ın evinin elektrik, su, gaz faturalarını Fuat adına bir kasada saklıyordu.

Mektup yoluyla devlet kuruluşlarıyla yazışmak, resmi kuruluşlara mektup yazma pratiği ve ileride başvurmak üzere bu tür belgeler doldurma ve saklama, Batı Avrupa'nın karmaşık hukuk ve devlet yönetimi sisteminde yoğrulmuş kişilere sıradan, tarafsız veya zararsız bir faaliyet gibi görünebilir. Hatta duygu yelpazesinden devlet yönetiminin yazı işleriyle ilgili yönlerine dair çıkarabileceğimiz bir şey yokmuş gibi gelebilir. Bürokrasiye ilişkin bilimsel çalışmalar da duygu incelemesine yer vermeyen rasyonelleşmiş Batılı yönetim aygıtları portreleri çizmektedir. [26]

İngiliz yetkililerle ve kuruluşlarla yazışmaların nasıl yapılacağını bilmeyen göçmenler için dosyaları muhafaza eden kültür merkezleri, Kıbrıslı Türk göçmenlerin sayıca çok olduğu Londra mahallelerinde konuşlanmıştır. Bu merkezler sadece Kıbrıslı Türklerle sınırlı değildir. Ama yaptığım analizde, merkezdeki dosya dolabı, göçmenlerin karmaşık İngiliz hukuk sistemi ve devletiyle etkileşimlerinde endişe duygusunun engellenmesini ve bu duyguyla başa çıkılmasını simgelemektedir. Belgeleri tercüme eden sosyal hizmet görevlisi Kıbrıslı Türk göçmenler ile İngiliz devlet kurumları arasındaki ilişkiye aracılık etmeye çalışır. Sosyal hizmet görevlilerinin tercüme pratiğinde belgelerin aktardığı duyguları ve göçmenlerin bu duyguları içselleştirme şeklini hafifletmeye yönelik bir çaba hâkimdir. Çevirmenler belgeleri tercüme edip, onlar adına doldurarak İngiliz yönetim tarzıyla başa çıkmaları konusunda göçmenlere yardımcı olur. Kültür merkezi binasındaki dosya dolabı, bu sefer bir nesne olarak, benzer bir amaca hizmet eder. Rasyonel, kurumsal görünüşü (sıkıcı belgeleri saklamak için gri renkli bir dolap), göçmenler için taşıdığı duygusal

---

26 Yönetim belgeleri ve bu belgelerin yürürlüğe koyulmaları, organizasyonlar, ağlar ve denetlemeye ilişkin son antropolojik çalışmalar, rasyonelleşmiş pratik biçimleri olarak incelenmektedir: örneğin bkz. Riles, *The Network Inside Out*; Shore ve Wright, "Policy"; Strathern, *Audit Cultures*; Wright, *Anthropology of Organisations*.

ağırlığı gizler. Bu nedenle, bu dosya dolabını analitik bir motif olarak, Avrupa devlet yönetim şekli ve bürokrasisi alanındaki örtük duygunun incelenmesi için bir simge olarak akılda tutmamızı öneriyorum. Batı Avrupa hukukunun bu özgül bütününde üretilen belgeler –veya çekinerek verdiğim isimle "yasal formlar"– ellerine geçtiğinde ve onlarla başa çıkmaları gerektiğinde göçmen Kıbrıslı Türklerde gerginliğe ve sinirliliğe dayalı bir duyguya yol açar. Dikkat çekmek istediğim nokta, tam da görünüşte rasyonelleşmiş devlet işlevlerinin bu rasyonel olmayan gizli yönüdür.[27]

Geçici Belgeler

Aynı anda birden fazla hukuk sistemi ve devlet yönetimiyle başa çıkmaya çalışan diğer insanlar gibi[28] Kıbrıslı Türkler de farklı yönetim pratikleriyle farklı şekillerde etkileşimde bulunurlar. Devlet aygıtları farklı kisvelere bürünerek tezahür eder.[29] Burada, belgelerdeki ve Kıbrıslı Türklerin duygularındaki tezahürlerinin izlerini sürmeye devam edeceğim. Belge veya resmi bir mektup, İngiliz ve Batı Avrupalı devlet yönetim şeklinin işleyişi için nasıl ki simgesel bir alansa, kendi iradesiyle kurulduğunu ilan eden bir devletin meşru devletleri taklit ettiği kuzey Kıbrıs için de aynısı geçerlidir. Belgeler modern devletlerin ve hukuk sistemlerinin ana teçhizatıdır; onların maddi kültürüdürler. "Taklitçi" bir devlet de, devlet gibi görünmek ve edimde bulunabilmek için belgeler üretmek zorundadır. Bu nedenle, bu bölümde belgelerin Kıbrıslı Türkler açısından büründüğü duygusal biçimin izini süreceğim.

Belgeler, özellikle de resmi yazılı belgeler, Avrupa bağlamında kalıcılığı, süreklilığı, istikrarı simgeler. Matbu veya el yazısıyla yazılmış ve imzalanmış belgeler, kanıt, güvenilirlik ve süreklilik görüntüsü verir. Avrupa-Amerikan paradigmasında gerçekleşen çoğu hukuki işlemde yazılı belgeler doğruluk veya hakikat referansı olarak kabul edilir.[30] Daha önce de belirttiğim gibi, KKTC "modern" yönetimleri incelemek için kullanılan çerçevelerle analiz edilmelidir. Ama KKTC tanınmadığı ve uluslararası hukuk kapsamında gayri meşru bulunduğu için, belge pratiklerinde veya işlemlerinde, herhangi bir etnografik incelemeyle saptanması gereken bir özgünlüğü veya farklılığı vardır.

Bir arkadaşım 1996'da kuzey Kıbrıs'ta ziyaretime geleceği zaman, tam da buradaki belge pratiklerinin alışılmadık boyutundan söz ederek, gelince yapması

---

27 Bkz. Aretxaga, *States of Terror*; Navaro-Yashin, *Faces of the State*.

28 Farklı rejimler arasında sıkışıp kalmış diğer topluluklara ilişkin örnek çalışmalar için bkz. Das ve Poole, *Anthropology in the Margins of the State*.

29 Ayrıca bkz. Navaro-Yashin, *Faces of the State*.

30 Hukuk ve yazıya ilişkin bir inceleme için bkz. Messick, *The Calligraphic State*.

gerekenler hakkında onu bilgilendirmiştim. Ona şöyle dedim: "Ercan Havaalanı'na ininice, pasaport kontrolü yapan polis memurunun yanına gittiğinde, masanın üzerindeki küçük kâğıt yığınını fark edeceksin. Bu devlet tanınmadığı için çoğu insan pasaportuna KKTC giriş damgası vurulmasını istemez, çünkü pasaportunda bu damga olursa, daha önce gitmiş olsan bile Yunanistan'a veya güney Kıbrıs'a bir daha gitmene izin vermeyebilirler." KKTC yetkilileri bu usul konusunda yolcularla işbirliği yapar. Onlara pasaportlarını damgalamak yerine önceden damgalanmış bir kâğıt (belge) verme seçeneği sunarlar; böylece üniformaları ve giriş işlemleri aracılığıyla bir yandan devletlerini teyit ederken, diğer yandan onun varlığını yadsırlar. Arkadaşıma "Sakın bu belgeyi kaybetme" dedim, "çünkü çıkış yaparken senden tekrar göstermeni isteyecekler." Arkadaşım da "Peki daha sonra bu belgeyle ne yapacağım?" diye sordu. "İstersen atabilirsin" dedim, "ya da benim yaptığım gibi bir anı olarak saklayabilirsin." Daha sonra araştırmamı yaparken keşfedeceğim gibi, arkadaşımla aramızdaki bu ironik etkileşimin aynısını Kıbrıslı Türkler de hissediyor ve deneyimliyordu.

Yönetimlerinin giriş çıkış prosedürlerini uygularken KKTC'li memurlar, diğer devlet çalışanlarını taklit ederler. Yolcuların pasaportlarını ve diğer yolculuk belgelerini kontrol ederler ve bu belgelere KKTC logosunu taşıyan damgalar basarlar. Ama tam da başka devletlerin belgelerine damgayı basarken KKTC yönetim süreci başka belgeler devreye sokup bunları damgalayarak süreci kesintiye uğratır veya kendisini devreye sokar. Bunu, söz konusu karmaşık yönetim kapsamında, yapısal veya yerleşik bir ironinin, yani kişinin kendi kendisi hakkında gayri ciddi olabilme becerisinin kanıtı olarak yorumluyorum; zira tam da pasaport kontrolü pratiğiyle devletlerinin varlığını iddia etme veya dışa vurma ediminde, KKTC memurları bir yandan da bu varlığı sorgulamaya veya alt üst etmeye yardımcı olurlar. Bu özel belge pratiği, bu özel devlet pratiğinin geçici, belirsiz doğasını yansıtır. Belge pratikleri aracılığıyla bir belirsizlik, geçicilik ve güvensizlik duygusu yansır ve aktarılır.

23 Nisan 2003'ten beri kuzey ile güney Kıbrıs arasında açılmış olan kontrol noktalarında KKTC memurları da benzer belgeler vermektedir. İnsanlar kontrol noktalarına yaya olarak veya taşıtla yaklaştığında, kuzeyden güneye geçerken, pasaportları ve kimlik kartlarının yanı sıra KKTC'nin verdiği, önceden çıkış damgası basılmış belgeyi de ibraz etmek zorundadır. Bu belgeler tüm pasaport kontrol masalarında bulunmaktadır. İnsanlar bu kâğıtların üzerine isimlerini, pasaportlarının seri numarasını ve uyruğunu yazar ve doldurulan bu kâğıtlar damgalanır. Benzer şekilde, sınırı geçip güneyden kuzey Kıbrıs'a giriş yapan kişiler de bu giriş çıkış kâğıtlarını doldurmak ve KKTC'ye ibraz etmekle yükümlüdür. Uyruğu veya yakınlığı ne olursa osun hiç kimsenin pasaportuna eğer istemezse damga vurulmaz.

Bu kâğıt parçaları, sınırın defalarca geçilmesi sebebiyle damgayla dolduklarında atılırlar. Hatta bazen sınırdaki KKTC memurları kullanılmış kâğıtları bizatihi kendileri çöpe atar ve insanlardan yeni kâğıtlar doldurmalarını isterler.

Bir süredir kuzey Kıbrıs'ta yaşayan Kıbrıslı Türkler, KKTC'nin belge pratikleriyle belli ölçüde umursamaz veya ilgisizce etkileşimde bulunurlar. Bu devlet pratiğine alışkın olmayan herhangi birisine tuhaf görünen şey, söz konusu devletin vatandaşı olan ve onun etki alanında yaşayan kişilere olağan veya normal gelir.[31] Ama aynı pratikler, Kıbrıslı Rumlarda öfke ve hayal kırıklığına neden olarak tamamen zıt duygular uyandırır. Çoğu Kıbrıslı Rum, ülkelerinin bölündüğünü ve Kıbrıs'taki diğer devletin varlığını gayri meşru addettiklerini ileri sürerek, kuzey Kıbrıs sınırında kontrol noktalarında pasaport kontrolü yapılmasını eleştirir. Ama 2003'te kontrol noktalarının açılmasından itibaren çok sayıda Kıbrıslı Rum kuzey Kıbrıs'a giriş yapmış ve KKTC'nin belge pratiklerine iştirak etmiştir. Aynı kontrol noktalarının diğer tarafında bulunan Kıbrıslı Rum memurların bakış açısındansa, KKTC memurları tarafından damgalanmış belgeler geçersizdir. Ama Kıbrıslı Rum memurlar son dönemde KKTC kimlik belgelerini Kıbrıs Türk aidiyetinin ve statüsünün kanıtı olarak kontrol ediyorlar. Dolayısıyla, KKTC'nin reddedilmesi –yani, var olmadığı iddiası– Kıbrıs Cumhuriyeti için kendi varlığını teyit etme yolu olurken, pratik gündelik etkileşimlerde Kıbrıslı Rum memurlar KKTC belgeleriyle haşır neşir olur ve bir noktaya kadar bu belgeleri kabul ederler. Başka bir deyişle, Kıbrıslı Rumlar da, bizatihi devletleri Kıbrıs Cumhuriyeti'nin varlığını öne çıkardıkları sırada, tam da devletlerinin düzenleyici ilkelerini olumsuzlayan veya sorgulayan pratiklere girerler. Kıbrıs'ın bölünmüş olan iki tarafında da Kıbrıslılar bu durumun ironisini takdir eder.

KKTC'nin seyahat için düzenlediği belgeleri geçici, kısa ömürlü nesneler olarak yorumlayabiliriz. Avrupa-Amerikan bağlamında çoğu belge bir kalıcılık, süreklilik duygusu yansıtır. Sahicilik, daimilik, gerçeklik ve mevcudiyet kanıtı olarak kabul edilir. Tanınan meşru devletlerin belgeleri ve kimlik kartları bu tür işlevleri yerine getirir. Avrupa-Amerikan hukuku ve devlet yönetim şekli tarzında olduğu gibi KKTC'de de belgeler varlık kanıtı olarak kabul edilir. Ama üzerlerinde yer kalmayınca atılan geçici belgeler kısa ömürlüdür: Kâh vardırlar, kâh yokturlar. Meşru devletlerin belgelerinin tersine KKTC'nin belgeleri temsil ettikleri yönetim pratiğinin geçici statüsünü sergiler. Değeri olan kalıcı nesneler olmak yerine bir geçicilik duygusu uyandırırlar. İlginçtir ki, bu geçicilik ya da kısa ömürlülük

---

31 "Kayıtsızlık" ve "kültürel samimiyet" kapsamında incelenen bu tür olağanlık alanlarına ilişkin bir analiz için bkz. Herzfeld, *The Social Production of Indifference*; Herzfeld, *Cultural Intimacy*.

niteliği, Fuat'ın öyküsünde olduğu gibi panik, gerginlik ve korkuya neden olan Batı Avrupa yasal belgelerinin tersine bu tür bir belge pratiğine aşina olan Kıbrıslı Türkler tarafından umursamazlık, ironi ve kayıtsızlıkla karşılanır.

Kurmaca Belgeler

KKTC tüm kurumları için –örneğin, Tapu ve Kadastro Dairesi, Elektrik Kurumu, Vergi Dairesi, Harita Dairesi, Posta Dairesi ve Muhaceret Dairesi– logosunu taşıyan belgeler hazırlar. Bu belgeler bir hayli simgesel yük taşır, zira kullanıldıkları ve mübadele edildiklerinde sadece özel kimlikleri ve işlemleri temsil etmekle kalmayıp, KKTC'nin meşruluğunu da beyan etmiş olurlar. Kendi iradesiyle ilan edilen bu yönetimin sınırları dışında yasal (ve dolayısıyla "gerçek") sayılmadıkları için buradaki analizimde bunları "kurmaca belgeler" olarak adlandıracağım.

Kuzey Kıbrıs halkı 30 küsur yıldır kurmaca belgeler aracılığıyla kendi içine kapalı iletişimde bulunmakta ve bu belgeler etrafında düzenlenen bir ekonomi içinde yaşamaktadır. Örneğin, 1974'ten sonra Kıbrıs Geçici Türk Yönetimi yasal olarak Kıbrıslı Rumlara ait olan evleri, arazileri ve mülkleri güneydeki köylerden, kasabalardan gelen Kıbrıslı Türklere dağıttı. Bu paylaştırma, her aileye verilecek mülkün değerinin güneyde bıraktığı mülklerinin, varlıklarının büyüklüğüne uyarınca her köyün ve kasabanın ihtiyar heyetince belirlenen bir puan sistemine göre yapıldı. Kıbrıs Türk yönetimi geçici bir sığınma sağlamakla kalmadı. Yönetim, uluslararası mülkiyet ve yerleşim hukukuna kasten karşı gelerek, bu işlemi kalıcı kabul etti ve mülkleri Kıbrıslı Türk mültecilere tahsis ederek vatandaşlarını bu işleme taraf yaptı. Kıbrıs Türk yönetimi, dağıttığı evler ve arsalar –yani, uluslararası hukuk uyarınca, hâlâ Kıbrıslı Rumlara ait olan mülkler– için Kıbrıslı Türklere tapu da verdi. Belli bir noktadan itibaren bu tapular, tanınmayan devletin simgesi olan ve bizatihi varlığını teyit eden KKTC logosunu taşımaya başladı. 1974'ten itibaren kurmaca tapu belgeleri etrafında bir ekonomi hasıl oldu. Kıbrıslı Rumlara ait olan mülkler, KKTC'nin geçerli belge olarak işleme aldığı bu kurmaca tapuların kullanımı yoluyla satın alındı, satıldı, kiralandı ve her türlü işleme tabi kılındı. Dolayısıyla, bu kurmaca belgelerin bir gerçekliği ve hiç kuşkusuz bir fizikselliği vardır.

Tapular, Kıbrıslı Türklerin kuzey Kıbrıs'taki yaşamlarını düzenlemelerini sağlayan birçok belgeden sadece biridir. Burada dikkat çekmek istediğim nokta ise, Kıbrıslı Türklerin kendi işlemleri için kullandığı belgelerin kurmaca niteliğinin bizatihi bilincinde olduklarıdır. Bu belgeler onları kullanan insanlarda özel türde bir duygu yaratır. Her ne kadar, birçok Kıbrıslı Türk Kıbrıslı Rumların mülklerinde otursa ve elinde KKTC'nin verdiği tapular olsa da, bundan çok hoşnut oldukları veya içlerinin tamamen rahat olduğu söylenemez. Ellerinde KKTC'nin verdiği tapular olsa da tedirgindirler. Çoğu Kıbrıslı Türk başka insanların mülkünde yaşadığının bilincindedir ve elinde KKTC'nin verdiği tapu olmasına rağmen kendini bu mülkün gerçek sahibiymiş gibi hissetmez. Başka bir deyişle, KKTC tapularına sahiptirler ve işlemlerini bu belgelerle gerçekleştirirler, ama yine de içlerinin rahat olduğu söylenemez. Kuzey Kıbrıs'ın sınırları dışında bu tapuların yasal olarak kabul edilmediğini bilirler ve bu belgelerden rahatsız olur, hatta onları küçümserler.

Vurgulamak istediğim noktalardan biri de belgeler ile insanlar arasındaki duygusal ilişkiler. Belgeler ideolojik yapıntılardır. Tarafsız değildirler. Bazı durumlarda belgelerin ideolojisi onları kullanan kişiler için aşikâr değildir, ama kuzey Kıbrıs'taki tanınmayan yönetim kapsamında belgelerin taşıdığı simgesel içerik, belgeleri kullanan kişiler için son derece açıktır. Kıbrıslı Türkler KKTC belgelerini kullanırken ve gündelik hayatlarını bu belgelere dayalı işlemler aracılığıyla düzenlerken, kullandıkları belgelerin, özellikle de yağmalama ve şiddete dayalı tarihlerini gizleyen veya KKTC tanınmadığı için hiçbir gerçek güvence sağlamayan veya kalıcılık taşımayan çelişkileri barındırdığının da fazlasıyla farkındadırlar. Kullandıkları belgelerle güvensizlik, küçümseme ve yabancılaşmaya dayalı duygular temelinde ilişki kurarlar. Belgeler beklentilerini karşılamadığında –örneğin KKTC pasaportu– Kıbrıslı Türkler onlarla dalga geçer.

KKTC Muhaceret Dairesi ve Pasaport Şubesi'ne ilişkin kısa bir açıklama, Kıbrıslı Türklerin tanınmayan bir devletin belgeleriyle duygusal etkileşiminin doğasına ilişkin iyi bir örnek oluşturacak. Lefkoşa'da otobüs terminaline yakın, içi dışı beyaza boyalı dört katlı beton bir bina vardır. KKTC Muhaceret Dairesi'nin gösterişsiz binasıdır bu. KKTC'den iş, ev arayan, yardım almak isteyen Türkiyeli göçmenlerin ilk başvurduğu yer olduğu için de otobüs terminaline yakındır. KKTC'den vatandaşlık talebinde bulunan Türkiyeli yerleşimciler başvurularını Muhaceret Dairesi'ne yapar.

Muhaceret Dairesi'nde bir de Pasaport Şubesi vardır; KKTC vatandaşları pasaport almak için buraya başvurur. Verilen bu pasaportla kuzey Kıbrıs'tan sadece Türkiye'ye giriş yapılabilir, zira sadece Türkiye KKTC'yi bir devlet olarak tanımaktadır. KKTC pasaportuna sahip olan kişiler daha karmaşık bir süreçle İngiltere'ye ve birkaç ülkeye daha giriş vizesi alabilir. Ama bu ülkeler KKTC'yi tanımadığı için KKTC vatandaşlarına pasaport dışında başka evraklarla vize verirler; bunlar daha önce değindiğim geçici belgelere benzer.

Muhaceret Dairesi'nde çalışan devlet memurlarının hepsi Kıbrıslı Türktü. Deneyimlerime göre, işleri hakkındaki ironik ve kinik yaklaşımlarını gizlemiyorlardı, hatta işleriyle dalga geçiyorlardı. Memurlardan biri önündeki evrak işini yaparken, Türkiyeli bir göçmene "Bu pasaportu almak için mi sırada bekliyorsun? Bu pasaport bir işine mi yarayacak sanıyorsun?" dedi. Diğer memurlar da onun bu alaycı yorumuna katıldı. Aralarından biri şöyle dedi: "Biz bu vatandaşlıktan kurtulmaya çalışıyoruz, sizse almak için çırpınıyorsunuz. Hiç anlamıyorum." Vatandaşlık Bürosu'nun sekreteri de şakayla karışık şöyle dedi: "Kuzey Kıbrıs'ın dışında bu kâğıt parçası hiçbir işe yaramıyor, bunu bilmiyor musunuz?" Dolayısıyla, tam da bu belgeleri hazırlama ve işleme sokma sürecinde işlemlere dahil olan ve bu işlemleri gerçekleştirmekle yetkilendirilen devlet memurları, ironik ve kinik bir tutum benimseyerek, bu belgelerin "meşruluğu"nu alt üst ederler. Bu özel belgeler, kendilerini üretenlerde acıma, mizah, alay etme gibi duygulara yol açar.

"Gayri meşru" yönetimin belgeleri Kıbrıslı Türklerde küçümsemeye yol açar, huzursuzluk yaratır ve mizahı teşvik eder. Dikkat çekici bir şekilde, korkuya, paniğe veya endişeye neden olmazlar. Kuzey Kıbrıs'ta muhtelif geçici yönetimler kapsamında kullanılan devlet kuruluşlarının belgeleri Kıbrıslı Türkler için tanıdıktır. Bu tür kurmaca belgelerin farklı versiyonlarını onyıllardır kullanmaktadırlar. Bu belgeleri nasıl yorumlayacaklarını ve manipüle edeceklerini –veya gerektiğinde, istenmeyen etkilerini tersine çevirebileceklerini– bilirler. Kıbrıslı Türklerin, bu konudaki ince zekâları ve ironileri sayesinde KKTC'yi bir tür yurda dönüştürdüğünü ve ayrıca yönetimin pratikleri tarafından da Kıbrıslı Türklerin yurtlarına bağlanmalarının sağlandığını söyleyebiliriz. Yönetimi nasıl okuyacaklarını ve yönetimin alanında hayatlarını nasıl sürdüreceklerini bilirler. Başka bir deyişle, bu eğreti yönetim, tanınmamasına rağmen, onyıllardır süregelen yönetim pratiği sayesinde normalleşmiştir. Ve Kıbrıslı Türklerin devletleri ve onun fiziksel temsilleri karşısındaki ironik bakışları ve ona yönelik ince eleştirileri, tam da bu samimiyet duygusu bağlamında olanaklıdır.

Karşıt Belgeler

Kıbrıslı Türkler uluslararası olarak tanınan, yasal vatandaşlık haklarından vazgeçmeye ve tanınmayan bir yönetim organının verdiği belgeleri almaya zorlanmıştır. Gerçekten de, Türkiye'nin 1974'te adaya çıkışından itibaren güney Kıbrıs'a ulaşımın engellenmesiyle ve uluslararası hareketlilik açısından muazzam zorluklarla karşılaşılmasıyla birlikte, Kıbrıs Cumhuriyeti'nde vatandaşlık hakları olduğunu hiçbir zaman unutmadılar. KKTC belgeleriyle etkileşimlerinde Kıbrıslı Türklerin uluslararası olarak ve her bakımdan geçerli olduğunu bildikleri Kıbrıs Cumhuriyeti belgeleriyle sürekli örtük bir kıyaslama yaptıkları ileri sürülebilir. Hem 1963'ten itibaren Kıbrıslı Rumların uyguladığı ayrımcı baskılar ve saldırılar hem de Kıbrıslı Türklerin yaşadığı bölgelerde ve enklavlarda alternatif bir yönetimin kurulması ve zorlaması yüzünden Kıbrıslı Türkler, Kıbrıs Cumhuriyeti vatandaşlığından vazgeçmeye zorlandılar. Kendilerini yöneten müteakip yönetimlerin kurulması ve ayakta tutulmasına katkıda bulundular. Yine de kendi sınırlarını deneyimlediler ve öğrendiler.

Kıbrıslı Türklerin KKTC ile muğlak ilişkisi, Kıbrıs Cumhuriyeti'nde meşru vatandaşlık hakları olduğu bilgisinin altmetni içerisinde gelişmiştir. Sınırdan güney Kıbrıs'a geçişin yasaklandığı onyıllar boyunca Kıbrıslı Türkler ya sınırdan gizlice geçerek gelen aracı kişiler vasıtasıyla ya da başka ülkelerdeki Kıbrıs büyükelçilikleri ve konsolosluklarına başvurmak suretiyle Kıbrıs Cumhuriyeti pasaport başvurusu yapmanın yolunu bulmuştur. Örneğin Eylül 2001'de, sınır henüz açılmamışken Rum tarafındaki *Cyprus Mail*'in [Kıbrıs Postası] bildirdiği üzere, "pasaport dairesindeki memurlara göre, Kıbrıs pasaportu almak için başvuru yapan Kıbrıslı Türklerin sayısı her yıl yüzde 10-15 civarında artmaktadır, ama şimdiye kadarki artış oranıyla kıyaslandığında, bu yılki oran çok daha büyüktür, yılın ilk sekiz ayında verilmiş olan pasaport sayısı 817'dir; geçen yıl verilen toplam pasaport sayısı ise 448'dir; 1999'daysa bu rakam sadece 317'dir."[32] Sınırdaki kontrol noktalarının 1974'ten beri ilk kez geçişe açıldığı tarih olan 23 Nisan 2003'ten sonra, Kıbrıslı Türkler, Kıbrıs Cumhuriyeti belgelerine başvurmak için sıraya girmeye başlamıştır. Kıbrıs Cumhuriyeti pasaportu alma şartları Kıbrıslı Türkler için Kıbrıslı Rumlarınkiyle aynıydı. Kıbrıslılığını veya evlilik bağını kanıtlama uygunluk için yeterliydi. Kıbrıslı Türkler kendilerinin veya ailelerinin savaştan veya yer değiştirirken kurtarıp sakladığı Kıbrıs Cumhuriyeti belgelerini tekrar ortaya çıkardılar. Onyıllardır kullanmadıkları, çekmecelerinde veya dolaplarında sakladıkları, ellerindeki bu eski doğum belgelerini soylarının Kıbrıslı olduğunun veya Kıbrıs Cumhuriyeti belgelerine sahip olma veya vatandaşlık hakları olduğunun kanıtı olarak gösterdiler. Ya savaşta kaybettikleri ya da yıllar içinde sakladıkları yeri hatırlayamadıkları için eski belgelerini bulamayanlar ise Rum tarafındaki Kıbrıs Cumhuriyeti yetkililerinin karşısında Kıbrıslı Türk kimliklerine dair yemin etmeleri talebiyle karşı karşıya kaldılar. Nüfus kayıtlarının bilgisayara geçirilmesiyle birlikte, Rum tarafındaki yetkililer, kişisel kimlik bilgilerinin tespit edilmesi konusunda Kıbrıslı Türklere yardımcı olmaya başladı. Kıbrıslı Türkler, Kıbrıs'ın Rum tarafındaki devlet daireleri arasında mekik dokumaya başladı; doğum belgeleri çıkardılar veya eskilerini yenilediler, nüfus cüzdanı ve pasaport başvurusunda bulundular. Sınır açıldıktan iki yıl sonra Kıbrıs Rum lideri Tassos Papadopoulos yaklaşık 40 bin Kıbrıslı Türkün Kıbrıs Cumhuriyeti pasaportu aldığını açıkladı. *Politis* gazetesi 2005'te Lefkoşa'nın

---

32 R. Kyriakides, "Turkish Cypriot Passport Applications Soar," *Cyprus Mail*, 2 Eylül 2001.

Kıbrıslı Rum belediye başkanının verdiği rakamları aktararak, kontrol noktalarının açılmasından itibaren Kıbrıs Cumhuriyeti yetkilileri tarafından Kıbrıslı Türklere 57.291 nüfus cüzdanı ve doğum belgesi verildiğini bildirdi.[33]

Kıbrıslı Türkler, Kıbrıs Cumhuriyeti belgesi almaya hakları olduğunu biliyor; çünkü Cumhuriyet, kurulduğu andan beri hem Kıbrıslı Rumlar hem de Kıbrıslı Türkler için yaratılmıştı. Kıbrıs Cumhuriyeti belgelerinin güncellenmesi için yapılan kitlesel başvurular, Kıbrıs Cumhuriyeti vatandaşı olarak bu haklara sahip olduğunu ilan etmenin bir yoludur. Bir taraftan bu telaş, kaybedilmiş ama yine de "sahici" bir kimliği geri kazanma çabası olarak yorumlanabilir, bir taraftan da KKTC'nin tanınmayan ve "gayri meşru" belgelerinin yerine yenilerini almak için veya onları tamamlamak için "meşru" belgeler edinme çabası olarak görülebilir. Ama bununla birlikte, Kıbrıs Cumhuriyeti belgeleriyle ilişkili olduklarını hatırlayan yaşlı Kıbrıslı Türk nüfustan başka, çoğu Kıbrıslı Türk –özellikle de genç olanlar– Kıbrıs Cumhuriyeti belgelerini ("yasal" ve uluslararası geçerliliğe sahip olmalarına rağmen), kuzey Kıbrıs'ta onyıllarca kullanılarak bir normalleşme sürecinden geçen kendi KKTC belgelerinden çok da "sahici" bulmazlar. "Rum pasaportu" terimi tam da sahip olma haklarını iddia ettikleri belgeleri kaybetme duygusunu ifade eder. Kıbrıslı Türkler, güney Kıbrıs'taki devlet memurlarından pasaport alma telaşına kapılsalar da Kıbrıs Cumhuriyeti'nin aslında Rumlara ait olduğunu hissederler. Pasaport kişiselleştirilmekte ve bir etnisiteye büründürülmektedir. Ama Kıbrıs Rum pasaportunu ve diğer Kıbrıs Cumhuriyeti belgelerini almaya yönelik ihtiraslı bir arzu, Kıbrıslı Türkler açısından sırf pragmatik bir hamle olarak yorumlanamaz. Kıbrıslı Türkler, Kıbrıs Cumhuriyeti Avrupa Birliği'ne üye olduğu için ve Cumhuriyet pasaportu da vize koşulu olmadan uluslararası dolaşımı garantilediği için pasaport alma kuyruğuna giriyorlar. Görüşme yaptığım kişiler bana, dünyaya ulaşımı onyıllarca engellenen bir grup insan için "Rum pasaportu"nun bir açılımı simgelediğini söyledi. Kıbrıslı Türkler sınırdaki kontrol noktalarından geçme özgürlüğünden söz ederken "ortalık açıldı" diyorlardı. Pasaportlar da, bölünmüş bir yaşamdan önceki, geçmiş bir dönemle yeniden birleşmeyi işaret ediyordu. Bu nedenle, "Rum" damgası yemelerine ve çekinceyle sahip olunmalarına rağmen Kıbrıs Cumhuriyeti belgelerinin Kıbrıslı Türkler tarafından onlarca yıldır süregelen hayal kırıklığı ve baskıyı alt etme yolu olarak görüldüğünü düşünebiliriz. Hatta "Rum pasaportu"na başvurmanın Kıbrıslı Türkler için, devlet nesneleriyle kurdukları ilişki kapsamında, kuzeydeki tanınmayan rejimin öznesi olarak yaşadıkları hoşnutsuzluğa dayalı politik bir edim olduğunu bile söyleyebiliriz. Bazılarına göre, Kıbrıs Cumhuriyeti

---

33 Bunun için bkz. http://www.tumgazeteler.com/fc/ln.cgi?cat=33&a=811475 (son erişim Mart 2006).

belgelerini almak, dünyaya açılma da dahil olmak üzere, bu belgelerin getireceği olanaklardan ötürü bir özgürleşme duygusu yaratmıştır.

Sahte Pasaportlar

Ocak 2006'da Lefkoşa Adli Şube Amirliği, hazırladıkları sahte pasaportlarla kuzey Kıbrıs'tan insanları kaçak olarak güneye geçiren bir şebekenin saptandığını açıkladı. Kıbrıs Türk polisi şüphelileri araştırdı, evlerinde ve ofislerinde belgeleri hazırlamak için kullandıkları varsayılan malzeme ve ekipmanı ele geçirdi. *Yeni Düzen* gazetesinin buna ilişkin haberi şöyleydi: "Polis, yaptığı operasyonlarda ele geçirdiği sahte kimlik yapımında kullanılan bilgisayarları, sahte kimlik ve pasaportları, belgeleri, CD ve disketleri mahkemeden sonra basına sergiledi."[34]

Bu bölümün sonunda, kendi toprakları dışında belgeleri geçersiz addedilen gayri meşru bir devletin yasal bir prosedürle sahte belgeleri saptamasının ne anlama geldiğini ele alacağım. Tam da gayri meşru bir devlette gayri meşru bir alanın tanımlanması bizatihi meşruluk tanımlarını tartışmaya açmaktadır. Muvakkaten kurmaca, yasal ve sahte olarak adlandırdığım belgeler arasındaki farklılıkları detaylandırarak bu tartışmayı sonlandırmak istiyorum. Sahte pasaportlar ne tür duygular üretir ve kurmaca belgelerden ve yasal formlardan nasıl ayrılır veya nasıl onlara benzerler?

Stratejik anlarda Kıbrıslı Türkler, KKTC belgelerine "sahte" derler. Örneğin hükümetlerinin seçimlerden önce Türk uyruklulara "sahte vatandaş" olarak vatandaşlık belgesi dağıtmasını eleştirirler. Ekim 2003'te *Yeni Düzen*'in bir haberine göre Göçmen Bürosu, Kıbrıs'a daha önce ayak bile basmamış Türk uyruklulara, rejimin sağcı ve milliyetçi partilerine seçimlerde oy vermeleri karşılığında KKTC vatandaşlığı dağıtıyordu. Bir gazeteci kişisel web sitesinde şöyle yazmıştı: "KKTC'de gelecek seçimlerde statükoyu koruyabilmek için insanların seçimden önceki iradesini manipüle etmekten başka çıkar yol bulamayanlar, sahte vatandaşlar yaratarak oyları çalmaya çabalıyordu."[35] Bunun sahte bir şeyin sahteliğinin teşhis edilmesi veya sahte bir şeydeki sahteciliğin saptanması olduğunu söyleyebiliriz. Ama daha karmaşık bir analiz öneriyorum.

Her ne kadar uluslararası olarak gayri meşru addedilse de, kuzey Kıbrıs'ta bir tür meşru sistem onlarca yıldır işlerlik göstermektedir. Üstelik KKTC'nin belge pratiklerinin uluslararası toplum tarafından geçersiz kabul edilmesine rağmen, kendi

---

34 "Sahte Kimlik ve Pasaport Şebekesi," *Yeni Düzen*, 26 Ocak 2006, 1.

35 H. Sadrazam, "Sahte Vatandaşlık," 2003. http://arifler.mycyprus.net/turkish/yazarlar/HSadrazam/sahtevatandaslik.htm (son erişim Mart 2006).

belgelerini içeride tanıyan, kendi sahte ve sahici ayrımlarına sahip bir hukuk sistemi ve anlayışı da işlerlik göstermektedir. Başka bir deyişle, gayri meşru bir devletin sınırları içindeki yasal prosedürlerden (ve elbette hukuk bilincinden) söz ediyoruz. Bu durum da, meşru (hukuki) ve gayri meşru (hukuk dışı) arasındaki ayrımı daha karmaşık bir hale getiriyor. Kuzey Kıbrıs'taki politik gerilimler ve çekişmeler aracılığıyla politik yelpazenin farklı taraflarındaki baskı grupları birbirlerini hukuka uymaya zorluyorlar. Her ne kadar, "sahte vatandaşlık" ifadesinde KKTC'nin resmi olarak sahte statüsüyle bir kelime oyunu yapılsa da, bu çerçeveye alma şeklinin yaratıcıları farklı bir ayrımı vurgulama niyetindeler esasen. Kıbrıs ile hiçbir bağlantısı olmayan Türk kökenlilere verilen vatandaşlık belgeleri, kendilerini KKTC yönetiminde tam anlamıyla hak sahibi olarak kabul eden Kıbrıslı Türklerin belgelerinden farklıdır. Başka bir deyişle, bu durumda Kıbrıslı Türklerin elindeki vatandaşlık belgeleri içsel olarak sahte belgeler değil, yasal belgeler olarak kabul edilecek veya adlandırılacaktır. Öyleyse sahte ile (benim KKTC belgelerine gönderme yapmak için kullandığım) kurmaca arasında bir ayrım yapmamız gerekiyor. Sahte(cilik) ile taklit(çilik) aynı şey değildir. Şayet Kıbrıs Cumhuriyeti, tüm KKTC belgelerini, özellikle de tapu belgelerini sahte addediyorsa, karmaşık bir hukuk ve devlet yönetimi yapısının sınırları içerisinde bir işleme sokularak dolaşımda olan bu belgeler ile her türlü yasal pratiğin tamamen sınırları dışında üretilen belgeler arasındaki ayrım da vurgulanmalıdır. Sahte bir devlet kendi sahteliklerini tanımlar; bunlar daha büyük bir matruşka bebeğinin içindeki daha küçük matruşka bebekleridir.

Belge üretimi alanında hukuka ve yasal olmayana ilişkin incelikli bir inceleme, devletlerin veya uluslararası kuruluşların politik dilini yeniden üretmekten kaçınmamızı ve bunun yerine yeni analiz çerçeveleri bulmamızı gerektirir. Kurmaca kategorisiyle KKTC belgelerinin hem taklitçi hem de edimsel ve fantazmatik niteliklerini aydınlatmaya çalıştım. Hukuk ve devlet olma varsayımının veçhelerini tecrit ışığında etnografik olarak açıklamak istiyorum. Her ne kadar, KKTC'nin ürettiği belgeler, özellikle de Kıbrıslı Rumların mülklerinde ikamet edilmesi için verilen tapular, uluslararası hukuk kapsamında sahte addedilse de kuzey Kıbrıs'ta kendi dışlanmışlığıyla özdeşleşen yasal bir pratik mevcuttur. Tabiri caizse, gayri meşru devlet kendi ötekilerine sahiptir. Öyleyse bir yandan aralarındaki benzerlikleri akılda tutarak kurmaca belgeler ile sahte belgeler arasında bir ayrım yapmak analiz açısından önemlidir. KKTC'nin devlet pratiklerinde taklit olarak saptadığım şey, yani kişinin kendisini diğer meşru devletleri kendisine model alarak şekillendirmesi, insanları sınırdan kaçak geçirenlerin sahteciliğinden tamamen farklı bir şeydir. Yine de, analizimizde daha radikal olmak isteseydik, belgelere dayalı tüm pratiklerin meşru, tanınan, yerleşik devletlerin egemenliğindekiler de dahil olmak üzere, sahtecilik pratiğine benzeyen yönleri olduğunu öne sürmez miydik? Her ne kadar, burada öne sürdüklerim hukukun mantığını ve üstünlüğünü düpedüz yadsıyor gibi görünse de, asıl niyetim daha ince bir eleştiri önermek: Sunduğum etnografik malzeme kapsamında meşru ile gayri meşru arasında kesin ve açık bir ayrım yapmak zordur ve tabii aynısı, sahte, sahici, taklit için de geçerlidir. Belki de KKTC'ye ilişkin bu etnografik malzeme, muvakkaten yasal formlar olarak adlandırdığım şeyin "sahte" niteliklerini düşünmeye ve yeniden değerlendirmeye itekleyebilir bizi.

Duygusal Belgeler

James Fernandez'in çalışmasını ele aldığı bir makalesinde Begoña Aretxaga, temsilleri duygu yüklü fenomenler olarak analiz eder. Aretxaga'nın incelemesinde metaforlar, basitçe toplumsal gerçeklikten arındırılmış inşalar veya imgeler değillerdir; kendi ifadesiyle, metaforlar "bir şeyler yaparlar. Mesela politik duygular üretir ve bunları harekete geçirirler."[36] Burada temsiller ve duygular tamamen aynı şey olarak incelenmektedir: "Bence siyaset sahnesinde insanları etkisi altına alan, bir imge ile bir duygu (arzu, korku, sevinç, küçümseme) arasındaki bağlantıyı olduğu gibi kabul etmektense, yorumlamamız, irdelememiz gerekir."[37]

Bu bölümde, duygu üreten fenomenler olarak temsilleri değil, nesneleri, fiziksel şeyleri ele aldım. Devlet benzeri yapıların kendilerini, orada yaşayan insanlara maddilikler biçiminde belirgin kıldığını varsayıyorum. Belgeler de devlet benzeri etkiler üreten en elle tutulur fenomenlerdir. Burada hem "varlığı, var olduğu açıkça görülebilen şey"i hem de "dokunup hissedebileceğiniz şey"i ifade edebilmek için "elle tutulur" sözcüğünü kullandım.[38] Böylece duygu ve politiğe dair incelememi nesnelerin incelenmesine taşıyorum.

Annelise Riles belgeleri, hatta aslında hukukun kendisini bir "nesne" olarak inceler.[39] Yapıntıların etkisine-gücüne değer veren bu tür bir belge incelemesini okurken insan bu çalışmanın nesnelerin duyumsal, aşırı ve duygusal niteliklerini açıklayabilmek için nesnelerin potansiyellerini zayıflattığını düşünmeden edemiyor. Riles belgelerin "biçim"ine, örüntülerine ve tasarımına odaklanmayı tercih eder.[40] Şöyle yazar: "Uluslararası sözleşmelerdeki bazı biçim diktelerine odaklanabilmek

---

36 Aretxaga, *States of Terror*, 201-3.

37 Agy., 202.

38 *Oxford Advanced Learners Dictionary*, 1328.

39 Riles, "Law as Object."

40 Riles, *The Network Inside Out*, 21.

için Fijili delegelerin belgelerden sağladığı fayda ile hasırlar arasında gözlemlediğim benzerliği ödünç almak istiyorum. Bu belgelerin biçiminin, belgeyi eşanlı ve karşılıklı bir şekilde hem bir örüntü hem de bağımsız bir nesne veya birim olarak kavrayarak, bir düzeyler gerçekliğini ve bir gerçeklikler düzeyini açığa vurma şeklini ele almak istiyorum."[41] Riles bir belge incelemesi metodolojisi sunar. Nesnelerin yapısını ve oluşumunu soyutlamamızı önerir: "Örüntünün niteliği –yani cümleleri, paragrafları, belgeleri veya konferansları birbirine bağlayan basit mantık– potansiyel olarak sonsuz sayıda somut ve farklı kaydın dijital harfler ve rakamlar halinde toplanmasına yol açmıştır."[42] Benim geliştirdiğim okumaya göre, belgedeki estetik ve biçime ilişkin bu araştırma, analizi bu janrın politik nesnelerinin daha keskin potansiyellerinden muaf tutması bakımından bir sterilizasyon ve nötrleştirme içeriyor. Elimdeki etnografik malzemeyi temel alarak, farklı bir belge anlayışı öneriyorum. Riles tarzında, sınırları çizilmiş ve biçimsel bir belge estetiği yerine belgelerin kullanıcılarında ve hamillerinde yarattığı muhtelif olumsal duygularla ilgileniyorum. Belgelerin de tıpkı diğer nesneler gibi duyguya dayalı bir temelleri olduğunu varsayıyorum. Belgelerin karşı karşıya kaldığı muhtelif durumlarda Kıbrıslı Türklerde yol açtığı panik ve korku, ince alay ve ironi, kinizm ve samimiyet, tam da bu türden bir duygunun kanıtıdır. Belgeleri duygu yüklü fenomenler olarak ele aldığım bu çalışma aracılığıyla duygu incelemesini başka bir alana taşımak istiyorum: politik bir alandaki nesnelere ve maddiliklere.

Hukuk ve yönetimin maddi nesneleri arasında belgeler, duygu yüklü fenomenlerdir. Bağımsız veya steril değillerdir; daha ziyade, kullanıcılarına özel türde bir enerji yayarlar.[43] Belgeler kendilerini kullanan kişilerde içselleşmiş nesne haline gelebilirler. Dönüşürler; başka şekiller alırlar. Kıbrıslı Türklerin İngiltere deneyimlerinde belgeler belirsizlik, korku ve tehditle yüklüdür. KKTC'de rahatlıkla küçümsenirler; ironi, kinizm, bildik küçümseme ve ince alaycılığı kışkırtırlar. Belgeler duygu yüklüdür: Duygu üretir ve duyguları etkilerler.[44] Duygu şekline bürünür veya duyguya dönüşürler ve bu yolla kendilerini kullanan insanların bir parçası olurlar.

---

41 Agy., 73.

42 Agy., 78.

43 "Enerjinin aktarımı"na dair argümanımı geliştirirken esinlendiğim kaynak: Brennan, *The Transmission of Affect*.

44 Benzeri bir yaklaşım taşıyan bir çalışmada, Anna Laura Stoler sömürge ülkeleri ve onların duygu yönetimini inceler: bkz. Stoler, "Affective States." Stoler duyguyu yönetimselleşmiş olarak inceler, ama ben, bizatihi yönetimselliğin kendisinin duygusal olarak yüklendiğini öne sürüyorum.

III. Kısım

Nesneler ve Konutlar

ALTINCI BÖLÜM

Terk Edilen Mekânlar, Savaş Enkazı

1999'da Rum tarafıyla sınır hâlâ kapalıyken, Lefkoşa'nın kuzeyindeki sınırda, Yeşil Hat boyunca epey zaman geçirdim; etrafa bakındım, yürüyerek dolaştım, sınırda yaşayan insanlarla oturup sohbet ettim. Mahallelerin, sokakların, hatta evlerin arasından geçen sınır boyunca uzanan her metal yüzey tamamen paslanmıştı. Rum tarafına bakan binalar kurşun delikleriyle kaplıydı. Eski binalar sahipleri tarafından terk edilmiş halde öylece duruyordu; her yerlerini çalılar, otlar bürümüştü, içlerinden ağaçlar çıkmıştı, dalları kırık pencerelerinden dışarıya ve yıkılmış çatılarından yukarıya uzanıyordu. Kapanmış dükkânların kepenkleri paslanmıştı. Merkezdeki çarşı pazar yerine (arasta) çıkan her sokağın tam orta yerinde, elinde silah tutan bir asker resmi bulunan ve üzerinde de "Yasak, Geçmek ve Fotoğraf Çekmek Yasaktır" yazılı, kırmızı renkli uyarı levhaları vardı. Etrafta çok az insan vardı: Burada yaşayanlar, aileleri "surlar içi"nden dışarıya, başka yerlere taşınmış yaşlılar ile Türkiye'den yakın tarihte göç etmiş işçiler ile aileleriydi. Bir zamanlar bu mahallelerde yaşamış olan orta veya üst sınıf Türk, Rum ve Ermeni Kıbrıslılara artık hiçbir yerde rastlayamıyordunuz. Sınır bölgesi öylece bir köşeye atılmış eşyalarla, geride bırakılmış şeylerle, çürüyen çerçöple, terk edilmiş eski nesnelerle doluydu.

İkiye bölünmüş sokaklar arasında zikzak çizerek uzanan kıvrımlı sınır bölgesinde dolaşırken çoğu sefer görebildiğim her şeyi listeleyerek kaydını tuttum. Yaptığım listelerden birisi şöyleydi:

Eski bir evin iki katını birbirine bağlayan, paslanmış bir yangın merdiveni [bkz. RESİM 7]

Ezilmiş, plastik bir su şişesi

Türk tarafını Birleşmiş Milletler ateşkes bölgesinden ayıran duvarın üzerine çocukların yaptığı resimler

Siyah, cılız bir kedi

Yıkılmış, harabe halindeki eski bir taş evin hâlâ yarısı ayakta duran yan duvarı

Yarısı yanmış bir çam ağacı

Ortalığa saçılmış çöp yığınları

Yerde duran eski bir lastik

İçi eski gazete dolu eski bir fırın

Çatısı çökmüş, pencere camları kırılmış ve pervazları sökülmüş bir binanın iskeleti

Yolun bir köşesinde yerde kirli bir battaniye

Köpek dışkıları

Paslanmış boya tenekeleri

Kırık tahta parçaları

Tozlu eski bir ayakkabı teki

Bir elektrik kablosuna asılı kalmış eski giysiler

Kırmızı bir arabanın parçaları

Eski bir araba plakası

Binanın yan duvarlarında kurşun delikleri

Paslanmış, eski bir bebek puseti

Yayları çıkmış eski bir şilte

Yerde kırık bira şişesi parçaları

Yarısı çökmüş, eski, ahşap bir balkon

Eski bir salça tenekesinin içinde büyümüş fesleğenler

RESİM 7. Derme çatma bir merdiven, Lefkoşa'daki sınırın böldüğü sokağın üzerindeki kırık dökük bir balkona çıkıyor.

Listem uzayıp gidiyor, dokunup koklayabildiğim ve görebildiğim her şeyi bu listeye kaydediyordum. Sınır çöp doluydu: Savaşın ve akabindeki politik açmazın enkazı. Faydalı olduğu düşünülen şeyler alınmış, depolanmış veya satılmış. Geri kalanlar ise burada kendi kaderine bırakılmıştı. Buradaki şeylerle bir artık haritası çıkarılabilir veya bir savaş hatıraları koleksiyonu yapabilirsiniz. Tüm yüzeyler tozla ve pasla kaplanmıştı.

Ortalıkta gezinen çok az insan vardı, burada yaşayansa daha da azdı; çok çok az sayıda Kıbrıslı Türk, muhtemelen bunların çoğunluğunu da yaşlılar oluştu-

RESİM 8. Sınırdaki nesneler.

ruyordu. Yoldan geçen bir arabanın gürültüsü veya mahalledeki sokaklarda top oynayan Türkiyeli göçmenlerin çocuklarının bağrış çağırışı, tek tük duyabileceğiniz seslerdi. Kıbrıslı Ermeni, Türk veya Rumların terk ettiği, harabeye dönmüş eski binalarda artık Türkiye'den kuzey Kıbrıs'a vasıfsız işlerde çalışmak için (bazen aileleriyle birlikte) gelen işçiler oturuyordu. Pazar sabahları Rum tarafında çalan kilise çanlarının sesi duyuluyordu. İkonları sökülmüş, pencereleri ve mermer taşları kırılmış, yıkık dökük bir Ermeni kilisesinin kalıntıları, bir zamanlar Ermenilerin ve Türklerin birlikte yaşadığı bu mahallede sessizce duruyordu. Ana girişinin yanında bırakılmış çerçöp, süprüntü nesne yığınları vardı (bkz. **RESİM 8**).

Her gün bu mekânlarda ve çevrelerinde zaman geçirirken, bu yıkıntılar, harabeler ve enkaz aracılığıyla kendini belli eden bir rahatsızlık duygusu deneyimledim. Her enkaz parçası tekinsiz görünüyordu. Sanki yıkılmış duvarlar, bina enkazları ve kurşun deliklerinin konuşması tam ortasından ikiye bölünmüş gibiydi; sanki içlerindeki dokunsan patlayacak olan bastırılmış duygu dalgalanmaları önleniyor gibiydi. Mekân bedenimin içinden geçen kendine has bir enerji yayıyordu. Tedirgin, huzursuz, uygunsuz bir yerdeymişim gibi hissediyordum.

Bu mekânlarda dolaşıp notlarımı tutarken, sınıra yakın bir yerde yaşayan yaşlı hanımların bu yıkıntılar hakkında ne hissettiğini ya da hemen bitişiğine yerleşmiş Türkiyeli göçmenlerin nasıl hissettiğini merak etim. Lefkoşa'nın surlar içinden dışarıya, yeni inşa edilmiş orta sınıf mahallelere ve banliyölere taşınmış Kıbrıslı Türklerin hisleri de merakımı cezbediyordu. Burası onlara da bana geldiği gibi tekinsiz mi görünüyordu? Böyle mi hissettiriyordu? Sınır bölgesinde yaşayan yaşlı bir Kıbrıslı Türk kadın "Buna alıştık" demişti. "Hayır, bu yıkıntılar beni rahatsız etmiyor." Surlar içi bölgesinin dışında, sınırdan uzakta yaşayan yirmilerindeki bir Kıbrıslı Türk ise şöyle demişti: "Ganimetlenmiş Ermeni kilisesinin yanından geçerken eskiden kendimi kötü hissederdim. Ama her gün işe gidip gelirken yanından geçince artık kiliseyi fark etmiyorum bile, gide gele alıştım." Bu enkaz, bu yıkıntı insanı nasıl üzmez, incitmez, merak ettim. Nasıl normal gelebilir ki? Bana bina enkazları, duvarlar ve moloz yığınları öyle canlı görünüyordu ki sanki sessizce acı anılarını anlatıyorlardı.

Hem Lefkoşa'nın sınır bölgesi hem de diğer birçok alan, bana adeta açık bir yara gibi göründü. Ama şimdiki sakinleri öyle hissetmediklerini söylüyorlarsa, bu enerjinin tutulduğu yer yıkıntılar değil miydi? Midemde hissettiğim yanma sadece öznelliğimin bir yansıması mıydı? İnşa edilmiş (ve yıkılmış) çevreye kendi yansıtmalarımın, kendi kurgularımın, kendi aktarımlarımın bir yansıması mıydı? Zamanla, bu durumun bir "ya o, ya bu" meselesi olmadığını anlayacaktım. Bu enerjiyi ne enkaza ne de insanlara konumlandıracaktım. Araştırmam gereken şey, insanlar ve savaş enkazları arasındaki özel ilişki ve bunun zaman içinde nasıl değiştiğiydi.

Duygu ve Politika

Bu bölümde, sınır bölgesi boyunca insanlar ile harabeye dönmüş, yıkıntı bir fiziksel çevre arasındaki duygusal etkileşimi inceleyeceğim. Gördüğümüz üzere, psikanaliz literatüründe duygu, ağırlıklı olarak öznellik veya benlik ile ilişkilendirilir ya da bireyin iç dünyası (bilinçdışı) enerjinin boşandığı çekirdek veya öz olarak kavramsallaştırılır. Örneğin, Fransız psikanalist André Green "duygunun öznel niteliğe gönderme yaptığını" öne sürer.[1] Burada, duygu, kişinin öznelliğinden kaynaklanan, dolayısıyla öznelliğin nitelediği ya da nitelik kazandırdığı bir enerji olarak kavramsallaştırılmaktadır. Green, "duygu" olarak adlandırılabilecek şeyin öznel dünyanın, yani kişinin iç dünyasının kıvrımlarına derinden bağlı olması gerektiğini öne sürer. Ya da, katetik enerjiye nitelik kazandıran, onu karakterize eden, dolayısıyla "duygu" olarak yorumlayabileceğimiz şey, öznel dünyadır.[2]

---

1 Green, *The Fabric of Affect in Psychoanalytic Discourse*, 6.

2 "İçgüdüsel enerjinin öznel niteliği ile niceliği arasındaki bu ilişki (nitelik ve nicelik çoğunlukla duygu kotası ile katetik enerji arasında bir karışıklığa yol açmaktadır). Ayrıca, Fransızca yazılmış bir makalede, 'Quelques considérations pour une étude comparative des paralysies motrices organiques et hystériques' (1893, Freud, *Affektbetrag*'ı 'valuer affective' olarak çevirir). Psikanalizin dilini biraz esneterek, kayıtsızca 'duygu yüklü' veya 'katetikleşmiş' bir aktiviteden söz edilebilir. *Language of Psycho-Analysis* isimli çalışmalarında Laplanche ve

Psikanalitik düşünme çizgisinden kaynaklanan bu görüş ise şudur: Hissettiğimiz duygusal enerji, bir çevrede yaşarken veya hareket ederken, bu çevreye yönelik kendi öznel aktarımımız veya yansıtmamızdır. Buna göre, çevreye "nitelik" kazandıran biz kendimizizdir, onu biz belirli bir şekilde hissederiz. Dolayısıyla, her birimiz kendi duygumuza, kendi iç dünyamıza göre yaparız bunu.

Şimdi bu görüşe karşıt olan, antropologların duygulara ilişkin kültürel inşacı çalışmalarına bakalım. Bu okumada duygu, duygulanım ve his aynı başlık altında, aynı şeye gönderme yapan kültürel fenomenler olarak ele alınmaktadır. Dolayısıyla, duyguların kültürel olarak oluşturulduğunu, anlaşıldığını, yorumlandığını, yönetildiğini ve çerçevelendiğini söyleyebiliriz. Olumsal ve bağlamsaldırlar. Bu yaklaşım kapsamında, özel duyguların kültürel olarak düzenlenmiş anlamlarını inceleyen sayısız etnografya kaleme alınmıştır.[3] Bu çalışmaların çoğu, dili duygusal deneyimin aktarımcısı olarak görür ve tam da bu nedenle, "kültür"ün[4] temsili olarak kabul eder. Bu antropoloji literatürü, (Avrupa-merkezcil bir söylem ve pratik olarak gördüğü) psikanalize yönelik eleştirisinde, duyguya dair Batılı-olmayan söylemleri su yüzüne çıkarmaktadır. Bu yaklaşımda insanlar temelde kültürel varlıklar olarak incelense de, çalışmalarda yine de "duygu" olarak okuduğumuz duygusal enerjinin ana failleri (veya kaynakları, yaratıcıları) olarak ele alınmaya devam ederler.

Bir bütün olarak değerlendirilecek olursa, bu literatür, Avrupa toplum teorisinde, özellikle de Frankfurt Okulu'ndan kaynaklanan eleştirel teoride duygu ve politikanın incelenmesine dayalı uzun geleneğin ürünüdür. Theodor Adorno, Elias Canetti ve diğerlerinin çalışmalarında ortaya koyulduğu üzere, politik bir kalabalığın, kitlelerin veya sürünün çekimine kapılırız.[5] Freud'un *Grup Psikolojisi ve Ego Analizi* adlı denemesini ele alarak bir faşizm teorisi geliştiren Adorno, kitlelerde baba figürü olarak lidere kötü niyetli bir tapınma potansiyeli görür. Savaş dönemi Avrupa'sında şekillenen bu çalışmalar, duyguyu katı bir şekilde kamusal alana yer-

---

Pontalis 'katetik enerji'yi şu şekilde tanımlarlar: 'Psişik aygıtın işleyişindeki niteliksel faktör olarak koyutlanan enerji altkatmanı.' Dolayısıyla, katetik enerji, bir faaliyette iş başında olan enerji miktarıyla ilişkilidir; oysa duygu kotası, sadece duyguyu 'niteleyen' öznel boyutla bağlantılıdır, enerjinin nicel boyutuna gönderme yapar. Bu nedenle, her duygu ona tekabül eden katetik enerjinin nicel boyutuna gönderme yapsa da, her enerji miktarının ille de duyguyla ilişkili olması gerekmez.": agy., 6-7.

3 Örneğin bkz. Abu-Lughod, *Veiled Sentiments* [*Peçeli Duygular*, İng. çev. Suat Ertüzün, İstanbul: Epsilon Yayınları, 2004.]; Lutz, *Unnatural Emotions*; Myers, *Pintupi Country, Pintupi Self*; Rosaldo, *Knowledge and Passion*; Wikan, *Managing Turbulent Hearts*.

4 Örneğin bkz. Lutz ve Abu-Lughod, *Language and the Politics of Emotion*.

5 Adorno, "Freudian Theory and the Pattern of Fascist Propaganda"; Canetti, *Crowds and Power* [*Kitle ve İktidar*, Alm. çev. Gülşat Aygen, 6. Baskı. İstanbul: Ayrıntı Yayınları, 2014].

leştirir, böylece politik olarak üretilen ve politik bir fenomen olarak ele almamızı olanaklı kılar. Yine de bu çalışmalarda "politika" veya "politik" daha geniş bir "kişi" –ya da bir insan kalabalığı– kategorisi olarak tahayyül edilir. Burada vurgulanmak istenen nokta, bir grup olarak bir araya toplandıklarında insanların farklı türde bir enerji yansıttığıdır: Bireysellikleri de işin içindedir, ama tek başına kalacak olsalar asla katılmayacakları amaçlara veya projelere sürüklenir veya yönelirler. Aslında Freud'dan (ve Marx'tan) esinlenen bu literatürde birey, psişik ve politik ana faildir, çünkü toplumsal ve politik açıkça bireysel olarak kavranır.

Duyguya ve politikaya dair daha yeni çalışmalar ise, duygu ile özel alanı birbirine bağlayan eski ilişkilendirmelere karşı çıkmaktadır. Köklü bir feminist teori geleneğinden beslenen Lauren Berlant ve Glenn Hendler gibi edebiyat kuramcıları, "kamusal duygular"[6] olarak adlandırdıkları şeyi incelerler. Duyguların, bireyin mahremiyetiyle ilintili "kişisel" fenomenler olmaktan çok ötede, daima ve zaten kamusal ve politik olduğunu ikna edici bir şekilde ortaya koyarlar. 19. yüzyıl Amerikan romanlarını inceleyen Hendler, sempati gibi duyguların politik ve pedagojik olarak telkin edildiğini öne sürer. Berlant da benzer bir şefkat analizi geliştirir.[7] Büyük ölçüde edebiyat eleştirisinden doğan bu çalışmaların katkısı, kamusal alanın bir duygu kaynağı olma şekillerini aydınlatmak olmuştur. Yine de, eleştirel kuramın politiğe ilişkin tahayyüllerinde olduğu gibi burada da politika her şeyden önce insana ait veya özneler arası bir eylem ve etkileşim alanı olarak kavramsallaştırılır.

Aşağıda duyguyu ve politikayı, gerek duygunun gerekse politikanın sırf insansı veya öznel bir fenomen olmadığı yeni bir kapsamda ele almayı öneriyorum. Bu bölümde, duygunun nasıl politik olarak üretildiğinin veya kullanıldığının izini sürmekten ziyade, mekânlar ve maddiliklerle –buradaki örnekte, savaş sonrası ortam ile– etkileşimlerden doğma biçimi üzerinde duracağım. Politik bir tarihin ve özel politikaların anılarını muhafaza ederek, orada yaşayan insanlarda özel duygular uyandıran mekânlar ve nesneler olarak Lefkoşa'nın çürüyen ortamını, sınırı, kalıntıları, yıkıntıları, artıkları, yağmalanmış nesneleri, terk edilmiş binaları, savaş enkazını inceleyeceğim. Politik yıkıntının –buradaki örnekte, savaş enkazının– nasıl karmaşık ve birbiriyle çatışan duygular ürettiğiyle ilgileniyorum. Duygunun sadece insan öznelliği (veya benlik) ile ilgili veya ondan kaynaklanan bir fenomen olarak kabul edilmemesi gerektiğini, ayrıca mekânla kurulan politik bağlanımlardan ve maddiliklerle etkileşimlerden kaynaklanan ve bunların ortaya çıkardığı şey olarak de ele alınması gerektiğini iddia ediyorum.

---

6 Berlant, *The Queen of America Goes to Washington City*; Hendler 2001.

7 Berlant, *Compassion*.

Teresa Brennan, *The Transmission of Affect*'te şöyle yazar:

> Kişinin ötekinin duygularını veya içinde bulunulan "atmosferi" *nasıl* hissettiğine ilişkin bir araştırma, hem fizyolojiyi hem de ilk etapta söz konusu atmosferi üreten toplumsal ve psikolojik faktörleri hesaba katmak zorundadır. Duygunun aktarımı, bu ister üzüntü, endişe isterse öfke, kızgınlık olsun, köken bakımından toplumsal veya psikolojiktir. Ama bedensel değişikliklerden aktarım da sorumludur; bazıları kısa süren değişikliklerdir, örneğin odanın atmosferinin kötü kokmasında olduğu gibi; bazıları ise daha uzun süreli değişikliklerdir. Başka bir deyişle, duygunun aktarımı, sadece anlık bile olsa, öznenin biyokimyasını ve nörolojisini değiştirir. "Atmosfer" veya çevre tam anlamıyla bireyin içine işler. Fiziksel ve biyolojik olarak, orada daha önce olmayan bir şey şimdi mevcuttur, ama kendine özgü bir şekilde doğmamıştır: tek başına veya kısmen bireysel organizma veya genleri tarafından üretilmemiştir.[8]

Önermelerinin kışkırttığı itirazlarla hesaplaşan Brennan, "Duygularımızın tümüyle bize ait olmadığı fikrine karşı çıkarız" diyerek, kendi tabiriyle, "duygusal olarak kapanmış özne" biçimindeki Avrupa-merkezcil anlayışı eleştirmeye yönelir.[9] Bir duygu teorisi için bizatihi "aktarım" terimini kullanması, hem bireyler arasında (özneler arası) hem de insanlar ile çevre arasında daha akışkan sınırlar, bir akış ve geçişler olduğunu tahayyül etmemizi olanaklı kılar, bizi buna cesaretlendirir.[10] Brennan şöyle yazar:

> Köken bakımından toplumsal, ama etki bakımından biyolojik ve fiziksel olan bir süreci ifade etmek için "duygunun aktarımı" terimini kullanıyorum. Duyguların aktarımının kökeni, söz konusu duyguların sadece belirli bir kişide ortaya çıkmayıp, dış çevreden kaynaklanması bakımından toplumsaldır. Diğer insanlarla ve çevreyle bir etkileşim aracılığıyla belirirler. Duygunun aktarımı ile kastettiğim şey basitçe bir kişinin duygularının, duygulanımlarının veya hislerinin ve bunların yol açtığı artan ve azalan bunaltıcı enerjilerin iç içe geçebileceğidir. Böyle bir duygunun tanımı daha karmaşıktır.[11]

Bu yorumda duygunun referans noktaları, bireyde veya onun öznelliğinde ve iç dünyasında değildir sadece. Daha ziyade, duygu, neredeyse cıva gibi kabına sığmayan bir enerjidir, hiçbir sınır tanımaz; "aktarım" metaforunun kullanılmasının nedeni de budur.

8 Brennan, *The Transmission of Affect*, 1.
9 Agy., 2.
10 Benzer bir argüman için bkz. Blackman, "Affect, Relationality, and the 'Problem of Personality.'"
11 Agy., 3.

Ama Brennan atmosfer aracılığıyla aktarılan enerjileri incelemek için alanın haritasını çıkardıktan sonra, birey ile çevre arasındaki sınırları bulanıklaştırarak, incelemesinin geri kalanını duygunun özneler arasındaki veya bireyler arasındaki aktarımı üzerinde yoğunlaştırır. Bunu yaparken de, psikanaliz literatürünün eski bir meselesine, aktarım ve karşıt aktarım meselesine geri döner ve bana göre daha ilginç (ve kesinlikle çok az incelenmiş) olan kişi ile çevresi arasındaki etkileşim alanını bir kenara bırakır. Brennan şöyle yazar: "New York'a veya Delfi'ye giden ziyaretçiler, birinde kaldırımdan, diğerindeyse antik huzurdan yayılan enerjiye mutlu bir şekilde tanıklık ederler. Ama bunun gibi çevresel faktörlerin araştırılması, bu kitabın kapsamı dışında kalmaktadır. Bu ilk sorgulama, duygunun ve enerjinin özneler arasındaki aktarımıyla sınırlıdır."[12] Ben de tam anlamıyla Brennan'ın bir kenara bıraktığı alanı araştırıyorum; yani, çevrenin yaydığı veya insanlar ile maddi çevreleri arasındaki etkileşimin ürettiği duyguyu ele alıyorum.

Sınırı Oluşturan Yıkıntılar, Çöplüğe Yakın Yaşamak

İki asker nöbet tutuyor; bir ağacın altında durmuş, yakıcı güneşten gizlenmeye çalışıyorlardı. Arabamı bir gölgeye park ettim ve Lefkoşa'nın surlar içindeki dar bir sokağı boyunca yürümeye başladım. Duvarına Arapça rakamlarla bir tarih yazılmış bir ev gördüm; rakamlar evin 1919 yılında yapıldığını gösteriyordu. Kapının boyası kazınmıştı ve ev kapalıydı. Kırık dökük kepenklerin arasından evin pencerelerinin camlarının kırılmış olduğu fark ediliyordu. Evin içini görmeye çalıştığımda pembe plastik bir leğen dikkatimi çekti. Çıplak ayaklı küçük sarışın bir çocuk evin girişindeki basamaklarda oturuyordu. Adının Turgay olduğunu öğrendim. "Burada kimse yaşıyor mu?" diye sordum. Yaşadığını söyledi.

Bu tür mekânlarda yaşayan, Lefkoşa'nın surlar içinin bugünkü sakinlerinin çoğu, iş bulma umuduyla gelmiş Türkiyeli göçmenlerden ve çocuklarının burada bırakıp gittiği yaşlılardan oluşuyor. Güvelerin yediği, yarısı yırtık, kartonla kaplanmış döşekler. Yamuk yumuk duran, Osmanlı tarzı divanların üzerine kuruması için asılmış yamalı giysiler. Şurada bir plastik elek, orada bir tahta kaşık; oradan buradan bulunup getirilmiş, yeni bir yaşam başlatmak üzere birleştirilmiş kap kacak. Bir tarafta oturağı düşmüş, döşemesi yırtılmış bir sandalye; diğer tarafta yırtık bir kanepe. Yaşlı bir kadın, içinde kişisel öteberisini taşıdığı büyük bir çuvalı, çuvalın ağzına bağladığı bir iple çekerek arkasından sürüklüyor. Bohçasındaki özel eşyaların –yün bir yatak örtüsü, bir havlu, bir demlik, bir tava– hepsi de iple sımsıkı bağlanmış.

---

12 Agy., 8.

RESİM 9. Sınırdaki çöplük.

Biraz daha yürüdüm ve tekrar sınır bölgesine ulaştım. Hemen sınırın yanındaki açık alan çöplüğe dönüşmüş (bkz. RESİM 9). Yerde yeni kesilmiş hayvanların kemikleri duruyor, üzerleri sinek kaplı. Karpuz kabukları, yiyecek artıkları, plastik poşetler, şişeler, teneke kutular her yere dağılmış. Yarısı yenip atılmış incirlerin, ezilmiş domateslerin arasından geçip yolun öbür tarafına ulaşmaya çalıştım.

Sınırın hemen yanı başındaki bir evin önünde iki kadın oturmuş, güneşte kurutmak için önlerindeki kırmızıbiberleri ayıklıyorlardı. Eve yaklaştım. Ev yapısal hasar görmüş ve yana yatmıştı. Kadınlardan biri daha fazla yaklaşmamam için beni uyardı; "Burası sınır" dedi ve sınıra dair kendi fikrini kendiliğinden söyleyiverdi. "Aslında," dedi "size doğruyu söylemem gerekirse, bize bir zararları yok. Öbür taraftan hiç ses işitmiyoruz. Bizi inciten, bize zarar veren asıl bu taraftakiler, kendi insanlarımız. Geçen gün bizi bu evden atmak istediler." Kadına nereli olduğunu sordum. Bana Türkiye'nin güneyinden, Hatay'ın Suriye sınırına yakın bir köyünden kuzey Kıbrıs'a gelişinin öyküsünü anlattı. Kıbrıslı Türk toprak sahipleri ve işverenlerle yaşadıkları sorunlardan bahsetti. Ardından, sınırı merak ettiğimi fark edince şöyle dedi: "O binanın tepesine çıktın mı? Öbür taraf oradan iyi görünür."

Bitişikteki apartmanlar boyunca yürüyorum. Boş görünen bir bina, içine girerken gözüme pek de sağlammış gibi görünmüyor. 1960'lardan kalma bir yapı, kendi kaderine terk edilmiş. Ama apartmanlardan bazılarında birilerinin yaşadığını fark ediyorum. En üst kata çıkan basamaklar çamur ve toz kaplı. Bu katın tamamının neredeyse savaştan kalmış haliyle durması beni şaşırtıyor; bir atış noktasına benziyor. Askerlerin gizlenebilmesi ve korunabilmesi için üst üste kum torbaları yığılmış. Onlarca yıl süren ateşkes boyunca kum torbalarını kaldıran olmamış.

Karısıyla birlikte sınıra çok yakın bir evde yaşayan yaşlı bir Kıbrıslı Türkle konuştum. Çocukları artık büyümüştü ve buranın dışına, bir banliyöye taşınmışlardı. Şöyle dedi: "Lefkoşa'nın üstü kefenle örtülü. Lefkoşa ölmüştür."

Yaşlı İnsanlar, İşçiler, Eski Şeyler

Naciye Aba ile 2001'de tanıştım. Yetmişlerinin sonlarındaydı ve Lefkoşa'nın sınır bölgesinin yakınlarında, eski araba tamirhanelerinin bulunduğu bir mahallede yaşıyordu. Bir türbenin bakımını üstlenmişti. Çoğu kapanmış tamirhanelere bakan Yediler Türbesi'ydi burası. Naciye Aba'nın türbenin tam karşısındaki evi eskiden bir kahvehaneymiş. Bu betondan yapılmış uzunlamasına dikdörtgen bir yapıydı. Hiç penceresi yoktu, sadece demir bir kapısı vardı. Naciye Aba içeri ışık ve hava girebilmesi için kapıyı sürekli açık tutuyordu. Naciye Aba burada nasıl yaşamaya başladığının öyküsünü anlattı: "Kahvehanenin sahibi patronumdu, onun için çalışıyordum. Sonra mücahitler burayı yaşamam için bana verdi. Allah'a bunun için şükrediyorum. Banyosu yok. Suyu ısıtıp öyle şu köşede yıkanıyorum. Tuvaleti de yok. Ama Allah'ıma şükürler olsun ki Yediler Türbesi'nin anahtarını bana verdiler; oradaki tuvaleti kullanıyorum. Ama türbe sokağın karşısında ve o yüzden gece giderken sorun oluyor. Mutfağım da yok. Şuraya küçük bir ocak kurduk, yemeğimi orada pişiriyorum."

Naciye Aba'nın mutfağa dönüştürdüğü bir rafın üzerinde içi boş yaklaşık otuz tane Coca-Cola ve başka plastik meşrubat şişeleri yan yana dizilmişti. Üst üste yığılmış bir sürü ıvır zıvır, öteberi, onun için bir anlamı olan veya kullandığı şeyler duruyordu. Gaz ocağının üzerinde Rauf Denktaş'ın gazeteden kesilmiş bir gençlik fotoğrafı asılıydı. Naciye Aba pişirmek için gömeç [ebegümeci] yaprakları topladı. "Bunları hastanenin arkasındaki tarladan topladım" dedi. Oturup yaprakların iyilerini kötülerinden ayıklamaya başladı. Sonra bunları suyun içinde haşlayıp akşam yemeğini yapacaktı.

Naciye Aba, elindeki bıçakla gömeç yapraklarını dallarından keserek ayıklarken şunları söyledi: "Savaş boyunca, bitişikteki mevzide çalıştım. Her gün mücahitler için ekmek pişirdim, çay demledim. Komutan beni çok severdi. [...] Günün birinde marazdan hastalandım. Biri beni rapor etti. Beni işten atacaklarını söylediler. Doktora gittim. Doktor beni muayene etti. Mücahitlere şöyle dedi: 'Sizde hiç utanma yok mu? Bu kadın o kadar büyük bir acı çekmesine rağmen, size bakıyor, besliyor, siz şimdi onu işten atmak istiyorsunuz!' Böylece yedi yıl daha mevzide kaldım." "Rumlar gittiğinde" diyerek konuşmaya devam etti:

Bu kahvehaneyi içinde yaşamam için bana verdiler. Eskiden bir Rumundu burası, benim ustamdı. Buradan Arabahmet Mahallesi'ne kadar olan dükkânların nerdeyse tümü Ermenilerindi. Ama 1963'ten sonra burası Rum tarafıyla aramızdaki sınır oldu [ve Ermeniler burayı terk etti]. Torna tezgâhı operatörünün yanındaki bu beton bina o zamanlar yoktu. Bu yüzden ben tam çapraz ateş arasında kaldım. Günün birinde oğlum geldi, üzerinde mücahit elbiseleri vardı. İçeri girdi. Rum tarafındaki bir atış noktasından oğlumu gördüler ve dükkânın içine ateş ettiler. Bak görüyor musun [bana duvarı gösteriyor]? Kurşun delikleri hâlâ orda. Ne yapabilirim ki? Boyayıp üstlerini kapatacak param mı var ki?

Derken bir gün kızım ve yeni patronumun kızı arkada yan yana uyuyorlardı. Gece vakti burada atış oldu, silah sesleri duyuldu. Dükkânın dört duvarı da kurşunlanıyordu. Kurşunlardan biri patronumun kızının bacağını sıyırdı. Bu olaydan sonra dükkânın arka tarafında duvara bir oyuk açtık. Böylece içine girip saklanabilecektik ve atış noktalarındaki Rumlar bizi fark etmeyecekti. Mücahitler de girip çıkarken bu kapıyı kullanırlardı.

Arka kapı hâlâ aynı yerinde duruyordu, ama artık çinko levha kaplı, derme çatma bir haldeydi. Ve tabii kurşun delikleri de öyle. "Birinin üstünü kapattım" dedi Naciye Aba, [dergiden kesilmiş bir fotoğrafı gösteriyordu] "Ajda Pekkan'ın şu resmini kaldırırsan, altındaki kurşun deliğini görürsün."

Her gün öbür taraftan gelen kilise çanlarının seslerini duyuyordum. İnsanların sesini duymuyorduk, ama çanları duyuyorduk. Özellikle haftasonlarında çanlar her on beş dakikada bir çalıyordu. [...] Bu bölgenin tamamı bir zaman önce Kıbrıslı Türklerle doluydu. Ama başka yerlerde evler ve mallar bulup oralara taşındılar. Burada Kıbrıslı [Türk] sadece beş altı kişi kaldık; geri kalanlar Türkiyeli, çoğunlukla Hataylılar. Bu Türkiyelilerin ne iş yaptığını, nerede çalıştığını bilmiyorum, ama bir yerden iş bulup para kazanıyorlar. Beni rahatsız etmiyorlar.

Naciye Aba'nın evine şöyle bir göz gezdirdim ve gördüklerim şunlardı:

İçi su dolu plastik su şişeleri

Bir Mustafa Kemal Atatürk portresi

Rauf Denktaş'ın çerçeveli bir fotoğrafı

Türk ve Kıbrıslı Türk ulusal kahramanların çerçeveli fotoğrafları: Namık Kemal, Dr. Küçük ve Atatürk

Kırmızı yıldız ve hilal olan bir kefene sarılı ilk şehitlerin çerçeveli bir fotoğrafı

Naciye Aba'nın oğlunun mücahit üniformalı, çerçeveli bir fotoğrafı

Naciye Aba'nın annesinin siyah çarşaflı, çerçeveli bir fotoğrafı

Türkiyeli aktrislerin, şarkıcıların dergilerden kesilmiş fotoğrafları

İkinci bir Atatürk portresi

Çerçevelenerek duvara asılmış Kur'an'dan bir ayet

1974'te Türkiye Kıbrıs'ı ele geçirdiğinde Türkiye'nin başbakanı olan Bülent Ecevit'in gazeteden kesilip bir dolabın kapısına yapıştırılmış bir fotoğrafı

Naciye Aba'nın kızının mücahit üniformalı bir fotoğrafı

Plastik torbalarda giysiler

Yarısı kırık bir bisiklet

Duvarlardaki kurşun delikleri

Arka tarafta üzeri çinko bir levha kaplı, bir yerden bulunup getirilmiş uydurma bir kapı

"Bitişikteki çatı yıkılmıştı; o kapıdan içeriye çok soğuk giriyordu" dedi Naciye Aba. "Burada çok rutubet var; üst katta, duvarlardan biri rutubetten tamamen yıkıldı." Naciye Aba'nın konutunda ne pencere, ne tuvalet ne de banyo vardı. "Gece tuvalete gitmem gerekirse, küçüğü burada hallediyorum, büyük içinse Yediler Türbesi'ne gidiyorum. Allah'a şükür mahallede kötü kimse yok" dedi. Sonra duvarlarına bakıp "Dolabın üstüne erkek ve kız kardeşlerimin fotoğraflarını asmıştım, bana kızdılar, ben de onların yerine sanatçıların fotoğraflarını astım" dedi. Bana etrafı göstererek şunları söyledi: "Zeytin yapraklarını bu plastik poşetlere koyup tütsü olarak yakıyorum [nazar değmesine karşı]. Bana köyden ekmek de getiriyorlar. Öteki poşette ekmek var. Başım ağrıdığında, efkalito [okaliptüs] yaprağı veya adaçayı kaynatıyorum. Plastik poşetlere koymamın sebebi, koyacak başka bir yerim olmaması."

Naciye Aba'nın evinden çıktım, ayrılırken elini öptüm, Yediler Türbesi mahallesinde araba tamirhaneleri boyunca yürüyüp ilerledim (bkz. RESİM 10). Burada bir tamirciyle konuştum. "Bu araba 1976 model. Bu da 1978. [...] Rumdan kalma arabalarımız da çok" dedi. Tüm parçaları sökülmüş 1960 model bir arabanın yanından geçiyordum. Tamirci bunun da "Rumdan kalma" olduğunu söyledi: "Bu arabaların bazı eski parçalarını satıyoruz; diğerlerini onarıyoruz."

Tamirhanenin karşısında, Ermeni kilisesinin enkazının hemen yanında eski bir ayakkabı imalathanesinin içindeki bir odada yaşayan Ali ile ailesini ziyaret ettim. Ali otuzlu yaşlarının ortasındaydı, buraya 1983'te yerleşmişti, Türkiye'nin Adana şehrinden göç etmişti. Bir Kıbrıslı Türk müteahhidin yanında şantiyelerde çalışıyordu. Eski ayakkabı imalathanesinin altındaki mekânda, Türkiyeli yerleşimci aileler, şuradan buradan topladıkları şeylerle bir tavuk kümesi yapmışlardı. Her yer paslı araba parçaları, eski demir çubuklar, çerçöple doluydu. Fabrikanın altındaki küçük çocukların oynadığı mekânda bir köşede eski tarz bir banyo küveti duruyordu. Ali kendisinin ve ailesinin bu eski ayakkabı fabrikasında yaşamaya başlamasının öyküsünü anlattı:

> Bizden önce buradan ayrılanlar her yerde ayakkabı bulduklarını söylediler. Biz geldiğimizde burada hiç ayakkabı kalmamıştı. Derme çatma yeni duvarlar örerek fabrikanın odalarını böldük. Bu duvarları daha fazla yaşam alanı oluşturabilmek için ördük ve böylece bir evimiz oldu. [Annesi, erkek kardeşi ve onun Türkiye'den gelen ailesine iki oda yapabilmek için inşa ettiği duvarı gösterdi bana.]

> Karım Kıbrıslıydı [Türk]. Boşandık. Ondan üç çocuğum var. Karımın ailesiyle yaşıyorlar. [Kıbrıslı Türklerle] Kültürlerimiz uyuşmuyordu. İngiliz yönetiminde yaşamışlardı; Rumlarla birlikte yaşamışlardı. Bizden farklıydılar. [...] Kıbrıslı Türkler yüzümüze iyi konuşuyorlardı, ama arkamızdan kötü laf söylüyorlardı. Karıma arkadaşları yüzünden aramızda sorun çıkacağını söyledim. Bir evin içinde çatlaklar varsa, onu onaramazsınız. Ama dış duvarında çatlaklar varsa, üzerini boyayla kapatmayı deneyebilirsiniz. Bizim içimizde çatlaklar vardı.

RESİM 10. Rumların terk ettiği 1974'ten beri burada duran arabalar.

Ali'ye bitişikte bulunan, sarı taştan yapılmış yıkıntı halindeki Lüzinyan Evi'ni sordum (bkz. RESİM 11). "İlk geldiğimizde o bina iyi görünüyordu" dedi. Ama şimdi panjuru, penceresi, kapısı veya pervazı kalmamıştı. Balkonları yıkılmıştı. "İşte, birimizin kapıya ihtiyacı olduğunda gidip bir tane aldık. Birisinin pencereye ihtiyacı olduğunda, gidip oradan buluyordu. Böylece zamanla bina yıkıntıya dönüştü."

Toz, Metruk Mahalleler ve Orta Sınıflar

Kafesli Mahallesi'nin muhtarı gerçekleştirdiğim ziyaretlerden birinde şöyle dedi: "Kıbrıslılar [Kıbrıslı Türklere atfen] Lefkoşa'nın surlar içini küçük görür, buraya tepeden bakar. Buraya gelmekten hoşlanmazlar. Akşam dokuzdan sonra buraya asla adım atmayacaklarını söylerler. Bakanlar, partililer de buraya sadece seçim zamanında, oy istemek için gelirler. Belediyenin burada yaptığı tek şey haftada iki kez çöpleri toplamaktır."

Kıbrıslı Rumlar ile Türkler arasındaki toplumsal çatışmalar başlamadan önce Lefkoşa

RESİM 11. Kuzey Lefkoşa'da sınırın yakınındaki tahrip edilmiş Lüzinyan Evi.

Türklerin, Rumların, Ermenilerin, Marunilerin ve diğerlerinin yaşadığı kozmopolit bir şehirdi. 1963'te sorunlar başladığında, şehir etnik olarak ayrılmış enklavlara bölündü. 1963 ile 1974 arasında, Kıbrıslı Türkler kendileri için ayrılmış enklavda, kendi mücahitlerinin koruması altında yaşadı. Aynı şekilde, Kıbrıslı Rumlar da şehrin kendilerine ayrılmış bölümlerinde yaşıyordu. 1974'te Türk ordusu Lefkoşa şehrinin neredeyse yarısını aldı ve şehri tam ortasından ikiye bölecek şekilde variller ve dikenli tellerle bir sınır inşa etti. Türk ordusunun ele geçirdiği bölgelerde yaşayan Rum, Ermeni ve Maruni Kıbrıslılar, "Rum tarafı" olarak yeniden şekillendirilecek olan güneye taşınmak zorunda kaldılar. Böylece, Lefkoşa'nın güneyindeki Kıbrıslı Türkler de "Türk tarafı" olarak ilan edilecek olan kuzeye taşınmak zorunda kaldı. 1974'te güney Lefkoşa veya güney Kıbrıs'taki başka yerlerden gelen Kıbrıslı Türk mültecilere, başlangıçta, kuzey Lefkoşa'da aslen Rumlara ve Ermenilere ait olan evler dağıtıldı. 1963 ile 1974 arasındaki dönemde, EOKA'nın hâkimiyetindeki bölgelerde olduğu için kendi evlerinde yaşayamayan bazı Kıbrıslı Türkler, 1974'ten sonra dönüp mülkleri üzerinde hak iddia edebildiler. Sonuçta, Lefkoşalı bazı

Kıbrıslı Türk aileler, eski Ermeni veya Rum komşularının yerine, güney Kıbrıs'ın köylerinden gelen yeni Kıbrıslı Türk mültecileri buldular.

Bu sırada Kıbrıs Türk yönetimi kuzey Kıbrıs'taki "Türk" nüfusunu artırmaya yöneldi ve buraya yerleşmeleri için iş ve ev vaadiyle Türkiye'den göçmen çağırmaya başladı. Türkiye'nin muhtelif yerlerinden gelen insanlar kuzey Kıbrıs'a yerleştirildi. Başlangıçta Türkiyeli göçmenlere, 1974 savaşından kaçan Rumların terk ettiği köylerdeki evler dağıtıldı. Ama zamanla daha fazla göçmen geldi; bunların arasında yönetimin özel olarak davet ettiği, dolayısıyla düzgün evler ve işler verilen kişiler de vardı. 1980'lerden itibaren ve özellikle de 1990'larda ve 2000'lerde, Türkiye'den kuzey Kıbrıs'a kayıt dışı göçmenler geldi ve sığınacak yer bulma umuduyla buraya yerleşti. Bunların birçoğu, Kıbrıslı Türklerin yaşlı akrabalarından miras kalan evlerini veya yönetimin paylaştırma ve tahsis sistemiyle dağıttığı Rum evlerini kiraladı. Kaçak işçiler olarak isimlendirilen bazı göçmenler işçi odalarında kaldı. Diğerleriyse Lefkoşa'nın kuzeyindeki surlar içindeki terk edilmiş binaları ve mekânları kalabilecekleri konutlara dönüştürdüler.

Kıbrıslı Türkler yavaş yavaş Lefkoşa'nın surlar içinden yeni inşa edilmiş, modern banliyölere taşınmaya başladı. Şehir kuzeye doğru genişliyordu. Klimalı, modern mobilyalarla döşenmiş dairelerin olduğu yeni apartmanlar yapıldı; bunlar orta ve üst sınıf Kıbrıslı Türkler, özellikle de yeni evlenmiş çiftler için planlanmıştı. Kuzey Lefkoşa belediyesi bu mahallelere parklar yaptı. Surlar içinin eczacıları, doktorları, dükkân sahipleri ve tüccarları da dükkânlarını, kliniklerini surlar içinin dışındaki bu yeni mahallelere taşıdılar. Hem yerel ürünleri hem de Türkiye'den ithal edilen, steril, klimalı ortamlarda saklanan ürünleri satan süpermarketler açıldı. Kıbrıslı Türkler, Lefkoşa'nın kuzeyinde gündelik hayatlarını düzenlemeye başladılar, surlar içine sadece devlet dairelerinde bir işleri olduğunda veya ticari bir alışveriş için gidiyorlardı.

Kliniği kuzey Lefkoşa'nın dışındaki Kermiya sınır bölgesine yukarıdan bakan bir Kıbrıslı Türk doktor şöyle demişti: "Penceremden gördüğüm manzara beni nasıl rahatsız ediyor anlatmam. Sanki savaş devam ediyor. Her yerde savaş enkazı var. Şurayı görüyor musunuz? [Dikenli telle çevrilmiş bir alanı işaret ederek] Burası askeri bölge olarak korunuyor. Burada her yer savaştan arta kalan yıkıntılarla, savaş enkazıyla dolu. Gören de savaş hâlâ devam ediyor sanır. Rumların mülklerini alıp yerleşen insanlar evlerini boyamadılar bile. Her şey aldıkları gibi öylece duruyor. Sırf bu yüzden, Girne'ye (Kyrenia) taşındım. Burada modern [sonradan yapılmış] bir sitede yaşıyorum. Kıbrıslı Türkler burada evlerini temizliyor; bahçelerine bakıyor. Düzgün, muntazam bir yer. Ortam, çevre beni çok derinden etkiliyor."

Doktor, kuzey Kıbrıs'ta mekâna dair düşüncelerini aktarmaya devam etti: "Biliyorsunuz ya, ayağımızın altındaki toprak cesetlerle dolu. Bütün Kıbrıslı Türkler bilir bunu; tabii Rumlar da bilir. Muratağa ve Sandallar toplu mezarları bu tarafta kaldı. Ama bu taraftaki toplu mezarlara da Rumları gömdük. Bazı Kıbrıslı Türklerin Rumlarla uzlaşılmasını istememesinin nedeni bu. Rumların dönüp kendi ölülerinin mezarlarını arayacaklarını düşünüyorlar. Anlayacağınız, Kıbrıslı Türkler bu toprağın altının cesetle dolu olduğunu biliyorlar."[13] Ve sözlerini şöyle sürdürdü:

> Bana, Rumlarla günün birinde uzlaşılacağından ve Rumların geri döneceğinden endişelendiğini söyleyen bir hastam vardı. Evinin yakınındaki alanlarda yatan ölü Rumların düşüncesiyle geceleri uykusundan uyanıyordu. Çok az kişi bundan söz eder, ama korku, endişe oradadır. Bu yüzden, buna bir gerekçe bulmak veya bir kılıfa sokmak için insanlar milliyetçi ideolojiye sarılıyor, çünkü bu ideoloji olmadan kimlikleri tehlike altında olacak.
>
> 1974 ve 1975'te, savaştan hemen sonra, Kıbrıslı Rumların evlerine yerleştiklerinde insanlar sürekli olarak burada yaşayan Rumların ve ortak köylerdeki Rumların başına ne geldiğini konuşuyordu: Kim nasıl öldü? Türk askerleri Rumları köylerinden zorla nasıl çıkardı? [...] Ama bugünlerde, savaştan 30 yıl sonra, Kıbrıslı Türklerin eski komşularının ölümünden bahsettiğine veya yaşayacakları köye ilk geldiklerinde nelerle karşılaştıklarına, ne bulduklarından söz ettiklerine nadiren rastlanır. [...] Sadece satın aldıkları ve tükettikleri şeylerden söz ediyorlar: yeni arabaları, yeni buzdolapları, çocuklarının yeni giysileri.

Kuzey Kıbrıs'taki birçok mekân bakımsız kalmıştı, savaşın izleri hâlâ duruyordu, birçok şeyi toz ve pas kaplamıştı. Sanki bu mekânlar Kıbrıslı Türkler tarafından ölüme terk edilmişti veya bilinçlerinin arka odasına atılmışlardı. Bazen bu bir evin dış görünüşü, ön cephesi veya evin eski Rum sahiplerinin eşyalarını sakladıkları gizli arka odası oluyordu. Hali vakti yerinde bir aileden olan Kıbrıslı Türk bir kadın, "Rumlardan aldığımız evin dış duvarlarındaki kurşun delikleri, erkek kardeşim evlenene dek yerinde durdu. Bu delikler tüm çocukluğum boyunca oradaydı. Ailemin evin onarımını yaptıracak veya boyatacak gücü olmadığından değil ama" demişti.

Yalnız kuzey Lefkoşa'nın surlar içi bölgesi özellikle göz ardı edilen bir mekân idi. Genellikle, birçoğu kendisine orta ve üst sınıf bir hayat kurmuş olan Kıbrıslı Türkler, Lefkoşa'nın surlar içine, devlet dairesinde bir işi olmadıkça veya bürokratik bir işi çıkmadıkça gitmiyorlardı. Orta ve üst sınıf birçok Kıbrıslı Türk "Oraya çok

---

13 Muratağa ve Sandallar, Kıbrıslı Türklere karşı Kıbrıslı Rumların mezalimlerinin gerçekleştiği köylerdir ve burada toplu Kıbrıslı Türk mezarları bulunmaktadır. KKTC yönetimi bu alanı "şehitlik"e çevirmiştir.

gitmeyiz" diyordu. Yirmilerindeki genç bir kadın, "Oraya yılda bir kez gideriz, o da geçmişe duyduğumuz özlemden. Tüm alışverişimi eski şehrin dışında yaparım" demişti.

2001 yılının bir yaz akşamında, ellilerinde bir avukat olan Atiye beni dışarıda yürüyüşe davet etti. Atiye, Lefkoşa'nın surlar içinde büyümüştü ve burada doğup büyümüş olmaktan –Lefkoşalı olmaktan– gurur duyuyordu. Şimdiyse kocası ve kızıyla birlikte orta sınıf bir banliyöde yaşıyordu. O ılık yaz akşamında mahallesinde evlerin arasında dolaşırken bana "Lefkoşa bana kirli görünüyor" dedi. "Sanki eskimiş, yıpranmış gibi geliyor bana; eskiden burası ışıl ışıldı. Evler, ağaçlar, her şey... Ama ağaçlar bile artık bana tamamen farklı görünüyor, sanki toz tutmuş gibiler." Bana bir keresinde çift toplumlu bir etkinliğe katılmak için izin alarak Rum tarafına geçişini anlattı: "Rum tarafı gözüme pırıl pırıl göründü, tertemizdi, etrafta hiç toz toprak yoktu, eski günlerdeki Kıbrıs gibiydi." Yürümeye devam ederken Atiye, uzun okaliptüs ağaçlarının altındaki bir barda genç insanların söylediği eski şarkıları işitti. Barın adı Sinema Nostalji'ydi. Gerçekten de, mekân Atiye'de nostaljik duygular uyandırmıştı. Atiye kendi kendine mırıldanarak onlara eşlik etmeye başladı: "Lefkoşa eskiden öyle canlı bir yerdi ki" dedi. "Çatışmaların yaşandığı dönemde bile, 1963 ile 1974 arasında, surlar içinde her yerde şarkı türkü sesleri duyulurdu, her yer ışıl ışıldı, masalar, bahçeler insanlarla doluydu. Akşamları dışarıya çıkardık, herkes sokaklarda olurdu. Her yerde pastaneler, kafeler vardı. Genç kadınlar tek başına gece dışarı çıkabilirlerdi. [...] Şimdi burada hiç hayat kalmadı."

Daha sonra, Atiye kuzey Kıbrıs'a yerleşen Türkiyeli göçmenlerden küçümseyerek söz etti: "Evlerinin önünü bile temizlemiyorlar. Kıbrıslılar her akşam evlerinin önünü yıkar, bahçelerini sular... Bir Türkiyelinin bunu yaptığını hiç görmedim. Onlar çocuklarının sokaklarda yalın ayak koşmasına izin veriyor. Çocuklara araba çarpabilir. Çocukları pisliğin içinde oynuyor; kirli sulara, çamura ayaklarını basıyorlar. [...] Türkiyeliler buraya geldi geleli Kıbrıs değişti. Eskiden böyle değildi. Öyle iyi bakılırdı ki!"

Atiye, beni surlar içindeki eski bir pastaneye götürmek istediğini söyledi; burası eskiden beri açık kalan tek pastaneydi. Heyecanlanmış görünüyordu, bir zamanların canlı Lefkoşa'sına dair anılarıyla bağlantı kurmanın, nostaljisini gidermenin bir yolunu bulmuş gibiydi. Gittiğimizde Budak pastanesinin sahibi bize şöyle dedi: "İnsanlar aradıkları belirli bir lezzeti bulmak için buraya gelir. Genellikle, onlara buraya geldikleri eski, geçmiş günleri hatırlatan hafızalarındaki bir tadı tazelemek için gelirler. Kok ya da sütlü börek isterler." Bu tatlıların isimlerinin Atiye'nin üzerinde "Proust etkisi" olmuştu.

Pastanenin üst katında 1970'lerden kalma deri kaplı ahşap masalar, sandalyeler vardı; üstleri toz kaplıydı ve kullanılmıyorlardı. Burası, Kıbrıslı Türklerin çok sık geldiği bir yer değildi, sadece ara sıra yaptıkları nostaljik gezilerin uğrak yeriydi. Pastanenin sahibi şöyle dedi: "Eski günlerde sevgililer isimlerini bu masalara kazırlardı. Babam boyayarak isimlerin üzerini kapatmaya çalışırdı, ama bazı insanlar bugün gelip boyanın altında isimlerini arıyorlar. [...] Dikkatli bakarsanız boyanın altındaki harfleri seçebilirsiniz." Ama esasen 1970'lerden beri Budak pastanesinde pek bir şeyin değişmediğini söyledi. "Burada zaman durmuş olduğu için insanlar buraya gelmeyi seviyorlar. Değişmesini veya yenilenmesini isteselerdi, bunu yapardık." Sütlü böreklerimizi yerken Atiye'nin gözleri ışıldıyordu, çocuklar gibi mutlu görünüyordu.

Duygu ve Terk Edilen

Sınırdaki bir yerin enkaz, yıkıntılar ve çerçöple dolu olması hiç de sürpriz olmasa gerekir. İğrenç, grotesk, bayağı madde ve pisliğe dair literatürün büyük bir bölümü, farklı metaforik yan anlamlar içeren ve öznel veya toplumsal-simgesel alanın dış çizgilerini belirleyen ve onu korkutan şeylerden ayıran bir "sınır" tahayyülüne dayanır. Örneğin Julia Kristeva, iğrenci [*abjection*] öznelliğe dayalı fiziksel mekanizmalara, yani bireyin kendi kimliğini tanımlamaya ve korumaya çalıştığı ötekileştirme süreçlerine yerleştirir. Kristeva, iğrenci "öteki" olarak okur. Şöyle yazar: "İğrenç, nesnenin niteliklerinden yalnızca özne-ben'in [*je*] karşıtı olma niteliğine sahiptir."[14] Edimsel kırılganlık karşısında görünüşte bir varlık bütünlüğü yaratmak için öznel benlik belli şeyleri ve alanları iğrenç olarak tanımlar. Kristeva'ya göre, iğrenilen alanlar, kişinin kendi kimliğini tanımlamasını sağlayan dayanak olarak bireylerin iç dünyalarında fiziksel mekânların temsilidirler. Kristeva şöyle yazar:

> Nesne özne-bene karşıtlığıyla beni bir anlam arzusunun kırılgan yapısında dengeye kavuşturur; bu anlam arzusu beni nesneyle belirsizce ve sonsuzcasına türdeşleştiren bir anlam arzusudur. Tam tersine, *iğrenç olan*, düşmüş nesne ise radikal olarak bir dışlanmıştır, beni anlamın çöktüğü yere doğru sürükler. Efendisiyle özdeşleşen bir "ben" [*moi*], yani bir üstben onu açıkça dışarıya defetmiştir. İğrenç dışarısıdır, oyun kurallarını kabul etmiyor gibi gözüktüğü bütünün dışında yer alır. Gelgelelim iğrenç, sürgün edildiği yerden efendisine meydan okumaya devam eder. (Efendisinden) habersiz, bir boşalmayı, bir çırpınmayı, bir çığlığı tahrik eder. Her benin kendi nesnesi, her üstbenin kendi iğrenci vardır. [...] Bulanık ve yitip gitmiş bir yaşamdan arta kalanlardan kısmen hatırlar gibi olduğum, ama şu an benden tamamen

---

14 Kristeva, *Powers of Horror*, 1 [*Korkunun Güçleri: İğrençlik Üzerine Deneme*, Fr. çev. Nilgün Tutal, 1. baskı. İstanbul: Ayrıntı Yayınları, 2004, 14].

ayrı ve tiksinç bir şey olarak yakama yapışan bir yabansılık, aniden yoğun bir şekilde belirir. Ben değil. Şu da değil. Ama hiçbir şey de değil. Bir şey olarak tanımlayamadığım bir "bir şey". Anlamsız olmayan ve beni çökerten anlam-olmayanın ağırlığı. Varolmayışın ve sanrının, farkına vardığımda beni hiçleştirecek bir gerçekliğin sınırında. İğrenç ve iğrenme orada benim korkuluklarımdır.[15]

Öznellikle çatışılır. Bir taraftan iğrençten kopma bizatihi onun oluşumu açısından vazgeçilmez görünür, ama diğer taraftan iğrenç merak uyandırır. Sürükleyici bir güçtür, cezbedici bir tarafı vardır. Öznel benlik kirli, pis veya tehlikeli addedilen şeyin yasaklanması aracılığıyla şekilleniyorsa, bu durumda kimliği de çok kırılgan, nahif olmalıdır. En azından iğrencin meydan okumalarına açık olmalıdır veya kendisini adeta silah zoruyla, sürekli, her daim ve hiç durmadan tekrar tekrar iğrence karşı korumalıdır.

Kristeva'nın yapıtında iğrenç [*abject*] kısaca sınırdır; aynı anda kimliği hem koruyan hem de ona meydan okuyan bir sınırdır. Bu nedenle, Kristeva cesedin öznel anlamı üzerine düşünürken şöyle yazar:

Bu sıvılar, bu kir, bu dışkı, yaşamın zor katlandığı, ölüm sıkıntısıyla katlandığı şeylerdir. Ölümle karşı karşıya kaldığımda, yaşayan varlık olma halimin sınırlarında yer alırım. Bedenim canlılığını bu sınırlardan alır. Bu atıklar yaşayabilmem için atılır, bu atılma atıla atıla bana geriye hiçbir şeyin kalmadığı ve bedenimin tamamen sınır ötesine geçtiği, *ölüye*, cesede dönüştüğü ana kadar devam eder. Eğer pislik, olmadığım sınırın öte yanı anlamına geliyorsa ve bana varolma imkânı tanıyorsa, atıkların en tiksindiricisi olan ceset, her şeyi kuşatan bir sınırdır. Dışarıya atan artık ben değilim, "ben" dışarıya atılanım. Sınır, bir nesneye dönüşmüştür. Nasıl olur da sınırsız olabilirim?[16]

Kristeva'yı temel alarak, Kıbrıs'taki sınır bölgesini sadece bir askeri yasaklama olarak görmek yerine, savaşın ardından bir tür öznel düzen kurma girişiminin parçası olarak "enkaza dönüşecek şekilde terk etme" pratiğini (Kristeva'nın terimiyle "iğrenci") temsil eden uzamsal-mekânsal maddilik olarak da kavrayabiliriz. Sınırın enkaza dönüşecek şekilde terk edilmişlik (metrukiyet) niteliği. Terk edilmiş bir mekân olarak sınır. Metruk ile benlik arasında kavranan farklılığın temsili olarak sınır bölgesi. Sınır bölgesi (ve büyük oranda Lefkoşa'nın surlar içi) Kıbrıslı Türkler için kendilerinden, içlerinden dışarıya atmak istedikleri bir şeyi temsil ediyor olabilir. Ama atmak istedikleri bu şey ne olabilir? Kristeva'ya göre iğrenç, fiziksel mekânın kir, pislik olarak tahayyül ve temsil edilen rahatsız edici bir yönünün temsilidir.

---

15 Agy., 1-2 [*Korkunun Güçleri*, 14-5].

16 Agy., 3-4 [*Korkunun Güçleri*, 16].

Peki, öyleyse, bu "şey" (kısmen terk edilmiş, enkaza dönüşmüş mekân) Kıbrıslı Türklerin fiziksel deneyimlerinde neyin karşılığı olabilir? Kuzey Kıbrıs'ta savaşın belli izlerini ve kalıntılarını hiç ellemeden muhafaza etmek niçin süregelen bir durumdur? Kriesteva'nın cesetle araya mesafe koyulmasına ilişkin incelemesine uygun şekilde –Kıbrıslı Türk doktorun da belirttiği gibi, Kıbrıslı Türkler kuzey Kıbrıs'ta toprağın altında bazı cesetlerin yattığını biliyordur– bunun neticesinde bazı mekânların, savaştan sonra başka yerlerde "hayat"ı yaratmak uğruna ölümle, yıkıntılarla veya yaşlılıkla ilişkilendirilmesi mi gerekmiştir?

Kristeva, "murdarlık [kirlilik] bir düzenin sınırına, marjinine, vb. ilişkin bir unsurdur"[17] görüşünü savunan Mary Douglas ile bir tartışmaya girer. Douglas'ın çalışmasında kir, toplumun kurucu bileşeni olarak görülür. Toplum, kiri dışlanması gereken şey olarak saptayıp tanımlayarak kendisini bir anlamda kire karşıt olarak biçimlendirir. Ama Kristeva, Douglas'ı iğrenme sürecinin temel bir boyutu olan öznel süreçleri (ve dili) göz ardı etmekle eleştirir.[18] Kristeva'nın psikanalitik okumasında, iğrenç, öznel bir ihtiyaçtan, egoyu tanımlama ve koruma ihtiyacından doğan duygusal bir dinamiktir. İğrenç, egonun olumsuzlamaya dayalı kurucu bileşenidir: "Ben öyle değilim." Alan araştırmasında aldığım notları gözden geçirirken, Kıbrıslı Türklerin gerçekten de yeni bir toplumsal yapıyı iğrence karşıt olacak şekilde tanımlamaya çalıştıkları hissine kapıldım ve sınır boyunca dolaştığım tüm bu mekânlar ve Lefkoşa'nın surlar içi, yeni toplumsal-simgesel düzenin kendisini karşılaştırarak tanımlamak istediği "iğrenç" olabilirdi. Yine de, bu okumanın diğer yorum ihtimallerini devre dışı bıraktığını düşünüyorum. Kalıntılar, yıkıntılar başka neyi temsil ediyor olabilir? Başka neyi içerimliyor olabilirler?

İğrenç madde üzerine çalışan diğer araştırmacılar da, bunu gerek toplumsal gerekse öznel düzen yaratma mekanizmalarıyla ilişkilendirirler. Toplumsal sınıf ve burjuva kamusal alanı (hukuk ve devlet de dahil) iğrencin tanımlanması, teşhis edilmesi ve dışlanması ile kurulmaktadır. Mihail Bahtin'in karnaval ve "grotesk"in yüceltimine ilişkin incelemelerinden esinlenen "sınır ihlali" çalışmalarında Peter Stallybrass ve Allon White'a göre, iğrenç veya bayağı madde ("bedenin alt bölgeleri, kanalizasyon, yeraltı dünyası") toplumsal sınıflandırmaları ve söylemleri ile birlikte burjuvazinin oluşumuna temel teşkil eder.[19] Gerek ev ve şehir mimarisinde veya dilde gerekse toplumsal sınıflar arasındaki ilişkilerde "alt veya daha düşük" ile "daha yüksek" maddeler arasındaki ayrımları "toplumsal sınır çizme" olarak okurlar.

---

17 Agy., 66 [*Korkunun Güçleri*, 96].

18 Agy., 66-7.

19 Stallybrass ve White, *The Politics and Poetics of Transgression*, 3.

Stallybrass ve White'a göre, daha yüksek toplumsal sınıfların oluşumu açısından elzem olan bu tür sınırlandırma veya sınır koyma mekanizmaları "grotesk"in daha düşük sınıflarla ilişkilendirilmesine dayanır. Şunu öne sürerler: "[K]arnavalesk tam da burjuva kültürü onu yadsıyarak kendi öz-kimliğini inşa ettiği için son derece güçlü bir semiyotik alan olarak kabul edilir."[20] Benzer şekilde *Bokun Tarihi*'nde (2000) Dominique Laporte'un dışkıdan kurtulma ve kişisel temizlenme pratiklerini, burjuva hukuku ve devletin oluşumu da dahil olmak üzere tüm uygarlığın kurucu bileşeni olarak incelediğini söyleyebiliriz. Bizatihi "kamu(sal)" anlayışı, Laporte'un okumasında, dışkının pis olarak, dolayısıyla bir "kişisel/özel" iş olarak tanımlanması yoluyla üretilir.[21] Burjuva kamusal alanının iğrençliğe karşıt olarak oluşturulmasına ilişkin bu çalışmaların bazıları, Kıbrıslı Türklerin kendilerini savaştan sonra orta sınıf olarak yeniden şekillendirirken artık Türkiyeli göçmenlerin ve yaşlıların ikamet ettiği surlar içi bölgesini iş için mecbur olunmadıkça pek gidilmeyen mekân, kimliklerinin sınırı, terk edilmiş pis öbür taraf, yeni kurulan orta sınıf toplumsallığının karşıtı olarak tanımlama tarzını anlamamıza yardımcı olabilir.

İğrence dair kuramsal yazıların çoğunda iğrenç (terk edilen) madde, toplumsal düzenden dışlanan, dışarı atılan, ama yine de olumsuzlama yoluyla onun kurucu bir bileşeni olan "şey" olarak tahayyül edilir. İğrenç (terk edilen), öznel benliğin, toplumsal sınıf düzeninin veya kamusal alanın tanımlandığı karşıttır. Öyleyse iğrencin (terk edilenin) kişisel, toplumsal, politik düzenlerin ve bizatihi "düzenliliğin" oluşumu için gerekli olduğunu söyleyebiliriz. Bu nedenle, sınır boyunca var olan, gözlemlediğim terk edilmiş, başıboş, bakımsız kalmış, savaşın izlerini taşıyan ve yıkıntıya dönüşmüş bu mekânların, yeni Kıbrıslı Türk öznellikleri, yeni bir toplumsal sınıf sistemi ve yeni bir yönetim şekli için bir mekânın sınırlarını belirlemek üzere böyle kaldığını ileri sürmek gerekir.

Georges Bataille "bayağı madde" olarak adlandırdığı şeye dair başka bir anlayış önerir.[22] Dışkının düalist bir tarzda sistem karşıtı şey olarak kabul edildiği yapısalcı, psikanalitik veya Marksist dışı yorumlarının tersine, Bataille fazlalık maddede özel bir potansiyel algılar.[23] Bayağı maddenin kendi enerjisi, kendi olanakları vardır. Kendi başına bir bütünselliktir; öznel, toplumsal veya politik bir sistemin tanımlanabileceği karşıt madde değildir sırf.[24] "Bayağı madde", der Bataille, "ideal insan beklentilerine dışsal ve yabancıdır ve kendisinin, bu beklentilerden doğan büyük

20 Agy., 202.
21 Ayrıca bkz. Cohen, "Introduction," xiv.
22 Bataille, *Visions of Excess*.
23 Cohen, "Introduction," xvi-xvii.
24 Botting ve Wilson, *Bataille*, 9.

ontolojik makinelere indirgenmesine izin vermez."[25] Sistem karşıtını temsil etmekten çok daha ötede olan "bayağı madde" ötedeki bir gerçekliktir; "bir kara deliktir, negatif ve yaratıcı enerjisi, bilmeme armağanını açığa vurur; en üstün kesilmesini veya engellenmesini ve başka güçlerin fışkırmasını gösterir."[26] Yıkıntıların, enkazın ve çerçöpün yaydığı enerjiyi incelerken Bataille'ın çalışmasından yararlanabiliriz. Fiziksel-öznel veya toplumsal-politik mekânda bir düzeni veya bütünlüğü oluşturmamızı sağlayacak bir karşıtı aramak yerine, Bataille'ın izinden gidersek, iğrenç (terk edilen ve istenmeyen) tamamen farklı bir şey, bir "öteki" gerçeklik olabilir.

İğrenç, terk edilen, kir, pislik ve dışkı üzerine çalışmalar, kuzey Kıbrıs'ta yaşarken ve araştırma yaparken benim için tamamen bir kördüğüme dönen malzemeyi anlamamı ve yorumlamamı kolaylaştırdı. Kristeva sayesinde yıkıntıların, çöpe dönüşmüş savaş enkazının ve kalıntılarının Kıbrıslı Türklerin öznel ve ruhsal mekanizmalarında neleri temsil ettiğini anlayabildim. Stallybrass ve White'ın düşünce çizgisinde ilerleyerek, Kıbrıslı Türklerin kendilerine yeni bir orta sınıf kimliği yaratmak için Lefkoşa'nın surlar içini yavaştan terk etmelerinin içyüzünü irdeledim. Gerçekten de, yaşamak için çoklukla terk edilen bu mekânların, bırakılıp gidilen eski şehrin, orta sınıf Kıbrıslı Türkler tarafından yoksul Türkiyeli göçmenlerle ilişkilendirilmesi tesadüfi değildir. Kıbrıslı Türkler son 20-30 yıllık dönemde kimliklerini özellikle Türkiyeli yerleşimcilere ve onların yaşam tarzlarını göre göre (ve karşıt olarak) tanımlamaktadırlar. Türkiyelileri karakterize etmek için "Biz onlar gibi değiliz" şeklindeki keskinleşmiş metaforu kullanırlar. Kıbrıslı Türkler kendi yaşamlarını ve kimliklerini göçmenlerinkinden ayırmaya ve farklı kılmaya çalışırken, aynı zamanda eski Lefkoşa'yı çoklukla yaşama sınırlarının dışı olarak tanımlamışlar ve toplumsal olarak yeni oluşturdukları mahalle ve banliyölerde yaşama alanları oluşturmuşlardır.

Ama elimdeki etnografik malzemeyi temel aldığımda, "iğrenç"e dair biraz daha kapsamlı başka düşüncelerim (veya şüphelerim) olduğunu belirteyim. İğrenci (öznel, toplumsal veya politik) sistem karşıtı olan şey, tam da negatifliği bakımından sistemin kurucu bir bileşeni (bir "antitez") veya sisteme tamamen dışsal ("sistem-olmayan") olarak ele alan araştırmacılar, "iğrenç"in sistemik –yani, bizatihi (öznel, toplumsal veya politik) sistemin kendisinde içkin– olabilme olasılığını göz ardı ettiler. Başka bir deyişle, yine elimdeki etnografik malzemeyi temel alarak, "iğrenç"in (terk edilen) akıldan çıkarılmasının ideolojik, edimsel veya retorik bir hamle olabileceğini öne sürmek istiyorum: Sanki "iğrenç" (terk edilen) sadece

---

25 Bataille, *Visions of Excess*, 51.
26 Botting ve Wilson, *Bataille*, 11.

"oradaymış" (veya "ona" dairmiş), başka bir yerde değilmiş, her yerde değilmiş ve her şeye dair değilmiş gibi hareket ederiz.

Kıbrıs üzerine çalışırken terk edileni bir şiddet ekonomisi kapsamında algılamadan edemezdim. Walter Benjamin tüm hukuksal ve politik sistemlerin kuruluşunun temelinde şiddet olduğunu öne sürer.[27] Jacques Derrida'nın "Yasanın Gücü" başlıklı ünlü denemesinde öne sürdüğü üzere, Benjamin'e göre "Hukukun kalbinde 'çürümüş' bir şey vardır."[28] Bu çürümüşlüğün (veya iğrençliğin) dayanak noktası ise şiddettir. Benjamin'e göre her hukuksal sistemin kökeninde şiddet yatar.[29] Derrida bunu şöyle yorumlar:

> Her hukuksal sözleşme (*Rechtsvertrag*) şiddet üstüne kurulur. Hem kökeni (*Ursprung*) hem de çıkışı (*Ausgang*) şiddet olmayan sözleşme yoktur. Benjamin'in kaçak ve eksiltili bir anıştırması burada, sık sık olduğu gibi, belirleyici gibi görünmektedir. Hukukun kuruluşu veya koyuluşu olarak kurucu (*rechtsetzende*) şiddetin "sözleşmede doğrudan doğruya yer almaya" ihtiyacı yoktur. Fakat dolaysız olarak mevcut olmadığı halde, orada bir yerine-geçenin-eki (*le supplément d'un substitut*) tarafından yerine-geçilmiş (*vertreten*), temsil edilmiş bulunur. Kökensel şiddetin unutuluşu bu *différance*'ta, mevcudiyetin (özellikleri, ve tininde, dolaysız mevcudiyeti tespit edilebilecek şiddetin) yerine geçen hareket içinde, bu diferansiyel temsiliyette meydana gelir. Ne bilinç kaybı ne de onu izleyen hafıza yitimi kazayla başa gelmez. Mevcudiyetin temsile geçişidir. Böyle bir geçiş, kurumsal çöküşün ve yozlaşmanın yolu, onların bozulması, çürümesidir (*Verfall*). [...] Bunun ilk örneği o zamanların parlamentolarıdır. İnsanı üzen bir gösteri sunuyorlarsa, bunun sebebi bu temsilci kurumların kendilerini doğuran devrimci şiddeti unutmalarıdır.[30]

Bu ipucunu takip ederek "iğrenmeyi" (terk etmeyi) şiddet olarak (veya ihlal, taciz olarak), inşa edilen ve (yasal ve politik) sistem tarafından parlatılan şey olarak kavrarsak, diğer yorumlama veya analiz olanaklarının da su yüzüne çıkabileceğini söyleyebiliriz. İğrenme/terk etme politik bir amaca hizmet edebilir. Kıbrıslı Türkler neden bana yıkıntıların kendilerini rahatsız etmediğini söylüyorlardı? Niçin onlara alıştıklarını söylüyorlardı? Tam da bu noktada daha kapsamlı bir etnografik irdelemeye ihtiyaç duyarız.

---

27 Benjamin, "Critique of Violence."

28 Derrida, "Force of Law," 42 ["Yasanın Gücü: Otoritenin Mistik Temeli," Fr. çev. Zeynep Direk, *Şiddetin Eleştirisi Üzerine*, 43-133, der. Aykut Çelebi, 1. baskı. İstanbul: Metis Yayınları, 2010].

29 Agy., 40.

30 Agy., 47 ["Yasanın Gücü," 111].

Yıkıntılardaki Ekonomi

Yıkıntılar, pas, toz, çöp ve atık kendine özgü, emsalsiz bir madde değildir. Kendi başlarına bu hale gelmezler, öylece ortaya çıkmazlar. Bilakis, insanlar, maddilikler ve hem inşa edilmiş hem de doğal çevre arasındaki özel toplumsal ilişkiler aracılığıyla üretilirler. Daha farklı ifade edecek olursak, insanlar yıkıntıların oluşumuna katkıda bulunur, bunda aktif bir rol oynarlar. Hem Kıbrıslı Türkler hem de Kıbrıslı Rumlar, Türk ve Yunan ordularının teşvikiyle ve toplumlar arası çatışmanın her iki tarafındaki yerel güçlerinin önderliğinde, Kıbrıs'ta yaşayan diğer toplumlarla birlikte (örneğin Türkiyeli göçmen-yerleşimcilerle) çevrenin mevcut şeklini almasında rol oynadılar: binalardaki kurşun delikleri, çatısız penceresiz konutlar, yağmalanmış evler. Kıbrıslılar, çatışma ve savaş döneminde çevrelerinin yıkıntıya dönüşmesindeki eylemliliklerini, kendi oynadıkları rolü iyi bilir ve hatırlarlar. Bu nedenle, bu kısımda "terk edilmiş mekânlar" olarak adlandırdığım şeyin oluşumundaki eylemliliği ve suç ortaklığını inceliyorum.

Kıbrıslı Türkler bana çoğu zaman "Herkesin evinde ganimet [yağmalanmış] eşyalar var" diyordu. Kıbrıslı Türklerin yerel dilde yağma için kullandığı terim "ganimet"tir. Arapça kökenli, eski Türkçe bir kelime olan ganimet, savaştan sonra "düşman"dan veya işgal edilen topraklardan ele geçirilen malı mülkü ifade etmek için Osmanlılar tarafından kullanılıyordu. Osmanlı döneminden bir kalıntı gibi, bu göndermeye (yağmalamaya) bağlı kalmakla birlikte, Kıbrıslı Türklerin güncel kullanımında ganimet simgesel ve metaforik olarak çok daha fazlasını ifade eder. Benim gözlemimde, ganimet Kıbrıslı Türklerin yaşanan sorunlardaki diğer tarafın (yani Rumların) maddi mülklerine karşı uygulanan şiddet biçimini ifade etmek için kullandığı duygu yüklü bir kavramdır. Kıbrıslı Türkler bu terimi kullandığında, bir özeleştiri biçimini içerimler; bir toplum olarak kendilerinin Rumlara ait olan ve savaştan sonra kuzey Kıbrıs'ta bırakılan maddi nesnelerin ve mülklerin temellük edilmesine, gasp edilmesine aktif olarak katılmalarına dair fikirlerini belirtiyorlardır. Ganimet sadece ve basitçe savaştan sonra Rumlardan alınan özel şeyleri ifade etmez. Ayrıca, daha geniş ve ahlaki olarak sorunlu bir toplumsal pratiği, kurumsallaşmış bir çalma ve yıkım biçimini de ifade eder; insanlar bununla insan olarak kendilerini suçlamak veya eleştirmekle kalmazlar, aynı zamanda, daha belirli olarak, yönetimlerini de eleştirirler. Bu toplumsal-simgesel dünyada, ganimet özeleştirel bir ahlaki söylemi içerimler. Benim okumam ise şöyle: Kıbrıslı Türklerin kullandığı biçimiyle ganimet, başka insanların malını mülkünü temellük ederken, bu mala mülke şiddet uygularken ve bu malın mülkün ticaretini yaparken, bu insanlara uygulanan şiddeti ifade eden bir sözcük. Bu nedenle, hem bu söylem hem de yağmalanan nesneler ve yıkıntılar etrafındaki ekonomi, savaş sonrasındaki inşa edilmiş çevrenin aktardığı duyguya ilişkin her türlü tanımlanışa ve analize dahil edilmelidir.

Bu bağlamda Hatice Hanım'ın kayda değer bir öyküsü var. Aslen Yeşil Hat'ın güney tarafındaki bir köyden olan orta yaşlı bir Kıbrıslı Türk olan Hatice Hanım, Kıbrıs'ın kuzeyinde Rumlardan kalma bir köyde yaşıyordu. Kuzey Kıbrıs yönetimi köydeki Rum mülklerini ve mallarını Kıbrıslı Türklere dağıtmıştı. Köyün bir bölümünde, dağın yamacında, Kıbrıslı Türk ailelerin oturduğu evlerin tam karşısında büsbütün enkaz halinde bir mahalle vardı (bkz. RESİM 12). Eski köy evlerinin çatıları çökmüştü. Boyaları ve sıvaları dökülmüştü. İçlerindeki kerpiç duvarları yağmur aşındırmıştı. Pencereleri kırıktı veya hiç yoktu. Kapıları yoktu, balkonları yıkılmıştı. Küçük odalarında incir ağaçları yetişmiş, her yeri otlar bürümüştü. Köyün bugünkü sakinleri burada keçilerini otlatıyordu. Eski köy kilisesi koyun ağılına dönüşmüştü; kilise duvarlarındaki ikonlar sökülmüştü, bir zamanların el üstünde tutulan kutsal mekânının iç ve dış duvarları kir içindeydi.

RESİM 12. Beşparmak (Pentadaktilos) Dağları'nda çiçekler bürümüş, enkaza dönüşmüş Rum evlerinin kalıntıları.

Bir gün Hatice Hanım'a "Bu yıkıntıların ortasında yaşarken kendini nasıl hissediyorsun?" diye sordum. "Tüm bunları görmeye alıştık" diye yanıtladı sorumu, neredeyse hiç istifini bozmadan veya umursamaz bir edayla. "Peki, 1974'te bu köye ilk geldiğinde buralar nasıl görünüyordu?" diye sordum. "Çok iyi durumdaydılar (mısmıllardı)" dedi. Sonra bu mahallenin yıllar içinde nasıl harabeye dönüştüğünü anlattı bana:

> Buraya [güneydeki köyümüzden] ilk geldiğimizde, pek ısınamamıştık. Bu evi bize idare verdi. İçine ilk girdiğimizde yerimizden kıpırdayamadık. Üç gün boyunca tek bir yere oturup kaldık, hiçbir şey yapamadık. Çok mutsuz hissediyorduk. Başka insanların, başka ailelerin eşyalarını görünce, kötü hissediyorduk. [...] Derken arka kapıdan birisi içeri girip, kullanmayacaksak yemek masasını alabileceğini söyledi. Düşün bir, üç gün boyunca orada oturmamıza rağmen evin bir arka kapısı olduğunu fark etmemiştik. O sırada ben 15 yaşındaydım. Kız kardeşlerimin biri 20, diğeri ise 13 yaşındaydı. Sonra herkesin ganimet diye bir şeyden söz ettiğini işittik. Ganimetin ne demek olduğunu bilmiyorduk. Herkes orada bir ganimet olduğunu, burada bir ganimet olduğunu söylüyordu. Sonra anladık ki ganimet alınıp götürülen şeymiş. Buraya ilk geldiğimizde, bir şeylerin sürekli oradan oraya taşındığını görüyorduk: mobilyalar, ev eşyaları, buzdolapları. Tüm köy, evlerin önünde bırakılan şeylerle doluydu, eşyalar bir evden diğerine taşınıp duruyordu veya satılmak üzere evlerin önünde sergileniyordu. Bazı insanlar çoktan ganimetlerin ticaretini yapmaya başlamıştı. Buraya ilk geldiğimizde sokağın karşısındaki bu mahalle çok iyi durumdaydı. Mahalledeki evlerden dört kanepe ve bir şilte bulup aldım.

> Herkes ihtiyaç duyduğu şeyi alıyordu. Çatılardaki kiremitleri, pencere pervazlarını söküp aldık. Birisinin evi için kapıya ihtiyacı olursa, bu mahalleye gidip kendine bir kapı buluyordu. Yağmur da evlerin duvarlarını çamura buluyordu ve zamanla evler harabeye dönüştü. [...] Onları böyle görmek beni üzmüyor, kendimi kötü hissetmiyorum. Bu harabelere alıştık.

Harabelerin, yıkıntıların hikâyesini anlatırken Hatice Hanım kendisinin, ailesinin ve köylülerinin bunda aktif olarak oynadıkları rolü de anlattı. Ama belki de bunun bir parçası olmaları yüzünden, bana ve duyularıma sarsıcı bir savaş enkazı olarak görünen bu yıkıntıların yarattığı duygu, onlar tarafından yıllarca bastırılmış, yadsınmış veya terk edilmişti.

2003'te sınırdaki kontrol noktaları açıldıktan sonra Hatice Hanım'ı bir kez daha ziyaret ettim. 1974'te mülteci olarak kuzeye taşındıklarında ailesiyle birlikte güneyde terk ettikleri köye yaptıkları ziyaretten yeni dönmüşlerdi. "Kalbim yanıyor" dedi. "İçim sızlıyor." Sonra bana güneyde kendi köyündeki evini nasıl bulduğunu anlattı. "Rumlar köyümüzdeki mahallemizin tamamını tel örgüyle kapatmışlar. Tüm alanı koyun ağılı yapmışlar. Evimiz de orada kalmış; eve giremedik. Koyun pisliği dolu. Pencereleri sökülmüş, ne kapısı ne çatısı var. İçi tamtakır görünüyor, ne bir eşya ne de bir mobilya var. Biz gittikten sonra Rumlar gelip her şeyi yağmalamış olsa gerek. Bu yüzden çok kötü hissettim." Hatice Hanım, Rum tarafında kalmış ana baba ocağını yağmalanmış ve harabeye dönüşmüş halde bulmanın yarattığı kasvetli duyguyu uzun bir süre üzerinden atamadı.

"Savaştan sonra tam bir ganimet furyası başladı" dedi Lefkoşa'da yaşayan kırklı yaşlarındaki Kıbrıslı bir Türk olan Servet Hanım. "O zamanlar 'ganimete çıkma' diye bir tabir vardı. Rumların bıraktığı malın mülkün çoğu sahiplenilip dağıtıldıktan sonra, insanlar özellikle de hafta sonlarında terk edilmiş Rum köylerine veya mahallelerine dolaşmaya gider, ganimet ararlardı." Bu dönemi anlatan diğer pek çok Kıbrıslı Türk gibi bu kadın da kendisinin ve etrafındaki Kıbrıslı Türklerin olaya dahil olmasına ilişkin ahlaki bir yargıyı dile getiriyordu. "Herkes bir tür ganimet aldı" dedi, ama diğer Kıbrıslı Türkler gibi o da, "1974 zengini" dediği, yağmalanmış malların ticaretini yaparak veya yağmalanan mülklere yatırım yaparak zengin olan kişileri belirli bir eleştiriyle resmediyordu. "Ganimetten zengin olanlara *ganimetto*'lar deriz biz" diyordu.

Yağmalanmış mallara (ganimete) ilişkin yerel ahlaki söylemde Kıbrıslı Türkler, savaştan sonra (örneğin güneyden gelen ve oradaki kendi mülklerini kaybedenlere atfen) Rum mülklerini ihtiyaç nedeniyle alanlar ile ganimet ticareti yapan ve yağmacılıkla zengin olanlar arasında bir ayrım yapar. "Bu tür insanların çoğu, yani 1974 zenginleri, şimdi yönetimdeler. Torpili olanlar en iyi ganimetleri aldılar."

Savaşın ortasında ve sonrasında ganimetlere ve artık mallara dayalı ekonomi, kendi başına gelişmedi: Rumların mallarının mülklerinin gasp edilmesini bir politika ve yaptırım pratiği olarak destekleyen bir yönetim yaklaşımı yürürlükteydi.[31] Kuzey Kıbrıs'taki Kıbrıs Türk yönetimi Kıbrıslı Rumların mülklerini (evlerini ve arazilerini) güney Kıbrıs'taki mülklerini kaybeden Kıbrıslı Türk mültecilere dağıttı. Ama yönetim aynı zamanda Kıbrıslı Rumlara ait olan malların ve nesnelerin sahiplenilmesine ve mübadelesine de izin verdi, bunu açıkça destekledi, hatta organize etti. Bunun bir kısmı, güneyden hiçbir şeysiz gelen yaşlılara ve mültecilere bağış adı altında yapıldı. Hatice Hanım yönetim mensuplarının ganimet mallarıyla dolu kamyonlarla köye geldiğinden, Rumlardan kalan mobilyaları, eşyaları, giysileri ihtiyacı olan Kıbrıslı Türklere nasıl dağıttığından söz etti. Savaştan sonra Lefkoşa'ya gelen yaşlıca bir Kıbrıslı Türk olan Ahmet Bey de benzer şeyler anlattı: "İplik fabrikasının arkasındaki garajlar ganimet satış alanlarına çevrilmişti. Ganimet malları burada kendilerine ganimet bulamayan ailelere ve yaşlılara ucuza satılıyordu. Bu malların bir kısmı kullanılmıştı; bir

---

31 Aynı zamanda, güney Kıbrıs'ta da Kıbrıslı Türklerin malı mülkü Rumlar tarafından kitlesel olarak yağmalanmıştır. Aynı şekilde, güney Kıbrıs'taki sayısız Kıbrıslı Türk mülkü harabeye dönüşmüştür.

kısmı kullanılmamıştı. Rumların bıraktığı dükkânların ve depoların içleri de boşaltılmıştı ve buradan alınan mallar satışa çıkarılmıştı."

Sayısız Kıbrıslı Türk ganimet ekonomisine katılımlarını utançla hatırlıyordu ve yönetimin ganimeti desteklemesini eleştiriyordu. Savaş sonrasında bir genç olan Doğan Bey, babasının Kıbrıslı Rumların bıraktığı şeyleri almayı reddettiğini, ama köylerindeki diğer herkesin ganimet toplamaya çıktığını anlattı. Şunları söyledi: "Günün birinde Denktaş köyümüze geldi. Denktaş'ın konuşmasını dinlemek için bütün köylüler kahvede toplandı. Görünüşe göre, birisi Denktaş'a babamın ganimet mallarını almayı reddettiğini anlatmış. Denktaş köydeki herkesin önünde 'Ganimet almayı istemeyen enayi kim?' diye yüksek sesle söylendi. Bunun ardından, köylüler babamla hep dalga geçtiler."

Kıbrıslı Türkler, kuzey Kıbrıs yönetiminin yağmalanan mülklerin sahiplenilmesine, dağıtılmasına, satılmasına ve paylaştırılmasına aktif olarak katılmasına dair bunun gibi pek çok anıyı dile getirdiler. Yönetimlerinin yağmalamayı teşvik ettiğini, hatta organize ettiğini ima ediyorlardı. Otuzlarında Kıbrıslı bir Türk olan Osman şöyle demişti: "Kuzey Kıbrıs Türk Cumhuriyeti ganimet üzerine kurulmuş bir devlettir." Yönetime ilişkin bu simgesel atıf veya temsil, sadece Rumların mülklerinin ve mallarının gasp edilmesine gönderme yapmaz. Kıbrıslı Türkler birçoğu devletlerinin yağmayı genelleşmiş bir pratik olarak yerleşik hale getirmiş olmasına gönderme yapmak için "ganimet devleti" kavramının kapsamını genişletirler. "Bu devlet bizi hâlâ nasıl ganimetliyor görüyor musun?" diyordu yaşlıca bir Kıbrıslı Türk olan İbrahim Bey kendisine gelen ev faturalarını bana gösterirken. "Ne bekliyorsunuz ki? Bu hükümet ganimet üzerine kuruldu, ganimet ile yaşıyor. Elektrik, su, telefon için istedikleri şu paraya bakın. [...] Bu hırsızlık değil mi?" Savaş sonrasında sahiplenilen mallara, mülklere basit bir gönderme olmanın çok ötesinde bir kavram olan ganimet, Kıbrıslı Türklerin kendilerini ve yönetimlerini karakterize etmek ve eleştirmek için kullandığı politik olarak yüklü bir metafora dönüşmüştür.

Duygu Yüklü Harabeler

Bu bölümün asıl meselesine geri dönelim: Harabeye dönüşmüş çevre duygusal bir enerji yayar mı ve yayıyorsa bunu nasıl yapar? Ya da yaymıyorsa, neden yaymıyordur? Yine Lefkoşa'da sınır bölgesinde yıkıntıların arasında dolaşıyorum ve düşüncelere dalıyorum. Havadan, uçağın penceresinden burasının nasıl göründüğünü hatırlıyorum: Venediklilerin yaptığı surların daire içine aldığı karanlık bir alan, Rum tarafında yüksek, çokkatlı binalar ve Türk tarafında da alçak, sarı taştan binalar. Sınır bölgesi terk edilmiş bir mekân olarak göze çarpıyor. Ama "terk edilen"in kuzey Kıbrıs'ta konumlandığı, duyumsandığı veya çalışıldığı tek yer burası değil (bu bakımdan güneydeki Rum tarafı da var). Kıbrıslı Türkler bugün artık büyük ölçüde Türkiyeli göçmenlerin yaşadığı Lefkoşa'nın surlar içine, kirliliği, pisliği, çürümeyi ve terk edilmişliği çağrıştıran metaforlarla gönderme yapıyorlar. Kıbrıslı Türkler surlar içinin dışına taşınmış ve yaşama alanlarını da mümkün olduğunca bu alanın dışında düzenlemişlerdi. Sınır boyunca uzanan surlar içi bölgesini terk edilmiş bir mekân olarak damgalamışlardı. "Oraya çok gitmeyiz" diyorlardı. Yaşama alanlarından iş icabı gerekmedikçe kesip çıkarmışlardı ve bilinçlerinden de söküp atmaya çalışıyorlardı. Ama neden? Bu neyi gösteriyordu?

Kuzey Kıbrıs'taki birçok mekân böyledir: Karpaz (Karpasia) bölgesinde denize nazır eski bir kahvehanenin üzeri pas kaplı iskeleti; Kormacit (Kormakitis) yakınlarında geçişe izin verilmeyen askeri bir bölgede zeytin ağaçlarını kaplamış toz; köylerin hemen dışındaki Rum Ortodoks mezarlıklarının ve kiliselerin yıkıntıları; kalabalık deniz kıyısının etrafındaki askeri üsler ve atış noktaları. Metrukiyet her yerde olsa bile, yine de bu daha geniş terk edilmiş mekânın içerisinde belli bölgeler özellikle metruk olarak damgalanmış ve dışlanmıştır, buna karşıt olarak yuvamsı güzel mekânlar temizliğin, derli topluluğun, intizamın, sıcaklığın, rahatın, konforun ve samimiyetin damgasını taşır. Kıbrıslı bir Türk, Lefkoşa'nın surlar içi hakkında şöyle diyordu: "Oraya çok gitmeyiz. Nadiren ayak basarız." Burası, daha geniş bir terk edilmiş çevrenin içerisindeki metruk bir yerdi. Başka yerlerde, banliyölerde Kıbrıslı Türkler, yeni inşa edilmiş modern mahallelerle, sulanan bakımlı bahçelerle, alışveriş merkezleriyle ve temiz bakımlı evlerle, apartmanlarla kendilerine yeni ve özel yaşam alanları yaratmışlardı. Bunu nasıl yorumlayacağız?

Bazı Kıbrıslı Türklerin bu dönemdeki politik sistemlerini nasıl tanımladıklarına dikkat edin: "Ganimet devleti". Ben bunu şöyle okuyorum: Burada, terk edilmişliği, ötekilerin malının mülkünün yağmalanmasıyla ilişkilendiren özeleştirel bir ahlaki söylem vardır; bu, ahlaki açıdan sorunlu bir politik sistemin tarifidir. Bu tür temsillerde, terk edilmişlikle ilişkilendirilen sadece özel alanlar, yerler veya mekânlar değildir; "terk"e dayalı metaforlar aracılığıyla bizatihi politik bir sistemin kendisi eleştirilir. Başkalarının günahına girdik. Bu kalıntılar, bu savaş enkazı bize bunu hatırlatır ve bu yüzden oraya gitmeyi göze alamayız. Bize yanlış yapılmıştır. Bu kurşun delikleri adeta bedenimizdeki yaralar gibidir, bu nedenle onlara dokunmayız. Şiddet uyguladık ve bize de şiddet uygulandı. Bakmaya cüret edemeyiz; görmek istemeyiz; gitmemeyi tercih ederiz; hayır, kötü hissetmeyiz (o kadar da kötü değil). Kıbrıslı Türklerin terk ettiği yerler, özellikle de enkaza dönüşmek üzere kendi kaderine bıraktıkları mekânlar (Walter Benjamin'in anladığı anlamda) kendilerinin de iştirak ettiği sistemlerinin oluşum sürecinde yaşanan kökendeki şiddeti onlara temsil ediyor olabilir miydi? Terk edilmişliğe özgü bu niteliklerin kuzey Kıbrıs'taki belli mekânlara bu şekilde yansıtılması ve bu mekânlarda terk edilmişliğin (tamamen vazgeçme yoluyla) muhafaza edilmesi, kişinin başkalarına ve keza kendisine uygulanan şiddete dayalı istenmeyen anılarından kendisini (ve sistemini) koruma çabası olabilir miydi? Hukukun temelindeki bu kökensel şiddet, Benjamin'in anladığı anlamda, neredeyse Kıbrıslı Türkler için fazla yüzeydeydi; belki de, temeldeki kurucu şiddetin daha etkili biçimde cilalanıp üzerinin örtüldüğü başka yerlerde, diğer devletlerde rahat yaşıyor görünen diğerleri için olduğundan daha açıktı. Terk etme şiddeti temsil eder. Enkaza dönüşmek üzere terk edilmiş bu mekânlar, bu yıkıntılar, bugün Kıbrıslı Türklerin kendilerini kötü hissetmelerine yol açmıyorsa, belki de bunun nedeni, o şiddet anısının ve uygulanan şiddetin bu mekânlara yansıtılmasıdır ve onların karşısında, açıkça birlik bütünlüğe, canlılığa, hayata, temizliğe, düzene, intizama ve iç rahatlığına dayalı bir karşıt mekân yaratma çabasına girilmesidir.

Bu bölüme, duygu yüklü enerjinin yaratıcısı olarak insanın öznelliğine özel bir önem atfeden çalışmalara eleştirel bir bakışla başladım. Umarım burada sunduğum malzeme, duygunun (insanlar arasında) sırf özneler arası bir şekilde dolayımlanmadığını, ayrıca insanlar ile maddi çevreleri arasında bir duygu yüklenmesi olduğunu gösterebilmiştir. Başlangıçtaki sorumu belki de yanlış konumlandırdım: Duygu harabeye dönmüş çevre tarafından mı aktarılır, yoksa çevreyi öznel dünyalarımızı ona yansıtarak mı algılarız? Duygu ne tek başına maddiliklerce ne de sadece iç dünya tarafından üretilir. Bu bölümde, politikayı insanlar ve onların maddi çevreleri arasındaki etkileşim alanı olarak ele aldım.[32] Teresa Brennan'ın (2004) öne sürdüğü bir fikri temel alacak olursak, yıkıntıların aktardığı duygu, insanlar ve mekânsal maddilikler arasındaki zaman içinde değişen özel etkileşimlerin olumsallıklarına ve tarihselliğine konumlandırılmalıdır.[33] Hemen 2003 öncesi dönemde Kıbrıslı Türkler için kuzey Kıbrıs'taki yıkıntıların görünüşte "kötü hissettirmediği"ni, çünkü kendilerinin oluşumuna, toplumun ve devletin katılımını hatırlatan unsurlar olarak, hem mekânsal hem de zihinsel olarak terk edildiklerini ileri sürüyorum. Yıkıntılar, aynı zamanda Kıbrıslı Türklere kendi iç yıkılışlarını, yani Kıbrıslı Rumların onlara uyguladığı şiddeti hatırlatıyordu. 1963 ve 1974'ten beri kurşun deliklerinin hiç el sürülmeden bırakmasının nedeni bu olabilir mi? Kurşun deliklerinin bulunduğu binalar hem uyguladıkları hem de maruz kaldıkları şiddeti temsil ediyor olabilir mi? Kurşun delikleri olan binalar; içi yaralanmış bedenler. Dış katliam; iç yıkım.

---

32 Kıbrıslı Türkler ile Kıbrıslı Rumlar arasındaki siyasi müzakereler maddi mülklerin akıbetine odaklanmıştır: ayrıca bkz. Ilıcan, "The Making of Sovereignty through Changing Property/Land Rights and the Contestation of Authority in Cyprus."

33 Brennan, *The Transmission of Affect.*

Politik bir alan içinde duygu yüklü alanlar olarak "terk edilen mekânlar" adını verdiğim şeyi inceledim ve terk etmenin politika çalışmaları açısından özellikle verimli bir alan olduğunu öne sürdüm. Terk etme (ve iğrenç - *abjection*) çoğunlukla bir sistem veya bir yapıyla (bu ister öznel benlik olsun isterse toplumsal-simgesel düzen olsun, hiç fark etmez) çatışan veya onun ötesine geçen şey olarak ele alınmaktadır. Ama kuzey Kıbrıs'ta bizatihi sosyopolitik sistemin kendisi kendi vatandaşları tarafından terk etmeye dayalı metaforlar aracılığıyla algılanıyor ve temsil ediliyordu. Şayet kuzey Kıbrıs'ta bazı mekânlar özellikle enkaza dönüşmek üzere terk edilmişse (ve marjinal veya sınır dışı ilan edilmişse), bu birçok farklı düzeyde daha genel bir terk etme kapsamında görünüşte temiz çevreler yaratmaya yönelik bir çabanın dışavurumudur. Tam da bir mekânı enkaza dönüşmesine izin verecek şekilde, kendi kaderine bırakarak terk etme edimi –"Oraya gitmeyiz"– ideolojik bir açıklamadır; hem şiddete dair hafızanın hem de daha geniş bir gerçeklik olarak terk etmenin dışlanıp bastırılma şeklidir. İğrenme edimini iğrencin doğası olarak inceleyen kuramcılar, ideolojik hamleyi bizatihi inceledikleri şeyin kendisiyle karıştırıyor olabilirler. Ben bunu şöyle okuyorum: Bazı mekânlar, sistemin tamamı öyle görünmesin diye, enkaza dönüşmek veya pislenmek üzere terk edilmelidir. Bu, edimsel bir eylemdir. Elimdeki kuzey Kıbrıs malzemesi beni, iğrenci farklı bir şekilde kavramsallaştırmaya yöneltti: İğrenç/terk edilen olarak politik sistem, enkaza dönüşmek ve terk edilenle örüntülendirilen bir politik sistem. Bu kavramlara dayanarak terk etmeyi sistem karşıtı veya sistem-olmayan olarak (yani, kişisel ve toplumsal-politik düzene karşı duran veya onun dışında tutulan şey olarak) değil, tek başına (hem politik hem de kişisel) sistemin temsili olarak kavramamız gerektiğini öne sürüyorum.

.

Duyguya Dayalı Mekânlar, Melankolik Nesneler

Kuzey Kıbrıs'ta bu kitap için araştırma yaptığım (2003 öncesi) dönemde, görüştüğüm Kıbrıslı Türklerin birçoğu melankolik bir içsellik yansıtıyordu. Koşullarını, duygularını ve ruh hallerini ifade etmek için kullandıkları terim "maraz"dı.[1] Bu terimi, Türkiye Türkçesindeki anlamından etnografik olarak farklı bir şekilde kullanıyorlardı. Kıbrıs Türkçesinde maraz, bir ruhsal depresyon haline, derin ve onulmaz bir mutsuzluk ve huzursuzluğa tekabül ediyordu (İngilizcede melankoli kavramıyla karşıladım).[2] Görüşme yaptığım kişilerin çoğu kendilerinde maraza neden olan şeyin Kıbrıs sorunu olduğunu söylüyordu, dolayısıyla iç huzursuzluklarını ve mutsuzluklarını tarihsel olarak konumlandırıyorlardı. Kıbrıslı Türkler sınırın kapatılması ve güneye geçişin engellenmesi, ekonomik abluka ve politik ikilem kadar Kıbrıs sorununun çözümsüzlüğünü de hesaba katarak, kuzey Kıbrıs'taki kapatılmışlık hallerine gönderme yapıyorlardı. Bu, varlıklarının ve duygularını yansıtan bir ruh halinin tarihsel açıdan özgül ve öznel bir yorumuydu. Bu melankoliyi görüşme yaptığım kişilerin sadece iç dünyalarının dışavurumu olarak kavramadım; ayrıca artık onlarca yıldır yaşamakta oldukları konutların ve ortamların onlara aktardığı enerjinin ya da çoğunlukla adlandırdığım gibi "duygu"nun işareti olarak da anlamaya çalıştım. Görüşme yaptığım kişiler ekseriyetle 1974'ten beri bakımsız ve onarımsız kalan, enkaza dönüşen etraflarındaki binalara, mekânlara atfen "Bu mekân marazlı" diyordu. Aslında çevrelerinin kendilerine bulaştırdığı duyguyu adlandırıyorlardı. Bu nedenle, bu bölümde mekânın ve insan-olmayan ortamın ürettiği duyguların incelenmesine dayalı bir duygu antropolojisi öneriyorum.

Şu soruların yanıtını araştırıyorum: Dış çevre öznel duygu yaratımında ne tür bir rol oynar? Öznel duygu ve çevresel olarak üretilmiş duygu nasıl iç içe geçer? Daha belirgin olarak ilgilendiğim konu ise, melankolinin öznel olarak hissedildiği

---

1 Psikolojiyle ilintili disiplinlerin diline daha hâkim olan orta sınıf Kıbrıslı Türkler ise "bunalım" diyordu.

2 Paul Sant-Cassia (ağırlıklı olarak güney) Kıbrıs'ta yaptığı çalışmasında melankoliyi farklı bir şekilde araştırır: Sant-Cassia, *Bodies of Evidence*.

mi, yoksa mekânsal olarak üretildiği mi? Beni endişelendiren şeyse, bu türden bir etnografik problemi incelerken kullandığımız teorik araçların bizi bu soruların şu ya da bu yönünü ele almaya yöneltecek olması. Bu nedenle, bu soruları ortaya koyarken "ya-ya da" biçimini kullanmam tamamen retorikle alakalı. Bu bölümün sonunda, bu soruların "ya-ya da" yönünün bilgi üretimi rejimlerinde bir problem olarak ayrıcalıklandırılmasını ele alıyorum; bu meseleyi, yıkıntı haline gelme metaforu aracılığıyla irdeliyorum. "Yıkıntı haline gelme" ile hem maddi kalıntılara veya yıkımın ve şiddetin ürettiği yapıntılara hem de tıpkı bir akşamdan kalmalık hali gibi, uygulanan şiddet sonrasında devam eden tortusal veya artık niteliğindeki duygulara ve öznelliklere gönderme yapıyorum. Yıkıntı haline gelme metaforuyla, aynı zamanda antropologların ve araştırmacıların ilgili disiplinlerde eski kavramsal aygıtların yerine yenilerini bulma girişimlerinde ıskaladıkları şeyin ne olduğunu ortaya çıkarmaya çalışacağım.

Şiddetin Nesneleri

Bu bölümün temel meselesini bir kez daha vurgulayalım: Yağmalanan (ganimetlenen) nesneler ve mülklerle ilişkili olarak deneyimlenen melankoli (maraz), bu nesneleri kullananların öznelliklerinin nesnelere bir yansıması mıdır? Yoksa bizatihi bu nesnelerden boşalan bir enerji midir? Bu noktada, sunduğum malzemeyi Aktör-Ağ Kuramı'nın (AAK) önerdiği uygulamalar kapsamında düşünmemizin faydalı olacağına inanıyorum. Aktör-Ağ Kuramı'nın en büyük savunucularından Bruno Latour, insanlara ayrıcalıklı bir faillik atfedilmesine karşı, "insan-olmayan varlıklar"ın da bir tür "eyleyen" olarak bir çeşit faillik yerine getirmekte olduğu görüşünü öne sürer.[3] Latour siyasete dair yakın tarihli bir çalışmasında şöyle yazar: "Siyaset felsefesinin çoğunlukla güçlü bir nesneden kaçınma eğiliminin kurbanı olduğunu söylemek yanlış olmaz."[4] AAK kapsamında çalışan diğerleri gibi Latour'un yapıtının düsturu da "Şeylere Dön!"dür.[5] Bu görüşün ana vurgusu, özne merkezli (veya insan merkezli) bir felsefeden "nesne yönelimli" bir felsefeye geçişi sağlamaktır.[6] Dolayısıyla, Latour şöyle yazar: "'Siyasal Yapı' [*Body Politik*] sırf insanlardan oluşmaz! Şeylerle de kaplıdır: giysiler, büyük bir kılıç, muazzam kaleler, büyük ekili tarlalar, taçlar, gemiler, şehirler ve son derece karmaşık bir toplanma, buluşma, birlikte yaşama, büyüme, küçülme ve odaklanma teknolojisi. Leviathan'ın

---

3 Latour, *We Have Never Been Modern*.

4 Latour, "From *Realpolitik* to *Dingpolitik*," 15.

5 Agy., 23.

6 Latour ve Weibel, *Making Things Public*, 943. Ayrıca bkz. Henare vd., *Thinking Through through Things*.

başındaki taçta toplanmış küçük insan kalabalığının yanı sıra, her yerde nesneler vardır."[7] Kuzey Kıbrıs'a ilişkin elimdeki malzeme üzerinden düşünürken, siyasetin yapımında nesnelerin merkeziliğine dikkat etmek gerektiği konusunda Latour ile aynı fikirdeyim. Kuzey Kıbrıs'ın yönetim şekli, öznelerin nesnelerle iç içe geçişinin mükemmel bir örneğidir; bu vakada, nesneler büyük ölçüde diğer öznelerden (zorla) alınmıştır. Muhtemelen kuzey Kıbrıs'ta şiddete dayalı bir şekilde diğer insanlardan alınan nesnelerin temellük edilmesi, kullanılması ve değiş tokuşundan kaynaklanan yeni bir siyasi yapı şekillenmiştir. Bu nedenle, politikanın nesnelerle iç içe geçmiş yönüyle ilgileniyorum.

Yine de, nesneleri ve politikalarını nitelemesi bakımından Latour'un çalışmasının sınırlı olduğunu düşünüyorum. Latour etnografik tanımlama veya tarihselleştirmeye girmeden, insan ile insan-olmayan varlıklar arasında herhangi bir niteleme veya yorum yapmaksızın, aşkın ve her zaman geçerli düz veya yatay bir birleşme ağı tahayyül ederek, öznelerin ve nesnelerin her zaman, zaten birbiriyle ilişkili olduğunu ve iç içe geçtiğini öne sürer. Aslında, düzleştirme, Latour'un farklı faillilik tarzları arasında bir simetri üretme çabasıyla kasıtlı olarak önerdiği bir metodolojidir.[8] Bense farklı bir şey öne sürüyorum. İnsanların nesnelerle kurduğu ilişki, tarihsel olumsallık ve politik özgüllük bağlamlarında incelenmelidir. İnsanlar ve nesneler belli bir tarzda birleşiyorsa, her zaman, zaten veya her şekilde böyle oldukları için öyle olmadığını öne sürüyorum. Daha ziyade, özneler ile nesnelerin birleşmesinin politikaları ve tarihleri kapsamında özel bir şekilde okunmaları, yorumlanmaları gerekir. Benim vakamda, Kıbrıslı Türklerin yağmalanan nesneler (ganimetler) ile ilişkileri bir egemenlik ediminin sonrasında kurulan türde bir birleşmedir: Uzun süren bir toplumlar arası çatışma sonrasında savaş ilan edilmesi, etnik olarak tanımlanan iki toplum arasındaki ayrımı belirleyen bir sınırın inşa edilmesi ve uzun süren bir olağanüstü hal.[9] Egemenliği insanlar ile şeylerin bu özel düzenlenmesi kapsamında yorumlamak, söz konusu ağı niteler ve tarihsel olarak konumlandırır. İnsan ile insan-olmayan varlıkların bu belirli birleşimi –ki incelediğim de bu– hiç de yansız bir birleş(tir)me değildir. Bilakis, bazı insanları ve şeyleri dışarıda tutarak, onları dışlayarak yaratılmıştır: Buradaki vaka da egemenliğin bir işareti olarak bir sınırın inşa edilmesidir. İnsanların, diğer insanlarla buluşması yasaklanır; insanların kendi insan-olmayan eşyalarıyla birleşmesine izin verilmez. Ayrıca

---

7 Latour, "From *Realpolitik* to *Dingpolitik*," 16.

8 Bkz. Latour, *Reassembling the Social*, 165-72.

9 Agamben, *Homo Sacer* [*Kutsal İnsan: Egemen İktidar ve Çıplak Hayat*, İt. çev. İsmail Türkmen, 2. baskı. İstanbul: Ayrıntı Yayınları, 2001]; Agamben, *State of Exception* [*Olağanüstü Hal*, İt. çev. Kemal Atakay, 1. baskı. İstanbul: Varlık Yayınları, 2008].

birçok insan bizzat, öldürüldükleri için bu ağdan dışlanmıştır. Bu nedenle, ağ her şeyi kapsayan, her şeyin dahil olduğu veya her tarafa yayılan, aşkın bir fenomen olarak teorileştirilemez. Marilyn Strathern, bir "ağı kesme" metodolojisi önerir.[10] Strathern, Latour'un ağ anlayışının sınırsızlığında bir problem olduğu teşhisiyle şöyle yazar: "Ağların kolu olsaydı kendilerini durdururlardı."[11] Benim araştırmamda kesme işlemini gerçekleştiren bizatihi egemenliktir. Öyleyse Latour'un yatay ve iki boyutlu ağ tahayyülünün, nitelenmiş, tanımlanmış ve yalnızca dikey olmayan, çokboyutluluğa dayalı bir egemenlik ve tarih teorisiyle bütünleştirilmesi gerekir.

Latour nesneleri vurgulayarak açıkça sosyal teoride dilbilim sonrası ve yorumbilgisi sonrası bir değişiklik talep eder. Aslında, AAK'yı yapısalcılık sonrası ve yapıbozumla ilişkilendirilen "dilbilimsel sapma"ya doğrudan bir saldırı olarak yorumluyorum.[12] Tartışmalı olmakla beraber, beşeri bilimlerde dil ve öznelliğe özel bir önem atfeden toplumsal inşacılığın hâkimiyetine karşı (buradaki vakada Thomas Kuhn'unkine çok yakın bir anlamda) yeni bir "paradigma"nın sınırlarını tanımlama girişimi söz konusudur. Dil ağırlıklı olarak özneyi tanımlayan ve onu diğer varlıklardan ayıran şeyse, AAK'yı toplumsal inşacılığın insan-merkezciliğinin bir eleştirisi olarak görüyorum. Dolayısıyla, nesne (veya görünür madde ve kanıt) öncelik kazanırken dil, temsil, imgelem, yorum ve öznelere bu yeni metodolojide (Kuhn'un anladığı anlamda) "yer verilmez". Bunu bilgi üretimindeki bir yıkıntı-laşma biçimi olarak ele alıyorum.

Nesneler insanlarla dilsel veya simgesel olarak tarafsız bir alanda ilişkiye girmez. Bilakis nesneler dil aracılığıyla tanımlanır. Dil-öncesi veya dil-sonrası olamazlar. Simgesel-olmayan da değildirler. Mülakat yaptığım Kıbrıslı Türklerin kullandıkları nesneleri "Rum malı" veya "ganimet" diye adlandırdığını hatırlayın. Aynı şekilde, kuzey Kıbrıs'ta nesnelerin temsiline dair birbiriyle çatışan ahlaki söylemleri ve ideolojileri de düşünün. Latour nesnelerdeki politiği de konumlandırmak isterdi. Ama sosyal bilimlerde dilbilimsel sapmaya yönelik saldırısıyla nesnelerin söylemsel olarak da nitelendirildiğini içerimleyen teorik bakış açılarını silip süpürür (veya yıkıntıya çevirir).

Toplumsal analizin nesnesini (harfiyen ve maddi olarak nesne diye tanımlayarak) yeniden oluşturmaya yönelik pragmatik girişimleri bakımından insan-olmayan eyleyenler üzerindeki vurgusu önemsense de, AAK insan-olmayan varlıkları ince-lemeye yönelik dengeyi öyle bir değiştirmiştir ki insanı araştıran tüm metodolojiler

---

10 Strathern, "Cutting the Network."

11 Agy., 522-3.

12 Örneğin bkz. Latour, *Reassembling the Social*, 11.

(özselci olmayan teorik yaklaşımlar da dahil olmak üzere) girişimleri bakımından aykırı addedilir. Ya da, AAK çerçevelerinde insan tamamen ortadan kalkmadıysa da, açıklamalarında son derece zayıflamıştır. Burada son derece tartışmalı bir kavram olan "insan"ı eski konumuna getirerek, kesinlikle bir özne felsefesine veya hümanist bir felsefeye geri dönüş çağrısında bulunmuyorum. Bilakis, teorik dönüş beyanlarıyla bir kez daha ortadan kaldırılan şey üzerine düşünüyorum. İnsana dair her türlü çıkarımdan (veya insan öznelliği veya içselliğiyle bağlantılı herhangi bir şeyden) uzak durmaya çalışan AAK kuramcıları, imgelem veya duygular gibi, çağrışımları bakımından özellikle insanla bağlantılı olan her türlü faillik konusunda da hayal güçlerini sınırlarlar.[13] Kendimizi bir AAK çerçevesi veya metodolojisiyle sınırlasaydık, insan faktörlerine gönderme yaptığı gerekçesiyle her türlü duygu araştırmasını kendimize yasaklardık.

İngiliz coğrafyacı Nigel Thrift, son derece önemli olduğunu düşündüğüm AAK eleştirisini tam da bu çizgilerde geliştirir. Thrift şöyle yazar:

> Aktör-Ağ kuramcıları, eylemin bütünüyle çağrışımın mülkiyetinde olduğu konusundaki kesinlikle doğru ısrarları bakımından, hümanizme yönelik her türlü suçlamadan korkarak kaçarlar. Son derece haklı bir şekilde, merkezi bir öznenin hepsi üzerinde eksiksiz bir tahakküm kuracağından korkarlar. Ama korkularının sonucu, Aktör-Ağ Kuramı'nın özellikle insanın basitçe reddedilemeyecek ifade kapasitesini, icat etme ve hikâyeleme gücünü, tüm şeylerin yavan ve düz bir şekilde beraber yaşaması uğruna, göz ardı etmeye yönelmesi oldu. Ama neyi ilişkilendirmenin mümkün olduğunu anlamak bakımından, özellikle de önceden var olmayan birçok ilişkinin kaynağı olan *imgelem*in gücünü, "olmayan bir şeyi koyutlama kapasitesini, bir şeyde ortada olmayanı görme kapasitesini" anlamak bakımından insanın ifade etme güçleri önemli görünür. İmgelemin birtakım bileşenleri olduğu düşünülebilir. [...] Bu süreçler nesnelerin dünyasına ayrılmaz bir şekilde bağlanmış olsa da ona indirgenemezler.[14]

Bu konuda Thrift'le hemfikirim; analiz nesnelerini ve metodolojilerini olumsuzlama yoluyla (yani, diğer kuramsal yaklaşımları çürüterek veya ekarte ederek) saptayan bilgi üretimi eğilimlerinin, antropologları kendi etnografik malzemeleri karşısında açmaza sokmanın yolunu da bulduklarını düşünüyorum. Aynı durum, insan-olmayan failliğe ilişkin yakın tarihli vurgular için de geçerlidir. Sosyal teoriye ve etnografik metodolojiye yaptığı önemli katkıya rağmen AAK, retoriği yüzünden, (özcü olmayan) insansı imgelem ve duygu kapasitelerini değerlendirmeye katacak

---

13 Ayrıca bkz. Thrift, "Afterwords," 215.
14 Agy., 215.

olan diğer teorik yaklaşımlarla uzlaşmanın tahayyül edilmesini güçleştirir. Ama bu tartışma aracılığıyla ulaşabileceğimizi kastettiğim şey tam da bu uzlaşmadır.

Duygusal Mekânlar

Bir adanın ortasındaki çok büyük bir yaylayı gözünüzün önüne getirin; biraz kurak, güneşin altında yanıyor olsun, sarı ve kahverengi gölgelerle bir yayla resmedin. Düz arazi, ufuktaki dağda az sayıda ağacın gösterildiği noktadan gözünüze uçsuz bucaksız gibi görünecektir. Yaylanın yüzeyi devedikenleri, dikenli çalılar ve kurumuş, sararmış bitkilerle kaplı. Kıbrıslı Türk Hasan burası hakkında şunları söylemişti: "Dağın eteklerindeki bu bölgenin tamamı eskiden yemyeşildi, yani 1995'teki büyük yangından önce; yangına askeri mühimmatlardan birinin yanlışlıkla sebep olduğu söyleniyor. Meyve ağaçları, harup (keçiboynuzu) ve zeytin ağaçları, çamlar, hepsi yanıp kül oldu. Uzunca bir süre bu bölgeye gelmek istemedim, zira bende yoğun bir maraz duygusu uyandırıyor. Bak nasıl da bir çöle benziyor." Bir yöne baktım ve bir sıcak dalgasıyla gözümü kısana dek, görebildiğim kadarıyla sarı düz bir arazi bana oldukça kurak göründü. Bir tarafta hurda bir araba mezarlığı vardı. "Burada gördüğünüz tüm bu arabalar ve araba parçaları 1974'ten kalma" dedi Hasan. Gözlemlediğim şeyi, özel bir tarihle ve önemli bir olayla ilişkilendirerek konumlandırıyordu. "Bunlar savaştan kaçan Kıbrıslı Rumların terk ettiği arabalar. [...] Birçoğumuz köylerde, kasabalarda, her yerde orada burada park edilip bırakılmış eski Rum arabalarını uzun bir süre kullandık. Bazı kişiler el koyulmuş araba satışlarını ticarete döktü. Ama artık bu arabaların çoğu eskimiş, kullanılmaz halde; müzelik parçalar. Buraya atılmışlar. Belki parçalarını toplayıp satan birisi bunlardan geçimini sağlıyordur." Paslanmış araba iskeletleri ve eski araba parçaları yaylanın bir köşesinde üst üste yığılmıştı, üzerlerine vuran güneş ışığını yansıtıyorlardı.

Yüzümü ovanın öbür tarafına çevirdim. Buraya birtakım beton yapılar dikilmişti ve etrafı dikenli telle çevrilerek geçiş yasaklanmıştı. Tellerin üzerindeki kırmızı uyarı levhalarında "Askeri Bölge: Geçiş Yasaktır" yazılıydı. Hasan bunu şöyle açıkladı: "Burası Türk subayların ve ailelerinin lojmanları. Oradan geçemeyiz; yol kapalı." Burasının eskiden nasıl olduğunu hatırlayarak şöyle dedi: "Köyün yakınındaki bu yer piknik alanı olarak kullanılıyordu." Yayladaki dikenli çalıların arasından yürürken "Bu mekân neden bu kadar bakımsız?" diye sordum. Hasan şöyle dedi:

> Bastığımız yer Rum toprağıdır. Rumların topraklarının çoğu Kıbrıslı Türk mültecilere dağıtılmıştır, ama toprakları sahiplenen bazıları, Rumların günün birinde hak iddia edeceği endişesiyle toprağı işlemez, geliştirmez. Bu toprağın "ganimet" statüsünde yer aldığını herkes bilir. Gayri meşru yollarla edinilmiş bir mülktür. Ama bildiğin gibi, bizim aramızda da bazı cin fikir-

liler var, bu tür sahiplenilmiş arazilere yatırım yapıp İngilizlere satıyorlar. Yoksa, yasal olarak Kıbrıslı Rumlara ait olan bir araziye kim yatırım yapmak ister ki?

Dolaştığımız mekân yoğun bir şekilde hissedebildiğim bir melankoli hissi yayıyordu. Hasan'ın açıklamasından, yaylanın bu kurak, çorak, bakımsız hale zaman içinde büründüğünü anladım. Hasan şöyle dedi: "Bu arazilerin doğru [yasal] tapulu sahipleri vardı. Bu bölge o zamanlar sulak ve yeşildi." Hasan mülkiyeti düz ve tartışmasız olduğu zamanlarda mekânın aynı hissi uyandırmadığını ima ediyordu. Özellikle, tarlaların sürüldüğünü, ekildiğini ve sulandığını söylüyordu ve bir tazelik ve canlılık duygusu ürettiğini kastediyordu. Oysa şimdi üzerinde yürüdüğümüz dikenli, çorak, kurak tarlalarda atmosfer bir tekinsizlik duygusu yayıyordu; buradaki vakada bir uygunsuzluk, akıldan çıkmama, musallat olma hissinden veya bir şiddet ediminden türeyen tuhaf bir duyguydu bu.

Duyguya ilişkin son kuramsal çalışmalara yönelirken, okurdan bu etnografik alan tanımını aklında tutmasını rica ediyorum. Gilles Deleuze'ün izinden giderek, coğrafya ve kültürel çalışmalar alanlarındaki araştırmacıların "duyguya dönüş" olarak adlandırdığı şeye atıfta bulunacağım.[15] Duyguyu incelemeye bu dönüş, beşeri bilimlerde "dilbilimsel dönüş"ü izleyen, eleştiren ve ötesine geçen akım kapsamında, ilgili disiplinlerde çalışan araştırmacılarca temsil edilir. Thrift "temsiliyetsizlik" veya "temsili-olmayan duygu teorisi"ni büyük ölçüde bu çizgilerde geliştirmiştir.[16] Thrift doğru bir şekilde geçtiğimiz 20-30 yıllık dönemde kültürel teorinin büyük bir bölümünün metinlere, göstergebilime ve söyleme ilişkin yoğun bir ilginin hâkimiyetinde olduğunu, söz konusu döneme bu ilginin damga vurduğunu öne sürer; ona göre bunlar "temsil"e ilişkin çalışmaların merkezindeki yaklaşımlardır. Yapısalcılık sonrasına ve onun beşeri bilimlerde, özellikle de kültürel coğrafya ve (kültürel) antropolojide benimsenme şekline gönderme yapar. Bu tür yaklaşımlardaki dil önceliğinin yerine araştırmacıların imgelemini, deneyimin dil(bilim)-öncesi ve dil(bilim)sel-olmayan kayıtlarının incelenmesine açmak ister; bunları Deleuze'ün çalışması aracılığıyla duygu başlığı altında irdeler. Peki, ama duygu veya duygulanım nedir?

"Duygulanım basitçe his değildir" der Thrift, "birey-öznenin duygularına veya algılarına da indirgenemez."[17] Duygulanım geniş anlamda duygulandırıcı bir alana gönderme yapar, ama kapsamı insan öznelliğinin veya benliğin çok ötesindedir.

---

15 Clough, *The Affective Turn*; Massumi, *Parables for the Virtual*; Thrift, *Non-Representational Theory*.

16 Thrift, "Afterwords," *Non-Representational Theory*.

17 Thrift, "Afterwords," 219.

AAK'da olduğu gibi bu yaklaşımda da, özne felsefesinin ötesine geçme çabası yüceltilir. Örneğin bunu Bruno Latour'un çok ilginç bir açıklamasında öne sürdüğü AAK "öznellik niteliğinin dışarıya yeniden dağıtımı"na dairdir görüşüyle karşılaştırın.[18] Duyguya ilişkin çoğu teorik çalışmanın, duyguya bu belirli yönelişten önce, öznellik olarak adlandırılan öznenin iç dünyasına veya içselliğine odaklandığına ben de tamamen katılıyorum. Dolayısıyla, ortaya çıkan duygu teorileri, duygunun bir öznenin, öznelliğin veya psişenin kapsamı dışında, yerler ve mekânlarda da araştırılabileceğini göstermektedir.

Thrift'in mekânsal duygu teorisinin esin kaynağı doğrudan doğruya Deleuze'dür. Gilles Deleuze, öznel-olmayan duygu teorisini Benedict de Spinoza'nın yapıtlarını yeniden okuyarak geliştirdi. Bu nedenle, burada ele aldığım yeni duygu teorilerinde Deleuze dolayımıyla muazzam bir Spinozacı etki söz konusudur. Düşünmeye ve bilinçli insana yegâne analiz nesnesi olarak ayrıcalıklı bir önem atfeden Descartes'ın özne merkezli felsefesine karşıt olarak Spinoza zihnin ve bedenin bütünlüğünü varsayar. Spinoza'ya göre bilişi bedensellik veya fizikselliğten yoksun olarak tahayyül eden her türlü felsefe isabetsizdir. Spinoza'nın okumasında, düşünce tutkulara veya kendisinin ifadesiyle *affectus*'a (duygu) bulanmıştır.[19] Duygular, duygulanımlar, hisler öznel deneyime (ya da söyleme eklenebilecek duyulara) gönderme yapıyorsa, Spinoza'nın anladığı anlamda *affectus*, öznenin içinden geçen ama öznenin bilmediği bir duyumu ifade eder (Başka bir deyişle, biliş tarafından veya düşünen, bilen ve konuşan özne tarafından dolayımlanmaz). Spinoza'nın felsefesinde bir "öznellik eksikliği" vardır.[20]

Deleuze'ün kendi duygu teorisi bu öznellik-sonrası yörüngeyi izler. "Duygular his değildir" der, "Onlar aracılığıyla yaşayanların ötesine geçen oluşlardır (öteki olurlar)."[21] Deleuze insan bedenleri aracılığıyla hareket edebilen, ama ille de onlardan kaynaklanmaları gerekmeyen duyumsal yoğunluklara gönderme yapar. Duygunun (tekil olarak öznellik diye bilinen duygunun) referans noktası, bu yaklaşımda kökten bir biçimde değişmiş ve çoğalmıştır; mekân ve çevre gibi birçok diğer şeyi duygusal olarak okumayı mümkün kılmıştır.[22] Böylece, Deleuzecü yorumda duygu anlayışı herhangi bir öznellik teorisine, özellikle psikanalitik bilinçdışı kavramına taban tabana zıttır.

18 Latour, "On Recalling ANT," 23.
19 Spinoza, *Ethics*, 70. Ayrıca bkz. Connolly, "Brain Waves, Transcendental Fields, and Techniques of Thought"; Connolly, "Europe."
20 Žižek, *Organs without Bodies*, 34-5 [*Bedensiz Organlar*, çev. Umut Yener Kara, 1. baskı. İstanbul: Monokl Yayınları, 2015].
21 Deleuze, alıntı Thrift, "Afterwords," 219.
22 Massumi, *Parables for the Virtual.*

Daha önce ileri sürdüğüm üzere, AAK'nın beşeri bilimlerdeki dilbilimsel sapmanın bir eleştirisi olarak okunabilmesi gibi, Deleuzecü duygu dönüşümünü de beşeri bilimlerde söylem analizinin merkezileşmesine verilen bir tepki olarak görmek mümkündür. Gerçekten de, Deleuze ve Guattari'nin çalışması, psikanalize dolaysız bir saldırı olarak okunabilir; dolayısıyla, dilbilime de açıkça eleştirel yaklaşırlar.[23] Guattari özellikle "Duygu söylemsel değildir" görüşünü öne sürer.[24] Dile dair değildir, dil-öncesi veya dil-dışına ilişkindir. Guattari bir duyumun "teamülleri bakımından manzaralı veya bölgeselleştirici" olduğunu söyler.[25] Onun terimleriyle duygu, "bulanıktır ve atmosferiktir."[26] Çevrenin ürettiği, söylemsel olmayan duyumdur. Bu nedenle, der Guattari, "Bir duygu benimle konuşur ya da en azından benim aracılığımla konuşur. Perdemin koyu kırmızı rengi, alacakaranlıkla, tan kızıllığıyla varoluşsal bir bütünleşmeye girer; bundaki amaçsa, daha birkaç dakika önce dünyanın geri dönüşsüz bir boşluğa batmasına izin vererek kendilerini benim zihnime yerleştiren aşikârlıkları ve ivedilikleri değersiz kılan tekinsiz bir duygu yaratmaktır. Öte yandan, diğer sahneler, diğer varoluş alanları, son derece ayrımlaşmış duygular için tuval haline gelebilir."[27] Guattari mekân ve zaman boyunca haritalanan bu tür duygusal duyumları *ritornello* (nakarat) olarak veya "kendi içlerine kapalı olan ve işlevleri varoluşsal duygulanımları dışarıdan harekete geçirmek olan, yinelenen söylem dizileri" olarak adlandırır.[28] Nakarat haline getirme, duyular dünyasında bir "aura"nın doğuşuna dairdir. Dolayısıyla, Latour'un "öznellik niteliğinin dışarıya yeniden dağıtılması" önerisine benzer şekilde, Guattari de psikanalizin özne merkezli indirgemeciliğini terk edip, duygu incelemesinde olanakların çokluğuna veya ayrımlaşmasına izin vererek çok fazla şey öğrenebileceğimizi içerimler.[29] Duygu öznellikten başka şeylere dair olabilir.

Deleuze ve Guattari'nin duygu anlayışı, yönelimi bakımından mekânsallık teorileri kadar açıktır. *Kapitalizm ve Şizofreni*'de (2004) bu iki felsefeci, "kök" ile kendi tercih ettikleri "köksap" (*rhizome*) kavramı arasında bir ayrım yaparlar. "Kök kitap" için kullandıkları metafor, aşağıya, yere, toprağa doğru iyice kök

---

23 Bkz. Deleuze ve Guattari, *A Thousand Plateaus*, 13 [*Kapitalizm ve Şizofreni 1-2*, Fr. çev. Ali Akay, 1. baskı. İstanbul: Bağlam Yayıncılık, 1990].

24 Guattari, "Ritornellos and Existential Affects," 159.

25 Agy., 160.

26 Agy., 158.

27 Agy., 160.

28 Agy., 162.

29 Agy., 169.

saldığında, kollarını, dallarını yukarıya doğru, dikey olarak yükselten ağaçtır.[30] Deleuze ve Guattari'ye göre kök kitap, Batılı düşünme tarzlarını simgeler. Kök, soyağacına gönderme yapar; ağacın gökyüzüne doğru dallanıp budaklanmasını anlatır. Dikeyliği bakımından, kök epistemolojisi, psikanalitik bilinçdışı kavramı da dahil olmak üzere, hafızaya gönderme yapar. Deleuze ve Guattari, modern beşeri bilimlerin çoğunda –sadece psikanalizde değil, biyolojide, arkeolojide, dilbilimde ve tarihte de– köklenme eğilimleri saptar. Bu okumada kök, bir sistemin izini sürer, onu konumlandırır ve yaratır, yapıları tanımlar. Deleuze ve Guattari bunun yerine bir alternatif tahayyül eder: "köksap."[31] Her şeyden önce, köksaplar çokluğa dairdir; bir mevkiye yerleştirilemezler, bir köşeye kıstırılamazlar, kontrol edilemezler, engellenemezler veya konumlandırılamazlar. Ayrıca herhangi bir şekle, yapıya büründürülemez veya bir hiyerarşiye oturtulamazlar. Özellikle de Deleuze ve Guattari'nin modernitenin dikey veya düşey imgelemi olarak algıladıkları şeyle taban tabana zıt olan köksap, bir düzlükte, sonsuz bir yüzeyde, hiçbir sınır veya limit tanımayan bir yüzeyde sorunsuzca hareket eder. Deleuze ve Guattari'ye göre köksap, bir "iz değil, harita"dır ve izi yapıyla, belirlilikle, kesinlikle ve soyağacıyla ilişkilendirirler.[32] Dolayısıyla, "köksap soyağacı karşıtıdır."[33] Bu tür açıklamalar, Deleuze ve Guattari'nin duyguyu köksap biçiminde kavramsallaştırdığını veya duyguyu bizatihi her yerde olan, sürekli hareket halindeki konumlandırılamayan köksap olarak gördüğünü içerimler. Bu, iki yazarın kök metaforuyla karşıladığı psikanalitik bilinçdışı kavramından tamamen farklı bir duygu tahayyülüdür.

Böylece Deleuze ve Guattari, bizden düşünmemizin yönünü tersine çevirmemizi ister; şeylerin yere kök salarak temellendiği dikeyci bir tahayyülden sonsuz, uçsuz bucaksız ve sınırsız bir "yayla" metaforuna geçmemizi isterler. "Bir yayla daima ortadadır, başlangıçta veya bitişte değildir. Bir köksap" olasılıklar çokluğuna olanak tanıyan "yaylalardan oluşur".[34] Thrift, Deleuzecü bu yataylığı ("arkeolojik" tahayyüle karşı) "kartografik" tahayyül olarak inceler.[35]

Coğrafyanın bakış açısından bir plato, yayla veya düz arazi olan, buradaki örnekte bir tarafta Beşparmak (Pentadaktilos), diğer tarafta Trodos (Troodos) Dağları arasında uzanan, kuzey Kıbrıs'taki Mesarya (Mesaoria) Ovası'na daha önce değinmiştim. Deleuze ve Guattari'nin bakış açısından yayla, tıpkı "göçebebilimi"

---

30 Deleuze ve Guattari, *A Thousand Plateaus*, 5.
31 Agy., 7.
32 Agy., 13.
33 Agy., 12.
34 Agy., 24.
35 Agy., 220.

gibi analitik bir kurmacadır. Bu düz arazi, açıklık ve sınırsızlıkla olduğu kadar potansiyel ve yaratıcılıkla da ilişkilendirilir.

Kuzey Kıbrıs'ta tanımladığım "yayla" buna benzer ama yine de farklıdır. Mesarya Ovası, 1974'ten beri orada olan askeri bir sınırla tam ortasından ikiye bölünmüştür. Doğdukları veya sahiplendikleri köylerde yaşayan, mülakat yaptığım insanlar, özellikle 2003'te Yeşil Hat'taki kontrol noktalarının açılmasından önce, alan araştırmamı yaptığım dönemde bu toprak parçasında, bu bölgede, ovada sıkışıp kaldıkları, buraya kapatıldıkları, burada boğuldukları duygusunu dile getiriyorlardı. Deleuze ve Guattari yaylayı özgürce (ve serbestçe) dolaşmakla, hareket etmekle, çoklukla, potansiyelle ve köksap üslubuyla ilişkilendirir. Mesarya Ovası'nın kuzey kısmında büyüyen çalılar, dikenli bitkiler ve devedikenleri, rizomatik bir şekilde [*rhizomatically*] de büyüyebilirdi; yani, yabani otlar dikenli telleri ve bariyerleri aşarak her tarafa doğru büyüyebilirdi. Terk edilmiş arabaların, atılmış buzdolaplarının ve tarım aletlerinin üzerini kaplayan pas da öyle ve tabii ovada bulacağımız mermi kovanları da. Pas rizomatiktir [*rhizomatic*], özellikle bir nedenle bakımsız kalan bir mekânda zamanla biriken toz da öyle.

Yine de, etnografik malzememi –dikenli bitkileri, boş ve çorak arazileri– köksap yerine, (Walter Benjamin'in tahayyülü tarzında) yıkıntı, harabe, enkaz, moloz terimleriyle tanımlamayı tercih ediyorum. Peki, yıkıntıların mekânsal yönelimi nedir? Yatay mı, yoksa dikey mi? Yıkıntılar Deleuze ve Guattari'nin anladığı anlamda "kök" müdürler? Kısmen öyle olabilirler. Görüştüğüm kişilerden oluşan bilgi kaynaklarım, etraflarındaki yıkıntıların "izini sürüyordu" sadece aralarında dolanarak değil, ama onları zamana ve mekâna konumlandırarak da bunu yapıyorlardı. Şöyle diyorlardı örneğin: "Bu kurşun delikleri 1963'ten, ama şuradakiler 1974'ten kalmadır." Terk edilen veya el konulan her nesne konumlandırılmış ve tarihlendirilmiştir. Kurşun deliklerinin aktardığı duygu tarihselleştirilmiş, simgeleştirilmiş ve yorumlanmıştır.

Etnografik alanım, egemenliğin amblemi olarak dikey şekilde dikilmiş çitler ve sınırlarla doluydu. Kuzey Kıbrıs'ın peyzajı devasa bir ideolojik donatı yükü sergiler: Askerler Türkiye ve KKTC bayraklarının ay ve yıldızını dağların eteklerine çizmiş ve geceleri Rum tarafı da dahil olmak üzere adanın her köşesinden görülebilmesi için aydınlatmıştır; "Ne Mutlu Türküm Diyene!" sözü ovalara yukarıdan bakan tepelere dev harflerle yazılmıştır; tüm bölge variller ve dikenli tellerle ulaşıma veya dolaşıma kapatılmıştır. Bunlar köksap mıdır?

Kökler ile köksapları karşılaştırmak yerine, benimsediğim yıkıntı metaforu aracılığıyla başka türde bir yönelimi önermek istiyorum. Kökün dikey olduğunu söylemiştik, oysa köksap yataydır. Ama elimdeki malzemeyi tanımlayan yıkıntı, hem ikisidir hem de hiçbirisidir. Yıkıntı, kontrol edilemeyen ve öngörülemeyen şekillerde büyüdüğü için rizomatiktir (yani, köksaptır). Örneğin, savaşta terk edilmiş kerpiç bir köy evinin boyalı yüzeyleri yağmur ve rüzgârın etkisiyle, bakılmadığı için yıllar içinde dökülür. Evin içindeki nesneler yağmalanır; evin camları, çerçeveleri ve kapıları başka bir yerde kullanılmak üzere sökülür. Bir yıkıntı, kullanılmıyorsa, üstlenilmiyorsa veya ikamet edilmiyorsa, zamanla daha da yıkıntı hale gelir. Bu nedenle, bir yıkıntının bazı bakımlardan rizomatik olduğunu söyleyebiliriz. Ama yıkıntı aynı zamanda köklere dairdir de, zira tarihsel bir olayın izi olarak konumlanmıştır. Onu arkasında bırakıp terk edenlerin hafızalarında hatırlanır, korunur, yası tutulur ve sevilip bağra basılır; onda veya onun çevresinde yaşayanlar tarafından tekinsiz olarak konumlandırılır ve farkına varılır. Bilinçdışında izler bırakır. Öyleyse yıkıntı, Deleuze ve Guattari'nin paradigma oluşumuna (veya benim yıkıntılaş[tır]ma olarak adlandırdığım şeye) karşıttır. Aynı anda hem dikey hem de yataydır; hem kök hem de köksaptır.

Şimdi temel meselemize geri dönelim: Duyguyu nasıl kuramlaştıracağız? Bunu başka bir şekilde ifade edecek olursam: Köksap yerine yıkıntı metaforu ile çalışacaksak, duyguyu nasıl kuramlaştıracağız? Bazı duygular yıkıntılara bizatihi onları üreten veya onların arasında yaşayan özneler tarafından mı yansıtılır? Yoksa yıkıntılar kendi duygularını mı yayarlar? Bir kez daha, her ikisinin de aşikâr olduğunu öne süreceğim. Paradigma oluşumu öznellik ile duyguyu karşı karşıya getirir, karşıtlaştırır, sanki biri diğerini geçersiz kılıyormuş ve kişi, özne merkezli ve nesne yönelimli teorik yaklaşım kampları arasında bir seçimde bulunmak zorundaymış gibidir. Ama ne etnografik araştırmamda ele aldığım yıkıntı ne de bu yıkıntının etrafındaki insanlar kendi başlarına ve kendilerince duygusaldır; bilakis duyguyu "ilişkisel" olarak üretir ve aktarırlar. Yıkıntılara dayalı bir çevre bir melankoli duygusu yayar. Aynı zamanda, bu yıkıntılar mekânında ikamet eden insanlar kendilerini melankolik hissederler: Yıkıntıları söylemlerine dahil ederler, simgeleştirirler, yorumlarlar, politikleştirirler, anlarlar, kendi öznel çatışmalarını yıkıntılara yansıtırlar, yıkıntıları hatırlarlar, unutmaya çalışlar, tarihselleştirirler vb. Deleuze'ü yeniden okuyarak duygunun öznellikle sınırlı olmayan alanlarda ve dilsel veya simgesel olmayan kayıtlarda da incelenmesi gerektiğini öne süren çağdaş duygu kuramcılarını benimsiyorum. Ama elimdeki etnografik malzemenin ortaya koyduğu şey üzerinde düşündüğümde, kuzey Kıbrıs'ın enkaza dönmüş ortamından yayılan duyguya dair bir saptama, beni dili ve öznelliği basitçe dışlamamaya yöneltti; zira görüştüğüm kişilerin öznelliklerinin de kendilerini çevreleyen yıkıntılar tarafından şekillendiğini ve onlarla iç içe geçtiğini gördüm. Melankolik içsellikler ifade ettiler. "Maraz"dan söz ederek kalp kırıklıklarını söyleme dahil ediyorlardı.

Yıkıntılar hakkında ya konuşuyorlardı ya da sessiz kalıyorlardı. Dolayısıyla, yıkıntıların duygusunun öznel bir niteliği vardı. Bu nedenle, elimdeki malzeme, bizi başından savacak veya gözlemlerle ve diğer kuramsal yaklaşımların imgelemiyle körleşmemize neden olacak yeni bir paradigma arayışına girmemi engelledi. Bunun yerine, birbirine karşıt kuramsal yönelimlerin sunduğu kapsamı bir arada ele almaya, birleştirmeye yöneldim. Hiçbirini yıkıntıya dönüştürmemeyi öneriyorum.

Melankolik Nesneler ve Mekâna Dayalı Melankoli

Önerdiğim şeyin ruhuyla soruyorum: Bir melankoli antropolojisi neye benzeyecektir? Okur malzememin duygu ve öznelliğin, nesne ve öznenin, kök ve köksapın, dikey ile yatayın iki boyutlu bir analiz yerine üç boyutlu bir analizi zorunlu kılarak, kavramsal bir birleşme talep ettiğini görecek. Etnografya, paradigma düzeneğine karşıttır; imgelemin tüm kapsamlarının el altında olmasını ister.

Klasik olarak, Freud melankoliyi varlığın iç hali –kendisi için yas tutamadığımız sevilen bir nesneden kaynaklanan fiziksel bir koşul– olarak ele alır.[36] Her ne kadar ağıt veya matem, yas tutmayı olanaklı kılsa ve dolayısıyla, kayıp duygusunun zaman içinde alt edilmesini sağlasa da melankoli bu tür bir sona direnir.[37] Yas sürecinde, yas tutan kişi üzüntüsünün bilincindedir ve kayıp duygusunun nesnesinin ayırdındadır; melankolik ise acısının, kayıp duygusunun hedefi veya kökeni konusunda ikirciklidir, kaybını daha çok bilinçdışı bir şekilde hisseder.[38] Freud'un ufuk açıcı denemesi *Yas ve Melankoli*'de önemli olan şey, melankolinin temelde öznelliğe, yani insanın içselliğine gönderme yapan psişik bir hal olarak incelenmesidir. Freudcu klasik psikanalizde melankoli, kişisel hisse dayalı bir iç ruh halidir, öznelerarası ilişkideki bir kayıp tarafından üretilir. Dolayısıyla, bunu açıklayan tek ilişki de insanlar arasındaki ilişkidir.

Freud'un teorisini ayrıntılı bir şekilde genişleten Judith Butler, "toplumsal cinsiyet melankolisi" anlayışını geliştirir.[39] Burada Freud'un kayba atfen sözünü ettiği özneler arası ilişki, toplumsal cinsiyete dayalı olarak ele alınır. Butler'ın okumasında kayıp, toplumsal cinsiyete dayalı özdeşleşmelere, özellikle de heteroseksüelliği şart koşan kültürlerde yasaklanan eşcinsel aşk, sevgi ve bağlanımlara tekabül eder. Butler'a göre, aynı cinsiyetten insanlara duyduğumuz sevginin kaybı (veya bitmemesi) için

---

36 Freud, "Mourning and Melancholia." [*Yas ve Melankoli*, Alm. çev. Aslı Emirsoy, İstanbul: Telos Yayınları, 2015.]

37 Agy., 243-4.

38 Agy., 245.

39 Butler, *The Psychic Life of Power*, 140 [*İktidarın Psişik Yaşamı*, 133].

üzülmemize izin verilmediği müddetçe "toplumsal cinsiyete dayalı bir melankoli kültürü" içinde yaşamayı sürdürürüz.[40] Freud gibi Butler da "melankoliyi özel bir psişik ekonomi" olarak inceler, gerçi onun okumasında melankoli (Foucault aracılığıyla) özneleş(tir)menin ve iktidarın toplumsal cinsiyete dayalı biçimlerinde iç içe geçer.[41] Dolayısıyla, kendi ifadesiyle "iktidarın psişik yaşamı"nı araştıran birisi olarak Butler öncelikle bir öznellik kuramcısıdır.

Elimdeki malzemeyi temel alarak, Butler'ın teorisini muhayyel alarak, etnik çatışma olarak adlandırılan durumlara genişletebiliriz. Kaybedilen (veya kaçıp kurtulan) kişi, düşman diye tanımlanan topluma ait birisi olduğunda, kayıp bir kayıp olarak simgeleştirilmez; bu nedenle, kayıptan ötürü üzüntü duyulmaz. Egemenlik ve farklı siyasal toplulukların oluşumu (ve "iç düşmanlar"ın veya "vatan hainleri"nin tanımlanması), bölünmenin diğer tarafındaki toplumun veya farklı bir siyasal bağlanımın içindeki kişilerin kaybettiği insanlara dair yasın ritüelleşmesine izin vermez. Dolayısıyla, bilişsel olarak tescillenmeyen kaybetme hissi bir melankoli üretebilir; bu melankoli, kaybetmenin nesnesinin yas tutanın kimliğine yabancı ve büyük ölçüde bilinçdışı olduğu, dolayısıyla kaybın onarılamadığı, muğlak olduğu ve devam ettiği fiziksel-öznel bir ruh halidir. Araştırdığım –hem Türkiye'de hem de Kıbrıs'taki– mekânlarda melankoliye ilişkin şu analizin yerinde olduğunu düşünüyorum: Kaybedilen kişinin (dış veya iç düşman olarak adlandırılan bir topluluğun üyesi olarak) "kimliği" resmen bilinemediği, adlandırılamadığı, tanınamadığı için ve dolayısıyla insanlar onun adına üzülemediği için, yitirilen şeyin adlandırılamamasından kaynaklanan derin ve tarif edilemez üzüntü.

Bununla birlikte, Kıbrıs'a ilişkin malzemem üzerine düşünürken, melankoliyi öznellik alanında veya psişede kayıt altına alan bu melankoli analizinin aydınlatıcı olduğu kadar kısıtlayıcı olduğunu da görüyorum. Merkezine özneyi veya insanın iç deneyimini alması bakımından, melankoliyi üreten ilişkilerin önemli yönlerini ıskalar ve analiz olanaklarını yitirir. Kuzey Kıbrıs'ta ganimetlere ve yıkıntıya dönüşmüş mekânlara ilişkin etnografik açıklamamda olduğu gibi, "yitirilen nesne" sadece kişi (buradaki vakada bir Rum) değildir. Bilakis, buradaki vakada yitirilen nesne (kişi) edimsel bir maddi (veya insan-olmayan) nesne biçiminde (örneğin bir ev eşyası, zeytinlikler veya hayvanlar gibi) melankoliğin yaşamında mevcuttur. Bu nesne (ister bir mobilya isterse evin kendisi veya üzerinde inşa edildiği arazi olsun) onu kullanan veya orada ikamet eden insanlara kendisinin asıl sahibinin kaybettiği bir şey olduğunu hatırlatır. Öbür toplumun fertlerinin (vakamızda Kıbrıslı

---

40 Agy., 142-3.
41 Agy., 143.

Rumların) deneyimlediği bu kayıp duygusu, arkalarında bıraktıkları mekânlarda ve nesnelerde tekinsiz bir şekilde devam eder. Kıbrıslı Türkler bu mekânların çoğunda yaşar ve bu nesnelerin büyük bölümünü hâlâ kullanırlar. Burada, melankoli nesneler ve insan-olmayan çevreler aracılığıyla dolayımlanır. Bu nedenle, bu tür örneklerde ve tarihsel olumsallıklarda "melankolik nesneler"den (yani, melankoli duygusu yayan şeylerden) ve "mekâna dayalı melankoli"den (yani, bu tür bir duygu uyandıran, üreten, yayan bir çevre veya atmosferden) söz edebiliriz.

Öyleyse Kıbrıslı Türklerin hissettiklerini söyledikleri maraz ve kuzey Kıbrıs'ın mekânlarının yaydığı melankoli duygusu yalnızca üç boyutlu olarak yorumlanabilir. Bu melankoli özel olarak ne duyguyu ne de öznelliği ifade eder; her ikisine de gönderme yapar. Bir taraftan, Kıbrıslı Türkler geride bırakılan nesneler ve mekânlar aracılığıyla diğer toplumun melankolisinde ikamet ederler, zira çevre, ortam bu duyguyu üretir. Kıbrıslı Türk mültecilerin de güney Kıbrıs'ta kişisel eşyalarını, evlerini ve toplumlar arası çatışma ve savaş boyunca Kıbrıslı Rumlar tarafından vurulan kendi insanlarını kaybetmekten kaynaklanan kendi melankolileri vardır. Ama başka bir melankoli durumu daha vardır: Sahip oldukları nesneleri gasp veya ganimetleme yoluyla başkalarına uygulanan şiddete dayalı bir melankoli. Buradaki vakamızda, başkalarına ait nesnelerin gündelik mevcudiyeti aracılığıyla deneyimlenen bu melankoli, ahlaki bütünlük duygusunun kaybedilmesiyle bağlantılıdır. Ganimet etrafındaki ahlaki söylemlere ilişkin analizimde görüldüğü gibi, bu durum, Kıbrıslı Türkler tarafından yıllarca süren sahiplenme yoluyla, ta bugüne dek, dile getirilir ve bilinçli bir şekilde simgeleştirilir (veya söyleme eklenir). Bu son yorumda, melankoli benliğin benliğe kaybedilmesine, temiz ve saf benlik duygusunun kaybedilmesine dayanır. Terk edilerek enkaza dönüşmüş bir benlik duygusudur bu; benliğin içindeki terk etmeye dair bir duygudur; terk etmenin yaşandığı ve artık benlikten ayrı olarak kabul edilemediği noktaya kadar terk etmenin öznelleştiği veya içselleştiği duygudur. Öyleyse melankoli, hem içsel hem de dışsaldır. Aynı anda hem öznelliğe hem de nesnelerin dünyasına gönderme yapar. Burada paradigma değişiklikleri ve savaşlarının ötesine geçip, duygu ve öznellik teorileri ile nesne ve simgeleştirme teorilerini birleştirmek gerekir.

Ev, Hukuk ve Tekinsiz

Latife Hanım, kuzey Kıbrıs'ta Taşkent (Vouno) köyünde 1974'ten beri ailesiyle birlikte yaşadığı ev için "Bu eve hiçbir zaman ısınamadım" dedi ve bunu şöyle açıkladı: "Bizim evimiz değil bu. Rumlardan kalma." Latife köken olarak bugün güney Kıbrıs'ta kalmış olan Baf (Paphos) bölgesine bakan Trodos Dağları'ndaki Anadiou köyündendi. 19 yaşında evlenerek Larnaka'nın Dohni (Tochni) köyüne gelin gitmişti.[1] O ve kocası kendilerine miras kalan bir eve yerleşmişlerdi. Latife bana şöyle dedi: "O eve çok emek harcadık. Kendi eviniz olunca, hiç düşünmeden istediğinizi yapıyorsunuz."

Evlendikten üç yıl sonra, Latife ve kocasının bir yaşında bir çocukları vardı ve yeni bir çocuk bekliyorlardı; bu sırada Rum patronu kocasına mümkün olduğunca çabuk köyü terk etmelerini salık vermiş, sorunlar çıkacağı konusunda onu uyarmıştı. Takvimler Nisan 1974'ü gösteriyordu. Latife ailesiyle birlikte bir süreliğine anne babasının Anadiou'daki evine taşınmaya karar verdi. 20 Temmuz 1974'te Türk birlikleri Kıbrıs'a çıktı, adanın kuzeyindeki şehirleri ve köyleri ele geçirdi. Türk birliklerinin Kıbrıs çıkartmasından birkaç hafta sonra Latife ve ailesi Dohni'de yaşanan sorunları haber aldılar. Birçok Kıbrıslı Türk erkek, aynı köyde birlikte

---

1   Hatta 1974'ten önce bile, güney Kıbrıs'taki Dohni (Dochni) köyünün adı enklav döneminde Kıbrıslı Türk yöneticiler tarafından Taşkent olarak değiştirilmişti. Böylece, Dohnili Kıbrıslı Türklerin kuzeyde yerleştiği Vouno köyüne Taşkent adı verildi. Ama Kıbrıslı Türkler güneydeki asıl köyleri için Dohni adını kullanmaya devam ettiler. Dohni'nin Rumca adı da Tochni'ydi. Kıbrıslı Türkler, Dohni'yi Rumların kendilerine yaptığı en büyük katliam yerlerinden birisi olarak bilirler. Dohnili dulların güneyden gelip mülteci olarak yerleştiği kuzeydeki Taşkent (Vouno) köyünde, Rumlar tarafından katledilen Kıbrıslı Türk erkekler için yapılmış iki büyük anıt vardır. Anıtlardan biri kuzey Kıbrıs Türk yönetimi tarafından yaptırılmıştır ve tüm ölülerin isimleri bu anıtta yazılıdır. Diğer anıt ise Taşkent'teki (Vouno) küçük bir Rum Ortodoks kilisesinin içindedir, babasını ve iki ağabeyini Dohni katliamında kaybeden bir Dohnili köylü tarafından yaptırılmıştır. Bu anıtta ise tüm ölülerin fotoğrafları vardır. Ölü bedenleri katliamdan sonra bulunamayan Dohnili erkeklerin dul eşlerine ilişkin bir inceleme için bkz. Sant-Cassia, *Bodies of Evidence*. Ayrıca Kıbrıs'taki kayıp insanlara ilişkin kapsamlı bir inceleme için bkz. Uludağ, *İncisini Kaybeden İstiridyeler*.

yaşadıkları Rumlar tarafından yakalanıp öldürülmüştü. Köylerini terk etmeselerdi, Latife şimdi dul kalmış olabilirdi.

Kıbrıslı Türkler tarafından bugün bile Rumların kendilerine karşı gerçekleştirdiği en büyük katliamlardan biri olarak hatırlanan Dohni'deki olaylardan aylar sonra Latife ve kocası, radyodan Dohnili köylülerin adanın kuzeyinde Lefkoşa'ya bakan Beşparmak (Pentadaktilos) Dağları'nda bulunan (sonradan Taşkent adını alacak olan) Vouno köyüne yerleştirilmekte olduğunu öğrenmişlerdi. Hamile olan Latife ile küçük oğlu Birleşmiş Milletler otobüsleriyle Vouno'ya nakledilmişti. Kocası onlara sonradan katıldı; kuzey Kıbrıs'a gidebilmek için dağları yürüyerek geçmesi gerekmişti. Latife şöyle dedi: "Yanımızda eşya götürmemize izin vermediler. Her şeyimizi kaybettik. Çeyiz sandığımda yaklaşık 20 tane el dokuması çarşaf vardı. Dohni'den ayrılmadan önce bunları bir akrabama vermiştim. Ama akrabalarımız kuzeye kaçarken her şeyi bırakmışlar. Yatak çarşaflarıma ne olduğu konusunda hiçbir fikrim yok."

Latife eskiden eşyalarla olan ilişkisini şöyle anlattı: "Eskiden eşyaları saklardım, atamazdım; eşyalara çok değer verirdim. Anadiou'da çocukluğumdan kalma şeyleri bile Dohni'deyken saklıyordum. Çeyiz sandığımla birlikte yanımda bir Pamuk Prenses kitabı getirdiğimi hatırlıyorum. Bu kitabı bana, küçük bir çocukken beni çocuğu gibi gören (evlat edinmek isteyen) Ankaralı bir kadın hediye etmişti. Ben de Dohni'yi terk etmek zorunda kalana dek kitabı değerli bir şey olarak sakladım. Ama derken … her şeyi kaybettik."

Vouno'da (Taşkent) Latife ve ailesi, önce kendilerine bir Rum evi verilmiş olan kocasının ailesinin yanına taşındı. Vouno'daki evlerin hemen hepsi, Dohni köyünden gelen Kıbrıslı Türk ailelere dağıtılmıştı. Latife ve ailesi biraz geç gelmişlerdi ve yerleştirildikleri köyde neredeyse her şey kendi köylüleri tarafından sahiplenilmişti. Türk askerlerinin kullandığı Rum evleri boşaltılıp verilecek hale gelene kadar birkaç ay beklemeleri gerekmişti. Bu sırada, Latife'nin ikinci çocuğu doğduktan kısa bir süre sonra ölmüştü. Latife, kendisi ve kocasına verilen eve yerleşmek isteyen birçok insan olduğunu anlatmak için "Bu eve göz dikmiş çok insan vardı" dedi. "Tartışmak ve küçük bir çocuğumuz olduğunu, bir diğerini de kaybettiğimizi anlatmak zorunda kaldık; evi alana kadar bayağı mücadele etmemiz gerekti." Dohnili köylüler arasında yerleşme önceliğinin hangi aileye verileceği konusunda ahlaki bir tartışma yaşanıyordu. İlgili tarafların göreli ihtiyaçları ve çektiği acının boyutu müşterek olarak değerlendiriliyordu. Latife ve kocasına Vouno'nun yakınındaki bir Rum evine yerleşme hakkı verilmişti. Latife bunu şöyle anlattı: "Göçmen Dairesi buradaki üç komşu ev için üç anahtar göndermişti. Her aile kendisine gelen anahtarın açtığı eve yerleşecekti." Latife'nin kocasına verilen anahtarın açtığı kapının bulunduğu ev böylece onların yuvası olmuştu.

Politik Bir Kurum Olarak Kıbrıs Evi

Bu bölümde, yasal ve duygusal olarak başka insanlara ait olan evlerde oturma ve yaşama deneyimini irdeleyeceğim. Yukarıda aktardığım Latife ile ailesinin öyküsü, bu tür birçok öyküden yalnızca birisidir. Binlerce Kıbrıslı Türk, güney Kıbrıs'taki evlerini boşaltıp mülteci olarak kuzeye gelmek ve buradaki kasabalarda ve köylerdeki evlere yerleşmek zorunda kalmıştı. Kuzey Kıbrıs'ta kendilerine tahsis edilen evlerin çoğu, uluslararası hukuk kapsamında bugün bile Kıbrıslı Rumlara aittir. Latife'nin öyküsü, diğer Kıbrıslı Türklerin öyküleriyle birlikte bu bölümün merkezi öğesini oluşturacak; evlerini kaybettikten sonra nasıl başka insanların evlerini ve eşyalarını kullanmaya devam ettiklerini irdeleyeceğim. Beni asıl ilgilendiren konuysa, inşa edilmiş çevrenin ve sahiplenilen maddi nesnelerin ürettiği duygu. Başka insanların hayatlarının izlerini taşıyan evler ve nesneler aracılığıyla aktarılan enerjiyi inceleyeceğim.

Home Possessions'ta Daniel Miller "evin kendi eylemliliği" olarak adlandırdığı şeyi inceler; sadece evleri aracılığıyla dolayımlandığı şekliyle insanların simgesel dünyalarını, kültürel inşalarını ve toplumsal ilişkilerini analiz etmekle kalmaz, aynı zamanda bizatihi kendilerine ait bir eylemliliğe sahip maddi mülkler olarak evlerin, orada ikamet edenlere "ne yaptığı"nı analiz eder.[2] Miller, çalışmasının İngiliz mülkleri ve Londra sosyal konutlarına ayrılmış bir bölümünde, konutlarıyla gerek mülklerin eski sahiplerinin (hayaletlerinin) musallat olmasına dayalı edebi bir tahayyül yoluyla gerekse devletin tahsis ettiği bir mekânı değiştirme konusunda yaşadıkları bir yetersizlik duygusu aracılığıyla belli ölçüde bir yabancılaşma temelinde ilişki kuran insanları ele alır.[3] Bu bölümdeki analizimin dayandığı kaynak, cansız nesnelerin eylemliliğini kuramlaştıran diğer araştırmacıların çalışmalarını ele alan Miller'dır.[4] Ama insanların, şeylerin canlı olma özelliğiyle iç içe geçmesine dair bu tür yapıtlar, maddi nesnelerin eylemliliğini vurgulayıp bu tür iç içe geçişleri (ilişkisellikleri) inceledikleri kültürel (veya "ontolojik") sistemlere konumlandırsalar da, hiçbiri, şeyleri politik veya başka türden nesneler olarak

---

2 Miller, *Home Possessions*, 4. Evin kültürel inşasına ilişkin antropolojik bir analiz örneği için bkz. Carsten ve Hugh-Jones, *About the House*.

3 Miller, *Home Possessions*, 107-20. Şaşırtıcı bir şekilde, Miller büyük bir gayri menkulün mirasçısının hissettiği yabancılaşma ölçüsünü ve mirasçının atalarının hayaletine/imgesine ilişkin tahayyülleri ile devletten geçici olarak ucuza ev alan bir toplumsal konut sakinini toplumsal olarak ayrıştırmaz. Bu şekilde sunulduğunda Miller'ın maddi nesnelere dayandırdığı eylemlilik kuramı toplumsal ve politik kuramlaştırması bakımından kısıtlıdır.

4 Örneğin bkz. Gell, *Art and Agency*; Henare vd., *Thinking through Things*; Latour, *We Have Never Been Modern*; Strathern, *Property, Substance, and Effect*.

ele almaz. Aşağıdaki analizde, kuzey Kıbrıs'taki inşa edilmiş çevreyi ve maddi nesneleri, olumsal ve güncel politika olarak harekete geçirilmiş duygu için bir mecra olarak inceliyorum. Kıbrıslı Türklerin kullandığı maddiliklerin aktardığı enerjiler, antropolojik veya teorik karşılaştırmalar yapmak için soyutlanabilir, ama politik ve hukuksal töze dayalı nesneler olarak incelendiklerinde bu bakımdan daha ilginçtirler. Başka bir deyişle bunlar, sadece başka bir kültürde(ki) insanların nesnelerle sarmalanmasının örneği olarak incelenmemelidir.[5] Bu nesneler, politika ve hukukun en mahrem varoluş alanlarında, insanların en özel, kişisel eşyalarının etrafında iç içe geçtiğinin kanıtıdır. Bu nedenle, insanların kullandığı eşyaların sadece (maddi kültürün antropolojik konuları olarak incelenen hayaletler, ruhlar veya ataların eylemliliği gibi) "kültürel" bir eylemlilikle yüklü olmadığını, politika ve hukukun eylemliliğiyle de yüklü olduğunu öne sürmek istiyorum. İnşa edilmiş çevre ve maddi nesneler, politik ve hukuki olarak dolayımlanan duygunun aktarımcılarıdır. Bu anlamda, politik ve yasal kurumlar duygunun hem üreticisi hem de taşıyıcısı olarak ele alınabilir. Öyleyse Bruno Latour'un incelediği "insan-olmayan"[6] varlıklar politik açıdan olumsal olarak ele alınmalıdır. İnsan-olmayan varlıklar politik olarak yüklüdür. Politik ve hukuki kurumlar (örneğin yönetimler, bürokrasiler, mahkemeler ve devlet yapıları) bu türden "insan-olmayan" nesneler olarak analiz edilebilir; ama sadece kendilerini üreten insanların enerjilerini aktaran kanallar olarak değil, kendilerine ait eylemlilikleri olan nesneler olarak da ele alınmaları gerekir. Bu anlamda, Kıbrıs evini (eve ilişkin mevcut antropolojik çalışmalarda ele alındığı gibi) sırf kültürel bir kurum olarak görmüyorum, politik ve hukuki bir kurum olarak da incelenmesi gerektiğini düşünüyorum. Aslında, Kıbrıs evinin en merkezi politik ve hukuki kurum olduğunu öne süreceğim. Kıbrıs'ta politika ve hukuk, merkezi olarak insanların evleri ve kişisel eşyaları etrafında çözümlenir. Kıbrıs evinin tam da bu anlamda duygu yüklü olduğunu düşünüyorum.

Toplanan Eşyalar

Latife bana evinin etrafındaki nesneleri gösterdi. Evin oturma odası bir sürü mobilyayla doluydu. Türlü türlü kanepeler, dolaplar, büfeler, sanki bir yerleşim düzeni düşünülmeksizin gelişigüzel istiflenmiş gibiydi. İki uzun büfe, oturma odasının bir köşesine itilmiş ve tozlanmasınlar diye üzerleri bir örtüyle örtülmüştü. Yerde Latife ve ailesinin topladığı zeytinlerle dolu bir sürü plastik kova vardı. Yani oturma

---

5 Karşılaştırın Strathern, *Property, Substance, and Effect.*
6 Latour, *We Have Never Been Modern.*

odasının bir bölümü ailenin ürettiği şeyler ve fazla ev eşyaları için bir tür ardiye olarak kullanılıyordu.

Latife bana geleneksel ahşap oyma bir Kıbrıs divanını göstererek, "Bunu tepenin yukarısındaki mahallede bulduk" dedi. "Rumlardan kalma; sadece döşemesini değiştirdim." Sonra şöyle devam etti:

> 1974'te bu eve ilk geldiğimizde evin içi tamamen boştu, hiç mobilya yoktu. Sadece dört demir yatak vardı, hiçbirinin şiltesi yoktu. Bunları burada kalan Türk askerleri kullanmıştı. Ama bunun dışında başka hiçbir şey yoktu. Köye geç geldiğimiz için, bizden daha önce gelen köylülerimiz tüm iyi mobilyaları çoktan alıp götürmüşlerdi. Rumlardan kalan eşyalar yani, ganimet dağıtılmıştı. Hiçbir şey bulamayınca ne yapacaktık ki? Etrafı dolaşıp aramaya başladık. Oradan buradan insanların kırık, bozuk, işe yaramaz olduğunu düşündüğü şeyleri toplayıp eve getirdik. Geldiğimizde köyde pek ganimet kalmamıştı. Üzerinde uyuyabileceğimiz bir döşeğimiz bile yoktu; gidip tepedeki mahallede bulup eve getirdim. Köylülerimiz gâvurların iyi eşyalarını çoktan alıp götürmüşlerdi. İstemedikleri, beğenmedikleri veya iyi durumda olmayan şeyleri atmışlardı. Biz geldiğimizde, üzerimizdekilerden başka giyeceğimiz bir şey yoktu; bu yüzden köyün etrafında dolaşıp atılmış giysiler topladım. Bunları yıkadım ve böylece gâvurların elbiselerini giydik. Allah kimseye böyle günler göstermesin. Çok zor zamanlardı.

Latife'nin kocası Kemal, konuşmamıza katıldı: "Savaş korkunç bir şey. Allah kimseye göstermesin." 1974 Temmuz'undan dört ay sonra geldiklerinde Vouno (sonradan Taşkent) köyünün nasıl göründüğünü anlattı: "Her yerde Rumların bıraktığı, attığı şeyler vardı; yol kenarlarında, yerlerde, tepelerde, her yerde." Vouno'lu Rumların köylerinden nasıl kaçtığını gözünde canlandırarak şöyle dedi: "İçi şahsi eşyalarla dolu valizler bulmuştuk. Rumlar bir an önce kaçmak için eşyalarını valizlere tıkıştırmış olmalıydılar, ama taşıyamayacakları kadar ağır bulduklarını yolun ortasında bırakıp gitmişlerdi. Bir gece, köyde dolaşırken yerde bir şeyin parıldadığını fark ettim. Eğilip aldım. Altın bir söz yüzüğüydü (alyans), içinde 1971 tarihi yazılıydı." Latife şöyle dedi: "Biz de o yıl sözlenmiştik. Bu söz yüzüğümüzü bazen yeniden takıyorum."

Latife evlerindeki şeyleri, eşyaları nasıl bulduklarını anlatmaya devam etti: "Ahşap oyma bu büfeyi tepenin oradaki mahallede buldum. Şu uzun büfe de buraya taşınmadan önce kaldığımız evde duruyordu. Buraya taşınırken yanımızda getirdik... Demir bacaklı bu koltukların döşemesini o zaman değiştirmiştim, hâlâ kullanıyoruz." Olayın üzerinden otuz yıl geçmiş olmasına rağmen Latife ve kocası 1974'te Vouno (Taşkent) köyünde orada burada bulup topladıkları mobilyaları ve diğer şeyleri hâlâ kullanıyorlardı. Büyük kırmızı, yeşil, mavi giysi ve kumaş parçaları oturma odasındaki birkaç divanın üzerine serilmişti. Latife, "Bunların döşemesini değiştirmeye fırsatım olmadı" dedi.

"Başka insanlara ait eşyaları kullanıyorduk" diyen Latife, sözlerine şöyle devam etti: "Temiz olduğu sürece, başka birisinin giymiş olduğu bir şeyi giymekten rahatsız olmuyordum." Latife'nin atılmış şeylerde hâlâ gözü kalmıştı. Bir gün, Lefkoşa'da birlikte yürürken, yolun kenarına atılmış çöplerin arasında bir çift eski ayakkabı gördü. Eğilip ayakkabıları aldı. "Bunları sevdim. Düz ayakkabılar, bunları giyebilirim" dedi ve alıp evine götürdü. Latife kendisine bedava kullanılmış giysi verilmesinden hoşlanıyordu; Lefkoşa'daki patronunun kendisine verdiği eski elbise dolu çantanın içine bakıp hangi giysinin çocuğuna, hangisinin torununa uyacağını saptıyordu. Başka insanların hayatlarının izini taşıyan kullanılmış şeyleri kullanıyordu.

Latife'nin evinde, kendisinin ifadesiyle "Rumdan kalma" olmayan birkaç parça eşyası vardı. Oturma odasının üç önemli duvarına aile üyelerinin siyah beyaz ve renkli fotoğrafları asılmıştı. Bu fotoğraflar eski ahşap çerçevelere koyularak duvarların tam ortasına yerleştirilmişlerdi. Fotoğraflarda Latife'nin anne babası, kız kardeşleri, erkek kardeşleri, kocasının ailesi görülüyordu; ayrıca Latife ile kocasının ve ikisinin çocuklarıyla ve torunlarıyla birlikte fotoğrafları da vardı. Geleneksel Kıbrıs evinde aile fotoğraflarının oturma odasında sergilenmesi âdettir, ama bu Rumlardan kalma bir evde yapıldığında, bunu sahiplenilen bir mekânı kişiselleştirme çabası olarak yorumlarım; bu tam da kişinin, sahiplendiği evi ailesinin akrabalık ağı ve soyağacıyla ilişkilendirerek bir yuvaya dönüştürme girişimidir. Rumların evlerinin duvarlarındaki Kıbrıslı Türk aile fotoğrafları, benim okumama göre, bir ailenin kendi sosyalliğinin sahiplenilen evin tarihine dahil edilme girişimini temsil eder. Fotoğraflar, Latife'nin atalarını ve torunlarını yaşadıkları evin soyağacına dahil eder. Sahiplenilen konutu daha fazla yuvayı andıran bir mekâna dönüştürme çabasını temsil ederler.

Yuva Hissi Vermeyen Ev

Freud, "Tekinsizlik" başlıklı denemesinde, bir ürkütücülük, korku ve çekinme hissi uyandıran psişik durumları inceler.[7] Hem edebiyat örneklerinde hem de psikanalitik vakalara ilişkin malzemelerdeki bu tür durumları ele alır ve bunları analitik bir kategoride toplayarak Almanca *unheimlich* (ürpertici, tekinsiz) başlığı altında sınıflandırır. Anlamsal olarak, *unheimlich* İngilizceye *uncanny*, yani tekinsiz olarak tercüme edilir, ama Freud *unheimlich*'in etimolojik olarak İngilizcedeki *unhomely*,[8]

---

7 Freud, *The Uncanny*.

8 Agy., 124.

yani "yuva hissi vermeyen ev" kavramına karşılık geldiğine dikkat çeker. Bu bölümdeki analizimde *unheimlich*'in bu etimolojik karşılığıyla daha fazla ilgileniyorum, zira *unheimlich* bu şekilde yorumlandığında eve dair bir açıklama olarak okunabilir. "Yuvayı andırmayan ev"in (Freud'a referansla) mimarlıktaki bu tür tezahürlerini araştıran Anthony Vidler, "mekânsal tekinsizlik" kavramını geliştirmiştir.[9] Bu bölümde incelediğim şey, tam da inşa edilmiş çevre ve ev mekânı aracılığıyla bir endişe duygusunun üretimidir. Ama belirli bir konuyu ele alacağım: Bu belirli bir gasp tarihi olduğu için, haksız bir şekilde sahiplenilmiş bir evin göreli bir "yuva oluşu"nu inceleyeceğim.

Freud'a göre, "*unheimlich* açıkça *heimlich*, *heimisch* ve *vertaut*"un karşıtıdır.[10] 1860'ta yayımlanmış bir Almanca sözlüğe başvuran Freud, [rahat, sıcak, huzurlu bir] "yuva hissi veren ev" (*heimlich*) duygusuna gönderme yapan pasajlar aktarır. Bunlardan, buradaki tartışmamızla en ilgili olduğunu düşündüğüm küçük bir bölümü aktaracağım: "Heimlich, *heimelig* [...] 'eve ait olma, yabancı veya yadırgatıcı olmama, alışıldık, munis, yakın ve rahat vs.' [...] 'eve, aileye ait olma ya da: eve ait olarak kabul edilme, karş. Lat. *familiaris*, alışıldık, tanıdık, bildik, aşina' [...] 'samimi, mahrem, sıcak yuva; hoş, tatlı bir memnuniyet hissi uyandıran vs., kapalı, rahat bir ev gibi güvenli bir koruma ve rahatlık veren bir huzur hissi uyandıran' [...] 'rahatlık veren bir mahremiyet' [...] 'Muhtemelen buradan başka hiçbir yerde kendimi evimdeymiş gibi hissedemem.'"[11] Daha sonra, Freud şunu öne sürer: "*[H]eimlich* ayrıca hayaletimsi etkiler içermeyen bir yer anlamında da kullanılır."[12] Kısacası, *heimlich*'in karşıt anlamlısı olan *unheimlich*'te Freud, "rahatsız, tedirgin, kasvetli, sıkıntılı, tekinsiz, korkutucu, (bir ev için): perili olma; (bir kişi için): itici olma" gibi duygular saptar.[13] Ayrıca şuna dikkat çeker: "Almanca *ein unheimliches Haus* ['tekinsiz bir ev'] sadece 'perili ev' dolaylı anlatımıyla ifade edilebilir."[14]

Freud'un *heimlich* (yuva hissi veren ev) yorumuna ilişkin bu alıntıları okuduğunuzda, ilk başta Latife Hanım'ın evi konusunda bu şekilde sınıflandırılabilecek hiçbir şey yokmuş gibi gelebilir. Ev, Latife Hanım'a veya ailesine değil, Rumlara aittir. Evdeki mobilyaların, eşyaların ve nesnelerin neredeyse tamamı aslında ne bu eve ne de şimdiki sakinlerine aittir. Bunlar birbirinin eşi olmayan,

---

9 Vidler, *The Architectural Uncanny*, 37.
10 Freud, *The Uncanny*, 124.
11 Agy., 127-8.
12 Agy., 133.
13 Agy., 125.
14 Agy., 148.

oradan buradan toplanmış ve yeni bir bağlamda farklı bir kullanıma sokulmuş öğelerdir.[15] Buna bağlı olarak, Kıbrıslı Türklerin ikamet ettiği bu tür Rum evlerinde (veya tersi durumda) bir "yuvayı andırmayan ev" hissinin hâkim olduğunu düşünebilirsiniz.

Ama daha farklı bir analiz öneriyorum. Öncelikle *heimlich-unheimlich* karşıtlığının hatalı bir karşıt anlamlılık olup olmadığı üzerinde düşünelim. Ya da daha farklı ifade edecek olursak, *unheimlich*'in ille de *heimlich*'e karşıt olarak mı kavranması gerekir? Freud'un *heimlich* için önerdiği anlamlar, bir şeyin asıl, ilk veya tek sahibi olmaktan türetilen evde/yuvada rahatlık ve konfor biçimindeki burjuva anlayışı (kendi kökeni olarak) önvarsaymaz mı? "Yuva" veya "yuva hissi veren ev" olarak ifade ettiğimiz kavramı, "ev"e dair diğer deneyimleri kıyaslamak için bir referans noktası olarak almasak ne olurdu? Peki ya, evin/yuvanın kavramsallaştırılmasının tam merkezine "tekinsizlik" veya "yuva hissi vermeyen ev" kavramını yerleştirseydik ne olurdu?

Dikkatlice baktığımda, esasen Freud'un asıl niyetinin bu olduğu sonucunu çıkarıyorum. Yaşadığı dönemdeki Almanca sözlüklerin kategorik ve sınıflandırıcı olma ölçüsünde, Freud da analizinde yuva ile yuva-hissi-vermeyen-ev arasındaki ayrıma karşı çıkar: "Böylece *yuva* nihayetinde karşıt anlamlısı *yuva-hissi-vermeyen-ev* ile iç içe geçene dek muğlaklaşır. Tekinsiz (*das Unheimliche*, 'the unhomely') bir şekilde alışıldığın [rahat, tanıdık, bildik, aşina, samimi, sıcak vb.] (*das Heimliche*, 'the homely') bir türüdür."[16] Bu yorumla, Freud *homely-unhomely* (rahat-rahatsız) karşıtlığının içerimlediği karşıt anlamlılığı olumsuzlar.[17] Hatta analizinin özüne inerek, bir şeyin sırf eskiden bildik, aşina (rahat vs.) olduğu ve bastırıldığı için tekinsiz (esrarengiz, yadırgatıcı, ürpertici, rahatsız vb.) olarak algılanacağını öne sürer: "Tekinsiz, bir zamanlar çok iyi bilinen ve uzunca bir süredir tanıdık olan

---

15 Bu anlamda, Latife Hanım'ın evindeki nesneler, şu çalışmaların katılımcılarının nesne araştırmalarına benzemektedir: Appadurai, *The Social Life of Things* ve "Objects on the Loose," özel sayı, *Ethnos* 65, sayı 2 (1999).

16 Freud, *The Uncanny*, 134.

17 Anthony Vidler, Freud'un "rahatsız"ı "rahat" ile çökertme şekillerini vurgular: "Freud'un kendi amaçları bakımından, Almanca *unheimlich* sözcüğünün anlamları ve bağlantıları daha umut vaat edicidir. Aynı anda hem tekinsizin işleyişlerini sistematik bir ilke olarak netleştirirler hem de alanını katı bir şekilde eve ve yuvaya/rahatlığa vb. konumlandırırlar, böylece bir aile romansının bilinçdışı ürünü olarak bireysel deneyimde deşifre edilmesine olanak tanırlar. Bu amaçla Freud kasıtlı bir şekilde tekinsizin tanımına görünüşteki karşıt anlamından ulaşır ve bu nedenle, ikisi arasında rahatsız edici bir yakınlık ortaya çıkarır ve birini diğerinin dolaysız büyümesi, dallanıp budaklanması olarak tesis eder": Vidler, *The Architectural Uncanny*, 23.

şeye geri dönen ürkütücü türden şeydir."[18] Freud tekinsiz malzemede bilinçdışının izlerini saptamakla ilgilenir.

Ama ben farklı bir analiz geliştirmek ve Freud'un yerleşik, rahat ve huzurlu Avrupa burjuva yuvasına dayalı bir deneyim olarak *heimlich* (yuva hissi veren ev) kavramını merkezi referans noktası kabul ettiğini göstermek istiyorum.[19] Freud "tekinsiz" kavramını tam da bu tahayyülden geliştirir. Ayrıca, onun yorumunda tekinsizin gerisin geri huzur verici vb.'ye (bilinçdışına, yani en bildik olana) gönderme yaptığını da unutmayalım. Bu yorumunun karşıtlığı ortadan kaldırdığını söylemiştik. Peki ya farklı bir yöne gidecek olursak? Ya da tekinsizi önvarsayıp, referans noktamız olarak (huzur verici, rahat bir) yuva hissi veren eve dayalı kavramlardan uzaklaşsaydık ne olurdu? Sanırım böyle bir yön, bizi Freud'un araştırdığından farklı yorumlama alanlarına götürürdü. Aslında, tekinsizi seküler-rasyonalist bir bakış açısıyla yorumladığını düşünüyorum. Freud'un çalışmasında, bir şey ancak kurmaca olmayan bir alandaysa tekinsiz olarak algılanabilir. Ona göre kurmaca, tanımı gereği tekinsizlik hissi uyandıramaz, çünkü okur, yazarın imgeleminin kurmaca mantığıyla çalıştığını varsayar.[20] Bir şey ancak rasyonellik alanında deneyimlenirse tekinsiz olabilir, zira ancak bu alanda beklenmediktir, herhangi bir şeye uymaz, yadırgatıcıdır ve sarsıcıdır. Kısacası, tekinsizi analizimizin merkezine oturtsaydık, tekinsiz bu kadar yadırgatıcı görünmeyecekti.

Kuzey Kıbrıs'ta tekinsiz olduğunu öne sürdüğüm şey bu. 30 yıl boyunca büyük ölçüde başkasının evinde yaşadığınızı, başkasının kişisel eşyalarını kullandığınızı, tapusu başkasının adına kayıtlı toprağı sürdüğünüzü, ağaçları büyüttüğünüzü düşünün. Latife Hanım, "Bu eve hiçbir zaman ısınamadım" demişti. Ama bununla birlikte, evindeki Rumlardan kalma nesnelerin mevcudiyeti, bana geldiği gibi ona yadırgatıcı gelmiyordu. O ve ailesi için bu tekinsiz mekân, onların eviydi. Ama bu örnekte, "ev", Freud'un tanımladığı gibi rahatlığa, sıcaklığa dayalı hisler uyandırmıyordu. Bu bağlamda, ev tekinsiz yönler içeriyor, ama bu normal olarak deneyimleniyordu. Kuzey Kıbrıs'ta Kıbrıslı Türklerin yaşadığı bu tür sahiplenilmiş Rum evlerinde tekinsiz, (sıcak, huzurlu bir) yuvaya sahip olma gündelik deneyiminin

---

18 Agy., 124.

19 Bu çalışmanın 1919'da yazıldığını unutmayın, yani Freud ve ailesinin 1938'te Nazilerin gelmesiyle birlikte Viyana'daki evlerini terk etmelerinden çok önce yazılmıştır. Tekinsiz hakkında savaştan sonra yazmış olsaydı, acaba *heimlich* anlayışı farklı olabilir miydi? 2004'te Freud'un ailesinin hem Viyana'daki ilk evlerini hem de Londra'da Hampstead'de taşındıkları evlerini ziyaret ettim ve her iki evin de farklı açılardan tekinsiz olduğunu düşündüm.

20 Freud, *The Uncanny*, 156.

ayrılmaz bir parçasıdır. Rumların arazilerinin ve mülklerinin tahsis edildiği Kıbrıslı Türkler için tekinsiz, huzur vericinin karşıtı olmaktan ziyade, evin bir boyutudur. Başka bir deyişle, tekinsiz veya "yuva hissi vermeyen ev", buradaki vakada bir "yuva" olmuştur. Bu analizi sürdürerek, bu bölümün ilerleyen kısımlarında evin antropolojik bir yeniden kavramsallaştırılmasına ulaşacağız.

Ev Alışkanlıkları

Latife'nin evi her zaman tertemizdi. İşe gitmediği zamanlarda sürekli evinin içini, balkonunu, verandasını ve bahçesini temizliyordu. Yerleri en azından günde bir kez siliyordu. Mutfak yüzeylerini yemeklerden önce ve sonra defalarca eski giysi parçalarıyla siliyordu. Eski giysi parçalarından yaptığı toz bezleriyle evi temizliyor ve eşyaların tozunu alıyordu. O ve kocası kovalarla su taşıyıp balkonu ve verandayı hiç değilse günde bir kez yıkıyorlardı ve bir süpürgeyle süpürüp kovalarla döktükleri suyu akıtıyorlardı, ağaç yapraklarını ve kurumuş çiçekleri süpürüyorlardı. Aynı şekilde, gayretli bir şekilde istenmeyen kökleri, dikenli bitkileri ve devedikenlerini temizleyerek bahçelerine de düzenli olarak bakıyorlardı.

Bildiğim ve ziyaret ettiğim Kıbrıslı Türklerin evlerinin neredeyse hepsinde düzenliliğe, tertipliliğe, temizliğe bu tür özel bir ilgi gösteriliyordu. Latife'nin evi ve ev alışkanlıkları bir istisna teşkil etmiyordu. Yıkamak, temizlemek, süpürmek ve toz almak alışkanlık olarak gün içinde defalarca tekrarlanarak yapılan aktivitelerdir. Evin düzenli tertipli olmasından öncelikle evin kadını sorumludur. Ama bakım işine erkekler de katılır, özellikle de bahçenin (ya da Kıbrıslı Türklerin verdiği adla avlunun) bakımı onların sorumluluğundadır. Avlu –iç veya arka bahçe– yarı-özel bir mekân olarak kabul edilir. Avlular iyi korunur, onlara iyi bakılır, özen gösterilir. Bahçenin taş döşenmiş veya beton atılmış bölümleri bir çalı süpürgesiyle her akşam süpürülür ve gece yatmadan önce Kıbrıslı Türkler bahçelerindeki bitkileri, çiçekleri, ağaçları uzun bir süre hortumla sularlar.

Kıbrıslı Türkler akşamları (çoğunlukla plastik olan) sandalyelerini avlularına veya evlerinin ön kapısına bakacak şekilde koyup, sırtlarını sokağa vererek, evlerinin içine veya evlerine doğru bakacak şekilde otururlar. Bu şekilde, sırtlarını dış dünyaya çevirerek ve evlerine bakacak şekilde bir yarım daire oluşturarak oturan Kıbrıslı Türkler, akşam yemeği için sebze doğrar, molehiya bitkisinin saplarını ayıklar veya çocuklarına meyve soyarlar. Bu tür buluşmalarda komşulara, akrabalara, diğer misafirlere ve aile fertlerine kahve ikram edilir. Sabah veya öğleden sonra gelen misafirlere meyveden yapılan macun tatlısı ikram edilir. Bazen bir aile ferdinden veya misafirden yarım daireki diğer kişilerin kahve falına bakması istenir. Havadisler aktarılır, dedikodu yapılır ve politika konuşulur. Bu oturma düzeninde değişmeyen tek şey bir köşedeki televizyondur, evin veya bahçenin kapısının yanında durur, ekranı dışarıya dönüktür; böylece yüzü eve dönük oturan herkes televizyonu seyredebilir. Kıbrıslı Türkler bir yandan konuşup, çocuklarına bakarken, bir yandan da televizyondaki haberleri veya başka programları izlerler ve gündelik veya politik sorunlarını tartışırlar. Sanki Kıbrıslı Türkler evlerine girmiş, kendilerini içeride gizlemiş, dış dünyaya sırtlarını dönmüş gibilerdir ve konutlarının içinin temizliğine ve düzenli, tertipli olmasına yoğun bir ilgi gösterirler. Evlerinin dışı olarak algıladıkları alanda daha az faal olan Kıbrıslı Türkler, evlerine daha özel bir ilgi göstermeye çabalarlar. Evlerinde ve bahçelerinde yaptıkları, bana aşırı görünen gündelik temizlik ve bakım işlerini, bir karmaşanın sonrasında sahiplendikleri nesneler dünyasında kendi öznel-kişisel düzenlerini yaratma çabası olarak yorumluyorum. Gündelik ev işlerinin cisimleşmiş yinelenmesi, özellikle de aşırı titizlik, Kıbrıslı Türklerin sosyalliğinin ve öznelliğinin bağlamına dair açıklayıcı bir mefhum olarak ele alınmalıdır. Bu tür gündelik rutinler, böyle bir niyetle yapılmamalarına rağmen, kendilerinde bir felsefe barındırırlar; Eduardo Viveiros de Castro bunu "etno-felsefe"[21] olarak adlandırır. Bilgi kaynaklarımızın olağan görünen gündelik pratiklerinde barınan bu felsefeyi deşifre etmek antropoloğa düşer. Kıbrıslı Türklerin evlerinin temizliğine gösterdikleri özel ve aşırı özende, dile getirilmeyen bir çabayı, "yuva hissi vermeyen bir evi" bir "yuva"ya çevirme çabasını saptıyorum. Düzensizlikten bir düzen yaratma çabası, kişinin kendisinin veya başkalarının deneyimlediği şiddete ve ihlallere dayalı anıların arasında bir sıcaklık, bir samimiyet yaratma çabası görüyorum.

Kıbrıslı Rumların evlerinde oturan Kıbrıslı Türkler evlerin yasal sahibi olmadıklarını bilirler. Evlerin birçoğunun asıl sahibinin Rumlar olduğunu bilerek bu evlerde yaşarlar. Çoğu zaman başka insanların mallarını, mülklerini kullandıklarının bilincindedirler. Ama bunlara iyi bakar, temiz tutarlar. Freud'un "yuva hissi veren ev" (*heimlich*) için önerdiği karşılıklardan biri de şöyledir: "elindeki kıt imkânla güzel, rahat bir yuva (aile hayatı) yaratmasını bilen özenli ev kadını."[22] Kıbrıslı Türklerin, özellikle de kadınların evlerini tertipli, düzenli tutma çabaları, daha etkili bir ev analizini hak ediyor. Burada evin bakımı için yapılan ev işleri, tekinsizliğe dayalı hisleri alt etme, tekinsizi daha az görünür veya daha etkisiz kılma, yarattığı duyguları pasifleştirme girişimindeki ana eylem olarak tasvir edilmektedir. Burada tekinsiz(lik) evle bağlantılı bir öğedir ve normalleştirilir veya ev rahat ve huzurlu bir yuva haline getirilecek şekilde dönüştürülür. Ev ne kadar tekinsiz olursa olsun, yine de Kıbrıslı Türkler için bir yuvadır. Bu nedenle, gasp ettikleri evler karşısındaki

---

21 Viveiros de Castro, "Cosmological Deixis and Amerindian Perspectivism."

22 Freud, *The Uncanny*, 127.

tüm korkularına ve ürpertilerine rağmen, Kıbrıslı Türkler 1974 sonrasında burada geçirdikleri hayatlarına ve çocuklarının ev olarak buradan başka bir yeri bilmediği gerçeğine atfen daima "Burası da bizim evimiz" derler.

Eve Bakmak

Kıbrıslı Rumların evlerinde yaşayan Kıbrıslı Türkler, alan araştırmamın büyük bölümünü gerçekleştirdiğim 2001–2002 döneminde evlerine bakmaya ve onarım yapmaya çekinceyle yaklaşıyorlardı. Bu dönemdeki ev bakımı, Kıbrıslı Türklerin içinde yaşadıkları evlerle kurdukları duygusal ilişkinin doğasını yansıtır. "Bu evin hep bizim olacağını bilsem, onu daha güzel bir hale getiririm" demişti Nezih. "Büyük inşaata girişirdim." Nezih ve ailesi 1974'ten beri Güzelyurt (Morphou) bölgesinde bir köyde yaşamaktaydı. Ailesi kendi köylüleriyle birlikte sınırın güneyindeki bir köyden mülteci olarak buraya gelmişti. Nezih o sırada 12 yaşında olduğundan evin ailesine nasıl verildiğini, o zamanlar evin önündeki portakal bahçelerinin nasıl göründüğünü ve güneydeki kendi köylerini, bıraktıkları eski arazilerini hatırlıyordu. Nezih'in anne ve babası ölünce ev, karısı ve çocuklarıyla Nezih'e kalmıştı.

"Bu eve yatırım yapayım desem, uzun vadede evin bende kalıp kalmayacağından emin değilim" dedi Nezih. Bu yüzden sadece temel bakım gerektiren şeyleri yapıyordu. O ve ailesi, 1974'te burada yaşamaya başladıklarından beri esasen pek değişiklik yapmamışlardı. Oturma odasına bir şömine yapmışlardı. Nezih şaka yollu bunun "Christina"ya yaptıkları bir katkı olduğu söyledi; Christina, evin Rum sahibinin adıydı. Nezih bunu evin asıl sahiplerinin evde bıraktığı kişisel eşyalarını ve fotoğraflarını karıştırırken keşfetmişti. Şömine dışında, Nezih ve ailesi geçen yıllar içinde evi birkaç kez boyamıştı. Onları ziyaret ettiğimde, evin iç duvarları parlak beyazdı. Nezih'in karısı "Demir yatak çerçevelerini parlattık bir de" dedi. "Ama yatakların ayaklarını boyamadık; uykumuzda döndüğümüzde gıcırdamaya devam ediyorlar." Mutfak duvarlarındaki fayanslar kırıldığında yenilemiyorlardı. Zemini, balkon korkuluklarını veya başka yerleri de yenilemiyorlardı. Ayrıca yeni mobilya da almıyorlardı. Bana oturma odasındaki divanları, yüksek koltuğu, mutfak masasını ve sandalyeleri, yatakları, çocukların çalışma masalarını gösteren Nezih şöyle dedi: "Hâlâ Christina'dan kalanları kullanıyoruz."[23]

---

23 Güzelyurt (Morphou), Nezih'in mülteci olarak yerleştiği köyün de bulunduğu bölgedir ve yıllardır Kıbrıslı Rum ve Türk yöneticiler arasında muhtelif müzakerelere konu olmaktadır. Hiçbiri de çözüme ulaşmayan ve iki taraf arasında bir uzlaşma sağlanamayan bu müzakerelerin hepsinde Güzelyurt bölgesine Rumların dönmesi önerilmiştir. Türk ordusunun ele geçirdiği ve Kıbrıslı Türk mülteciler ile Türkiyeli göçmenlerin yerleştiği başka hiçbir bölge

Nezih ve eşi, evlerinin yasal ve duygusal olarak hâlâ eski Rum sahiplerine ait olduğu bilgisiyle burada yaşıyorlardı. Evin sahiplerini merak ediyordu; kim olduklarını, nasıl göründüklerini hayal etmeye, gözünde canlandırmaya çalışıyordu. Hatta sınırı geçebilen arkadaşları aracılığıyla nerede olabileceklerini bile araştırmıştı. Bir gün, onları ziyaret ettiğimde Nezih bodrumdaki depodan bir deste fotoğraf getirip önüme koydu. İlk önce, bana evin sahibi olduğunu düşündüğü Christina'nın fotoğrafını gösterdi. Daha sonra, Christina'nın sürücü ehliyetini gösterdi, 1972'ye aitti. "Christina 1974'te 22 yaşındaydı" dedi. "Bu evi ona ailesi yapmış." Nezih merakının ve yaptığı araştırmanın şekillendirdiği öyküyü geliştirmişti. Evin, Christina'nın çeyizi olduğuna ve annesinin de 1974'e dek hemen bitişikteki evde yaşadığına inanıyordu. "Christina ve kocasının iki küçük çocuğu vardı" dedi. Christina'nın okul forması içindeki, gelinlik giymiş ve yanında kocasıyla birlikte balkonlarının önünde ve portakal ağaçlarının altında bir bebekle poz verdiği küçük siyah beyaz fotoğrafları gösterdi. "Şimdi nerede yaşadığına dair hiç fikrin var mı?" diye sordum. "Tabii hâlâ yaşıyorsa!" diyerek düzeltti, Nezih. 1974'te bu köyde yaşanan çatışmaları ve öldürülen insanların hikâyelerini duymuştu. [24] "Diğerleri Rumlardan kalan evlerde buldukları fotoğrafları ve kişisel eşyaları attılar. Ya attılar ya da yaktılar. Belki biz de öyle yapmalıydık, ama yapmadık."

Nezih ve ailesi, evlerinde hayali bir şekilde evin eski Rum sahipleriyle birlikte yaşıyorlardı. Christina bıraktığı evinde hayali olarak yaşamaya devam ediyordu. Bu evi sahiplenen Kıbrıslı Türkler, onun mobilyalarını ve kişisel eşyalarını kullanırken yokluğunda onunla toplumsal bir ilişki kurmuşlardı. Onun terk ettiği kişisel nesneler aracılığıyla onunla hayali bir ilişki inşa etmişlerdi. Ama onun alanında bir derece ürpererek yaşıyorlardı. Onun eşyalarını kullandıklarının bilincindeydiler ve bu farkındalığı çocuklarına da aktarıyorlardı. Ev alışkanlıklarını ve evin bakım onarım işlerini Christina ile kurdukları hayali bir ilişki aracılığıyla düzenliyorlardı; nelerin Christina'nın hoşuna gideceğini veya onu sinirlendireceğini değerlendiriyor, onun evini makul ölçüde bakımlı tutmaya özen gösteriyorlardı. Gelecekte bu evin mülkiyetinin kendilerine ait olup olmayacağının belirsizliğiyle, burada belli bir ölçüde kaygıyla yaşıyorlardı. Christina'ya yönelik bir suçluluk duygusuyla birlikte aile ocakları, yuvaları haline gelen bu evle bir ilişki kurmuşlardı; bu suçluluk duygusu, artık güney Kıbrıs idaresinde olan kendi asıl köylerinde terk ettikleri mülklerine

---

bu şekilde müzakereye konu olmamıştır. Güzelyurt bölgesinde, Kıbrıslı Türk mülteciler konutlarıyla belirli bir geçicilik tarzında ilişki kurarlar.

24 Burada incelediğim köye yakın bir diğer köy olan Argaki'deki (sonradan Akçay adını almıştır) Kıbrıslı Rumlara ilişkin bir dizi eksiksiz etnografik çalışma için bkz. Loizos, *Greek Gift*; Loizos, *Heart Grown Bitter*; Loizos, *Iron in the Soul*.

gönderme yaparak ancak rasyonelleştirebildikleri bir duyguydu. Ayrıca, eşyalarını kullandıkları için Christina'ya minnettarlıklarını da ifade ediyorlardı.[25]

Burada tanımladığım şekliyle, kişinin eviyle olan özel ve olumsal duygusal ilişkisini, Daniel Miller'ın Londra sosyal konutlarının sakinlerine ilişkin olarak incelediği yabancılaşmadan ayırmamız gerekir. Ayrıca, kira sözleşmelerinden farklılık göstermesi bakımından da incelenmesi gerekir. Her ne kadar, çoğu Kıbrıslı Türk evlerinin Rum sahiplerinden "ev sahiplerimiz" diye söz etse de, bu yaşam düzenlemesiyle ilgili olarak taraflar arasında doğrudan doğruya hiçbir sözleşme veya anlaşma yoktur. Kıbrıslı Türkler kira ödememektedir. Hem sosyal konutlar hem de kiracılık, Avrupa-Amerikan vakalarında, genellikle olağan koşullar altında ve hukukun kabul edilen sınırları içerisinde gerçekleşir. Ama burada incelediğim vakada, bir savaşın sonrasında ve bir çatışmanın iki tarafı arasında politik bir uzlaşmaya varma bakımından uzun süren bir başarısızlık ve devam eden bir belirsizlik söz konusudur. Ayrıca mülkiyet ve yerleşim hakkı konusunda da hukuk savaşları ve anlaşmazlıklar yaşanmaktadır. Bu nedenle ev, ev sahipliği ve mülkiyet kavramları farklı şekilde kavramsallaştırılmayı gerektirir. Bu, kabul edilen hukuk sistemi ve sözleşmeye dayalı anlaşmaların sınırları içerisinde, Avrupa-Amerika ikamet anlayışlarına dayalı parametrelere tam uymayan türde, canlı bir düzenlemedir.

"Bir Ruh Hali" Olarak Ev

Mekânın Poetikası (1994) adlı kitabında Gaston Bachelard evi felsefi olarak ele alır.[26] Ampirik referanstan çok poetik esinlenme için okunması gereken bu kitapta Bachelard eve ilişkin "İç mekânın içsel değerleri üstüne yapılan fenomenolojik bir çalışma" olarak adlandırdığı şeyi geliştirir.[27] İçinde yaşayıp büyüyen kişide cisimleştiği haliyle "doğduğu ev"ine dair hayali bir resim çizer:[28]

> Öte yandan doğduğumuz ev, anıların ötesinde, fiziksel olarak içimize kaydedilmiştir. Bir organik alışkanlıklar öbeğidir. Aradan yirmi yıl bile

25 2003'te sınırdaki kontrol noktaları açıldığında, Christina kocasıyla birlikte gelip aileden kalma evini, Nezih ve ailesinin 1974'ten beri yaşadığı evi ziyaret etti. Nezih bodrumda bulduğu ve sakladığı onlara ait fotoğrafları verdi. O zamandan beri bu iki aile, birbirlerini güneyde ve kuzeyde düzenli olarak ziyaret ediyorlar. Henüz hiçbir müzakere Kıbrıs'ta iki yönetim arasında bir çözüme ulaşmadı ve Nezih ailesiyle birlikte Christina'nın evinde yaşamaya devam ediyor.

26 "Bir ruh hali" [Fr. *un état d'âme*; İng. *a psychic state* –en] terimini Bachelard, *The Poetics of Space*'ten ödünç aldım.

27 Agy., 3 [*Mekânın Poetikası*, Fr. çev. Alp Tümertekin, 1. Baskı. İstanbul: İthaki Yayınları, 2013, 33].

28 Agy., 30 [*Mekânın Poetikası*, 61].

geçmiş olsa, bilmediğimiz onca merdiveni çıkmış da olsak, çıktığımız "ilk merdiven"in reflekslerine yeniden kavuşuruz, ötekilerden biraz daha yüksek olan o basamağa takılmayız artık. Evin varlığı da bize, bizim varlığımıza sadık kalarak tümüyle açılır. Gıcırdayan kapıyı aynı el hareketiyle iteriz, uzaktaki tavanarasına ışığı yakmadan gideriz. En küçük kapı mandalına bile elimizle koymuş gibi ulaşırız.

Daha sonra peş peşe yaşadığımız evler, hareketlerimizi sıradanlaştırmıştır kuşkusuz. Ama yıllarca uzak kaldıktan, bir sürü serüven yaşadıktan sonra o eski eve yeniden girersek, en ince hareketlerin, o ilk hareketlerin içimizde capcanlı, hep kusursuz kaldığını görmek çok şaşırtır bizi. Sonuçta doğduğumuz ev, çeşitli ikamet etme işlevlerinin hiyerarşisini içimize kazımıştır. Biz, o evde ikamet etme işlevlerinin diyagramıyız; bütün öteki evler de, temel bir motifin çeşitlemelerinden başka bir şey değildir. Alışkanlık sözcüğü, o unutulmaz evi hiç unutmayan bedenimizin bu tutkulu bağını dile getiremeyecek kadar yıpranmış bir sözcüktür.[29]

Bachelard, evi "psikolojik bir diyagram", bir "özgün hayal", "ilksel hayal", "başlangıç hayali", sakinleri üzerinde "kozmik" bir güce sahip bir mekân ve "bir ruh hali" olarak resmeder. "[İ]çsel yaşamımızla ilgili yerlerin sistemli bir psikolojik incelemesi"ne, psikanalizden türettiği bir terimle "yer-analizi" adını verir.[30]

Bachelard ile uyumlu olarak bu bölümü, mekânsallaşmış bir duygu incelemesi veya mekân ve maddi nesneler aracılığıyla deneyimlenen duygunun incelemesi olarak tasarladım. Ama Bachelard'ınkinin tersine, bir antropoloğun felsefesi, ampirik etnografik malzemeden türemelidir. Eve dair fenomenolojisinde Bachelard, fiziksel ve fenomenolojik olarak deneyimlenen bir sıcaklık, istikrar ve huzur resmi çizer. Evden "ilk kabuğumuz", "dünyadaki köşemiz" olarak söz eder; ev, "ilk evrenimizdir"; "Ev, gerçek bir kozmozdur. Kelimenin tam anlamıyla bir kozmozdur."[31] Evdeki "refah" konusunda şunları yazar: "Varlığın içinde, içerideki varlıkta, varlığı bir sıcaklık karşılar; bu sıcaklık, varlığı sarıp sarmalar. Varlık, kendisine upuygun bir maddenin yumuşaklığı içinde erimiş bir halde, maddeye ayrılmış bir tür dünya cenneti içinde saltanat sürer. Varlığın, bu madde cennetinde besin içinde yüzdüğü, tüm temel gereksinimlerinin karşılandığı görülür. [...] Koruyucu varlıklar işte böyle bir ortamda yaşar. Evin anaçlığına ileride yeniden dönmemiz gerekecek."[32] Bachelard'ı okurken, insanda sorunsuz bir huzura, samimi bir dinginliğe, temel bir merkeziliğe, tarifsiz bir huzur hissine dayalı bir mekân olarak bir yuva imgesi

---

29 Agy., 15 [*Mekânın Poetikası*, 45-6].

30 Agy., 8, 22, 33, 38, 72 [*Mekânın Poetikası*, 38, 54, 65, 69, 103, 124, 156].

31 Agy., 4 [*Mekânın Poetikası*, 34].

32 Agy., 7 [*Mekânın Poetikası*, 37-8].

hâkim olur. Şiirsel açıdan böyle bir mekânı hayal etmek ne denli hoş olsa da, ev-rensel görünmesini sağlayacak bir tarzda yazmasına rağmen Bachelard'ın ev-yuva tahayyülünün özel bir Avrupa orta sınıf bağlamına konumlandığını öne süreceğim. Bachelard, evlerinde kendilerini simgesel, fiziksel ve ruhsal olarak iyi hisseden insanlar hakkında yazar. Avrupalı olmayan diğer bağlamlarda antropologlar, ki-şinin kendi evinde deneyimlediği bedensel ve ilişkisel bütünlük algıları hakkında yazarlar. Antropologlar evleri kültürün simgesi, etraflarındaki toplumsal dünyanın yansımaları olarak inceler. Örneğin, Janet Carsten ve Stephen Hugh-Jones şöyle bir görüş öne sürer: "Ev ve beden derinlemesine bağlantılıdır. Ev kişinin uzantısıdır; fazladan bir (dış) deri, kabuk veya ikinci kat giysi gibi, gizlemek ve korumak için olduğu kadar açığa vurmak ve göstermek için de işlev görür. Ev, beden ve zihin sürekli etkileşim halindedir; evin fiziksel yapısı, döşenme tarzı, eve ilişkin toplumsal âdetler ve zihinsel imgeler birlikte eşanlı olarak, evin sınırları içinde gelişen faali-yetleri ve fikirleri olanaklı kılar, şekillendirir, aydınlatır ve sınırlandırır."[33]

Benzer şekilde, Maori evine ilişkin incelemesinde Alfred Gell, evi ve kişiyi bir bütün olarak ele alır. Bundan dolayı, Gell (Claude Lévi-Strauss'a bağlı kalarak) "birçok toplumsal gruptan 'ev', 'hane' olarak söz edilir" der.[34] Başka bir deyişle, evler toplumsal kolektiviteleri cisimleştirir veya temsil eder. Gell'in okumasında Maori evi, Maori olmakla birlik içinde ("bir bütün" olan) bir varlıktır. Gell, Maori evi, zihin ve beden arasında atasal bir mevcudiyet, bir evin geçmişi ile bugünü arasında bir süreklilik, sembiyotik veya organik bir ilişki tanımlar: "Bir eve girmek bir zihne, bir duyarlılığa girmek demektir, özellikle de bu, Maori evi gibi bu tür bir uygulamaya alışkın bir evse. Çoğu geleneksel psikolog gibi, Maoriler de zihin ile niyeti, iç organlara, özellikle de karna konumlandırır. Bir eve girmek, atanın karnına girmektir ve atanın sarmalayıcı mevcudiyeti altında kalmak demektir; evin tepesi atanın kaburga kemikleridir, muhteşem süslenmiş çatı kirişleri biçiminde atanın omurgasına doğru birleşir; tavan kirişi, atanın sürekliliğinin asıl kaynağıdır."[35] Bence "evler"e dair bu tür antropolojik tahayyüller de konumlanmıştır. Avrupalı olmayan bağlamlardan esinlenmiş bu tür antropolojik ev yorumlarının, Bachelard'ın kişi ile konutu arasındaki sorunsuz bütünlük biçimindeki ev/hane fenomenolojisine dayalı Avrupa-merkezcil temsiline bu kadar benzer olmak zorunda olması şaşırtıcıdır. Yoksa eve ilişkin bu antropolojik ve felsefi incelemelerin, eve dair diğer türde deneyimler konusunda bir hayal gücü eksikliği mi vardır?

---

33 Carsten ve Hugh-Jones, *About the House*, 2.

34 Gell, *Art and Agency*, 252.

35 Agy., 253.

Terk edilmiş, el değiştirmiş ve mülteciler tarafından sahiplenilmiş Kıbrıs evleri, bize başka bir ev anlayışı sunar. Burada kişi ile konutu arasında bir çatışma, bir kaygı vardır. Mevcut sakinleri arasında kurulan kuşaklararası ilişkilerde embriyona özgü bir sıcaklığı ve ana kucağını cisimleştirseler de, sahiplenilmiş Kıbrıs evleri aynı zamanda endişe, kaygı, hoşnutsuzluk ve sinirlilik gibi duyguları da kışkırtır. Tekinsizlik, Freud'un ortaya koyduğu şekliyle, bastırılmış ve eşikaltı olmaktan ziyade, el değiştiren evin önceki sahibinin el koyulmuş mobilyasında, mekânın onarılmadan kısmi kullanımında, evin asıl sahiplerinin kişisel eşyalarında görülür, elle tutulur ve gözlemlenebilir haldedir. Bu tür Kıbrıs evleri, cenin rahatlığı sağlayan bir mekân olmaktan çok, geçmişteki mülkiyetinden ve belirsiz geleceğinden kaynaklanan bir kaygıyla iç içedir. Gell'in tanımladığı, (evle içgüdüsel bir birlik ve bütünleşme duygusunu da kapsayacak şekilde) atalara ilişkin bir mevcudiyet ve sürekliliğin hüküm sürdüğü Maori evinin tersine, incelediğim ve tanımladığım Kıbrıs evlerinde hem bir başkasının atadan kalma mülküne el koymanın verdiği bir suçluluk duygusu, hem de oturma odalarının duvarlarına kendi atalarının fotoğraflarını asarak kendi atalarıyla bağlarını ve soyağacını eve ekleme çabası hâkimdir. Tam da ev hayatının geçtiği mekânda deneyimlenen bu tür bir endişe veya kaygı, bizi başka bir ev analizine yöneltmelidir. Kıbrıs evinde tekinsizi bir yerlerden bulup çıkarmanız gerekmez; o zaten orada açıktadır, sadece görülmeyi beklemektedir. Tekinsiz, hortlağımsı veya hayaletimsi[36] olmaktan ziyade, elle tutulur ve aşikârdır: Tutabilir, dokunabilir, kullanabilir, üzerine oturabilir, üzerinde uyuyabilirsiniz. Tekinsiz, ganimet olarak edinilmiş Kıbrıs evinde kurucu bir deneyimdir. Bu bölümün bir sonraki kısmında, Kıbrıs'ta evin üzerine yüklenen politik ve hukuksal ağırlığa gönderme yaparak, bunun nedenlerini irdeleyeceğim. Kıbrıs evinin politik ve hukuksal bir kurum olduğunu öne sürüyorum. Politik ve hukuksal olarak tetiklenmiş bir duygu olarak adlandırdığım şeyle yüklü olduğuna inanıyorum.

Eşdeğer Mülk

Rumların mülkleri gelişigüzel bir şekilde dağıtılmadı ve sahiplenilmedi. Bilakis, Kıbrıslı Türk yöneticiler güney Kıbrıs'tan gelen Kıbrıslı Türk mültecilere ve kuzey Kıbrıs'a yerleşme hakkı verilen Türkiyeli göçmenlere mülk tahsisi için bir sistem veya prosedür icat etti. Temel fikir, Kıbrıslı Türklere adil veya hakkaniyetli davranıldığına dair bir duygu yayma çabasıyla yönetimsel bir düzen kurulduğu görüntüsü yaratmaktı. Mülk tahsisi prosedürlerini yaratan kişilerin yansıttığı bu planlanmış duygu, Kıbrıslı Türkler, hatta bizatihi yöneticiler tarafından bile hiçbir zaman

---

36 Gordon, *Ghostly Matters*; Kwon, *After the Massacre*.

sorunsuz bir şekilde içselleştirilmedi. Bilakis, bu gasp sistemi etrafındaki pratikler, tüm aktörlerin katıldığı, ama sanki işin içinde kendileri yoklarmış gibi davrandığı bir kaba güldürünün de farkında olduğu dramatik bir oyuna benzetilebilir.

Kıbrıslı Rumların mülkleri 1974'ten sonra bir yasa kisvesi altında Kıbrıslı Türk mültecilere ve Türkiyeli göçmenlere dağıtıldı. Kıbrıslı Türklerin 1974'ten beri yaşamakta oldukları Rum evlerini özel sahiplenme şekline ve koşullarına ilişkin doğru bir etnografik anlayışa ulaşmak bakımından bunun akılda tutulması gerekir. Birisinin gidip beğendiği bir yere öylece yerleşmesi gibi bir durum söz konusu değildi. Bilakis, Kıbrıslı Türk mültecilerin savaş yüzünden güneyde terk etmek zorunda kaldıkları mülk karşılığında mülkiyet hakkı iddia edebilmelerini sağlayan bir yönetim prosedürü oluşturmak (aslında bir politika yaratmak) için özel ve açık bir çaba harcandı. Kıbrıslı Türk yöneticilerin yarattığı bu politika İskân, Topraklandırma ve Eşdeğer Mal Yasası (İTEM) olarak adlandırıldı.[37] "Yasa" kisvesi altında nasıl gayri meşru bir sahiplenmenin çerçevelendiğini ve sunulduğunu gözlemlemek ilginçtir, hatta bu yasanın ve uygulanmasının yöneticiler ve yasadan faydalananlar tarafından ironiyle kabul edildiğini bilmek daha da ilginçtir.

Avrupa hukukunun ve uluslararası hukukun en temel bileşenlerinden biri mülkiyettir; dolayısıyla, Kıbrıslı Rumların 1974'te kuzey Kıbrıs'ta bıraktığı mülkler, yasal olarak hâlâ ilk Rum sahiplerine aittir; aynı şekilde, Kıbrıslı Türklerin güneydeki mülkleri de Türk şahısların veya ailelerinin yasal özel mülküdür. Kıbrıs'ta hem kuzeydeki hem de güneydeki tüm mülkler (bugün güneyde bulunan) Kıbrıs Cumhuriyeti Tapu Dairesi'nde kayıtlıdır ve Kıbrıslı Rumlar, kuzey Kıbrıs'taki mülklerinin belgelerini gösterebilir vaziyettedir. Bunlar uluslararası hukuk kapsamında kabul edilen, tanınan belgelerdir. Rumların kuzey Kıbrıs'taki mülklerine ilişkin sahip oldukları bu belgelere ve yasal mülkiyetlerine karşı İTEM Yasası icat edilmiştir. Kıbrıslı Türk yöneticiler, kuzey ve güney Kıbrıs arasındaki askeri sınırdan istifade edip Rumların mülklerini Kıbrıslı Türklere paylaştırmıştır. Sınır, askerler tarafından sıkı bir şekilde korunmaktadır ve Kıbrıslıların her iki tarafa geçişine de izin verilmemektedir (bu durum neredeyse 30 yıl sürmüştür). Bu nedenle, İskân Topraklandırma ve Eşdeğer Mal Yasası'nın (İTEM) Türkiye'nin Kıbrıs'taki askeri mevcudiyetine dayandığı iddia edilebilir. Walter Benjamin'in ifadesiyle bu, hukukun temelindeki "kökensel şiddet" olarak ele alınabilir.[38] Kuzey Kıbrıs'ta Kıbrıs Cumhuriyeti'nden ayrılmış ayrı bir yönetim yapısının özel kurulma koşulları altında,

37 Bu yasaya ilişkin ayrıntılı bir inceleme için bkz. Ilıcan, "The Making of Sovereignty through Changing Property/Land Rights and the Contestation of Authority in Cyprus."
38 Bkz. Benjamin, "Critique of Violence."

Cumhuriyet hukukunu, Avrupa hukukunu ve uluslararası hukuku olumsuzlayan yasal bir prosedür icat edilmiştir.

Mülk paylaşımı ve miras da dahil olmak üzere özel durumları ve koşulları düzenleyen hükümleriyle İTEM Yasası gelişkin ve karmaşık bir mülk tahsis sistemine dayanır. İlk kez 1977'de yayımlanan İTEM Yasası kuzey Kıbrıs Yüksek Mahkemesi tarafından onaylanmış ve daha sonra defalarca değişiklik geçirmiştir. Kuzey Kıbrıs'taki diğer yasal prosedürler gibi İTEM Yasası da Avrupa'nın hukuki pratiklerini taklit eder veya kendisine onu model alır. Bu yasayı hazırlayan Kıbrıslı Türk avukatlar, yargıçlar ve yöneticilerin hepsi de Avrupa-Amerikan hukuk sistemlerinin yürürlükte olduğu yerlerde eğitim almıştır: İngiltere, Türkiye veya Kıbrıs. Başka bir deyişle, kuzey Kıbrıs'ta hukuk/yasa antropolojik bir kuraldışılık olarak, hukuk antropolojisinin klasik yaklaşımındaki gibi Avrupa-Amerikan hukukuna karşıt, ona tezat teşkil eden bir vaka olarak incelenemez, çünkü kendisini Avrupa-Amerikan hukuk kültürünün parçası olarak tahayyül eder ve bu kültürün sınırları içinde kavrar. Burada ilginç olan nokta –ki benim analiz ettiğim ve dikkat çekmeye çalıştığım şey de bu– kuzey Kıbrıs'taki diğer yasalar gibi İTEM Yasası'nın da Avrupa-Amerikan yasasına içeriden karşı çıktığı: Bir yandan Avrupa-Amerikan hukukunun araçlarını ve üslubunu taklit ederken, diğer yandan da onlarla bir şekilde dalga geçer. Başka bir deyişle, kuzey Kıbrıs hukuku, Avrupa hukukundan ve uluslararası hukuktan beslenen hukuka aykırı, gayri meşru bir sistemdir. Her ne kadar Kıbrıs Cumhuriyeti, Avrupa ve uluslararası hukuk sistemleri hararetle onun gayri meşruluğunu ilan edip onu tanımasa da, İTEM Yasası'nın Avrupa hukuku ve uluslararası hukuk tarzında olduğunu veya onlardan "beslendiğini" iddia ediyorum.

Bu yasal prosedürü genel bir şekilde açıklamaya çalışmak yerine, İTEM Yasası'nın nasıl uygulamaya sokulduğunu Kıbrıslı bir Türkün deneyimleri aracılığıyla ifade etmenin etnografik açıdan daha doğru olduğunu düşünüyorum, çünkü asıl ilgilendiğim mesele, yasanın kendisine tabi olanlarda veya alanında çalışanlarda yarattığı duygu. Daha önce bahsettiğim Nezih, oluşturulan mülk paylaştırma sisteminin geçtiği aşamaları detaylı bir şekilde anlatmıştı. "Önce T-cetveli dedikleri bir şey icat ettiler" dedi. Bana T-cetveli belgesini gösterdi. Belgenin ortasında büyük bir "T" şekli vardı, "T"nin aşağı doğru inen kuyruğu formu ikiye bölüyordu. "Bu, güneydeki mülkü kuzeyde alınan mülkle karşılaştırmak için" diye açıkladı. Sol el tarafı, gerek 1963'te gerekse 1974'te güneyde terk edilen Kıbrıslı Türk mülklerini, sağ el tarafı ise 1974'ten sonra temellük edilen Rum mülklerini gösteriyordu.

"Bir Tanzim Komisyonu kurdular ve bu komisyon da puan ve değer kavramlarını yarattı." Konutlar ve araziler de dahil olmak üzere tüm mülklere, puan cinsinden sayısal bir değer verilecekti. Güneyde terk edilen Kıbrıslı Türk köylerinin İhtiyarlar

Meclisi toplanıp her Türk ailenin veya bireyin terk ettiği mülkünün değerini belirleyecekti. Bu yolla, insanlar zorunlu olarak terk ettikleri mülklerin değerini puan olarak gösterecek şekilde T-cetvelinin sol tarafını doldurabileceklerdi. Kısacası, Tanzim Komisyonu kuzeydeki Rum mülklerinin değerini puan olarak belirledi. Benimsenen fikir, mülkleri Eşdeğer Puan Sistemi'ne göre dağıtmaktı. Savaş ve zorunlu yer değişimi sonrasında uygulanan bir toplumsal mühendislik örneği olan bu sistem, idealde veya görünüşte kuzey Kıbrıs'ta Kıbrıslı Türkler için güneyde yaşadıkları toplumsal yapıyı yeniden üretmeye yönelikti. Eşdeğer puan kavramı bir adalet gerçekliği değil, ama simgesel bir adalet görüntüsü yaratacaktı.

Kıbrıs Türk yönetimleri, suça ortaklıklarını garantileyebilmek için vatandaşlarını memnun etmesi gerektiğini düşünüyordu, çünkü savaştan sonra kontrolden çıkan bir toplumsal yapı adaletsizliğe dayalı duygular yaratabilirdi. Mülk paylaştırma sistemi, zenginin zengin kalmasını, yoksulun da yoksul kalmasını sağlayacaktı ve insanlar önceden güneyde sahip olduğundan daha fazlasına kuzeyde sahip olamayacaktı.

Nezih bunu şöyle açıkladı: "Sağ tarafta kalan puan olarak değeri, T-cetvelinin sol tarafındaki değerden çıkararak tarafların her biri mülk için kaç puan hak talep edebileceğini hesaplayabilirdi." Bana T-cetveli belgesini (T-cetveline göre Mal Değer Belgesi, İTEM 7) gösterdi ve devletin ona ve ailesine nasıl hâlâ 5 milyon puan borçlu olduğunu açıkladı. Bu ise, Nezih ve ailesine kuzey Kıbrıs'ta verilen Rum mülkünün değerinin, güneyde bıraktıkları mülkten çok daha az olduğu anlamına geliyordu.

Kuzey Kıbrıs'ta mülklerin çoğu, Kıbrıslı Türk mültecilerin yerleşimi ve 1975'teki bir nüfus politikası kapsamında Kıbrıs'a gelen Türkiyeli göçmenlerin yerleşimi için dağıtıldı. Nezih bana 1985 ve 1986'da tüm KKTC vatandaşlarının mülklerinin değerinin karşılaştırılması için İskân Dairesi'ne çağrıldığını söylemişti. Herkes tam teşekküllü bir T-cetveline sahip olacaktı. "İnsanlar mülklerinin değerinin verilen puanla belirlenmesine itiraz ediyordu" dedi. "Mülklerin dağıtılma şeklinde birçok hatalı sahiplenme oldu, bir sürü haksızlık yapıldı." Bu nedenle, mülk paylaştırma her ne kadar önceki bir toplumsal sistemi yeniden üretme yoluyla bir adalet görüntüsü yaratmak için icat edilmiş olsa da, Nezih'e göre bu sistem pratikte tam tersi sonuçlara yol açıyordu. "Torpili olanlar sahip olduğu eşdeğer hakkından çok daha fazla mülk edindi."[39] Bunlar, Kıbrıslı Türklerin "1974 zengini" adını taktığı veya savaştan sonra eskiden güneyde sahip olduğundan çok daha fazla mülk ve arazi edinerek zengin olan insanlardı. Kıbrıslı Türklerin 1974'ten sonra toplumsal statüsünü yükselten insanlar için kullandığı bir diğer terim de "ganimetçiler" veya

---

39 Toplumsal ağların (torpil) kuzey Kıbrıs'ta mülk tahsisindeki rolünü Julie Scott da araştırdı: bkz. Scott, "Property Values."

"yağmacılar"dı. Bu, toplumsal ağlarını istismar ederek, yani torpil yaptırarak çok miktarda Rum mülkü edinen insanlara ilişkin ahlaki bir yargıyı ifade ediyordu. Mülk paylaştırma sistemini yaratan Kıbrıslı Türk yöneticiler, çoğunlukla en iyi Rum evlerini kendilerine alıkoymakla (vurgunculukla) suçlanmaktadır. Kıbrıslı Türkler aynı zamanda belirli politikacılara, yöneticilere, siyasi partilere ve hatta bir bütün olarak KKTC devletine dair kişisel tanımlamalarında veya değerlendirmelerinde de mülk paylaşımıyla ilişkili bu tür ahlaki söylemler kullanmaktadır. Tanıdığım birçok Kıbrıslı Türk "Bir ganimet ülkesinde adalet olabilir mi?" diyordu. Nezih de şöyle demişti: "Ganimet toplumunda gönül rahatlığı, iç huzur olabilir mi? Bu ülkeyi incelemek istiyorsan, mülkiyet ve yerleşimi araştırmalısın. Birçok haksızlıklar oldu."

"Haksızlık" diyerek Nezih'in öncelikle veya yüzeyde gönderme yaptığı şey, Kıbrıslı Türkler arasında mal mülk dağıtımında yapılan haksızlıklardı. Bunun altındaysa, Nezih'in aynı zamanda ilk haksızlığa, yani Rumların mülklerine el koyulmasına gönderme yaptığına inanıyorum. Ama Eşdeğer Mülkiyet Sistemi ve T-cetvelleri alanı içerisinde, Nezih, Kıbrıslı Türklerin normalde hak ettiklerinden çok daha fazla mülk elde etmelerine ilişkin öyküler anlatıyordu. Bunu bir adaletsizlik olarak görüyordu. Mülkiyet paylaştırma sisteminin yolsuzlukla yüklü olduğuna inanıyordu. Bu, bizatihi prosedürün kendisinin belirlediği şartlar içerisinde mülkiyet prosedürüne ilişkin ahlaki bir değerlendirmeydi. Ama Nezih'in açıklamalarında örtük bir alt açılım da vardı: Öncelikle veya ilk başta mülke ilişkin bir ahlaki değerlendirme, başkalarına ait bir mülkün sahiplenilmesi fikrine ilişkin bir eleştiri.

"Belli bir aşamada, Kaynak Paketi dedikleri bir şey yarattılar" dedi Nezih. "Devletin elinde kalan tüm mülklerin değerini puan olarak açıkladılar. Örneğin devletin Edremit köyünde o kadar fazla dönüm arazisi vardı ki değeri puan olarak çok fazla ediyordu. [...] Bu kaynak paketleri yayınlandı ve insanlar T-cetvelinin sağ kısmında kalan ve hak iddia edebilecekleri ekstra puanları göstererek bu araziyi satın almak için devlete başvurdular." Ama tam da bu aşamada çok ilginç bir uygulama icat edildi; buna göre KKTC yönetimi, Kıbrıslı Türklerden güney Kıbrıs'taki mülklerine ait haklarından vazgeçmelerini ve Kaynak Paketi'nden faydalanmak istiyorlarsa mülkiyet haklarını devlete feragat etmelerini istiyordu. Bu uygulamanın adı "feragat"ti. Puan değer sistemi ile arazi/mülk satın almak isteyen her Kıbrıslı Türkün imzalamak zorunda olduğu feragat belgesinde şöyle bir satır bulunuyordu: "Kuzey Kıbrıs Türk Cumhuriyeti hükümetine devretmek üzere güneydeki tüm mülkiyet haklarımdan feragat ederim." Kıbrıslı Türkler, yasal olarak sahip oldukları güneydeki tüm mülkiyet haklarını KKTC yönetimine devrediyorlardı; böylece yönetim, Kıbrıs Cumhuriyeti ile onlar adına her türlü müzakereyi sürdürebilecekti ve Kıbrıslı Türklerin mülkleri konusunda tek taraflı kararlar alabilecekti veya mülkün sahibi olarak hareket edebilecekti. Feragat Yasası çıktığında sınır kapalıydı ve Kıbrıslı Türkler güneydeki asıl mülkleri için hak iddia etmek üzere geri dönme umudu taşımıyorlardı. Elleri kolları bağlıydı. Bu nedenle, mülkiyet feragat prosedüründen yararlanarak Kaynak Paketi'nden mülk tahsisi başvurusu yapma telaşı yaşanıyordu.

Nezih, vakti zamanında güney Kıbrıs'taki köylerinde büyük bir arazi sahibi olan ve kandırıldığı düşüncesiyle mülkiyet haklarını KKTC yönetimine vermek istemeyen dedesine atfen şöyle dedi: "Bizim ihtiyar feragat belgelerini imzalamaya yanaşmadı. Feragatnameyi imzalamayan başkaları da vardı, ama bunlar binde birdi. İmzalamazsanız, mülksüz kalırdınız. Bu yüzden dedeme dedim ki: 'Bütün ülke arazi sahibi oluyor, ama biz olamayacağız, çünkü sen belgeyi imzalamıyorsun.' Dedemi alıp Tapu Dairesi'ne götürdük ve belgeyi imzalattırdık. Böylece, Kaynak Paketi'ne göre mülk tahsisi için başvurabilecektik." Nezih açıklamasını biraz daha sürdürerek, feragat belgesini imzalamalarına rağmen, o ve ailesinin kuzeyde başka mülk edinemediğini söyledi. "En iyi araziler yönetimi destekleyenlere dağıtıldı" dedi. Mal paylaştırma sistemindeki yolsuzluğu açıklamak için Kaynak Paketi'ndeki çoğu mülkün kuzey Kıbrıs'ta seçim zamanında ilan edildiğini ve insanlara KKTC kuruluş partilerine (DP ve o dönemde UBP) oy vermeleri karşılığında paketten iyi mülk tahsisi sözü verildiğini söyledi. DP ve UBP, benzer şekilde, mülkleri kendi yandaşlarına dağıtmak için yeni mülk puan kavramları yaratıyorlardı; örneğin, toplumlar arası çatışma döneminde TMT bünyesinde savaşanlara "mücahit puanı" adını verdikleri puanı uyguluyorlardı ya da savaşta mülkü hasar görmüş olanlara da "hasar puanı" uygulanıyordu. Nezih şöyle dedi: "Bu tür uydurulmuş puan ve değer kategorileriyle yöneticiler mülkleri işbirlikçilerine dağıttılar. Feragat belgelerini imzalamaları karşılığında işe yaramayan arazi verilen insanlarsa bunun için devleti mahkemeye verdiler."

Bu nedenle, Rumların mülklerinin kuzeyde nasıl dağıtılacağı konusunda Kıbrıslı Türkler ile yöneticileri arasında hem içsel bir ahlaki ve politik savaş hem de hukuk savaşları yaşanıyordu. Hukuka aykırı bir mülk sahiplendirme alanında her türlü yasal prosedür uygulanıyordu. Kıbrıslı Türkler, ortaya çıkarıp uyguladıkları prosedürlerin yasallığı konusunda yöneticilere itiraz ediyorlardı ve KKTC'ye tabi olma, buranın vatandaşı olma ve kuzey Kıbrıs sınırları içine kapatılmış olma koşulları altında, bunu yapabilmenin tek yolu da KKTC'yi mahkemeye verebilmek için yine KKTC'nin mahkemelerine başvurmaktı. Burada, hukuksal ve hukuka aykırı (meşru ve gayri meşru) iç içe geçmiştir ve birbirinden ayrılmaz haldedir, tek bir bütün olmuşlardır, her edim ikisini aynı anda içerir.

"Başlangıçta koçan yoktu" dedi Nezih, ona Rumların mülklerini kullanmaları ve bu mülklerde yaşamaları için Kıbrıslı Türklere ne tür belgeler verildiğini sorduğumda. "En başta, hepimize tahsis belgesi dedikleri sahiplenme belgeleri verdiler." Bu belgeler, mülkün güneydeki eşdeğer mülk karşılığında bir Türke verildiğini gösteriyordu. Ama Türkiyeli göçmenlere de sahiplenme belgeleri verilmişti. "Böylece, kesin tasarruf belgesi adını verdikleri bir belge icat ettiler. Ve en sonunda da bu belgeleri koçana çevirdiler." İlk başta, devlet KKTC tapusunu (koçanını) sadece Rum mülkünün Kıbrıslı Türk sahiplerine veriyordu. Nezih, Türkiyeli göçmenlerin de kendilerine tapu verilmesi için protesto gösterileri düzenlediğini anlattı: "Böylece seçimlerden önce Türkiyeli göçmenlere [KKTC rejiminin yönetimini destekleyenlere] de onlardan oy alabilmek için tapu verildi. Bu tür şeyler olduğunda, değer yargılarınızı yitiriyorsunuz. Bu ülkedeki en kötü şey haksızlık. İnsan haksızlığa nasıl katlanabilir ki?" Nezih gibi Kıbrıslı Türkler, Türkiyeli göçmenlerin tapu almasını daha da büyük bir haksızlık olarak görüyordu, zira göçmenler Rum mülklerini eşdeğer bir muadili olmaksızın edinmişlerdi. Bu ekseriyetle Kıbrıs'ta savaşı ve zorunlu yer değiştirmeyi deneyimlememiş ve bu nedenle kuzeyde mülk sahiplenmesini haklı çıkarabilecek şekilde güneyde mülkünü kaybetmemiş olan insanların "havadan mal sahibi olması" olarak tanımlanıyordu.

KKTC yönetiminin içinde yaşadıkları Rum mülklerine karşılık onlara verdiği tapular konusunda Kıbrıslı Türklerin ne düşündüğünü merak ediyordum. Latife Hanım bu konuda şunları söyledi: "Burası bizim evimiz değil. Devlet tapu dağıttı. Bu ev için bize de bir tapu verdiler. Tapunun üzerinde evin eşdeğer mülk karşılığında bize verildiği yazıyor. Ama bize verdikleri bu belge sahtedir. Bunlar sahte tapular. Bizim için sahte olmasalar bile, Rumlar için sahteler."

Rumların mülklerinde yaşayan ve elinde KKTC "tapusu" bulunan Kıbrıslı Türkler, kendilerinin ifadesiyle bu belgelerin "sahteliği"nin son derece farkındaydılar. Ama bundan bağımsız olarak, kuzey Kıbrıs'ta bu tapular etrafında aktif bir ekonomi yürürlükteydi. Rum mülkleri KKTC yasalarının desteklediği tapularla ve belgelerle satın alındı, satıldı veya devredildi. Ama Kıbrıslı Türkler kendi tapuları da dahil mülk belgelerini korkarak kullandılar. Sanki bu belgeler aynı anda hem var hem de yok gibidirler; onları bir görürsünüz, bir görmezsiniz. Avrupa-Amerikan hukukunda ve uluslararası hukukta resmi mektup, belge yazma ve imzalamayla ilişkilendirilen süreklilik, daimilik ve güvenlik duygusunun bu bağlamda yeniden değerlendirilmesi gerekir. Burada, belgeler hamillerinde ve işleyicilerinde, belgeleri kullananlarda bir güven duygusu uyandırmaz. Bilakis, bu belgeler, özellikle de devletin ürettiği belgeler güvensizlik, geçicilik, belirsizlik, ihlal, açgözlülük ve haksızlık duyguları aktarırlar. Avrupa hukuku ve uluslararası hukuk model alınarak düzenlenmişlerdir. Avrupa-Amerikan hukuku için tamamen farklı olarak yorumlanamazlar ve Batı hukukuna ters veya karşıt olduklarını göstermeye yönelik her türlü antropolojik girişim başarısız olmaya mahkûmdur. Bununla birlikte, farklı türde duygulara yol açıyorlardı.

Gösterdiğim üzere, KKTC yasaları son derece değişkendi. Elbette aynı durum, bütün hukuk sistemleri için geçerlidir; ama KKTC'de bu daha etkili bir biçimde böyledir, zira uluslararası toplum karşısında uygulamalarının hukuka aykırılığı hem yöneticileri hem de vatandaşları tarafından bilinmektedir. KKTC hukukunun belirsizliği, esnekliği, farklı yönlere çekilebilmesi ve manipüle edilebilirliği, Kıbrıslı Türkler arasında, hatta aynı ailenin fertleri arasında mülkler konusunda çatışmalara yol açar. "Komşumuz bizi kandırdı" dedi Latife Hanım:

> Aslında kocamın yeğeni olur. Oğlu, Tapu Dairesi'nde çalışıyordu ve evimizin avlusunu haritalarda ikiye taksim ettirdi ve yarısını kendi adına tapuya kaydettirdi. Aslında yönetim bu avlunun tamamını bize vermişti. Ama kocamın yeğeni avluyu bölmek için araya bir çit dikmek istiyordu. Çiti yıkıp polisi çağırdık. Böylece çiti koyamadı. Şimdi çit yok; bunu yapmasına izin vermiyoruz. Arabamızı da avluda onun kendi adına kaydettirdiği kısma park ediyoruz. Biz de Tapu Dairesi'ni mahkemeye verdik. Mahkeme hâlâ devam ediyor. Bir buçuk yıl oldu, ama henüz bir neticeye ulaşılabilmiş değil. Bir avukat da tuttuk. Bu mahkeme olayı yüzünden, evden daha da soğudum. Bu komşumuza akrabamız demeye artık dilim varmıyor.

Hukuk ve Tekinsiz

Bu bölümün başlarında, temellük edilen Kıbrıs evlerini tanımlamak için bir motif olarak, (yuva hissi vermeyen) rahatsız edici ev kavramını geliştirdim. Ayrıca bu tür Kıbrıs evinin politik ve hukuksal bir kurum olarak incelenmesi gerektiğini öne sürdüm. Sunduğum malzeme göz önünde bulundurulduğunda, artık bunu daha iyi analiz edebileceğimiz bir konumda olduğumuzu söyleyebiliriz. Burada, tekinsizliğin emsalsiz ortaya çıkmadığını öne sürmek istiyorum. Bilakis, tekinsizlik hukuksal ve politik bir biçimdir. Tekinsizlik psikanalitik çalışmalarda bireysel psikolojinin sınırları içerisinde incelenmektedir. Bu tür çalışmalarda –büyük ölçüde de Freud'unkilerde– tekinsiz(lik) bir kişinin bilinçdışı dünyasındaki malzemenin yansıtıcısıdır. Ama tekinsizlik etkilerini üreten, sadece bireysel ruhsal enerji olmayabilir. Kıbrıs'a ilişkin malzememi temel alarak, politika ve hukukun tekinsizlik duyguları ürettiğini iddia edeceğim. Kıbrıslı Türkler evleriyle ve mülkleriyle endişe ve tedirginliğe dayalı duygular temelinde ilişki kurarlarken, evleriyle ilgili belgelerini de benzer duygularla tutar, saklar ve kullanırlar ve devletlerinin hukukuna, yasalarına, yönetimine, pratiklerine, prosedürlerine ve uygulamalarına da korku, ürperti duygusuyla yaklaşırlar. Tam da bu bağlamda, "hukuksal tekinsizlik" kavramını geliştiriyorum.

"Hukuksal tekinsizlik" kavramı yasal olmayanı ifade etmez. Yasal olmayan veya hukuka aykırı kavramı ancak kriminolojik bir analiz kategorisi olabilir ve belki de antropolojik değil, hukuksal bir kavramsallaştırmadır. Meşru ve gayri meşru arasındaki ayrımın rasyonel, hatta bilimsel olarak belirlenebileceğini ve bu alanların ve kategorilerin farklı ve kıyaslanamaz olduğunu varsayan pozitivist bir epistemolojiyle birlikte gelir. Gerçekten de, dört başı mamur bilimsel disiplinler –kriminoloji ve hukuk– tam da gayri meşruyu nesneleştirmek üzere kurulmuştur. Benzer şekilde, yasadışı (gayri meşru) olarak tanımlanan şeyi saptamak ve kontrol altında tutmak için –polis, hukuk sistemi gibi– yönetme pratikleri tüm dünyada uygulanmaktadır. Gayri meşruyu sorunlu bir analiz kategorisi olarak kabul ediyorum ve olduğu gibi kullanmıyorum, özellikle de Kıbrıs'ta politikleşmiş veya "yerel" bir kategori olduğunu düşünüyorum. Kıbrıs Cumhuriyeti'nde (uluslararası hukukta bir olgu olarak kabul edilen) KKTC'nin gayri meşruluğu büyük bir meseledir ve kuzey Kıbrıs'taki her pratik, (buna yemek yemek, içmek veya yüzmek kadar olağan faaliyetler de dahildir) gayri meşruluk başlığı altında değerlendirilir. Başka bir deyişle hukuka aykırı, yasadışı kavramı Kıbrıs'ta ideolojik bir anlama sahiptir ve bu nedenle antropolojik analiz açısından bir kategori oluşturamaz. Dolayısıyla, burada önerdiğim "hukuksal tekinsizlik" kavramı, gayri meşruyu (hukuka aykırıyı) ifade etmiyor. Burada evler de dahil olmak üzere kuzey Kıbrıs'ın mekânlarının, hukuka aykırı bir yönetim sistemi tarafından yönetildikleri için bir tekinsizlik hissi uyandırdığını ima ediyor değilim. Hukuksal tekinsizlik kavramını geliştirirken başka türde bir analizin peşindeyim. Tekinsizlik, temellük edilen Kıbrıs evlerinde çokboyutlu değildir, zira kuzey Kıbrıs'ta öncelikle bu evleri dağıtan yönetimin kendisi gayri meşru kabul edilmektedir. Güney Kıbrıs'taki terk edilmiş olan, artık Rumların sahiplendiği ve yaşadığı Kıbrıslı Türklere ait evleri incelememiş olmama rağmen, (hukuksal olarak tanınan, meşru bir devlet olan) Kıbrıs Cumhuriyeti'nin mülk paylaştırma pratiği KKTC'ninkinden farklı olmakla birlikte, benzer bir tekinsizliğin orada da mevcut olması gerektiğini düşünüyorum.[40] Daha ziyade, okuru, tanımladığım vakayı daha genelde hukuk ve politikayı tahayyül etme şeklimize meydan okuyabilecek bir motif olarak görmeye davet ediyorum. Gayri meşru bir devlet yönetiminde tekinsizlik daha aşikârdır. Benim argümanımsa şöyle: Sadece bu gayri meşru devleti incelemek, meşru devletler de dahil olmak üzere tüm devlet pratiklerinde incelenebilecek

---

40 Tarihsel bağlamda Kıbrıs Cumhuriyeti'nin mülkiyet rejimini KKTC'ninkiyle karşılaştıran bir inceleme için bkz. Ilıcan, "The Making of Sovereignty through Changing Property/ Land Rights and the Contestation of Authority in Cyprus."

olan hukukun ve politikanın tekinsiz yönlerini daha belirgin kılmaktadır. Bu tür bir düşünce akışıyla –yani, gayri meşruluğu göreli hale getirmeyen bir düşünme biçimiyle– analitik hukuksal tekinsizlik kavramının gayri meşru (hukuka aykırı) kavramından ayrı ve farklı olduğunu öne sürüyorum. Ayrıca, hukuksal tekinsizin ulusal ve uluslararası hukuk kapsamında meşru veya yasal/hukuksal addedilen mekânlarda ve yerlerde de incelenebileceğini iddia ediyorum.

Freud, aynen *déjà vu* gibi, tekinsizin de bireysel psişeye zaten farkında olmayarak aşina olan bilinçdışı malzemeyi nasıl açığa vurduğunu inceler.[41] Freud'dan olduğu kadar, sanatsal ve edebi tekinsiz yorumlarından da esinlenen araştırmacılar, hem mekânda ve inşa edilmiş çevrede tezahür ettiği şekliyle hem de estetik biçimlerinde tekinsizi irdelerler.[42] Diğerleriyse, örneğin Julia Kristeva, politik mekânda bir tekinsiz analizi başlatmıştır; Kristeva kendi vakasında yabancı veya yadırgatıcı kişiyi kozmopolit mekânlarda aşina olanın tekinsiz anımsatıcısı olarak inceler.[43] Bu bölüm ve kitabın diğer bölümleri, tekinsizi özellikle politik ve hukuksal bir biçim olarak kuramsallaştırmaya yönelik çalışmalara dayanıyor. Hal Foster'ın yapıtına atfen John Welchman'ın öne sürdüğü üzere, "Bu tür bir hamle, bizi aynı zamanda psikanalizin sınırlarına ulaştırır ve tekinsizi, sadece bir tür semptom olarak değil, muhtelif ideolojik ve politik etkiler için bir metafor olarak da tezahür ettiği söylenebilecek daha geniş toplumsal ve tarihsel bağlamlarında ele almaya teşvik eder."[44] Bu bölümde, bir mekân olarak eve ve mülke baktım; ama sırf Anthony Vidler'ın tekinsizin estetik ve psikanalitik sunumları geleneğinde kuramlaştırdığı gibi "mekânsal veya mimari tekinsizliğin"[45] alanı olarak değil, aynı zamanda kendi başına bir tekinsizlik duygusu aktarabilen bir hukuksal ve politik kurum olarak da inceledim. Çözümlediğim şekliyle sahiplenilmiş Kıbrıs evi, sadece kuzey Kıbrıs'taki gayri meşru devlet kapsamında değil, ama daha geniş anlamda, yönetimsel uygulamalardaki politik ve hukuksal pratikler için mikrokozmik bir büyüteç, bir mercek olarak kavranmalıdır.

---

41 Freud, *The Uncanny*.

42 Örneğin bkz. Kelley, *The Uncanny*; Vidler. *The Architectural Uncanny*.

43 Kristeva, *Strangers to Ourselves*.

44 Welchman, "On the Uncanny in Visual Culture," 43.

45 Vidler, *The Architectural Uncanny*.

DOKUZUNCU BÖLÜM

Savaş Koleksiyonları ve Duygunun Elle Tutulurluğu

Bu bölümde kuzey Kıbrıs'ta savaştan geride bırakılan nesneleri toplayan ve bunları yıllarca kapalı mekânlarda sergileyen üç amatör koleksiyoncunun öyküsünü anlatacağım.[1] Topladıkları ve evlerinde, kişisel çevrelerinde sergiledikleri öteberi ve ufak tefek şeyler, özel türde duygular üretir ve yayar. Bu bölümde, savaştan arta kalan bu malzemeden yayılan duygular ile bu malzemenin sözünü ettiğim üç koleksiyoncu tarafından toplanma ve sergilenme biçimi üzerine düşünerek elle tutulurluğu, somutluğu ve görünürlüğü bakımından duyguyu irdeleyeceğim.

Duygu genellikle soyutlama çağrıştıran, gayri maddiliğe dayalı tahayyüller ve görünmezliğe dayalı kavramsallaştırmalar akla getiren metaforlar aracılığıyla kuramsallaştırılır. Duygu, örneğin Freudcu psikanaliz geleneğinde incelemenin merkezinde yer aldığı ölçüde, bilinçdışı da duyguların ele alındığı ana başlığı teşkil eder.[2] Bu klasik yorumda duygu, öznenin içindeki temel bir öze gönderme yapar veya bu maddi olmayan boşluktan doğar. Bu öznel öz organik değildir; fiziksel, fizyolojik ve cisimleşmiş olarak kavramsallaştırılması beklenmez. Psikanalizde, duygular sırf bilince görünmez değildir; aynı zamanda, zorunlu olarak özneden ve onun iç dünyasından kaynaklanırlar. Duygu bir insan öznelliğinden bir dış çevreye ve nesneler dünyasına yansır. Başka bir deyişle, psikanalizde duygu, yalnızca ve esas itibariyle bir öznellik teorisi kapsamında ele alınır ve araştırılır.[3]

Sosyolojik gelenekte de duygu soyuttur, gerçi bu kez öznelliğe dair değildir, daha ziyade toplumsal kategorisine indirgenmiştir. Durkheim, tartışmalı bir şekilde toplum teorisini bir duygu anlayışına dayandırır. Toplumdan "bir enerji akımı [öyle ki] [...] bize dışarıdan gelen", bir insan topluluğunu yöneten ve ayakta tutan

---

1   İçgörülü bir karşılaştırma için bkz. Slyomovics, *The Object of Memory*, Filistinlilerin "hafızalarındaki nesnelerle" ilişkilerine dair.

2   Bkz. Freud, "The Unconscious."

3   Bkz. Borch-Jacobsen, *The Emotional Tie*.

bir dış güç olarak söz eder.[4] Bu enerji (yani, toplum), Durkheim'ın tahayyülünde "coşkun"dur, tıpkı görünmez bir gaz gibi elle tutulamazdır. Totemler bu soyutlamanın temsilidirler yalnızca; kendi başlarına hiçbir önemleri yoktur. Bu dış(sal) güç, Durkheim'ın "bir insanın artık kendisini kaybettiği, kendisinin farkında olmadığı bir coşkunluk hali; kendisini bir dış gücün kontrolünde ve ona kapılmış hissetme hali" olarak tanımladığı şeydir.[5] Kolektif galeyana gelmeye veya coşkuya kapılmaya dayalı duygusal uğrakta Durkheim, kısaca toplumsalın doğuşunu saptar.

Bu bölümde, duygunun hem psikanalitik hem de sosyolojik geleneklerde –bilinç-dışı, coşkun, galeyana gelmiş gibi– soyutluğa dayalı metaforlar aracılığıyla kuramlaştırılma şekline karşı çıkıyorum. Bu karşı çıkışı da, kuzey Kıbrıs'ta üç kişinin savaş artıklarını toplayarak kendi özel koleksiyonlarını yapmasını değerlendirerek ve bu arta kalan nesnelerin aktardığı duyguların nasıl dolayımlandığını ve nitelendiğini irdeleyerek gerçekleştiriyorum. Duygu bu nesnelerin bizatihi katılığı, mevcudiyeti, görünürlüğü ve elle tutulurluğunda içerilir ve onlar aracılığıyla aktarılır. Ayrıca, duygunun politika, anlam ve ahlak rejimlerinde iç içe geçtiği gösterilebilir.

Marilyn Strathern, Alfred Gell ve Bruno Latour'un çalışmalarını temel alarak, nesnelerin potansiyelini, şeylerin veya insan-olmayan varlıkların insan-öznelerle ilişkili olarak eylemliliğini kendi hesaplarına kavramsallaştırabiliriz.[6] Duygunun elle tutulurluğuna ilişkin araştırmam bu çalışmalara dayanıyor. Ama bu çalışmalarda dil, öznellik ve metinsellik parenteze alındığı (veya göz ardı edildiği) için, (duyguda ortaya çıkardığım şey olan) bu potansiyelin nasıl nitelenceği ve dolayımlanacağı veya nasıl anlamlandırılacağını kestirmek zordur. Ortaya çıkan şeyin duyguyu, bir insan-öznenin ve onun kültürel dünyasının yansıtmaları olarak toplumsal çevrenin ve nesne dünyasının (Geertzci) bir yorumu olarak değil, bizatihi nesnelerin niteliklerini, dokusunu ve potansiyellerini inceleme olanağı olduğunu öne sürebiliriz. Nesnelerin aktardığı duygu bizatihi araştırılabilir: İnsan merkezli pratiklere dayalı yorumlayıcı, simgesel veya kültürel dolayımlardan değil, kendilerinin elle tutulurluklarından türeyen nitelikler araştırılabilir. Bu bölümde sadece nesnelerin duygularının (dolayımlama ve niteleme yoluyla onlarla ilişkili varlıklar olarak) bizim tarafımızdan nasıl hissedildiğini ve bilindiğini açıklamaya çalışacağım. Dolayım veya nitelemeyi parenteze alan maddilik teorileri kısıtlayıcı görünebilir.[7] Duyguyu

---

4 Durkheim, *The Elementary Forms of the Religious Life*, 242, 245 [*Dini Hayatın İlkel Biçimleri*, İng. çev. Prof. Dr. Fuat Aydın, 2. Baskı. Ankara: Eskiyeni Yayınları, 2011].

5 Agy., 249-50.

6 Gell, *Art and Agency*; Latour, *We Have Never Been Modern*; Strathern, "The Tangible and Intangible." Ayrıca bkz. Henare vd., *Thinking through Things*.

7 Örneğin bkz. Henare vd., *Thinking through Things*.

yorumbilgisi geleneğine tamamen karşıt kavrayan duygu teorileri için de aynısını söyleyebiliriz.[8] Bense daha ziyade şu soruları sormak istiyorum: Duygu nasıl nitelendirilir? Nesnelerin yaydığı duygulara nasıl anlam kazandırılır? Maddiliklerin yaydığı duygular bir şeyi ifade etmeye nasıl başlar?

Burada Gabriel Tarde'ın çalışmalarını ele almanın faydalı olacağına inanıyorum, zira Tarde duygu aktarımlarını niteliksel olarak –yani, duyguyu niteleme, ona bir anlam kazandırma bakımından– araştırmamızda bize yardımcı olacak. Tarde'ı bir duygu kuramcısı olarak okuyan pek azdır.[9] Tarde'ın çalışmalarının diğer boyutları –Aktör-Ağ Kuramı'nı daha fazla etkilemiş olanlar– çok daha fazla vurgulanmaktadır.[10] Bu bölümde, özellikle Tarde'ın "taklit etme", "kötü etkilenme" ve "telkine açıklık" kavramlarını ele alacağım. Bu Tardeci kavramlarda Lisa Blackman gibi ben de, bir duygu teorisi buluyorum. Blackman şöyle yazar:

> *Psychologie Economique*'te Tarde (1902) yazdığı dönemde baskın olan psikoloji anlayışlarını ele alarak, ekonominin öznel boyutlarını anlamanın önemini vurgular. Bu, soyutlanmış, kendi içine kapalı bireyin karakterize ettiği bireysel psikolojiyi inceleme meselesi değil, daha ziyade bir "psikolojiler arasılıktır" [...] buna göre, özneler etkilemeye ve etkilenmeye açıktır. Tarde'a göre, iktisatçıların tedavüle soktuğu yabancı ve soyut bir kavram olan *İktisadi İnsan*, "kalbinde insani hiçbir şey olmayan bir insanı" özetler. [...] Tarde'ın formülleştirmelerinin merkezinde olan ve onu psikolojik ile sosyolojik arasındaki etkileşim ve birbirine nüfuz etme meselesini ciddiye almaya yönelten, kalp sorunudur, his, duygu ve arzu alanı meselesidir.[11]

Tarde bir özneler arasılık kuramcısıdır. Başka bir deyişle, incelemelerinin merkezine ilişkiselliği koyduğu ölçüde, araştırdığı ilişkiler özneler arasındaki ilişkilerdir ya da daha doğru bir ifadeyle, öznelerin zihinsel halleri ile psikolojileri arasındaki ilişkilerdir; dolayısıyla, Tarde'ın "zihinsel aktiviteler arası" ve "psikolojiler arasılık" anlayışları.[12] Bu nedenle, Tarde için duygunun sadece insanlar arasında aktarılan bir enerji olduğunu öne sürebiliriz. Onun çizdiği resimde çevresel, mekânsal veya maddi dünyaya yer yoktur.

Durkheim'ın kendisinin bir duygu teorisi olduğunu zaten öne sürmüştüm; aslında, Durkheim'ın toplumsal anlayışının, bir insan topluluğunu *anomie*'nin [anomi,

---

8 Örneğin bkz. Massumi, *Parables for the Virtual.*

9 Bunun istisnaları şunlardır: Blackman, "Affect, Relationality and the 'Problem of Personality'"; Blackman "Reinventing Psychological Matters"; Thrift, *Non-Representational Theory.*

10 Ardından gelen Latour, *Reassembling the Social*; bkz. Candea, *The Social after Gabriel Tarde.*

11 Blackman, "Reinventing Psychological Matters," 576.

12 Bkz. Barry ve Thrift, "Gabriel Tarde," 511.

normsuzluk] güçlerine karşı birleştiren ve bir arada tutan bir yapıştırıcı işlevi gören belli bir duygu kavramına dayandığını öne sürecek kadar ileri gitmiştim. Tarde ise duyguyu biraz daha farklı kavramsallaştırır. Latour'un öne sürdüğü gibi, Tarde'da insan faaliyeti için bir tür bağlam işlevi gören bir toplum teorisi yoktur.[13] Bunun yerine, benim de dikkat çektiğim gibi, Tarde'ın sosyolojisi etkileşimi vurgular. Tarde'ın zihinler arası veya psikolojiler arası olarak adlandırdığı, bir özne ile diğeri arasında taklit yoluyla aktarılan şeye odaklanır. Bu çoklu taklitler asla Durkheim'da olduğu gibi "toplum"a benzer herhangi bir şeye veya herhangi türden bir kitlesel veya birbirine bağlı bir topluluğa karşılık gelmez. Daha ziyade, Tarde'da mikro-etnografik bir etkileşim düzeyinde tutuluruz. Tarde'da duygu, bir insan ile diğeri arasındaki bu zihinsel veya psikolojik (zihinler arası veya psikolojiler arası) etkiler aracılığıyla ve diğer insanlarla kurulan sonsuz küçüklükte bağ(lantı)lar aracılığıyla aktarılan şeydir.

Öyleyse sorduğum soru şu: Bu duygu(sal) aktarımının niteliği nedir? Zihinler arası bu ilişkisellik nasıl nitelenir veya anlaşılır? Tarde'ın yapıtında, duyguya öznellikler arasında aktarılma niteliği atfedildiğini öne sürüyorum. Tarde'ın teorisini temsil etmek üzere seçtiği kavramları ve sözcük tercihlerini düşünün: "taklit", "coşkunluk", "telkin edilebilirlik". Duygunun özneler arasındaki aktarımlarında Tarde genellikle taklidi, yankılamayı, uyumu ve uyum gösterilebilirliği tahayyül eder. David Toews, bir bireyin başka bir birey üzerinde sahip olduğu ve Tarde'ın "taklit etme" olarak tanımladığı "zincirleme seyreden" etkiye yönelik ilgisinde bunu araştırır.[14] Benzer şekilde, Terry Clark da "taklit" kavramının Tarde'ın sosyolojisindeki merkeziliğini inceler:

> Geriye kalan şey, insanların veya diğer insanlardan etkilendiği ölçüde insanın "zihinler arası" yönleridir. Bu zihinler arası etkinin gerçekleştiği temel süreç ve sosyoloji açısından temel toplumsal olgu için Tarde'ın benimsediği şey, taklittir. Toplumsal ilişkiler temelde taklide dayalı ilişkilerdir. Ama sosyoloji, sadece psişenin zihinler arasında aktarılan yönleriyle ilgilenmek durumundadır. Burada iki temel psişik birim, iki temel taklit parçacığı, Tarde'ın ilk denemelerinden birisinde "inanç" ve arzu", biri bilişsel, diğeri duygusal iki kavram olarak kavradığı şeylerdir. Taklidin birey açısından nihai sonucu "zihinsel bir baskı"dır, yani bir fotoğraf baskısına benzeyen bir zihin baskısı, zihindeki bir izlenimdir.[15]

Bölümün sonunda Tarde'ın duygu aktarımı kavramının bu niteliği üzerinde daha ayrıntılı bir şekilde duracağım, ama ilişkisellik yoluyla aktarımın öncelikle etki,

---

13 Latour, *Reassembling the Social*.

14 Toews, "The New Tarde," 86.

15 Clark, "Introduction," 16.

izleme, yineleme ve yeniden üretim terimleri kapsamında incelemesi nedeniyle Tarde'ın duygu teorisinde bir muhafazakârlık unsuru bulduğumu söylemem şimdilik yeterli olacak sanırım. Durkheim muhafazakâr, Tarde ise radikal midir?[16] Tam olarak bu fikirde değilim. Durkheim'da duygu, toplumsal yapıştırıcı işlevi görüyorsa –duygu, toplumu koruyan veya herkesin huzurlu, rahat ve birbirine bağlı hissetmesini sağlayan şeyse– Tarde'da duygu bundan daha az muhafazakâr değildir: Etki altında olmaya, taklit etmeye ve yeniden üretmeye dairdir; en güçlü olanın fikirlerine riayet etmeye dairdir. Adlandırmayı tercih ettiğim şekliyle bu analitik veya kuramsal muhafazakârlıkların her ikisinde de hiç araştırılmamış veya yanlış yönlenmiş duygu nitelemeleri için bazı olanaklar saptıyorum.

Şimdi bu bölümün asıl etnografik meselesine geri dönelim: Kuzey Kıbrıs'ta yaşayan üç kişinin kişisel koleksiyonları için topladığı savaş artığı nesneler. Bu nesneler koleksiyonu neden önemlidir? Koleksiyonlar bize ne söyler? Ne anlatırlar? Ne ifade ederler? Duygunun nasıl nitelik kazandığı konusunda bize ne söyleyebilirler? Ve tabii böyle bir şey söz konusuysa, Tarde'ın taklit edilebilir veya telkin edilebilir (benimse kabul edilebilir, samimi ve sıcak olarak adlandırdığım) duygu tahayyülüne nasıl karşı çıkarlar?

1. Koleksiyon

Kuzey Kıbrıs'ta, eskiden Kıbrıslı Rumların olan, artık Kıbrıslı Türklerin yaşadığı, Mesarya Ovası'ndaki bir köyü ziyaret ediyorum. Köyde kırklı yaşlarında bir adam yaşıyor; burada Metin adını kullanacağım. Babasından devraldığı antikacılık işini yapan Metin, bir grup Kıbrıslı Türk ile birlikte beni evlerine davet etti. Bize önce garajını göstermek istedi. Karanlıkta garajın içinin yığılı nesnelerle dolu olduğunu gördük. Aralarında ortası çukur büyük bir mermer taşı fark ettim; banyo küvetini andıran bir nesneydi. Metin bunu köyün çevresindeki bir tarlada bulduğunu söyledi. "Görünüşe bakılırsa, Rumlar bunu hayvanlarına su vermek için kullanıyorlardı" dedi. Dışarısı zifiri karanlıktı ve garajda hiç aydınlatma yoktu. Nesneleri zar zor seçebiliyorduk. Metin bir gaz lambası bulup geldi ve görebilmemiz için nesnelere doğru tutup aydınlattı.

Önce bize eski ahşap bir büfe gösterdi. Dolabının cam kapakları kırılmıştı ve çok eski ve yıpranmış görünüyordu; verniği tamamen dökülmüştü. Metin'e "Bunu nereden buldun?" diye sorduk. "Evlerden" dedi ve başka tek bir kelime etmedi.

---

16 Bu, Aktör-Ağ Kuramı'nda, Latour'un Tarde'ın yapıtlarına ilişkin yeniden okuması ve yeniden tanıtmasına dayalı yakın tarihli Tardeci dönüşümün verdiği izlenimdir: bkz. Barry ve Thrift, "Gabriel Tarde"; Candea, *The Social after Gabriel Tarde*; Latour, *Reassembling the Social*.

Gaz lambasını bu sefer başka bir nesneye tuttu. Kıbrıs tarzı eski bir ahşap sandığa benziyordu. Lamba tekrar hareket etti ve bir arazide koşan atlar tablosunu, bir şifonyeri, oyma ahşap bir dolabı, birbiri ardı sıra ev aletlerini, mobilyaları, tabloları aydınlattı. Nesnelerin miktarı bizi şaşkına çevirmişti.

Metin bizi garajdan çıkarıp Rumlardan kalma iki katlı evinin yan bahçesine götürdü. Bahçe de bir koleksiyon-sergi alanıydı. Metin bahçesinin zeminine nesneler yerleştirmiş ve bunları düzenlemişti; koleksiyonu köyde dolaşırken ve kuzey Kıbrıs'ta yaptığı yolculuklarda şurada burada bulduğu şeylerden oluşuyordu. Antik görünümlü bir amfora vardı, Metin bu parçayı denizden çıkardığını söyledi. Küflenmiş deniz kabukları, eski bir dikiş makinesi, küçük bir çiçek vazosu... Metin evinin önündeki ağaçları işaret etti. "Şu ağaç Rumlardan kalma" dedi. "Şu öbürünü ise biz dikmiştik. Bu ağaç 26 yaşındadır [1974'ten beri geçen süreyi kastediyordu]."

Bahçeden üç basamak çıkarak Metin'in evine girdik. Evin antresine topladığı şeyler yığılmıştı. Sol köşede fildişi bir sandık duruyordu. "Bu bir Osmanlı parçası" dedi Metin; adeta bize bir müze koleksiyonunu gezdiren bir rehberi andırıyordu. Sandığın üzerinde içinde likör bardakları duran bir kutu vardı. Antrenin duvarında renkli ipliklerden yapılmış Yunanca bir yazı yazılı, çerçevelenmiş bir nakış vardı. Bir taburenin üzerinde duran Yunanca resimli bir ansiklopedi cildini fark ettik. Duvarlardan birinde Kıbrıslı Türklerin acısını temsil eden eski bir poster asılıydı.

Metin küçük oturma odasının ışıklarını açtı. İçeri girdik ve kendimizi onun "antika" dediği şeylerin arasında bulduk. Biz sorana kadar nesnelerin eskiden köyde yaşayan Rumlara ait olduğunu söylemedi. Bu ille de dile getirilmesi gerekmediği düşünülen bir bilgiydi. Ama sorsak bile, sakince başını sallayıp "evet" diyordu.

Oturma odasının ortasında 1970'lerin tarzında, üzerinde muşamba bir örtü bulunan tahta bir masa duruyordu. Pencerenin hemen altında eski bir divan vardı. Duvarda çerçevelenmiş, Kıbrıs tarzı ipek bir nakış asılıydı. İpekten dokunmuş yaprak desenleri arasında romantik pozlar vermiş genç bir çiftin fotoğrafları duruyordu. "Bunlar Kıbrıslı Rumların fotoğrafları mı?" diye sordum. Metin başını sallayarak "evet" dedi. Çerçevenin altında oyma ahşaptan hoş bir şifonyer vardı; köşede içi bir sürü zarif cam eşya dolu eski bir büfe görünüyordu. Dizlerimizin üzerinde çömelip cam dolabın içine baktık. Kırmızı, mavi ince bardaklar, vazolar, seramik kâseler, tabaklar ve daha bir sürü nesne vardı. "Bunları nereden buldun?" diye sorduk Metin'e. "Evlerden" dedi bir kez daha. "Hepsi de bu köyden mi?" diye sordum. "Evet, hepsi bu köyden" diye yanıtladı.

Koleksiyondan bir cam bardağı eline alıp şöyle dedi: "Bu bir Osmanlı kadehi. Beykoz tarzını yansıtıyor." Eski tahta bir masanın üzerinde daha fazla şey vardı:

dekoratif küçük heykelcikler, gümüş çatal bıçaklar, tatlı kaşıkları, vazolar. Metin eliyle vitrin camını iterek açtı. Burada daha fazla seramik tabak, çanak olduğunu gördük, hepsi de el boyamasıydı. Odanın bir köşesinde yastıklı bir koltuk vardı ve Metin üzerine taklit bir Afrodit heykeli koymuştu. Tüm bu şeylerin arasına Metin'in aile fotoğrafları yayılmıştı: erkek ve kız kardeşlerinin çerçeveli düğün fotoğrafları, Metin'in anne babası ve ablasıyla çekilmiş bir çocukluk fotoğrafı ve ailesinin başka fotoğrafları.

Misafirlerden biri "Bu nesneler ağlıyor" dedi. Metin bir karşılık vermedi. Dışarı çıkıp ayrılırken başka bir Kıbrıslı Türk, Metin'in koleksiyonundaki nesnelerin ürkütücülüğünden ve tekinsizliğinden dem vurdu. Toplanmış nesneleri görme deneyimini son derece rahatsız edici bulmuştu. Nesnelerin ganimet olduğunu söyledi. Nesnelerin yaydığı rahatsızlık hissinden kurtulmak veya üzerimizde bıraktıkları tuhaf duyguyu silmek gerçekten de çok zordu.

2. Koleksiyon

Araştırmam için kuzey Kıbrıs sahil şeridindeki Gemikonağı (Xeros) köyünü ziyaret ediyorum. Burada, Kıbrıslı Türk genç bir kadınla birlikte oturup konuşacak bir yer arıyoruz kendimize. Kafe olarak işletildiğini düşündüğümüz eski bir otel binasını fark ettik. Akdeniz'in dev dalgaları, bu köhne yapının deniz manzaralı duvarlarını yalıyordu. Binanın dış cephesinin boyası yıllar içinde dökülmüştü. Ana girişteki kapı kolunu çevirdik ve uçsuz bucaksız denize bakan pencerelerle kaplı geniş bir mekâna girdik. Orta yaşlı bir kadın bizi selamladı, pencerenin yanındaki bir koltukta yaşlı bir adam oturuyordu. Türk kahvesi sipariş ettik, kadın mutfak olduğunu düşündüğümüz yere açılan bir koridorda kayboldu. Eski otel lobisinde tavandan sarkan örümcek ağlarıyla kaplanmış nesnelere bakarken Kıbrıslı Türk arkadaşım, "Buradaki her şey tozla kaplı" dedi. Örümcek ağları, nesneleri birbirine bağlıyor gibiydi.

Pencerenin yanındaki yaşlı adama yaklaşıp ona topladığı nesneleri sordum. "Bunları savaştan sonra topladım" dedi. Bu kez de "Nasıl topladınız?" diye sordum. "Köy köy dolaşıp, tarlalarda bulduğum bırakılmış, atılmış bütün tarım aletlerini (çiftçilik aletlerini) topladım" dedi. "Neden özellikle tarım aletlerini topladınız?" diye sordum. Yaşlı adam, "Tarım aletlerine özel bir ilgi duyuyorum" diye yanıtladı sorumu ve "Burada bulabildiğim her şeyi duvara astım" dedi. Lobide sergilenen tarım aletlerinin çoğu paslanmıştı. "Bunlar Rumların bıraktığı şeyler mi?" diye sordum ve o da "Bazısı öyle, bazısı ise değil. Bilmiyorum" dedi.

Kahvemiz geldi; içerken dalgaların kafenin pencerelerine çarpışını seyrettik. Yaşlı adamın kızı olduğunu söyleyen kadınla konuşmak için oturdum. Kadın hiç evlenmemişti ve hep burada babasıyla birlikte artık bir kafeye dönüşmüş olan oteli işletmişti. Bana bu binanın öyküsünü anlattı: "Burası eskiden Kıbrıslı bir Rumun oteliydi. Savaştan sonra Denktaş bu oteli babama verdi, babamın güneyde bıraktığı bir otelin karşılığı olarak. Önce oteli çalıştırmaya başladık. O zamanlar yirmile- rimdeydim ve müşterilerimiz vardı. Ama zamanla insanlar adanın bu bölümüne ilgisini yitirdi ve giderek daha az insan gelmeye başladı. Biz de burayı bir kafeye çevirdik." "Burayı ilk aldığınızda da mekân aynen böyle mi görünüyordu?" diye sordum. "Hemen hemen aynıydı. Pek fazla değişiklik yapmadık" dedi kadın. Eski otel lobisinin bir duvarı boyunca uzanan barı işaret etti. "Bakın," diye devam etti, "gördünüz mü, bu bar 1970'lerin stilinde? Onu nasıl bulduysak öyle bıraktık." Lobinin düzeni ve dekorasyonu ve mobilyalar, güneyden kuzey Kıbrıs'a mülteci olarak geldikleri 1974'te buldukları gibiydi neredeyse. Kadın, "Tek eklediğimiz babamın topladığı çiftçilik aletleri" dedi. 2002 yazıydı ve oturduğumuz mekânın ve buradaki nesnelerin yıllardır kendi hayatlarını yaşamaya terk edildiğini düşün- düm. Mekân yenilenmemişti. Mobilyalar ve dekorasyon hiç ellenmeden ilk haliyle korunmuştu. Her şey paslı, kırık dökük, yırtık pırtıktı.

Kahvehaneden çıkarken Kıbrıslı Türk arkadaşım mekânın ürkütücülüğü hakkın- da konuştu. "Düşünebiliyor musun? Her şeyi 1974'te buldukları haliyle bırakmışlar. Sanki bir zaman tünelinden geçip 1970'lere geri döndük. Her şey o zamanki haliyle donmuş gibiydi." Yaşlı adamın toplayıp sergilediği örümcek ağı kaplanmış tarım aletlerinin tekinsizliği hakkında konuşmayı sürdürdü.

3. Koleksiyon

Lefkoşa'nın kuzeyindeki bir sokakta yürüyorum. Köşede bir ev ve nesnelerle tıka basa dolu görünen bir bahçe var. Bahçenin kapısının üzerinden içeride 10-12 tane plastik bebek olduğunu görüyorum. Başka bir köşede, üst üste yığılmış bir eski ayakkabı koleksiyonu var. Bahçe girişinde "Müze: 10.00-14.00 arası açıktır" yazılı bir tabela var. Kıbrıslı Türk yaşlıca bir adam sessizce beni selamlıyor, müzeyi gezip gezemeyeceğimi soruyorum. "Gezebilirsin" diyor, beni içeri alırken ve kendisinin verdiği adla müzenin bölümlerini gezdirmeye başlıyor. Nesnelerin tiplerine göre sınıflandırıldığını ve buna uygun olarak birlikte sergilendiğini fark ediyorum. Sekiz, on tane paslanmış metal sandalye bahçenin bir köşesinde üst üste dizilmiş duruyor, diğer bir köşede toplanmış eski gazeteler istiflenmiş. Bahçenin diğer bir bölümünde eski mutfak eşyaları, kap kacaklar, çatallar, bıçaklar, çaydanlıklar, tavalar var. Ayakkabı koleksiyonunun yanında bedenlerine göre sınıflandırılmış bir sürü eski elbise duruyor, kadın ve erkek elbiseleri karışık bir şekilde. Biraz daha ileride Yunanca ve Türkçe kitaplar görüyorum, üst üste yığılmışlar.

Yaşlı adam bana evini gösterdi. Girişte 1974'te Türk ordusunun kuzey Kıbrıs'ı ele geçirmesinden sorumlu olan dönemin Türkiye Cumhuriyeti Başbakanı Bülent Ecevit'in fotoğrafının olduğu eski bir gazete dikkatimi çekti. Ev aynı zamanda türüne göre sınıflandırılmış nesnelerle doluydu: Bir tarafta şilteler, diğer tarafta minderler vardı; bir köşede porselen tabaklar, diğerinde çiçek vazoları vardı. Yaşlı adam, burasının aynı zamanda evi mi olduğu şeklindeki sorumu evet anlamında başını sallayarak yanıtladı. Ev mekânı, savaştan sonra saklanan bir nesneler müzesine çevrilmişti.

Koleksiyoncu, evinin Lefkoşa'nın en işlek caddelerinden birine bakan arka tarafında bir sergi alanı yaratmıştı. Derme çatma tahta bir masanın üzerine birtakım eski ayakkabılar, eski kitaplar, gazeteler ve oyuncak bebekler koymuştu. Nesnelerin hiçbiri satılık değildi. Masanın yanındaki bir yön levhasının üzerindeki ok işareti "müze"ye giden yolu işaret ediyordu.

Evleri, yurtları karmakarışık hale gelen insanlar için bu tür nesnelerin nasıl bir önemi olduğuna dair zihnimi kurcalayan sorularla yaşlı adamın müze-evinden ayrıldım. Bu adam tüm bu şeyleri neden toplamıştı? Neden hiçbir şeyi atmamıştı? Onun için bu eski püskü şeylerin değeri neydi? Bunları neden çeşitlerine, türlerine göre sınıflandırmıştı? Evini bir "müzeye" çevirmesinin nedeni neydi? Yaşlı adam bunların hiçbirini konuşmak istemiyordu. Bana sadece Lefkoşa belediyesinde karşılaştığı zorlukları anlattı; belediye, adamın sokağa taşan "müze"sini kaldırmasını istiyordu. "Sadece bahçemin etrafını çitle kapatıp, görüntünün komşuları ve sokakta yürüyen insanları rahatsız etmesini engellersem müzemi açık tutmama izin verdiler" dedi.

Savaş Sonrası Koleksiyonlar ve Duygunun Elle Tutulurluğu

Koleksiyonlar bize ne söyler? Ne ifade ederler? Ya da koleksiyon nedir? John Elsner ve Roger Cardinal şöyle der: "Batı'da, kültürel ve estetik değeri olan nesneleri toplamanın tarihi, sosyolojinin ve beğeni tarihinin alt kümesi olarak sunulma eğilimindedir. Büyük kanonik koleksiyonlar, mabedimsi mimarileriyle, anıtsal kataloglarıyla ve bağışçılarının isimlerini taşlara kazıyarak, bütün çirkinliklerin dışlanması şeklindeki bir Güzellik paradigmasının kanıtıdırlar."[17] Elsner ve Cardinal, Batı'da toplanabilirlik ölçütünün uzlaşımsal olarak bir şeyin çöp olup olmamasına göre belirlendiğini ve atılabilir hiçbir şeyin toplanabilirlik değeri olmadığını öne sürer. Küratörlük gelenekleri ve müzelerin Batı'daki hâkimiyetinin sadece değer verilen nesnelerle değil, temizlenen ve dolayısıyla küratörlük pratikleri aracılığıyla

---

17 Elsner ve Cardinal, *The Cultures of Collecting*, 4.

dönüştürülen nesnelerle ilgili olarak da baskın bir koleksiyon anlayışı ürettiğini ileri sürerler. Elsner ve Cardinal'a göre, bilgi kaynağı olarak toplanan ve sınıflandırılan bu tür nesnelerin dışkıya veya pisliğe karşıt olduğu varsayılır.[18] Değerli nesneler sergilenmek üzere, istenmeyen şeylerden ayrılır ve muhafaza edilir; istenmeyen şeyler paketlenip kaldırılır, atılır veya bırakılır. "Kültürün gölgesindeki 'kabul edilemeyen' o kalıntıdan yükselen daha sessiz, huzur bozucu ses" olarak tanımladıkları, kabul görmeyen koleksiyonlara dikkat edilmesi çağrısında bulunurlar.[19]

Bu bölümde tam da dikkat edilmeyen, kuramsal olmayan bu tür koleksiyonları ve uzlaşımsal olmayan sınıflandırma pratiklerini ele alıyorum. Nesnelerini tanımladığım bu üç Kıbrıslı Türk, artık veya kalıntı koleksiyoncusudur: Bir zamanlar kişisel değeri olan nesnelerin, evlerde, köylerde, açık alanlarda ve kendi yakın çevrelerindeki terk edilmiş şeylerin koleksiyonunu yaparlar. Diğer Kıbrıslı Türkler bu tür kalıntı nesneleri şahsi kullanımlarında yeniden değerlendirir, onları şimdiki evlerinde geri dönüşüme sokarlar. Birçoğu bu nesneleri atmış ve yerlerine yenilerini, modernlerini satın almıştır. Bu üç koleksiyoncunun nesnelerle kurduğu ilişkiyi farklı kılan şey, bu nesneleri saklama ve insanların görmesi için sergileme şekilleridir. Bu üç koleksiyoncu, etraflarındaki maddi dünyanın izlerini toplar ve korur; bu izleri kişisel müzelerinde düzenlerler. Ama Batı tarzı müzelerde saklanan, tozlanan ve korunan nesnelerin tersine, bu koleksiyonların ikisindeki nesneler, kendi yaşam akışlarında organik olarak çürümeye terk edilmiştir. Başka bir deyişle, koleksiyoncuları, bu kalıntılara yaşlanan canlı varlıklar gibi davranır. Paslanmalarına izin verirler; toz tutmalarını engellemezler. Bu nesnelerin iğrenç özellikleri, hoşa giden, arzu edilen yönlerinden ayrılamaz.[20] Tam tersine, geride bırakılan, terk edilen veya atılan şey, uzlaşımsal olmayan bu kişisel koleksiyonlarda bulunur, saklanır ve ona kişisel bir değer verilir. İğrençlik ve çekicilik iç içe geçip kaynaşmıştır.

Sıradaki sorularımsa şunlar: Bu nesneler bize ne söyler? Hangi dili konuşurlar? Nasıl bir anlamları vardır? Uzlaşımsal antropolojik güzergâh, bu soruların yanıtını ararken, bu üç koleksiyoncunun topladıkları nesnelere verdiği farklı kültürel anlamı araştıracaktır. Bu durum, nesnelere yansıtılan anlamlara ve kişisel yorumlara dair bir sorgulamayı zorunlu kılacaktır. Burada, bu tür kültürel ve kişisel yorumların gücünü yadsımaksızın, başka bir düşünme çizgisinde ilerlemek istiyorum. Bu ise, sorularımızı daha farklı bir şekilde sormamızı gerektiriyor: Bu koleksiyonlardaki nesneler saklanma ve tesadüfi, plansız ziyaretçilerin ziyaretine açık olmaları bakı-

---

18 Agy., 5.

19 Agy.

20 Bkz. Kristeva, *Powers of Horror*.

mından ne tür duygular aktarır? Kuzey Kıbrıs'ta kişisel koleksiyonları süsleyen, tanımladığım atıkların ve kalıntıların elle tutulurluklarında bir duygu barındırdıklarını öne sürüyorum. Savaştan sonra, terk edilmiş köylerden, arazilerden toplanmış olmaları ve paslanarak, tozlanarak, örümcek ağlarıyla kaplanarak bir anlamda kendi organik yaşamlarını sürmeye bırakılmış olmaları gerçeği, bu nesnelerin katı ve maddi mevcudiyetlerinin bir parçasıdır. Birinci koleksiyoncunun evindeyken ziyaretçilerden Kıbrıslı bir Türk, "Bu nesneler ağlıyor" dedi. Daha sonra, ikinci koleksiyondaki nesnelerin aktardığı duygu da, bir Kıbrıslı Türk ziyaretçi tarafından tuhaf bir ürkünçlük hissi yayıyor olarak tanımlandı. Duygunun aktarımının nitelendirilmesi ve sözcüklere döküülüp bir anlama büründürülmesi yoluyla, ziyaretçilerin bu nesnelerle ilişkili olarak deneyimlediği duyguları dolayımlıyan, tam da bu tür nesnelerin toplandığı ve sergilendiği bağlama dair sahip olunan bir duygu ya da bilgidir. Bu tür nesnelerin savaştan sonra nasıl toplandığı konusunda hiçbir fikri olmayan insanlar için bu somutluklar aynı duygusal gerilimi üretmeyecektir. Bu nedenle, somutlukların duygu aktardığını, ama bu duygunun, söz konusu somutluklarla temas kuran insanların bu nesnelerin bağlamına dair sahip olduğu bilgiyle bir nitelik kazandığını ve dolayımlandığını iddia ediyorum. Başka bir deyişle, duygu (sırf gayri maddi değil) maddidir de, ama onu deneyimleyen belirli insanlar tarafından dolayımlanır ve nitelik kazanır.

Rahatsız Edicilik

Daha önce de belirttiğim üzere, Tarde'ın yapıtları çağdaş duygu teorisinde nadiren rastlanan bir nitelik önerir: Kullandığı metaforlar, duygunun nitelik kazanmasını sağlar. Kendilerini yorumbilgisi ve yapısalcılık sonrası teorinin metinselliğinden radikal bir biçimde uzaklaştıran çağdaş duygu kuramcılarının çoğu, duyguyu yorumlama veya ona bir anlam atfetme girişiminden uzak durmuştur.[21] Benzer şekilde, nesnenin potansiyeline ilişkin çalışmaların sayısı giderek artmakla birlikte, bu potansiyelin neye dair olduğunu veya yorumlardan nasıl etkilenebildiğini açıklayacak bir araç yoktur elimizde.[22] Hiç kuşkusuz, özne veya kültürel dünyası tek yorum kaynağı olamaz. Soru bakidir: Duygunun niteliği nedir? Ya da duygu nasıl nitelik kazanır? Tarde'ın bunun için bir yanıtı vardır. Duygu aktarımını incelemek için kullandığı metaforların hepsi şu niteliklerdir: taklit edilebilir, ritmik, bulaşabilir, etkileyebilir, etkilenebilir. Tarde'da "zihinler arası", iletişimin yankılan-

---

21 Bunun en iyi örnekleri Deleuzecü çalışmalardır: Connolly, *Neuropolitics*; Massumi, *Parables for the Virtual*; Thrift, *Non-Representational Theory*. Ama bunların hiçbiri duyguyu niteliklendirmez.

22 Örneğin bkz. Henare vd., *Thinking through Things*; Thomas, *Entangled Objects*.

ması için, kabul etmeye dayalı yeniden üretim için, etkilenmeye dayalı yineleme ve takip etme için bir eksendir. Dolayısıyla, Tarde bize bir duygu nitelendirmesi sunar. Bununla birlikte, onun teknik terimlerinin olanaklı kıldığı yegâne nitelikler, uyum ve yankılamadır.

Üç koleksiyoncuya ve topladıkları nesnelere dönelim. Koleksiyonlarının yarattığı atmosfer aracılığıyla aktardıkları duygu türünü nasıl nitelendirebiliriz? Gördüğümüz koleksiyonların yanından ayrılırken yanımdaki Kıbrıslı Türk arkadaşların dile getirdiği düşüncelerini anımsayın. Her iki durumda da Kıbrıslı Türkler gördükleri şeyden rahatsız ve tedirgin olmuşlardı. Nesneleri, hatta tüm koleksiyonu, ürkütücü, tedirgin edici, rahatsız edici ve tekinsiz bulduklarını söyleyerek bunu ifade etmişlerdi.

Burada yazdıklarım, özel türde bir duygu aktarımına dairdir. Bu, Tarde'ın "zihinler arası" aktivite veya "psikolojiler arasılık" kavramlarında olduğu gibi sadece özneler arasında değil, nesneler, genel bir atmosfer veya çevre ve özneler arasındaki bir duygu aktarımıdır. Etnografyamı gerçekleştirdiğim yer ve kuzey Kıbrıs'ta topladığım malzeme üzerine düşünürken beni en çok ilgilendiren şey tam da Tarde'ın incelemediği bu tür bir aktarımdı. Bu, Teresa Brennan'ın ele aldığı şekliyle, bir çevrenin/ortamın uyandırdığı duyumlardaki ve keza Alfred Gell, Nicholas Thomas ve Bruno Latour'un nesnelerin eylemliliği veya potansiyeline ilişkin çalışmalarındaki "duygunun aktarımı"na benzer.[23] Bu nedenle, Tarde'ın "zihinler arasılık"a verdiği önemi, duygunun elle tutulurluğuna ilişkin vurguyla tamamlıyorum.[24]

Peki, bu üç koleksiyonun aktardığı duyguyu nasıl niteleyebiliriz? Ürkütücülüğe, tekinsizliğe dayalı bir duygu. Rahatsız edici bir his yayan nesnelerden oluşan bir çevre. İzleyicide bir rahatsızlık veya huzursuzluk yaratan bir koleksiyon. Özne ile nesne arasında uyumsuzluk, gerilim veya huzursuzluk yaratan bir duygu aktarımı. Farklı bir duygu niteliği, özel türde bir duygu ve anlam karışımı, ayırıcı bir nitelik; kişinin çevresiyle bir yankılama veya uyum üretmeyen, ama ona dair tedirgin düşünceler kışkırtan bir nitelik.

Peki, bu nitelik nereden gelir, kaynağı neresidir? Antropolog, onu kendisine bilgi veren kişilerin koleksiyonlarında gördüğü nesnelere mi yansıtır? Bizatihi koleksiyoncuların niyet ettiği bir nitelik midir? Koleksiyoncular isteyerek mi bu tür rahatsızlık verici bir atmosfer yaratır? Tüm bu soruların yanıtı hayırdır sanırım. Bu nitelikleri üreten şey, bizatihi elle dokunulurluklarıdır; yani, koleksiyondaki nesneler ve nitelikleridir: Kırık dökük ve bakımsız halleri, onları birbirine bağlayan

---

23 Brennan, *The Transmission of Affect*; Gell, *Art and Agency*; Latour, *Reassembling the Social*; Thomas, *Entangled Objects*.

24 Strathern, "The Tangible and Intangible."

pas, toz ve örümcek ağları, muhafaza edildikleri ortamın köhneliği, koleksiyonların çoğunun bir savaştan sonra toplanmış nesnelerden veya esasen başka insanlara ait, kaybedilmiş nesnelerden oluşmasıdır. Bu nesneleri gören insanların nesnelerin bağlamına dair sahip olduğu bilgiyle ilişkili olarak bu nitelikleri, nesnelerin fiziki mevcudiyetiyle karşılaşan insanlarda tedirginlik, ürkütücülük gibi duygulara yol açmaktadır. Öyleyse nesneler ve maddi bir çevre duygu üretebilir, ama ancak insanlar tarafından dolayımlandıklarında bunu yapabilirler. Bu duygu, uyumsuzluk uyandıran bir mahiyette olabilir; Tarde'ın vurguladığı gibi, "telkine açık" veya "sirayet edebilir" bir duygu değildir, buradaki vakada rahatsız edici, uyumsuzluğa ve kargaşaya dayalı bir duygudur.

Son Söz

Duygular karmaşık ve değişken fenomenlerdir. Herhangi aleni bir duygu kendi içinde sayısız ayrım barındırabilir. Ayrıca duygular zaman içinde dönüşebilir, başkalaşabilir ve yeni şekiller veya renkler alabilirler. Bu durum, bu kitapta mekân, maddilikler ve çevre ile olduğu kadar politika, yönetim şekli ve bizatihi yönetim ile ilişkili olarak tanımlanan duygular için geçerlidir.

Bu kitap, kuzey Kıbrıs'taki ve başka yerlerdeki Kıbrıslı Türklerin belirli bir döneme ait yaşamlarını irdeliyor. Yunan ve Kıbrıslı Rum milliyetçi söylemlerinde Kıbrıslı Türkler "Türkiye'nin piyonu" olarak, Türkiye'nin Kıbrıs'taki hizmetçileri ve aveneleri olarak temsil edilir.[1] Kıbrıslı Türkler, Osmanlı emperyalizmi sonrasında tesadüfen Kıbrıs'ta kalan kişiler veya İngiliz sömürgeciliğinin destekçisi olarak resmedilir. Milliyetçilik ve etnisite nosyonlarını ana açıklama aracı olarak kullanan akademik çalışmalarda da benzer şekilde "Yunan milliyetçi söylemi"ne karşıt "Türk milliyetçi söylemi"nin simgesel ve politik dünyasındaki değişkeler olarak temsil edilirler.[2] Bu tür çalışmalarda çoğunlukla milliyetçi söylemlerin, bu söylemleri dayatan devlet pratikleriyle birlikte, tesir ettiği insanlar üzerinde tartışmasız ve derin etkileri olduğu varsayılmaktadır. Yine de, bu kitapta ortaya koyulan malzemenin de işaret ettiği gibi, ulusal aidiyet ve etnisite, bir insan topluluğunun vatanları, geçmişleri ve gelecekleri ile ilişkili olarak sahip olduğu duygular karmaşasının analiz edilmesi bakımından çok az önem taşır. Etnik çatışma anlayışı (buradaki vakada Kıbrıslı Rumlara karşı Kıbrıslı Türkler veya Yunanlara karşı Türkler) sosyal bilimciyi savaşın ve savaş sonrasının edimsel, maddi koşullarının ürettiği girift ve karmaşık duygular bütününe körleştirmekten başka işe yaramaz.[3]

Kıbrıslı Türkler, Kıbrıslı Rum çoğunluğun ayrımcılığına ve saldırılarına maruz kalmıştır. Türkiye'nin desteklediği bir dizi yönetim tarafından yönetilmiştir

---

1   Kıbrıslı Türklerin Yunan ve Kıbrıslı Rum milliyetçi söylemlerindeki bu tür temsillerine ilişkin bir eleştiri için bkz. Dimitriu ve Vlahos, *İhanete Uğramış Ayaklanma*, ix.

2   Örneğin bkz. Bryant, *Imagining the Modern*; Bryant, "The Purity of Spirit and the Power of Blood."

3   Türklerin ve Rumların karşıtlığını varsayan iyi bir çalışma örneği için bkz. Volkan ve Itzkowitz, *Turks and Greeks*. Ama Kıbrıs, Yunanistan, Türkiye ve dışındaki akademik çalışmalarda (kamusal ve politik analizlerde olduğu gibi) bu etnik çatışma anlayışına rastlarız.

ve sonunda kendi iradesiyle "devlet" olduğunu ilan etmiştir. Kıbrıslı Türklerin çoğu güney Kıbrıs'taki kasabalarından, köylerinden çıkarılmış, yurtlarını terk etmek zorunda bırakılmış ve mülteci olmuştur; kuzey Kıbrıs'ta büyük ölçüde Kıbrıslı Rumların terk ettiği köylere, kasabalara ve konutlara iskân edilmişlerdir. Ganimet/yağmalama örneğinin de açıkça gösterdiği gibi, bu öyküde çatışma, savaş ve karşıt politik çıkarlar iş başındadır. Yine de, bu durumun Kıbrıslı Türklerde yol açtığı duygular –yani, onları temsil ettiği düşünülen yönetimin vatandaşı olmanın; kendilerini desteklediği varsayılan Türkiye ile ilişkilerinin; Kıbrıslı Rumların hak iddia ettiği Kıbrıs Cumhuriyeti ile ilişkilerinin ve kendilerinin de iştirak ettiği Kıbrıslı Rumların mallarının yağmalanmasının onlarda yarattığı duygular– karmaşıktır. Bu kitapta da gösterildiği gibi, Kıbrıslı Türkler, TMT'ye ve onun Kıbrıslı Türk toplumunu temsil etmek üzere ürettiği muhtelif yönetim biçimlerine tabi kılınmış olabilirler. Ama Kıbrıslı Türkler, TMT'yi ve kendi ifadeleriyle enklav döneminde TMT'nin toplumlarına yaydığı "terör"ü sert şekilde eleştirmektedir. Araştırmamı yaptığım sırada, kendilerini uzun bir süre yöneten Denktaş rejimini ve müteakip hükümetleri de benzer şekilde sürekli eleştiriyorlardı. Türkiye'nin kuzey Kıbrıs üzerindeki egemenliği, tam da resmi olarak uğruna var olduğu düşünülen insanlar tarafından eleştirinin hedefi olmaktaydı. Kıbrıslı Türkler, kuzey Kıbrıs'a hükmettiği için Türkiye'yi hem kapalı ortamlarda hem de kamusal ortamlarda eleştiriyorlardı; Denktaş rejiminin (yani, 30 yıldan uzun bir süre başta olan kendi yönetimlerinin), Türkiye'nin adadaki politik, ekonomik ve askeri çıkarlarının hizmetkârı olduğu analizinde bulunuyorlardı. Bunu yaparken de, kendilerinin yönetimde, devlet memurluğunda ve savaş ganimetlerinde aktif rol oynamalarına özeleştirel yaklaşıyorlardı.

Sermayesi savaş ganimetlerine dayalı tanınmayan bir devletin bünyesinde yaşama deneyimi, karmaşık duygular üretti. Gözlemlerime göre, Mücahitler Derneği'nin bazı yaşlı üyelerinin ve 1990'ların sonu ile 2000'lerin başında giderek marjinalleşen UHH (Ulusal Halk Hareketi) gibi takipçilerinin ifadeleri haricinde, Kıbrıslı Türkler arasında Türkiye'nin onlar uğruna girdiğini iddia ettiği savaşa dair bir zafer gösterisi söz konusu değildi. Elimdeki etnografik malzemenin de gösterdiği gibi, Kıbrıslı Türkler arasında daha ziyade militarizme ve onun görünür, somut, güçlü, gündelik etkilerine dair bir eleştiri hâkimdi. Milliyetçiliği sergileyen bayraklar ve heykellerin çokluğundan ve görünür mevcudiyetinden duydukları rahatsızlığı ifade ediyorlardı. Bu duygu, sadece gayri resmi veya özel ortamlarda dillendirilmiyordu. Aynı zamanda, şaha kalkmış atının üzerindeki mızraklı Atatürk heykeli gibi milliyetçiliğin bu tür maddiliklerinin gündelik ortamlarındaki inşasına karşı sokak gösterileri düzenliyorlardı.

Kıbrıslı Türkler kendilerini yöneten yönetime dair karışık duygular ifade ediyorlardı. Yönetimleri hakkında dışavurdukları şüpheleri, yönetimlerinin devlet pratiği kapsamında gerçekleştirdiği işlemlerin kuzey Kıbrıs'ın sınırları dışında pek değeri olmamasıyla da bağlantılıydı. Kıbrıslı Türkler, aynı zamanda KKTC'ye getirilen ekonomik ve politik ambargolardan da ağır yara almıştı. Öte yandan, devlet yönetimlerine yönelik ikircikli tutumları, sadece devletlerinin tanınmamasıyla alakalı bir durum değildi. İşyerlerinde devlet memuru olarak çalışmanın rahatlığı, konforu ve aşinalığına ilişkin duygular ifade eden Kıbrıslı Türkler, aynı zamanda, gösterdiğim gibi, yönetimlerinin kısıtlılığını ve içine düştüğü yolsuzluğu ironik bir dille tartışıyorlardı. Öyleyse, savaşın kalıntılarından yaratılan şey, büsbütün normalleşmemiş veya özümsenmemişti. Kabul edildiği varsayılan bir politik sisteme karşı ikircikli, karışık duygular ve eleştirel mesafe her zaman var oldu. Diğer yönetim ve hükümet biçimlerini deneyimleyen Kıbrıslı Türkler, yönetimlerini ve Türkiye'yi başka devlet pratikleriyle karşılaştırabildiler. Kontrol noktalarının açılıp güneye geçebilmelerinden önce de Kıbrıs Cumhuriyeti pasaportuna başvurup dış dünyaya çıktıklarında bu mukayeseyi yapabildiler. Ayrıca, Kıbrıs Cumhuriyeti'nde ayrımcılık ve şiddet içeren saldırıları da deneyimlediler; böylece bu devlet pratiğiyle ilişkileri farklı bir anlamda ikircikli oldu.

1990'ların sonu ve 2000'lerin başında alan araştırmamı yaptığım dönemde Kıbrıslı Türklerin eleştirilerinin hedefinde Denktaş'ın politik rejimi ve Türkiye vardı. Bu devletin pratiklerinin ve egemenliğinin en çok eleştirilen yönlerinden biri, yağma sistemi ve ekonomisiydi. Savaş sonrası yağmalanan nesneler (Kıbrıslı Rumların geride bıraktığı evler, araziler, kişisel eşyalar) ile ilişkili olarak Kıbrıslı Türkler yerel bir ahlaki söylem geliştirmişlerdi. Ganimet sözcüğünü, kendileri de dahil olmak üzere söz konusu ganimeti ele geçirenlere yönelik ahlaki bir eleştiri içerimleyen bir terime dönüştürmüşlerdi. Ganimet, Türk milliyetçiliği (veya Osmanlıcılık) söyleminde askeri zaferi ifade eden bir sözcük olarak kullanılsa da Kıbrıslı Türkler için yağmayı destekleyen hükümet ve yönetim şekillerinin bir yansımasını ve eleştirisini içermektedir. Kıbrıslı Türkler, ganimet terimini güneydeki malını, mülkünü kaybetmiş mülteci olarak bizatihi kendilerinin çoğunun da ikamet ettiği Kıbrıslı Rumların evlerine atıfta bulunmak için kullanmazlar sadece, ayrıca KKTC görüntüsü altında kendilerini yöneten Denktaş yönetiminin daha genel bir pratiğini simgelemek ve karakterize etmek için de kullanırlar. Bu nedenle, yönetimlerinin mülk paylaştırma sistemi aracılığıyla kendilerine verdiği evlerine karşı ("sıcak, sevimli" değil gibi) ikircikli duygular ifade ederler. Benzer şekilde, kendilerine tahsis edilen, sattıkları veya satın aldıkları Rum evleri için yönetimin kendilerine verdiği tapu belgelerine dair de bir huzursuzluk hissederler. "Rum malı" kavramı, kuzey Kıbrıs'ta hâlâ gasp etmeyi ifade eder; bu gasp kuzey Kıbrıs dışında başka her yerde de uluslararası hukuk kapsamında yasadışı addedilir zaten. Bunun farkında olan Kıbrıslı Türkler, yönetimlerinin kendilerine verdiği tahsis belgelerini kullanırken bir endişe yaşar. Daha genel olaraksa, Kıbrıslı Rumların mülküne dayalı ganimeti bir ekonomiye çevirip bundan bir gayri menkul piyasası yaratan vatandaşlarını eleştirirler. Aynı şekilde, Kıbrıslı Rumların mülklerine orantısız bir şekilde el koyulmasına olanak sağladığı için kendi yönetimlerini de eleştirirler; hatta yönetimi, kendi torpil ağındaki insanlar aracılığıyla eşdeğer sistemin dışındaki mülkleri bile işin içine katmakla suçlarlar. Bu tür mülklerin Türkiyeli yerleşimcilere dağıtılmasıysa daha şiddetli eleştirilere maruz kalır.

Daha genelde, Kıbrıslı Türkler bir topluluk olarak kendi vatanlarında kaybol-duklarından şikâyet ediyorlardı. Kuzey Kıbrıs'ta yönetimin çok sayıdaki Türkiyeli göçmene, buraya gelip yerleşmesi için yardım ederek kendilerini bir azınlığa dö-nüştürdüğünü söylüyorlardı. Bu durum, adada Kıbrıslı Rumlar karşısında azınlık olmaktan tamamen farklıydı. Burada üzerinde durulması gereken önemli nokta, Kıbrıslı Türklerin büyük çoğunluğunun, adada "Rumlar"a karşı "Türkler"in azınlığa dönüştürülmesine karşıt bir söylem yaratmak amacıyla Kıbrıs'a getirtilen Türkiyelilerin, adanın yerli halkı olan kendilerine, yani Kıbrıslılara karşı kayırıl-dığına inanmasıydı. KKTC yönetimi ve Türkiye'nin kötü bir ekonomik geçmişe sahip Türkiyelileri, Kıbrıslı Türklere tercih ettiğini düşünüyorlardı; zira onlar yönetmesi, kontrol etmesi daha kolay, daha uysal vatandaşlardı. Kıbrıslı Türkler, kuzey Kıbrıs'ta Türkiyeli yerleşimciler karşısında giderek azalan nüfuslarına dair tahminlerde bulunuyordu. Kuzey Kıbrıs'taki nüfus sayımları uyruk bakımından çok az seçenek sunuyordu: "Türk", "Rum", "Maruni", "İngiliz" veya "diğer". Bu nedenle, Türkiyeliler ile Kıbrıslı Türkler birlikte sayılıyordu. Kıbrıslı Türkler bunu vahim bir sorun, ada nüfusu üzerinde oynanan demografik bir oyun olarak görü-yordu. Çoğu Kıbrıslı Türk, Kıbrıs'ı terk edip Türkiye'ye, İngiltere'ye, Avustralya'ya ve başka ülkelere göç etti. İnsanlar kuzey Kıbrıs'ta kendileri ve aileleri için umut edebileceği çok az şey buldukça göçler de devam ediyordu. Kıbrıslı Türkler, yöne-timlerinin Türkiyeli göçmenlere –hem 1974'ün hemen ardından gelen yerleşimcilere hem de sonrasında gelen kaçak işçilere– imkânlar sunmaya devam edişine tanık oldu. Adada eriyip gidişlerine ilişkin kaygılarını ifade ediyorlardı. Kendilerinden "Mohikanların sonuncusu" diye söz ediyorlardı. Adadaki mevcudiyetlerinin kendi devlet pratiklerince itibarsızlaştırıldığını hissediyorlardı. Bu nedenle, Türkiye'nin kuzey Kıbrıs'taki hâkimiyeti ile ilişkilendirdikleri Türkiyeli yerleşimcilere küçümse-me hissediyor ve bunu dile getiriyorlardı. Kıbrıslı Türklerin ifade ettiği şey, adada bir toplum oldukları duygusunu yitirdikleriydi. Alan araştırmamı yaptığım yıllarda, kuzey Kıbrıs'ta yaşadığım dönemde Kıbrıslı Türkler çevrelerinin geçirdiği mekânsal dönüşümden şikâyet ediyorlardı ve örneğin Girne (Kyrenia) "Türkiyelilerin eline geçmeden önce daha fazla Kıbrıslıydı" diyorlardı.

Bu eleştirilerin hepsinde, maraz kavramına dayalı öznel bir his ve duygu gözlemledim; marazı bu bağlamda, kişinin kendi yaşam koşullarına ve çevresine bağlı bir melankoli hissi olarak tanımlayabiliriz. Her ne kadar Kıbrıslı Türkler araştırmam sırasında maraz sözcüğünü sürekli kullansa da, duygunun kendisi zaman içinde şekil değiştirdi. Bazı dönüm noktaları ve olaylar, Kıbrıslı Türklerin marazını dönüştürerek Denktaş rejimine ve Türkiye'ye karşı örgütlenmeler ve protesto gösterileri şekline büründürdü. Bu tür durumlarda, maraz duygusu dönüşerek kuzey Kıbrıs'ta hükümete karşı öfke ve ayaklanmaya dayalı duygular halini aldı.

Kıbrıslı Türklerin evlerindeki ve işyerlerindeki gündelik hayata ve kuzey Kıbrıs'taki fiziksel çevrelerine dair tanımlamaları, hükümete karşı kitlesel seferberlik biçimlerinde yankılandı. Düzenledikleri veya katıldıkları gösterilerde, yürüyüşlerde ve diğer protesto biçimlerinde Kıbrıslı Türkler gündelik hayatlarının maddiliğiyle açıkça politik biçimlerde bağlantı kurdular. Evlerine ve işyerlerine yönelik ikircikli duygular, almak için başvurdukları belgelerle ilişkili huzursuzlukla iç içe geçmiş ironiye dayalı duygular ve gayri resmi ortamlarda ifade edilen daha genel bir öznel duygulanım hali olarak maraz, Kıbrıslı Türkler sokağa döküldüğünde politik bir şekil aldı. 2000 ve 2001'de benim de katıldığım sayısız protesto gösterileri ve yürüyüşlerde, Denktaş rejimine yönelik kızgınlıklarını ifade ediyor ve hükümetten Türkiye'den aldığı emirlerle hareket etmeye bir son vermesini, muhalefeti bastırmaktan vazgeçmesini ve Rum tarafıyla sınırı açmasını açıkça talep ediyorlardı.

Sınırın 23 Nisan 2003'teki beklenmedik açılışı coşkuyla karşılandı. Birçok analist sınırın açılmasını 2002'nin son aylarında ve 2003'ün başlarında binlerce kişinin katıldığı hükümet karşıtı protestoların sonucu olarak yorumladı.[4] Adanın her iki tarafında hem Kıbrıslı Türkler hem de Kıbrıslı Rumlar, sınır polisinin nüfus kâğıtlarını veya pasaportlarını kontrol etmesi için yayan olarak veya arabalarıyla uzun kuyruklar oluşturacak şekilde geçiş noktalarında toplandı.

Sınırı geçenlerin ilk gittiği yer ana ocakları oluyordu. Kıbrıslı Rumların evlerinde oturan Kıbrıslı Türkler, "ev sahiplerimiz" dediği Rumların gelip evlerine bakmasını beklediler. Evlerin eski sahibi olan Kıbrıslı Rumlar geldiğinde birçok Kıbrıslı Türk, onları eski evlerini ziyaret edebilmeleri için evine davet etti. Bazı Kıbrıslı Türkler, yıllarca ellerinde tuttukları değerli şeyleri ve aile albümü gibi kişisel eşyaları iade ettiler. Evlerin eski ve yeni sahipleri sorunlar ve çatışma sonrasında hayatlarının

---

4 Örneğin bkz. Dimitriu ve Vlahos, *İhanete Uğramış Ayaklanma*; Ilıcan 2010.

geçirdiği dönüşümler hakkında sohbetler ettiler. Sınırın açılmasını izleyen haftalarda başka ziyaretlerin de olacağı beklentisiyle misafir hazırlığı yaptılar. Bu ziyaretlerde Kıbrıslı Rumlara kahve, limonata ve ev yapımı macunlar ikram ettiler. Evlerin eski sahibi Kıbrıslı Rumlar, eski arazilerindeki ağaçlardan ve eski bahçelerinden meyve toplamaya davet edildi. Bazı karşılaşmalarda gerilim ve münakaşa yaşansa da birçoğu yeni dostluklar doğurdu.

Güneyden mülteci olarak gelen Kıbrıslı Türkler de ailelerini alıp güney Kıbrıs'taki köylerini, kasabalarını ziyaret etmeye gittiler. Anne babalar Limasol'u (Limassol), Larnaka'yı (Larnaca) veya Baf'ı (Paphos) hiç görmemiş olan çocuklarına kendi çocukluk anılarını anlattı. Bir zamanlar yaşadıkları evleri, yerleri aradılar; bazen bulabildiler, bazen de bulamadılar.

Sınırı geçen Kıbrıslı Türkler ve Rumlar evlerinin ve mülklerinin ve daha genelde de mekânsal ortamlarının şekil değiştirdiğini gördüler. Bu kadar yakından görünce birçoğunun kayıp duygusu alevlendi ve eski mallarının mülklerinin haline üzüldüler. Sınırı geçenler evlerini, arazilerini ve ağaçlarını nasıl bulduklarını ayrıntılı bir şekilde anlattılar. Çoğu durumda duyulan hoşnutsuzluk dile getirildi. Her iki taraftaki yağmalamaya ve bozulmaya dikkat çekildi. Ama en önemlisi, sınırı geçen iki toplumun fertleri arasında fiziksel şiddetin neredeyse hiç yaşanmamasıydı.[5]

Rum tarafına geçişi sağlayan kontrol noktalarının açılması, kuzey Kıbrıs'ta sosyalliğin ve duyguların önemli ölçüde yeniden yapılanmasına yol açtı. Kıbrıslı Türkler, Kıbrıs Cumhuriyeti'nden kimlik belgeleri aldılar, pasaport başvurusu yaptılar ve güneyde, esas olarak da inşaat sektöründe iş buldular. Bazıları çocuklarını Rum tarafındaki okullara göndermeye başladı, her gün kontrol noktasından geçerken pasaportuyla birlikte çocuğuna eşlik etti. 1974 ile 2003 arasında yasaklanmış olan bu tip yüz yüze ve gündelik karşılaşmaların artık yaşanabilmesi sayesinde Kıbrıslı Türkler, Kıbrıslı Rumlarla olan ilişkilerini ve görüşlerini yeniden değerlendirdi; bir yandan eski arkadaşlarını bulurken ve yeni arkadaşlıklar kurarken, diğer yandan da Rum tarafında ayrımcılıkla karşılaştılar.

2004'te Birleşmiş Milletler, Kıbrıs sorunu için Annan Planı adını verdiği bir çözüm üretti; bu plana göre, Kıbrıs'taki politik bölünmenin her iki tarafında da bir referandum düzenlenecekti. Güneyle uzlaşmanın desteklenmesi, Avrupa Birliği'ne üyelik beklentisi ve adanın birleşmesi durumunda daha iyi ekonomik fırsatlar olacağı umuduyla Kıbrıslı Türkler ağırlıklı olarak Annan Planı'ndan yana oy

5 Sınırı geçmeye ilişkin ayrıntılı etnografik çalışmalar için bkz. Bryant, *The Past in Pieces*; Demetriou, "Freedom Square"; Demetriou, "To Cross or Not to Cross?"; Dikomitis, "A *Moving* Field"; Dikomitis, "Three Readings of a Border"; Hadjipavlou, "I Grow in Different Ways Every Time I Cross."

kullandılar. Ama Kıbrıslı Rumlar, liderleri Tassos Papadopoulos'un kışkırtmasıyla referandumu "Türkiye yanlısı" olarak değerlendirdi, öncelikle Kıbrıslı Türklerin çıkarlarını koruyor olarak gördü ve ağırlıklı olarak karşıt yönde oy kullandı. Kıbrıslı Rumların karşıtlığı Annan Planı'nı geçersiz kıldı. Ada bölünmüş olmaya devam etti, ama sınırdaki kontrol noktaları yerli yerinde duruyordu. Bugüne dek Kıbrıs sorunu resmen çözülmüş değil.

Sınırdaki kontrol noktalarının açılması dönüm noktalarından biriydi. Referandumun sonuçları da bir diğer dönüm noktasını temsil ediyordu. Kıbrıslı Rumların "hayır" demesi, Kıbrıslı Türkleri ciddi biçimde huzursuz etti ve politik görüşlerde ve yapılarda bir değişikliği tetikledi. Buna rağmen, Kıbrıslı Türkler 2005'te Denktaş'ın yerine eski CTP üyesi Mehmet Ali Talat'ı cumhurbaşkanlığına seçti. Ama artık iktidar partisi olarak hükümeti kuran CTP, çok geçmeden eski milliyetçi rejimin yönetme tarzını taklit etmeye başladı. CTP'nin parti tabanı hızla küçüldü. Nihayet, Kıbrıslı Türkler politikalarını yeniden yapılandırdılar. Kıbrıs sorununun çözümüne yönelik her türlü umuda kinik yaklaşan çoğu Kıbrıslı Türk yeniden DP'ye ve UBP'ye oy vermeye başladı. Kıbrıslı Rumların referandumda "hayır" demesi ve CTP hükümetinin yarattığı hayal kırıklığı, Kıbrıslı Türkleri kuzeyde pragmatik politik duruşlara itekledi. Kuzey Kıbrıs'ta yerleşik rejimi temsil eden siyasi partilerin idaresinde işlerini ve ailelerinin geleceğini güvence altına almak umuduyla çoğu yeniden UBP'yi desteklemeye yöneldi.[6]

Bu kitabın malzemesi 1998 ile 2003 yılları arasında kuzey Kıbrıs'ta yaptığım alan araştırmasındaki gözlemlerime dayanıyor. Ama bu malzemenin analizi, söz konusu dönemin sonrasındaki gelişmelerle bağlantılı oldu. Yaptığım alan araştırmasını temel alarak betimlediğim yönetimsel ve maddi yapıların tamamı kuzey Kıbrıs'ta yerli yerinde duruyor. Kıbrıslı Türklerin kontrol noktalarının geçişe açılmasından önceki dönemde ifade ettiği duygular ve yine o dönemdeki eylemleri ve protestoları, meydana gelen olayların başlıca referans noktasıydı. Bu kitapta ürettiğim kavramsal terimler, her ne kadar özel bir döneme ilişkin bir araştırmadan türetilmiş olsalar da, belli bir dönemde sınırları çizilmiş bir alanın dışına ve ötesine yayılan konuşmalar ve analizler için de tasarlanmıştır. Öyleyse, buradaki etnografinin konumlanmışlığı ve tarihsel özgüllüğü, zaman içinde bağlamların ve deneyimlerin karşılaştırılmasına ve kavramsallaştırılmasına dair bir çağrıdır.

---

6   UBP'nin de kuzey Kıbrıs'taki burada bahsedilen seçimlerde KKTC'de vatandaş olarak kayıtlı olan ve dolayısıyla oy veren Türkiyeli yerleşimcilerin ezici çoğunluğu sayesinde başarılı olduğunu unutmamak gerekir.

Kaynakça

Abrams, Philip. "Notes on the Difficulty of Studying the State." *Journal of Historical Sociology* 1, sayı 1 (1988), 58-89.

Abou El-Haj, Nadia. *Facts on the Ground: Archaeological Practice and Territorial Self-Fashioning in Israeli Society.* Chicago: University of Chicago Press, 2001.

Abu-Lughod, Lila. *Veiled Sentiments: Honor and Poetry in a Bedouin Society.* Berkeley: University of California Press, 1986. [*Peçeli Duygular*, İng. çev. Suat Ertüzün, 1. baskı. İstanbul: Epsilon Yayınları, 2004.]

Adorno, Theodor W. "Freudian Theory and the Pattern of Fascist Propaganda." *The Essential Frankfurt School Reader*, der. Andrew Arato ve Eike Gebhardt, 118-37. New York: Continuum, 1998.

Agamben, Giorgio. *Homo Sacer: Sovereign Power and Bare Life*, çev. Daniel Heller-Roazen. Stanford: Stanford University Press, 1998. [*Kutsal İnsan: Egemen İktidar ve Çıplak Hayat*, İt. çev. İsmail Türkmen, 2. baskı. İstanbul: Ayrıntı Yayınları, 2013.]

———. *State of Exception*, çev. Kevin Attell. Chicago: University of Chicago Press, 2005. [*Olağanüstü Hal*, İt. çev. Kemal Atakay, 1. baskı. İstanbul: Varlık Yayınları, 2008.]

Akkurt, Aydın. *Kutsal Kavgaların Korkusuz Neferi Dr. Niyazi Manyera.* Lefkoşa: Akdeniz Haber Ajansı Yayınları, 2000.

Anderson, Amanda. *The Powers of Distance: Cosmopolitanism and the Cultivation of Detachment.* Princeton: Princeton University Press, 2001.

Anderson, Ben. "Becoming and Being Hopeful: Towards a Theory of Affect." *Environment and Planning D: Society and Space* 24, sayı 5 (2006), 733-52.

Anderson, Benedict. *Imagined Communities: Reflections on the Origin and Spread of Nationalism.* Londra: Verso, 1983. [*Hayali Cemaatler*, İng. çev. İskender Savaşır, 8. baskı. İstanbul: Metis Yayınları, 2015.]

Anderson, Perry. "The Divisions of Cyprus." *London Review of Books* 30, sayı 8 (2008), 7-16.

Appadurai, Arjun, der. *The Social Life of Things: Commodities in Cultural Perspective.* Cambridge: Cambridge University Press, 1986.

Arendt, Hannah. *The Origins of Totalitarianism.* San Diego: Harvest, 1976. [*Totalitarizmin Kaynakları*, 3 cilt, İng. çev. Bahadır Sina Şener. İstanbul: İletişim Yayınları, 1996-2014.]

Aretxaga, Begona. *Shattering Silence: Women, Nationalism, and Political Subjectivity in Northern Ireland.* Princeton: Princeton University Press, 1997.

——. States of Terror: Begona Aretxaga's Essays, der. Joseba Zulaika. Reno: Center for Basque Studies, University of Nevada, 2005.

Attalides, Michael A. "The Turkish-Cypriots: Their Relations to Greek-Cypriots in Perspective." Cyprus Reviewed, der. Michael A. Attalides, 71-97. Lefkoşa: Jus Cypri Association, 1977.

Ateşin, Hüseyin Mehmet. Kıbrıslı "Müslüman"ların "Türk"leşme ve "Laik"leşme Serüveni (1925-1975). İstanbul: Marifet Yayınları, 1999.

Bachelard, Gaston. The Poetics of Space. Boston: Beacon, 1994. [Mekânın Poetikası, Fr. çev. Alp Tümertekin, 1. baskı. İstanbul: İthaki Yayınları, 2013.]

Bali, Rıfat N. Musa'nın Evlatları Cumhuriyet'in Yurttaşları. İstanbul: İletişim Yayınları, 2001.

Bali, Rıfat N., der. 6-7 Eylül 1955 Olayları: Tanıklar-Hatıralar. İstanbul: Libra Kitap, 2010.

Barry, Andrew, Tom Osborne ve Nikolas Rose, der. Foucault and Political Reason. Londra: Routledge, 1996.

Barry, Andrew ve Don Slater, der. The Technological Economy. Londra: Routledge, 2005.

Barry, Andrew ve Nigel Thrift. "Gabriel Tarde: Imitation, Invention, and Economy." Economy and Society 36, sayı 4 (2007), 509-25.

Basın ve Enformasyon Dairesi, Kıbrıs Cumhuriyeti. "Resolutions Adopted by the United Nations on the Cyprus Problem, 1964-1999." Kitapçık. Lefkoşa.

——. 1996. "Turkish Policy on Cyprus and Efforts to Solve the Cyprus Problem." Basın bülteni. Lefkoşa.

Bataille, Georges. Visions of Excess: Selected Writings, 1927-1939. Minneapolis: University of Minnesota Press, 1985.

Bauman, Zygmunt. Modernity and the Holocaust. Ithaca: Cornell University Press, 1991. [Modernite ve Holocaust, İng. çev. Süha Sertabiboğlu, 1. baskı. İstanbul: Versus Kitap, 2007.]

Belge, Murat. "Kıbrıslı Var mıdır?" Radikal, 2 Temmuz 2002, 9.

Bender, Barbara ve Margot Winer. der. Contested Landscapes: Movement, Exile, and Place. Oxford: Berg, 2001.

Benjamin, Walter. "Critique of Violence." One-Way Street and Other Writings, 132-56. Londra: Verso, 1998. ["Şiddetin Eleştirisi Üzerine," Al. çev. Ece G. Çelebi, Şiddetin Eeleştirisi Üzerine, 19-42, der. Aykut Çelebi, çev. Ece Göztepe, Ferit Burak Aydar ve Zeynep Direk, 1. baskı. İstanbul: Metis Yayınları, 2010.]

——. "Theses on the Philosophy of History." Illuminations, der. Hannah Arendt, 245-55. Londra: Fontana, 1992 ["Tarih Kavramı Üzerine," Son Bakışta Aşk, Walter Benjamin'den Seçme Yazılar, haz. Nurdan Gürbilek, 7. baskı. İstanbul: Metis Yayınları, 2014].

Bennett, Jane. The Enchantment of Modern Life: Attachments, Crossings, and Ethics. Princeton: Princeton University Press, 2001.

Benvenisti, Meron. *Sacred Landscape: The Buried History of the Holy Land since 1948.* Berkeley: University of California Press, 2000.

Berlant, Lauren. *The Queen of America Goes to Washington City: Essays on Sex and Citizenship.* Durham: Duke University Press, 1997.

Berlant, Lauren, der. *Compassion: The Culture and Politics of an Emotion.* New York: Routledge, 2004.

Biehl, Joao, Byron Good ve Arthur Kleinman, der. *Subjectivity: Ethnographic Investigations.* Berkeley: University of California Press, 2007.

Blackman, Lisa. "Affect, Relationality, and the 'Problem of Personality'." *Theory, Culture, and Society* 25, sayı 1 (2008), 23-47.

———. "Reinventing Psychological Matters: The Importance of the Suggestive Realm of Tarde's Ontology." *Economy and Society* 36, sayı 4 (2007), 574-96.

Bloch, Maurice ve Jonathan Parry, der. *Death and the Regeneration of Life.* Cambridge: Cambridge University Press, 1982.

Borch-Jacobsen, Mikkel. *The Emotional Tie: Psychoanalysis, Mimesis, and Affect.* Stanford: Stanford University Press, 1992.

Born, Georgina. "Anthropology, Kleinian Psychoanalysis, and the Subject in Culture." *American Anthropologist* 100, sayı 2 (1998), 373-86.

———. *Rationalizing Culture: IRCAM, Boulez, and the Institutionalization of the Musical Avant-Garde.* Berkeley: University of California Press, 1995.

Botting, Fred ve Scott Wilson. *Bataille: A Critical Reader.* Oxford: Blackwell, 1998.

Bourdieu, Pierre. *Distinction: A Social Critique of the Judgment of Taste.* Londra: Routledge, 1984. [*Ayrım: Beğeni Yargısının Toplumsal Eleştirisi,* Fr. çev. Derya Fırat ve Günce Berkkurt, 1. baskı. İstanbul: Heretik Yayıncılık, 2015.]

Brennan, Teresa. *The Transmission of Affect.* Ithaca: Cornell University Press, 2004.

Brown, Wendy. *States of Injury: Power and Freedom in Late Modernity.* Princeton: Princeton University Press, 1995.

Bryant, Rebecca. *Imagining the Modern: The Cultures of Nationalism in Cyprus.* Londra: I.B. Tauris, 2004. [*Tebaadan Vatandaşa: Kıbrıs'ta Modernite ve Milliyetçilik,* İng. çev. Seyhan Özmenek, 1. baskı. İstanbul: İletişim Yayınları, 2007.]

———. *The Past in Pieces: Belonging in the New Cyprus.* Philadelphia: University of Pennsylvania Press, 2010.

———. "The Purity of Spirit and the Power of Blood: A Comparative Perspective on Nation, Gender, and Kinship in Cyprus." *Journal of the Royal Anthropological Institute* 8, sayı 3 (2002), 509-30.

Burchell, Graham, Colin Gordon ve Peter Miller, der. *The Foucault Effect: Studies in Governmentality.* Londra: Harvester Wheatsheaf, 1991.

Butalia, Urvashi. *The Other Side of Silence: Voices from the Partition of India.* Londra: Hurst, 2000.

Butler, Judith. *The Psychic Life of Power: Theories in Subjection.* Stanford: Stanford University Press, 1997. [*İktidarın Psişik Yaşamı: Tabiyet Üzerine Teoriler,* İng. çev. Fatma Tütüncü, 1. baskı. İstanbul: Ayrıntı Yayınları, 2005.]

Callon, Michel. "Technology, Politics, and the Market: An Interview with Michel Callon." *The Technological Economy,* der. Andrew Barry ve Don Slater, 101-21. Londra: Routledge, 2005.

Calotychos, Vangelis, der. *Cyprus and Its People: Nation, Identity, and Experience in an Unimaginable Community.* Boulder: Westview, 1998.

Candea, Matei, der. *The Social after Gabriel Tarde: Debates and Assessments.* Londra: Routledge, 2009.

Canetti, Elias. *Crowds and Power.* Harmondsworth: Penguin, 1973. [*Kitle ve İktidar,* Alm. çev. Gülşat Aygen, 6. baskı. İstanbul: Ayrıntı Yayınları, 2014.]

Carsten, Janet, der. *Ghosts of Memory: Essays on Remembrance and Relatedness.* Oxford: Blackwell, 2007.

Carsten, Janet ve Stephen Hugh-Jones, der. *About the House: Levi-Strauss and Beyond.* Cambridge: Cambridge University Press, 1995.

Clark, Bruce. *Twice a Stranger: How Mass Expulsion Forged Modern Greece and Turkey.* Londra: Granta, 2007. [*İki Kere Yabancı: Kitlesel İnsan İhracı Modern Türkiye'yi ve Yunanistan'ı Nasıl Biçimlendirdi?,* İng. çev. Müfide Pekin, 1. baskı. İstanbul: Bilgi Üniversitesi Yayınları, 2008.]

Clark, Terry N. "Introduction." Gabriel Tarde, *On Communication and Social Influence,* der. Terry N. Clark. Chicago: University of Chicago Press, 1969.

Clough, Patricia Ticineto ve Jean Halley, der. *The Affective Turn: Theorizing the Social.* Durham: Duke University Press, 2007.

Cohen, William A. "Introduction: Locating Filth." *Filth: Dirt, Disgust, and Modern Life,* der. William A. Cohen ve Ryan Johnson, vii-xxxvii. Minneapolis: University of Minnesota Press, 2005.

Connolly, William, E. "Brain Waves, Transcendental Fields, and Techniques of Thought." *Radical Philosophy* 94 (1999), 19-28.

——. "Europe: A Minor Tradition." *Powers of the Secular Modern: Talal Asad and His Interlocutors,* der. David Scott ve Charles Hirschkind, 75-92. Stanford: Stanford University Press, 2006.

——. *Neuropolitics: Thinking, Culture, Speed.* Minneapolis: University of Minnesota Press, 2002.

——. *Why I Am Not a Secularist.* Minneapolis: University of Minnesota Press, 1999.

Constantinou, Costas M. ve Yiannis Papadakis. "The Cypriot State(s) in Situ: Cross-ethnic Contact and the Discourse of Recognition." *Global Society* 15, sayı 2 (2001), 125-48.

Copeaux, Etienne ve Claire Mauss-Copeaux. *Taksim! Chypre Divisee, 1964-2005.* Lyon: Aedelsa, 2005. [*Taksim! Bölünmüş Kıbrıs,* Fr. çev. Ali Berktay, 1. baskı. İstanbul: İletişim Yayınları, 2009.]

Corsin-Jimenez, Alberto. "Industry Going Public: Rethinking Knowledge and Administration." *Anthropology and Science*, der. Peter Wade, Jeanette Edwards ve Penny Harvey. Oxford: Berg, 2007.

Cruikshank, Barbara. *The Will to Empower: Democratic Citizens and Other Subjects*. Ithaca: Cornell University Press, 1999.

Das, Veena. "Documentary Practices: State and Everyday Life on the Peripheries." Tebliğ, South Asia Centre Annual Lecture, School of Oriental and African Studies, University of Londra, 22 Şubat 2001.

Das, Veena, Arthur Kleinman, Mamphela Ramphele ve Pamela Reynolds, der. *Violence and Subjectivity*. Berkeley: University of California Press, 2000.

Das, Veena ve Deborah Poole, der. *Anthropology in the Margins of the State*. Santa Fe: School of American Research Press, 2004.

Deleuze, Gilles. *Foucault*. Minneapolis: University of Minnesota Press, 1998. [*Foucault*, Fr. çev. Burcu Yalım, Emre Koyuncu, 1. baskı. İstanbul: Norgunk Yayıncılık, 2013.]

Deleuze, Gilles ve Felix Guattari. *A Thousand Plateaus: Capitalism and Schizophrenia*. Londra: Continuum, 2004. [*Kapitalizm ve Şizofreni 1-2*, Fr. çev. Ali Akay, 1. baskı. İstanbul: Bağlam Yayıncılık, 1990.]

Demetriou, Olga. "Freedom Square: The Unspoken Reunification of a Divided City." *Hagar: Studies in Culture, Polity and Identities* 7, sayı 1 (2006), 55-77.

———. "To Cross or Not to Cross?: Subjectivization and the Absent State in Cyprus." *Journal of the Royal Anthropological Institute* 13 (2007), 987-1006.

Demir, Hülya ve Rıdvan Akar. *İstanbul'un Son Sürgünleri: 1964'te Rumların Sınırdışı Edilmesi*. İstanbul: İletişim, 1994.

Derrida, Jacques. "Force of Law: The 'Mystical Foundation of Authority.'" *Deconstruction and the Possibility of Justice*, der. Drucilla Cornell, Michel Rosenfeld ve David Gray Carlson, 3-67. New York: Routledge, 1992. ["Yasanın Gücü: Otoritenin Mistik Temeli," Fr. çev. Zeynep Direk, *Şiddetin Eleştirisi Üzerine*, 43-133, der. Aykut Çelebi, çev. Ece Göztepe, Ferit Burak Aydar ve Zeynep Direk, 1. baskı. İstanbul: Metis Yayınları, 2010.]

———. *Specters of Marx: The State of Debt, the Work of Mourning, and the New International*. Londra: Routledge, 1994. [*Marx'ın Hayaletleri: Borç Durumu, Yas Çalışması ve Yeni Enternasyonal*, Fr. çev. Alp Tümertekin, 2. baskı. İstanbul: Ayrıntı Yayınları, 2007.]

———. *Writing and Difference*, çev. Alan Bass. Chicago: University of Chicago Press, 1978.

Deutsch, Karl Wolfgang. *The Nerves of Government: Models of Political Communication and Control*. New York: Free Press, 1966.

Dikomitis, Lisa. "A *Moving* Field: Greek-Cypriot Refugees Returning Home." *Durham Anthropology Journal* 12, sayı 1 (2004), 7-20.

———. "Three Readings of a Border: Greek Cypriots Crossing the Green Line in Cyprus." *Anthropology Today* 21, sayı 5 (2005), 7-12.

Dimitriu, Themos ve Sotiris Vlahos. *İhanete Uğramış Ayaklanma*, çev. Sibel Babacan. Ankara: Arkadaş Yayınları, 2009.

Dirks, Nick, der. *In Near Ruins: Cultural Theory at the End of the Century*. Minneapolis: University of Minnesota Press, 1998.

Douglas, Mary. *Purity and Danger: An Analysis of Concepts of Pollution and Taboo*. Londra: Routledge and Kegan Paul, 1966. [*Saflık ve Tehlike: Kirlilik ve Tabu Kavramlarının Bir Çözümlemesi*, İng. çev. Emine Ayhan, 1. baskı. İstanbul: Metis Yayınları, 2007.]

Douzinas, Costas ve Ronnie Warrington. *Justice Miscarried: Ethics, Aesthetics and the Law*. New York: Harvester Wheatsheaf, 1994.

Durkheim, Émile. *The Elementary Forms of the Religious Life*. New York: Free Press, 1965. [*Dini Hayatın İlkel Biçimleri*, İng. çev. Prof. Dr. Fuat Aydın, 2. baskı. Ankara: Eskiyeni Yayınları, 2011.]

Elsner, John ve Roger Cardinal. *The Cultures of Collecting*. Londra: Reaktion, 1994.

Enloe, Cynthia. *Bananas, Beaches, and Bases: Making Feminist Sense of International Politics*. Londra: Pandora, 1989. [*Muzlar, Plajlar ve Askeri Üsler*, İng. çev. Ece Aydın ve Berna Kurt, 1. baskı. İstanbul: Çitlembik Yayınları, 2003.]

Fabian, Johannes. *Time and the Other: How Anthropology Makes Its Object*. New York: Columbia University Press, 1983. [*Zaman ve Öteki: Antropoloji Nesnesini Nasıl Oluşturur*, İng. çev. Selçuk Budak, 1. baskı. Ankara: Bilim ve Sanat Yayınları, 1999.]

Fahmy, Khaled. *All the Pasha's Men: Mehmet Ali, His Army, and the Making of Modern Egypt*. Cambridge: Cambridge University Press, 1997. [*Paşanın Adamları: Kavalalı Mehmed Ali Paşa, Ordu ve Modern Mısır*, İng. çev. Deniz Zarakolu, 1. baskı. İstanbul: Bilgi İletişim Grup Yayıncılık, 2010.]

Fahri D. Çoker Arşivi. *6-7 Eylül Olayları: Fotoğraflar-Belgeler*. İstanbul: Tarih Vakfı Yurt Yayınları, 2005.

Fehmi, Hasan. *Kuzey Kıbrıs Türk Cumhuriyeti'nin El Kitabı*. Lefkoşa: Gelişim Off-Set, 1987.

Ferguson, James. *The Anti-Politics Machine: "Development," Depoliticization, and Bureaucratic Power in Lesotho*. Cambridge: Cambridge University Press, 1990.

Fineman, Stephen, der. *Emotion in Organizations*. Londra: Sage, 2000.

Foucault, Michel. 1972. *Archaeology of Knowledge*, çev. A. M. Sheridan Smith. Londra: Tavistock. [*Bilginin Arkeolojisi*, Fr. çev. Veli Urhan, İstanbul: Ayrıntı Yayınları, 2011.]

——. "Governmentality." *The Foucault Effect*, der. Graham Burchell, Colin Gordon ve Peter Miller, 87-104. Hemel Hempstead: Harvester Wheatsheaf, 1991.

——. *The Order of Things: An Archaeology of the Human Sciences*. Londra: Tavistock, 1970. [*Kelimeler ve Şeyler: İnsan Biliminin Bir Arkeolojisi*, Fr. çev. Mehmet Ali Kılıçbay, 5. baskı. Ankara: İmge Kitabevi, 2015.]

Freud, Sigmund. *Group Psychology and the Analysis of the Ego*, çev. ve der. James Strachey. New York: W. W. Norton. 1990. [*Grup Psikolojisi ve Ego Analizi*, Alm. çev. Mehmet Ötken, Ankara: Tutku Yayınevi, 2014.]

——. "Mourning and Melancholia" (1917). *The Standard Edition of the Complete Psychological Works of Sigmund Freud*. Londra: Vintage, 2001. [*Yas ve Melankoli*, Alm. çev. Aslı Emirsoy, İstanbul: Telos Yayınları, 2015.]

——. *The Uncanny* (1919). Londra: Penguin, 2003.

——. "The Unconscious." *The Standard Edition of the Complete Psychological Works of Sigmund Freud: On the History of the Psycho-Analytic Movement, Papers on Metapsychology and Other Works*, Cİlt 14. Londra: Vintage, 2001. [*Metapsikoloji*, çev. Aziz Yardımlı, 1. baskı. İstanbul: İdea Yayınevi, 2000; *Metapsikoloji*, çev. Dr. Emre kapkın ve Ayşen Tekşen Kapkın, 1. baskı. 2002.]

Geertz, Clifford. "'From the Native's Point of View': On the Nature of Anthropological Understanding." *Local Knowledge: Further Essays in Interpretive Anthropology*, 55-72. New York: Basic, 1983.

Gell, Alfred. *Art and Agency: An Anthropological Theory*. Oxford: Clarendon Press, 1998.

Giray, Halil. "Önsöz." *K.K.T.C. Coğrafi İsimler Kataloğu (Cilt-III). Girne İlçesi*. Lefkoşa: Devlet Basımevi, 1999.

Gordon, Avery. *Ghostly Matters: Haunting and the Sociological Imagination*. Minneapolis: University of Minnesota Press, 1997.

Göle, Nilüfer. *Forbidden Modern: Civilization and Veiling*. Ann Arbor: University of Michigan Press, 1996. [*Modern Mahrem: Medeniyet ve Örtünme*, 12. baskı. İstanbul: Metis Yayınları, 2014.]

Graham, Mark. "Emotional Bureaucracies: Emotions, Civil Servants, and Immigrants in the Swedish Welfare State." *Ethos* 30, sayı 3 (2002), 199-226.

Green, Andre. *The Fabric of Affect in Psychoanalytic Discourse*. New York: Routledge, 1999.

Green, Sarah. *Notes from the Balkans: Locating Marginality and Ambiguity on the Greek-Albanian Border*. Princeton: Princeton University Press, 2005.

Guattari, Felix. "Ritornellos and Existential Affects." *The Guattari Reader/Pierre Felix Guattari*, der. G. Genosko, 158-71. Oxford: Blackwell, 1996.

Gupta, Akhil. "Blurred Boundaries: The Discourse of Corruption, the Culture of Politics, and the Imagined State." *American Ethnologist* 22, sayı 2 (1995): 375-402.

Gupta, Akhil ve James Ferguson. *Anthropological Locations: Boundaries and Grounds of a Field Science*. Berkeley: University of California Press, 1997.

Gürkan, Haşmet M. *Bir Zamanlar Kıbrıs'ta: Tarih Yazıları (1860-1945)*. Lefkoşa: Cyrep Yayınları, 1986.

Güven, Dilek. *Cumhuriyet Dönemi Azınlık Politikaları ve Stratejileri Bağlamında 6-7 Eylül Olayları*. İstanbul: İletişim, 2005.

Hadjipavlou, Maria. "'I Grow in Different Ways Every Time I Cross': Multiple Stories: The 'Crossings' as Part of Citizens' Reconciliation Efforts in Cyprus?" *The Cyprus Conflict: Looking Ahead*, der. Ahmet Sözen, 193-223. Mağusa: Eastern Mediterranean University Printing House, 2008.

Hakeri, Bener Hakkı. *Kıbrıs'ta Halk Ağzından Derlenmiş Sözcükler Sözlüğü*. Gazimağusa: Hakeri Yayınları, 1981.

Hakkı, Murat Metin. *Kıbrıs'ta Statükonun Sonu*. İstanbul: Naos Yayınları, 2004.

Hatay, Mete. *Beyond Numbers: An Inquiry into the Political Integration of the Turkish "Settlers" in Northern Cyprus*. Lefkoşa: Peace Research Institute in Oslo Cyprus Centre, 2005.

Hatay, Mete ve Rebecca Bryant. "The Jasmine Scent of Nicosia: Of Returns, Revolutions, and the Longing for Forbidden Pasts." *Journal of Modern Greek Studies* 26, sayı 2 (2008): 423-49.

Henare, Amiria, Martin Holbraad ve Sari Wastell, der. *Thinking Through Things: Theorising Artefacts Ethnographically*. Londra: Routledge, 2007.

Hendler, Glenn. *Public Sentiments: Structures of Feeling in Nineteenth-Century American Literature*. Chapel Hill: University of North Carolina Press, 2001.

Herzfeld, Michael. *Cultural Intimacy: Social Poetics in the Nation-State*. New York: Routledge, 1997.

——. *The Social Production of Indifference: Exploring the Symbolic Roots of Western Bureaucracy*. Chicago: University of Chicago Press, 1992.

Hetherington, Kevin. "In Place of Geometry: The Materiality of Place." *Ideas of Difference*, der. Kevin Hetherington ve Rolland Munro, 183-99. Oxford: Blackwell, 1997.

Hirsch, Eric. "Landscape: Between Place and Space." *The Anthropology of Landscape: Perspectives on Place and Space*, der. Eric Hirsch ve Michael O'Hanlon, 1-30. Oxford: Clarendon, 1995.

Hirsch, Eric ve Michael O'Hanlon, der. *The Anthropology of Landscape: Perspectives on Place and Space*. Oxford: Clarendon, 1995.

Hirschon, Renee. *Heirs of the Greek Catastrophe: The Social Life of Asia Minor Refugees in Piraeus*. New York: Berghahn, 1998. [*Mübadele Çocukları*, İng. çev. Serpil Çağlayan, 2. baskı. İstanbul: Tarih Vakfı Yurt Yayınları, 2005.]

Hirschon, Renee, der. *Crossing the Aegean: An Appraisal of the 1923 Compulsory Population Exchange between Greece and Turkey*. New York: Berghahn, 2003. [*Ege'yi Geçerken: 1923 Türk-Yunan Zorunlu Nüfus Mübadelesi*, İng. çev. Müfide Pekin ve Ertuğ Altınay, 2. baskı. İstanbul: Bilgi Üniversitesi Yayınları, 2007.]

Hirst, Paul. *Space and Power: Politics, War and Architecture*. Cambridge: Polity, 2005.

Hitchens, Christopher. *Hostage to History: Cyprus from the Ottomans to Kissinger*. Londra: Verso, 1999.

Humphrey, Caroline ve Altanhuu Hurelbaatar. "Regret as a Political Intervention: An Essay in the Historical Anthropology of the Early Mongols." *Past and Present* 186 (2005), 3-45.

Ilıcan, Murat Erdal. "The Making of Sovereignty through Changing Property/Land Rights and the Contestation of Authority in Cyprus." Doktora tezi. Oxford University, 2010.

Ivy, Marilyn. *Discourses of the Vanishing: Modernity, Phantasm, Japan*. Chicago: University of Chicago Press, 1995.

Jacobus, Mary. *The Poetics of Psychoanalysis: In the Wake of Klein*. Oxford: Oxford University Press, 2005.

Joseph, Joseph S. "International Dimensions of the Cyprus Problem." *Cyprus Review* 2, sayı 2 (1990): 15-39.

Kelley, Mike. *The Uncanny*. Cologne: Verlag der Buchhandlung Walther Konig, 2004.

Killoran, Moira. "Time, Space, and National Identities in Cyprus." *Step-Mothertongue: From Nationalism to Multiculturalism the Literatures of Cyprus, Greece, and Turkey*, der. Mehmet Yashin, 129-46. Londra: Middlesex University Press, 2000.

Klein, Melanie. *The Psycho-Analysis of Children*. New York: Vintage, 1997. [*Çocuk Psikanalizi*, İng. çev. Ayşegül Demir, 1. baskı. İstanbul: Pinhan Yayınları, 2015.]

——. *The Selected Melanie Klein*, der. Juliet Mitchell. New York: Free Press, 1997.

Kleinman, Arthur, Veena Das ve Margaret Lock. *Social Suffering*. Berkeley: University of California Press, 1997.

Kleinman, Arthur ve Byron Good. *Culture and Depression: Studies in the Anthropology and Cross-Cultural Psychiatry of Affect and Disorder*. Berkeley: University of California Press, 1985.

Kristeva, Julia. *Powers of Horror: An Essay on Abjection*. New York: Columbia University Press, 1982. [*Korkunun Güçleri: İğrençlik Üzerine Deneme*, Fr. çev. Nilgün Tutal, 1. baskı. İstanbul: Ayrıntı Yayınları, 2004.]

——. *Strangers to Ourselves*. New York: Columbia University Press, 1991.

Kuhn, Thomas S. *The Structure of Scientific Revolutions*. Chicago: University of Chicago Press, 1970. [*Bilimsel Devrimlerin Yapısı*, İng. çev. Nilüfer Kuyaş, 9. baskı. İstanbul: Kırmızı Yayınları, 2014.]

Kuzey Kıbrıs Türk Cumhuriyeti. *K. K. T. C. Coğrafi İsimler Kataloğu. Cilt-III. Girne İlçesi*. Ankara: Devlet Basımevi, 1999.

Kwon, Heonik. *After the Massacre: Commemoration and Consolation in Ha My and My Lai*. Berkeley: University of California Press, 2006.

Lacan, Jacques. *The Four Fundamental Concepts of Psychoanalysis*. Harmondsworth: Penguin, 1991. [*Psikanalizin Dört Temel Kavramı*, Fr. çev. Nilüfer Erdem, 2. baskı. İstanbul: Metis Yayınları, 2014.]

Laporte, Dominique. *History of Shit*. Cambridge: MIT Press, 2000. [*Bokun Tarihi*, Fr. çev. Barış Tanyeri ve Ece Çavuşoğlu, 2. baskı. İstanbul: Altıkırkbeş Yayınları, 2015.]

Latour, Bruno. "From *Realpolitik* to *Dingpolitik*, or How to Make Things Public." *Making Things Public: Atmospheres of Democracy*, der. Bruno Latour and Peter Weibel, 14-41. Cambridge: MIT Press, 2005.

——. "On Recalling ant." *Actor-Network Theory and After*, der. John Law ve John Hassard, 15-25. Oxford: Blackwell, 1999.

——. *Reassembling the Social: An Introduction to Actor-Network Theory*. Oxford: Oxford University Press, 2005.

———. *We Have Never Been Modern*. Hemel Hampstead: Harvester Wheatsheaf, 1993. [*Biz Hiç Modern Olmadık*, Fr. çev. İnci Uysal, 1. baskı. İstanbul: Norgunk Yayınları, 2008.]

Latour, Bruno ve Peter Weibel, der. *Making Things Public: Atmospheres of Democracy*. Cambridge: mit Press, 2005.

Leach, Edmund. "Magical Hair" (1958). *The Essential Edmund Leach*, der. Stephen Hugh-Jones ve James Laidlaw, 177-201. New Haven: Yale University Press, 2000.

Loizos, Peter. *Greek Gift: Politics in a Cypriot Village*. Oxford: Blackwell, 1975.

———. *Heart Grown Bitter: A Chronicle of Cypriot War Refugees*. Cambridge: Cambridge University Press, 1981.

———. *Iron in the Soul: Displacement, Livelihood, and Health in Cyprus*. Oxford: Berghahn, 2008.

Lutz, Catherine A. *Unnatural Emotions: Everyday Sentiments on a Micronesian Atoll and Their Challenge to Western Theory*. Chicago: University of Chicago Press, 1988.

Lutz, Catherine ve Lila Abu-Lughod, der. *Language and the Politics of Emotion*. Cambridge: Cambridge University Press, 1990.

Mageo, Jeanette, der. *Power and the Self*. Cambridge: Cambridge University Press, 2002.

Malkki, Lisa. "Citizens of Humanity: Internationalism and the Imagined Community of Nations." *Diaspora* 3, sayı 1 (1994), 41-68.

———. *Purity and Exile: Violence, Memory and National Cosmology among Hutu Refugees in Tanzania*. Chicago: University of Chicago Press, 1995.

Mapolar, Hikmet Afif. *Kıbrıs Güncesi: 40 Yılın Anıları 2*. Lefkoşa: Galeri Kültür Yayınları, 2002.

Massumi, Brian. *Parables for the Virtual: Movement, Affect, Sensation*. Durham: Duke University Press, 2002.

McCormack, Derek. "An Event of Geographical Ethics in Spaces of Affect." *Transactions of the Institute of British Geographers* 28, sayı 4 (2003): 488-507.

Messick, Brinkley. *The Calligraphic State: Textual Domination in a Muslim Society*. Berkeley: University of California Press, 1993.

———. "On the Question of Lithography." *Culture and History* 16 (1997): 158-76.

Miller, Daniel, der. *Home Possessions*. Oxford: Berg, 2001.

Miroğlu, Orhan. *Affet Bizi Marin*. İstanbul: Everest, 2009.

Mitchell, Timothy. "The Limits of the State: Beyond Statist Approaches and Their Critics." *American Political Science Review* 85, sayı 1 (1991): 77-96.

———. *Rule of Experts: Egypt, Techno-Politics, Modernity*. Berkeley: University of alifornia Press, 2002.

Myers, Fred. *Pintupi Country, Pintupi Self: Sentiment, Place, and Politics among Western Desert Aborigines*. Washington: Smithsonian Institution Press, 1986.

Navaro-Yashin, Yael. "De-Ethnicizing the Ethnography of Cyprus: Political and Social Conflict between Turkish-Cypriots and Settlers from Turkey." *Divided Cyprus: Modernity and an Island in Conflict*, der. Yiannis Papadakis, Nicos Peristianis ve Gisela Welz, 84-99. Bloomington: Indiana University Press, 2006.

———. *Faces of the State: Secularism and Public Life in Turkey*. Princeton: Princeton University Press, 2002.

———. "Fantasy and the Real in the Work of Begona Aretxaga." *Anthropological Theory* 7, sayı 1 (2007): 5-8.

Negri, Antonio. "The Specter's Smile." *Ghostly Demarcations: A Symposium on Jacques Derrida*, der. Michael Sprinker, 5-16. Londra: Verso, 1999.

Nejatigil, Zaim M. *Turkish Republic of Northern Cyprus in Perspective*. Lefkoşa: yy, 1983.

Nesin, Aziz. *Yaşar Ne Yaşar Ne Yaşamaz*. İstanbul: Adam Yayınları, 1995.

Nişanyan, Sevan. *Adını Unutan Ülke: Turkiye'de Adı Değiştirilen Yerler Sözlüğü*. İstanbul: Everest, 2010.

North Cyprus Almanack. Londra: K. Rustem and Brother, 1987.

Obeyesekere, Gananath. *Medusa's Hair: An Essay on Personal Symbols and Religious Experience*. Chicago: University of Chicago Press, 1981.

Oxford Advanced Learners Dictionary. Oxford: Oxford University Press, 2004.

Öktem, Kerem. "The Nation's Imprint: Demographic Engineering and the Change of Toponymes in Republican Turkey." *European Journal of Turkish Studies* 7 (2008).

Papadakis, Yiannis. *Echoes from the Dead Zone: Across the Cyprus Divide*. Londra: I. B. Tauris, 2005. [*Ölü Bölgeden Yankılar: Kıbrıs'ın Bölünmüşlüğünü Aşmak*, İng. çev. Burcu Sunar, 1. baskı. İstanbul: Bilgi İletişim Grubu Yayıncılık, 2009.]

———. "Greek Cypriot Narratives of History and Collective Identity: Nationalism as a Contested Process." *American Ethnologist* 25, sayı 2 (1998): 149-65.

Patel, Geeta. "Imagining Risk, Care, and Security: Insurance and Fantasy." *Anthropological Theory* 7, sayı 1 (2007): 99-118.

Patrick, Richard. *Political Geography and the Cyprus Conflict, 1963-1971*. Faculty of Environmental Studies publication. Waterloo, Ont.: Department of Geography, University of Waterloo, 1976.

Plümer, Fazıl. *Anılar: Toplum Hizmetinde Bir Ömür*. Lefkoşa: Cyrep, 2001.

Riles, Annelise, der. *Documents: Artifacts of Modern Knowledge*. Ann Arbor: University of Michigan Press, 2006.

———. "Law as Object." *Law and Empire in the Pacific*, der. Sally Engle Merry ve Donald Brenneis, 187-212. Santa Fe: School of American Research Press, 2004.

———. *The Network Inside Out*. Ann Arbor: University of Michigan Press, 2000.

Rosaldo, Michelle. *Knowledge and Passion: Ilongot Notions of Self and Social Life*. Cambridge: Cambridge University Press, 1980.

Rose, Nikolas. *Governing the Soul: The Shaping of the Private Self.* Londra: Free Association Books, 1999.

———. *Inventing Our Selves: Psychology, Power, and Personhood.* Cambridge: Cambridge University Press, 1998.

Sant-Cassia, Paul, 2005. *Bodies of Evidence: Burial, Memory and the Recovery of Missing Persons in Cyprus.* New York: Berghahn.

Schmitt, Carl. *The Concept of the Political.* Chicago: University of Chicago Press, 1996. [*Siyasal Kavramı*, Alm. çev. Ece Göztepe, 3. baskı. İstanbul: Metis Yayınları, 2014.]

———. *Political Theology: Four Chapters on the Concept of Sovereignty*, çev. George Schwab. Cambridge: mit Press, 1985. [*Siyasi İlahiyat: Egemenlik Kuramı Üzerine Dört Bölüm*, Alm. çev. Emre Zeybekoğlu, 3. baskı. Ankara: Dost Kitabevi, 2010.]

Scott, Julie. "Property Values: Ownership, Legitimacy, and Land Markets in Northern Cyprus." *Property Relations: Renewing the Anthropological Tradition*, der. Chris M. Hann, 142-59. Cambridge: Cambridge University Press, 1998.

Segal, Rafi ve Eyal Weizman, der. *A Civilian Occupation: The Politics of Israeli Architecture.* Londra: Verso, 2003.

Sennett, Richard ve Jonathan Cobb. *The Hidden Injuries of Class.* Cambridge: Cambridge University Press, 1977.

Shore, Chris ve Susan Wright, der. *Anthropology of Policy: Critical Perspectives on Governance and Power.* Londra: Routledge, 1997.

———. "Policy: A New Field of Anthropology." *Anthropology of Policy: Critical Perspectives on Governance and Power*, der. Chris Shore ve Susan Wright, 3-30. Londra: Routledge, 1997.

Slyomovics, Susan. *The Object of Memory: Arab and Jew Narrate the Palestinian Village.* Philadelphia: University of Pennsylvania Press, 1998.

Spinoza, Benedict de. *Ethics.* Londra: Penguin, 1996. [*Ethica*, Lat. çev. Çiğdem Dürüşken, 1. baskı. İstanbul: Alfa Yayınları, 2014.]

Stallybrass, Peter ve Allon White. *The Politics and Poetics of Transgression.* Ithaca: Cornell University Press, 1986.

Starn, Orin. "Missing the Revolution: Anthropologists and the War in Peru." *Cultural Anthropology* 6, sayı 1 (1991): 63-91.

Stewart, Kathleen. *Ordinary Affects.* Durham: Duke University Press, 2007. [*Sıradan Duygulanımlar*, İng. çev. Zehra Cunillera, 1. baskı. İstanbul: Boğaziçi Üniversitesi Yayınevi, 2008.]

Stoler, Ann Laura. "Affective States." *A Companion to the Anthropology of Politics*, der. David Nugent ve Joan Vincent, 4-20. Oxford: Blackwell, 2004.

———. *Along the Archival Grain: Epistemic Anxieties and Colonial Common Sense.* Princeton: Princeton University Press, 2009.

Strathern, Marilyn. "Afterword: Accountability… and Ethnography." *Audit Cultures: Anthropological Studies in Accountability, Ethics and the Academy*, der. Marilyn Strathern, 279-304. Londra: Routledge, 2000.

———. "An Awkward Relationship: The Case of Feminism and Anthropology." *Signs* 12, sayı 2 (1987): 276-92.

———. "Cutting the Network." *Journal of the Royal Anthropological Institute* 2, sayı 3(1996): 517-35.

———. *The Gender of the Gift: Problems with Women and Problems with Society in Melanesia.* Berkeley: University of California Press, 1988.

———. "New Accountabilities." *Audit Cultures: Anthropological Studies in Accountability, Ethics and the Academy*, 1-18. Londra: Routledge, 2000.

———. *Property, Substance, and Effect: Anthropological Essays on Persons and Things.* Londra: Athlone, 1999.

———. "The Tangible and Intangible: A Holistic Analysis?" *Memorial Volume for Daniel de Coppet*, der. Andre Iteanu. Paris: MHS, 2007.

Strathern, Marilyn, der. *Audit Cultures: Anthropological Studies in Accountability, Ethics, and the Academy.* Londra: Routledge, 2000.

Tanrıverdi, Fıstık Ahmet. *Atina'daki Büyükada.* İstanbul: Adalı Yayınları, 2007.

———. *Hoşçakal Prinkipo: Bir Rüyaydı Unut Gitsin.* İstanbul: Literatur Yayıncılık, 2004.

Tansu, İsmail. *Aslında Hiç Kimse Uyumuyordu.* Ankara: Minpa Matbaacılık, 2001.

Tarde, Gabriel. *On Communication and Social Influence*, der. Terry N. Clark. Chicago: University of Chicago Press, 1969.

———. *Psychologie economique.* Paris: F. Alcan, 1902. [Gabriel de Tarde, *Ekonomik Psikoloji*, Fra. çev. Özcan Doğan, 1. baskı. İstanbul: Öteki Yayınevi, 2004.]

Taussig, Michael. "Maleficium: State Fetishism." *The Nervous System*, 111-40. Londra: Routledge, 1992.

Thomas, Nicholas. *Entangled Objects: Exchange, Material Culture, and Colonialism in the Pacific.* Cambridge: Harvard University Press, 1991.

Thrift, Nigel. "Afterwords." *Environment and Planning D: Society and Space* 18 (2000): 213-55.

———. *Non-Representational Theory: Space/Politics/Affect.* Londra: Routledge, 2008.

Toews, David. "The New Tarde: Sociology after the End of the Social." *Theory, Culture, and Society* 20, sayı 5 (2003): 81-98.

Torpey, John. *The Invention of the Passport: Surveillance, Citizenship, and the State.* Cambridge: Cambridge University Press, 2000.

Tuitt, Patricia. *False Images: Law's Construction of the Refugee.* Londra: Pluto, 1996.

Türk Dil Kurumu. *Türkçe Sözlük*, cilt 1. Ankara: Türk Tarih Kurumu Basımevi, 1988.

Uğural, Çetin ve Ferdi Sabit Soyer. *Şükran Ekonomisi: Üzerimizdeki İpotek (Kuzey Kıbrıs Ekonomisi Bütçe Analizleri)*. Lefkoşa: Naci Talat Vakfı Yayınları, 1998.

Uludağ, Sevgül. *İncisini Kaybeden İstiridyeler: Kıbrıs'ta Kayıplar, Toplu Mezarlar, Ölümün Kıyısından Dönenler*. Lefkoşa: IKME, Socio-Political Studies Institute ve Bilban Bilgi Bankası, 2006.

Vidler, Anthony. *The Architectural Uncanny: Essays in the Modern Unhomely*. Cambridge: MIT Press, 1992.

Viveiros de Castro, Eduardo. "Cosmological Deixis and Amerindian Perspectivism." *Journal of the Royal Anthropological Institute* 4, sayı 3 (1998): 469-88.

Volkan, Vamık D. *Cyprus—War and Adaptation: A Psychoanalytic History of Two Ethnic Groups in Conflict*. Charlottesville: University Press of Virginia, 1979. [*Kıbrıs: Savaş ve Uyum: Çatışan İki Etnik Grubun Psikanalitik Tarihi*, İng. çev. Berna Kılınçer, 1. baskı. İstanbul: Everest Yayınları, 2008.]

Volkan, Vamık D. ve Norman Itzkowitz. *Turks and Greeks: Neighbours in Conflict*. Hemingford Grey: Eothen, 1994. [*Türkler ve Yunanlılar: Çatışan Komşular*, İng. çev. M. Banu Büyükkal, 1. baskı. İstanbul: Bağlam Yayıncılık, 2002.]

Vryonis, Speros, Jr. *The Mechanism of Catastrophe: The Turkish Pogrom of September 6-7, 1955, and the Destruction of the Greek Community of Istanbul*. New York: Greekworks, 2005.

Weber, Max. "Bureaucracy." *From Max Weber*, der. H. H. Gerth ve C. Wright Mills. New York: Oxford University Press, 1972. ["Bürokrasi." *Sosyoloji Yazıları*, çev. Taha Parla, 1. baskı. İstanbul: Deniz Yayınları, 2008.]

Weiner, James. *The Empty Place: Poetry, Space, and Being among the Foi of Papua New Guinea*. Bloomington: Indiana University Press, 1991.

Weizman, Eyal. *Hollow Land: Israel's Architecture of Occupation*. Londra: Verso, 2007.

Welchman, John C. "On the Uncanny in Visual Culture." Mike Kelley, *The Uncanny*, 39-56. Cologne: Verlag der Buchhandlung Walther Konig, 2004.

Wikan, Unni. *Managing Turbulent Hearts: A Balinese Formula for Living*. Chicago: University of Chicago Press, 1990.

Wilson, Richard A., der. *Human Rights, Culture, and Context: Anthropological Perspectives*. Londra: Pluto, 1997.

Wright, Susan. *Anthropology of Organisations*. Londra: Routledge, 1994.

Yashin (Yaşın), Mehmet, der. *Step-Mothertongue: From Nationalism to Multiculturalism: the Literatures of Cyprus, Greece and Turkey*. Londra: Middlesex University Press, 2000. [Yaşın, Mehmet, der. ve İng. çev. *Diller ve Kültürler Arası Bir Edebiyat İncelemesi: Kıbrıs Şiiri Antolojisi*, 1. baskı. İstanbul: Adam Yayınları, 2005.]

Yaşın, Mehmet. *Kozmopoetika: Yazılar, Soyleşiler, Değiniler (1978-2001)*. İstanbul: Yapı Kredi Yayınları, 2002.

——. *Toplu Yazılar (1978-2005)*. İstanbul: Everest Yayınları, 2007.

Yıldırım, Onur. *Diplomacy and Displacement: Reconsidering the Turco-Greek Exchange of Populations, 1922-1934*. Londra: Routledge, 2006. [*Türk-Yunan Mübadelesi'nin Öteki Yüzü: Diplomasi ve Göç*, 1. baskı. İstanbul: Bilgi Üniversitesi Yayınları, 2006.]

Žižek, Slavoj. *Organs without Bodies: On Deleuze and Consequences*. New York: Routledge, 2004. [*Bedensiz Organlar*, çev. Umut Yener Kara, 1. baskı. İstanbul: Monokl Yayınları, 2015.]

——. *The Sublime Object of Ideology*. Londra: Verso, 1989. [*İdeolojinin Yüce Nesnesi*, İng. çev. Tuncay Birkan, 5. baskı. İstanbul: Metis Yayınları, 2015.]

Dizin

www.ingramcontent.com/pod-product-compliance
Lightning Source LLC
Chambersburg PA
CBHW080131270326
41926CB00021B/4433